War Paulus, der mitten auf der Straße nach Damaskus und am hellichten Tage bekehrt wurde, »Erfinder der Christenheit«, wie Nietzsche behauptete, war er »der größte Umstürzler aller Zeiten« (Ben-Chorin), oder war er, nach Freud, zugleich Zerstörer und Fortsetzer des Judentums? War dieser geniale Stratege und Propagandist einer neuen Religion eine Art Doppelagent Gottes? Vom Saulus zum Paulus: Die Redensart kennt jeder. Wer aber war der Mann, der für diese »Wendung« Modell stand? Was geht in einem Menschen vor, dem ein solcher Existenzschock widerfährt? Was hat das Damaskus-Erlebnis von einst mit unserem heutigen Wunsch zu tun: Du mußt dein Leben ändern? Nicht-Theologe Dieter Hildebrandt hat ein romanhaftes Porträt des größten Abenteurers am Anfang unserer Zeitrechnung geschrieben, der ruhelos den Mittelmeerraum durchstreifte, um für seine Ideen zu werben. Ein großer Briefschreiber, der als erster die Welt nicht mit Waffen, sondern mit Worten erobert hat.

Dieter Hildebrandt, am 1. Juli 1932 in Berlin geboren und dort viele Jahrzehnte lang als Journalist und freier Schriftsteller tätig, lebt heute im Spessart. Er veröffentlichte unter anderem eine Monographie über Ödön von Horváth, literarische Arbeiten über Voltaire und eine Biographie über Lessing. Zuletzt von ihm erschienen: ›Der große Tag des Hans im Glück‹ (1998).

Dieter Hildebrandt

Saulus/Paulus

Ein Doppelleben

Deutscher Taschenbuch Verlag

Von Dieter Hildebrandt ist
im Deutschen Taschenbuch Verlag erschienen:
Die Leute vom Kurfürstendamm (8389)

Ungekürzte Ausgabe
September 1999
Deutscher Taschenbuch Verlag GmbH & Co. KG,
München
© 1989 Carl Hanser Verlag, München · Wien
Umschlagkonzept: Balk & Brumshagen
Umschlagbild: Französische Buchmalerei (© AKG, Berlin)
Gesamtherstellung: C. H. Beck'sche Buchdruckerei,
Nördlingen
Gedruckt auf säurefreiem, chlorfrei gebleichtem Papier
Printed in Germany · ISBN 3-423-12674-4

Für Ingrid

PAULUS, autobiographische Notiz:

Strapazen mehr als genug,
Kerkerstrafen die Menge,
Mißhandlungen im Übermaß,
Und wie oft in Todesnot!

Von den Juden habe ich fünfmal empfangen
Die vierzig Streiche weniger einen.
Dreimal bin ich ausgepeitscht,
Einmal gesteinigt worden.
Dreimal habe ich Schiffbruch erlitten,
Eine Nacht und einen Tag
Trieb ich über der Tiefe.

Und auf allen meinen Wanderungen:
Gefahr von Flüssen, Gefahr von Räubern,
Gefahr von meinem eigenen Volk,
Gefahr von den Heiden,
Gefahr in der Stadt, in der Wüste, auf dem Meer,
Gefahr unter falschen Brüdern.

In Mühe und Not,
In durchwachten Nächten wie oft!
In Hunger und Durst,
In durchdarbten Tagen wie oft!
In Frost und Blöße.

Und dann: Der tägliche Andrang zu mir,
Die Sorge für alle Gemeinden.
Wo ist einer schwach,
Und ich bin es nicht auch?
Wo muß einer leiden,
Und ich leide nicht mit?!

2. Korintherbrief 11, 23–29

DAMASKUS UND UTOPIA

Drei Annäherungen

> Die Briefe des Paulus sind wie ein Donner, ein universaler Donner, der durch die ganze Welt hallt.
> John Donne

I.
Vom Saulus zum Paulus

VOM SAULUS ZUM PAULUS: Wie ein Mensch vom Verfolger zum Verfolgten wird, vom Peiniger zum Propagandisten des Christentums, vom Pharisäer zum Völkerapostel, vom Tora-Juden zum Verkünder des Evangeliums, vom Hasser zum Heiligen, vom Liquidationsfunktionär zum Liebesprediger – davon handelt dieses Buch.

Wie eine Existenz gewandelt wird, wie einer sich ein anderes Herz faßt, ein zweites Bewußtsein erfährt, wie er ein neuer Mensch wird – davon handelt dieses Buch.

Wie eine Revolution sich im Kopf eines einzelnen ereignet, die Rebellion in der Seele, der Umsturz in den Gottesgedanken eines Individuums, wie aber die Geschichte dieser Wandlung zum Wandel der Geschichte selbst führt – davon handelt dieses Buch.

Es handelt von einer der faszinierendsten und wirkungsvollsten Gestalten der Historie; es handelt zugleich auch von uns und unserem tief verborgenen oder auch vulkanisch ausbrechenden Wunsch: Du mußt dein Leben ändern, oder: Fang ein neues Leben an. Saulus/Paulus ist eins der großen Menschheitsmodelle: Der *Handelnde* imponiert uns (wenn er uns denn Kopf und Kragen und in Ruhe läßt), dem *Wandelnden* sehen wir bewundernd nach (bis wir ihn aus den Augen verlieren), aber der *Gewandelte* allein berührt uns im Innersten, nur er zieht uns in Mitleidenschaft.

Bekehrung, Umkehr: Das drastische Wort findet sich im Vokabular der Spionage. Ein Agent wird »umgedreht«. Das heißt, daß einer, der bisher für die eine Partei gearbeitet hat, nun für die Gegenseite »gewonnen« wird. Vielleicht hat man ihn bestochen, unter Druck gesetzt, seine Angehörigen mit Repressalien bedroht, ihn gar gefoltert, vielleicht auch hat man ihn überzeugt. Saulus/Paulus, »Spion Gottes« auch als junger fanatischer Jude, Widersacher der kleinen, verängstigten, sich wegduckenden, auseinanderfliehenden frühen Christengemeinde, wird von Gott selbst umgedreht und zum eigentlichen Wortführer des neuen Weltglaubens, der neuen Glaubenswelt.

VOM SAULUS ZUM PAULUS: Keine nächtliche Vision, keine jäh zerreißende Dunkelheit, keine auffliegende Finsternis. Die Erleuchtung trifft den Mann auf offener Straße vor Damaskus, am hellichten Tag, »im Lichtsturz des Mittags« (Benn), in der panischen Grelle der Wüstenlandschaft, in diesem peinigenden gleißenden Flimmern, das die Augenentzündungen zur Volkskrankheit werden läßt. Was ist natürlicher, als daß dieser Reisende tagelang geblendet, mit Blindheit geschlagen ist, nachdem ein »großes Licht vom Himmel« die Taghölle abermals überglänzt, zerstrahlt, durchlasert hat? Saulus/Paulus erscheint den Leuten von Damaskus, als er dort eintrifft, in diesem erschreckenden, in diesem verwirrenden neuen Licht: Wie sollten sie dem Frieden irgend, und alsogleich, trauen?

Seither gibt es dieses Damaskus als doppelten Ort: Da ist einmal das antike reiche Handelszentrum in einer wasserreichen Oase am Hermon, eine der ältesten und schönsten Städte der alten Erde, »das Auge des Ostens«, wie Kaiser Julianus Apostata gesagt hat, »die Perle des Orients«, wie arabische Sänger sie gerühmt haben, »der Diamant, in Smaragd gefaßt« und »die Königin der syrischen Städte«, die Stadt, bei deren Anblick Mohammed, als er noch nicht der Prophet war, umkehrte mit dem legendären Satz: »Es ist dem Sterblichen nur ein Paradies beschieden – ich suche das himmlische.«* Die Stadt aber auch, vor der bis heute die Konflikte der Region nicht haltmachen: das politische Zentrum Damaskus.

Und dann ist da das paulinische Damaskus, ein Ort der Seelenwende, eine Bekehrungsstätte, psychologische Meta-

---

* Nachweis der Zitate im Anhang.

pher und mystische Chiffre. »Das war sein Damaskus« – das meint jenen Punkt, von dem aus ein Lebenslauf eine andere Richtung nimmt. Damaskus wird zur Signatur für den Umkehrschub in jeglicher Existenz, seit damals, seit nunmehr fast zweitausend Jahren. Damaskus ist in der Menschheitsgeschichte der Inbegriff der ganz großen visionären Erneuerung. Das menschen- und weltverändernde Damaskus ist das eigentliche, das immer wieder neu sich ereignende und eröffnende Utopia.

Damaskus – das ist der Geizhals, der plötzlich zum Wohltäter wird, der Machtmensch, der in die Knie sinkt, der Reiche, der bedürfnislos zu leben beginnt, das ist die Grande Dame, die Pflegerin wird in einem Armenspital. Damaskus – das ist aber auch der Mönch, der die Soutane ablegt und zu neuer Freiheit findet; der Kirchenfürst, der sich programmatisch auf die Seite der Unterdrückten schlägt und den Konflikt riskiert mit der Orthodoxie. Die Heiligengeschichten der katholischen Kirche haben dieses Damaskus als den einen gemeinsamen Ort. Damaskus – das ist eine Oase des Herzens, das ist die Verwandlung des Abwegs in einen Weg, die Erschütterung noch jener Gewalt, die einer sich selbst antut. Was die Menschen, die dieses Damaskus erlebt haben, kennzeichnet, auszeichnet, oft genug zur Verwunderung, nicht selten zum Entsetzen ihrer Mitwelt, ist die Intensität, mit der sie den neuen Zielen nachstreben. Sie knien sich, buchstäblich, hinein in ihre zweite Existenz.

Das gilt nicht nur für die religiöse, das gilt in diesem Jahrhundert fast noch mehr für die ideologische Bekehrung; Arthur Koestler hat sein Damaskus-Erlebnis, das ihn zum Kommunisten machte, mit aller Emphase eines religiösen Erlebnisses beschrieben: »Der Ausdruck, es sei einem plötzlich ›ein Licht aufgegangen‹, ist eine armselige Bezeichnung für das geistige Entzücken, das dem Bekehrten widerfährt – ganz gleich, zu welchem Glauben er bekehrt worden ist. Das neue Licht scheint von allen Seiten in die Schädelhöhle hineinzudringen; die verwirrende Fülle der Erscheinungen nimmt plötzlich eine faßbare Gestalt an, als hätte ein Zauberstab die verstreuten Mosaikstücke eines Puzzlespiels mit einem Schlag zusammengefügt. Von nun an gibt es auf jede Frage eine Antwort; Zweifel und Konflikte gehören der qualvollen Vergangenheit an, jener weit zurückliegenden Vergangenheit, als man noch in schmachvoller Unwissenheit in der faden, farblosen Welt der Uneingeweihten lebte. Von jetzt an ist die innere Ruhe und Heiterkeit des Bekehrten durch fast nichts mehr zu gefährden – höchstens noch durch gelegentliche Anwandlung der Furcht, er könne den Glauben wieder verlieren und damit alles dessen verlustig gehen, was das Leben allein lebenswert macht, um in die Dunkelheit zurückzustürzen, wo Heulen und Zähneklappern herrscht.«

Was aber ändert sich durch Damaskus? Nur der Weg des Menschen, nicht auch sein Charakter? Nur seine Ideale, nicht aber der Fanatismus, mit dem er für sie eifert? Nur der Gott, zu dem er betet, nicht aber die Disposition zum Gebet? Nur die Gruppe der Menschen, denen er den Kampf ansagt, nicht aber dieser Kampf selber? Kann denn einer wirklich ein neues Leben leben, wenn er doch seinen Kopf für sich behalten muß? Ist denn einer wirklich »in Christo«, wenn er doch gar nicht aus seiner Haut kann? Ist das eine neue Lebensrichtung, wo er doch nach wie vor einen Fuß vor den andern setzt? Ist am Ende die Bekehrung nur Teil seiner Natur, die Läuterung nur Sublimierung von Wankelmut, die neu gewonnene Sicherheit nur Zeichen einer tiefen Unsicherheit? Ist am Ende die Umkehr nur Ausdruck einer angeborenen Ambivalenz? »In jedem Leben«, schreibt Jakob Wassermann, »gibt es einen Augenblick, wo sich der Mensch nach den polaren Gegensätzen seiner Natur entscheiden kann. Wo demnach Shakespeare ebensogut ein genialer Räuber à la Robin Hood hätte werden können wie Dramenschreiber, Lenin ebensogut Chef der zaristischen Geheimpolizei wie der Vernichter des Systems . . . Unser äußeres Tun hängt von einem tiefen Dualismus ab, der uns eingepflanzt ist wie der Instinkt von rechts und links.«

Vom Saulus zum Paulus: Dieses allererste Damaskus konnte zum Grundmodell jeglicher Bekehrung werden (und findet sich, wenn wir die Zeitungen aufschlagen, noch als Kürzel für die trivialsten Meinungsänderungen), weil sie nicht nur individuell durchgehalten wurde, sondern zugleich universell durchgeschlagen hat. »Das Werk Alexanders des Großen ist zerfallen, das Werk des Paulus ist geblieben« – dieser Satz des großen Theologen Adolf von Harnack läßt die historischen, ja die politischen Dimensionen des Schrittes vom Saulus zum Paulus erkennen.

Jede Zeile in den Briefen des Paulus ist geprägt von dem Gegensatz seines Lebens, jede trägt ihr eigenes Damaskus in sich, jede enthält dieses Moment des Auseinanderklaffens, der Zerreißprobe. Die folgende Passage aus dem Römerbrief ist nur ein besonders dichtes Beispiel für die fortwährenden Umkehrungen: »Denn ich weiß nicht, was ich tue. Denn ich tue nicht, was ich will; sondern was ich hasse, das tue ich. Wenn ich aber das tue, was ich nicht will, so gebe ich zu, daß das Gesetz gut ist. So tue nun nicht ich es, sondern die Sünde, die in mir wohnt. Denn ich weiß, daß in mir, so wie ich von Natur bin, nichts Gutes wohnt. Das Wollen habe ich wohl, aber das Gute vollbringen kann ich nicht. Denn das Gute, das ich will, das tue ich nicht; sondern das Böse, das ich nicht will, das tue ich. Wenn ich aber tue, was ich nicht will, so tue nicht ich es, sondern die Sünde, die in mir wohnt. So finde ich nun folgendes Gesetz: Ich will zwar das Gute tun, bringe aber nur das Böse zustande.« (Röm. 7,15-21)

Vom Saulus zum Paulus: Der Schockcharakter der Bekehrung des Saulus wird beglaubigt durch die Schocks, die er über Hunderte von Jahren hin bewirkt hat und heute noch austeilt. Die Hochspannung in diesen Briefen elektrisiert viele Leser. Karl Barth hat das mit einem bewegenden Bild illustriert: Wer sich auf Paulus einlasse, gleiche einem Mann, »der, in einem dunklen Kirchturm sich treppaufwärts tastend, unvermutet statt des Geländers ein Seil ergriffen, das ein Glockenseil war und nun zu seinem Schrecken hören mußte, wie die große Glocke über ihm soeben und nicht nur für ihn bemerkbar angeschlagen hatte«. Manchem teilen die Briefe des Paulus ein eigenes Damaskus mit und zu; manchem nehmen sie das bisherige Leben.

Augustinus ist das berühmteste Beispiel. Da sitzt er in einem kleinen, von Mauern umfriedeten Garten, ein Mann, der schon lange auf der Suche ist nach neuem Lebenssinn, und hört auf einmal eine Kinderstimme, die ruft: »Tolle, lege, tolle, lege!« (Nimm und lies, nimm und lies!) Und Augustinus hebt das Buch auf, das er beiseite gelegt hatte – ein Konvolut mit Paulusbriefen –, schlägt es beliebig auf und gerät an den Satz aus dem Römerbrief: »Laßt uns ein ordentliches Leben führen, das das Licht des Tages nicht scheuen muß, nicht mit Fressen und Saufen, nicht in Unzucht und Ausschweifung, nicht in Streit und Eifersucht.« (Röm. 13,13) Da ist er im Augenblick gepackt von dieser Mahnung (die gar nicht sonderlich paulinisch, sondern eher ein bißchen spießig wirkt), wird ein anderer Mensch, eine gotterfüllte Kreatur: Nun erst wächst er empor zum prägenden Kirchenmann Augustinus.

Und dann Luther, der von Paulus, und von Paulus allein, zur Reformation berufen und befähigt wird; der in ihm seinen nicht nur theologischen, sondern auch existentiellen Halt findet. Da hockt der knapp Dreißigjährige, soeben Doktor der Theologie und Professor in Wittenberg geworden, in einem Turmzimmer des Schwarzen Klosters und vernichtet sich fast mit der Frage, wie er denn vor Gott bestehen solle, und entsetzt sich vor dem schaurigen Begriff von der »Gerechtigkeit Gottes«, auf die Paulus immer wieder zurückkommt.

»So tobte ich in meinem wilden und verwirrten Gewissen«, schreibt er später, immer noch bewegt, über diesen Konflikt, »und bemühte mich ungestüm um jene Stelle bei Paulus, von der ich brennend gern gewußt hätte, was St. Paulus wollte. Bis Gott sich erbarmte, und ich, der ich Tag und Nacht nachgedacht hatte, den Zusammenhang der Worte begriff, nämlich: Gerechtigkeit Gottes wird offenbart in dem, was geschrieben steht: Der Gerechte wird aus Glauben leben. Da fing ich an, die Gerechtigkeit Gottes zu verstehen, durch die der Gerechte als durch ein Geschenk Gottes lebt, nämlich aus Glauben heraus [...] Und so sehr ich vorher die Vokabel Gerechtigkeit Gottes gehaßt hatte, so viel mehr nun hob ich dieses süße Wort in meiner Liebe hervor, so daß jene Stelle bei Paulus mir zur Pforte des Paradieses wurde.«

Aber eben nicht nur die Pforte des Paradieses weist ihm Paulus, sondern er wird auch Wegbereiter der Reformation, Komplice in einem Konflikt, der als Kirchenkampf beginnt, in den Bauernkriegen seine ersten Menschenopfer fordert und dann, im Namen des rechten Glaubens, ein Jahrhundert lang das christliche Europa in die Barbarei stürzt. »Diese Epistel ist das rechte Hauptstück des Neuen Testaments und das allerlauterste Evangelium«, hatte Luther über den Römerbrief geschrieben, aber gerade er hatte auch dessen furchtbare Paradoxie freisetzen geholfen: »Ich will zwar das Gute tun, bringe aber nur das Böse zustande.«

Ein Satz, dessen Fatalität sich noch ausdehnen läßt auf das Überlebenswerk des Paulus selbst. Mit der Wandlung vom Saulus zum Paulus tat der Mann ja nicht nur sein bisheriges Leben ab, sondern auch fast alles, was bis dahin zu seinem Umkreis, zu seinem Glaubenshintergrund und seinen Tagesdetails gehört hatte. Die Abkehr von *dem* Menschen, der er früher war, hieß auch Abwendung von all *den* Menschen, die früher mit ihm und für ihn da waren, deren Glauben, Gebräuche, Gebete, Rituale er geteilt hatte. Diese Distanz erweiterte sich nicht nur von einer individuellen zu einer prinzipiellen, von einer spontanen zu einer dogmatischen Kluft, sie brach im Laufe der Jahrhunderte auseinander zu jenem mörderischen Abgrund, in den ein ganzes Volk gestürzt worden ist. Wenn Paulus es ist, der das Kreuz in seiner paradoxen Symbolik als Zeichen der neuen Religion aufgerichtet hat, wenn er es ist, der die Trennung zwischen Judentum und dem neuen Glauben hat einreißen lassen, dann muß er sich auch verstehen lassen als ein Urheber jener Judenfeindlichkeit, die schon bald ein Grundelement des Christentums geworden war. Der Schritt vom Saulus zum Paulus, das ist, obgleich unmeßbar, ein Stück auf dem Weg von Damaskus nach Auschwitz. Kein Gott ist offenbar so leicht zu begreifen wie ein Feindbild. Keine Liebe stärkt die Menschen so sehr wie gemeinsamer Haß. Und keine Religion bleibt so konsistent, wie wenn sie sich als die fortwährende Revision eines Prozesses ereignet, der an einem Freitag in der Antike stattgefunden hat.

VOM SAULUS ZUM PAULUS: Der Dualismus dieser Redensart spiegelt sich noch in den kontrastierenden Benennungen und Urteilen, mit denen die Nachwelt ihn bedacht hat und bedenkt. Er ist der Heilige Paulus und »der böse Dämon des Christentums« (Schack). Man hat den Prediger, der das Hohelied der Liebe im Neuen Testament geschrieben hat, als »das Genie im Haß, in der Vision des Hasses« bezeichnet (Nietzsche). Trotz seiner Weisung »Seid untertan der Obrigkeit« hat man ihn zum »größten Umstürzler aller Zeiten« erklärt (Ben-Chorin). Man gibt ihm so verklärende Beinamen wie »Dichter Gottes« (de Pascoaes) und so sarkastische wie »Apostel der Vorhaut« (bei Graetz). Dem einen ist er »der Schutzheilige des Denkens im Christentum« (Schweitzer), einem anderen »ein völlig Unberufener« (Lagarde). Für George Bernard Shaw war er »ein verbohrter römischer Rationalist«, Walter Rathenau rühmte ihn »als einen tief empfindenden Menschen«. Rudolf Augstein nannte ihn einen »der ganz großen Neuentwerfer der Geschichte wie Marx und Freud«.

Wie bekommen wir ihn zu fassen?

II.
Vom Künder zum Gründer

Aber der Mann hat eine noch viel gewaltigere – eher: gewaltsamere – Wendung erfahren als die vom Saulus zum Paulus. War jene das Wunder eines Augenblicks, so ist diese das Werk eines langwierigen Prozesses. War jene ein Akt visionärer Erleuchtung, so ist diese ein Vorgang rationaler, psychologischer, psychoanalytischer und mythologischer Durchleuchtung. Geschah jene vor Damaskus, so geschieht diese vor unser aller Augen. Es ist die Wandlung vom Künder zum eigentlichen Gründer des Christentums. Es ist die (V)erklärung des Apostels zum Religionsstifter. Es ist die Hervorhebung des Missionars als eines Mythenstifters.

»The Mythmaker« ist auch Titel eines 1986 erschienenen Paulus-Buches mit der programmatischen Unterzeile »Paul and the Invention of Christianity«. Der Autor Hyam Maccoby trägt darin die These vor: »Paulus, nicht Jesus, war der Stifter des Christentums als einer neuen Religion, die sich vom normalen Judaismus und von der nazarenischen Variante des Judaismus fortentwickelte.« Der gelehrte jüdische Autor beschreibt Paulus als den alleinigen Schöpfer eines Glaubens, in dem hellenistische Quellen, vor allem Einflüsse der Gnosis, Elemente der Mysterienreligionen und Züge des Judaismus, besonders durch Benutzung der Hebräischen Bibel, zusammengeflossen wären. Und mit dem Aplomb einer sensationellen Wiedergutmachung verkündet Maccoby: »Paulus, als der persönliche Urheber des christlichen Mythos, hat nie die entsprechende Anerkennung für seine Originalität erfahren.«

Doch, er hat. Verblüffend an dieser Behauptung ist nämlich nicht sie selbst, sondern der Umstand, daß sie mit dem Gestus eines Schocks für viele Leser vorgebracht wird. Die vermeintliche Provokation ist nicht neu, sondern mindestens zweihundertfünfzig Jahre alt. Daß Paulus mit der Durchsetzung des Christentums zu tun hat, ist eine Einsicht der Aufklärung und hängt mit der Bibelkritik des 18. Jahrhunderts zusammen: Damals begann man auszusprechen, daß die Heilige Schrift aus vielerlei profanen Berichten besteht, daß das Wort Gottes in Wörtern sehr irdischer Schreiber überliefert ist und daß es sich bei der Frohen Botschaft in der Tat vor allem um Botenberichte handelt. Mit einem Satz: daß der Berichterstatter zugleich der Verkünder, der Messager das Medium ist. Man erkannte die weltliche Dimension und die glaubensgeschichtliche Bedeutung der Missionspropaganda, ohne die die Kunde von Jesus sich nie hätte ausbreiten können, und damit rückten Gestalt und Leistung des Paulus in den Vordergrund, ja ins Zentrum der Faßlichkeit des Christentums. Und mindestens so provokativ wie bei Maccoby heißt es schon in einem Manuskript von 1740: »Paulus ist also mit allem Rechte für den vorzüglichen Urheber und Stifter des Christentums zu achten.«

Wer Paulus als erster so kennzeichnet, ist Hermann Samuel Reimarus (1694–1768), Schulmann aus Hamburg, Professor für Hebräisch, ein Mann von immenser Gelehrsamkeit und hoher Respektabilität, der zu seinen Lebzeiten etliche eher konforme Bücher über Religionsfragen veröffentlicht hat. Insgeheim aber hat er an einem Werk gearbeitet, das Albert Schweitzer »nicht nur eines der größten Ereignisse in der Geschichte des kritischen Geistes, sondern zugleich ein Meisterwerk der Weltliteratur« genannt hat und das für den Philosophen Hans Blumenberg »das Hauptwerk der deutschen Aufklärung« ist.

Wie aufregend aktuell manche Gedankengänge des Reimarus geblieben sind, zeigt sich gerade am Beispiel des Paulus; der moderne unbefangene Umgang mit dem Mythos ist hier nicht nur vorbereitet, sondern voll entfaltet. – Schon Reimarus also kommt zu dem Ergebnis: Des Paulus »Meinung und Gutachten behielten im Collegio der Apostel und in der ganzen Gemeinde der Christenheit die Oberhand; und wenn wir die Wahrheit sagen wollen, so ist das ganze Christentum hauptsächlich Pauli System und Betrieb.« Die Aufteilung der Mission auf dem Apostelkonzil (die übrigen zu den Juden, er zu den Heiden) vergleicht Reimarus spöttisch: »Das war eine Einteilung der Welt unter diesen geistlichen Conqueranten, als wenn eine europäische Macht sich ganz Amerika ausbedungen und den übrigen die Insel Tabago zugestanden hätte.«

Aber schon der Tonfall verrät: Der Vorrang wird Paulus nicht auszeichnen, die Hervorhebung ist zugleich Herabsetzung. Den Titel »Urheber und Stifter des Christentums« erhält er nur um den Preis, daß er zugleich einer gewaltigen, ja hysterischen Überheblichkeit bezichtigt wird. Nachdem Reimarus Paulus zum Protagonisten gemacht hat, kanzelt er ihn aufs schärfste ab. Er habe sich zum 13. Apostel »eingedrungen«, »ein wildes Feuer von Beredsamkeit« entfacht und dann verlangt, daß sich alle übrigen in Glaubenslehre, Zeremonien und in der Führung des Amtes nach seinem Kopf richteten. »Er scheuete sich nicht, Petro und seinen Anhängern, wenn sie von seiner Meinung abwichen, ins Angesicht zu widersprechen, Heterodoxie und Heuchelei vorzuwerfen, und sie fast für falsche Apostel zu erklären. Er stichelt auf sie als Leute, welche sich nun einbildeten, sie wären etwas, da sie doch Fischer gewesen wären; welche sich dünkten, hohe Apostel und Säulen der Kirche zu sein, da sie ihm doch nichts beigelegt hätten; welche ihre Weiber mit sich herumführten, Sold von den Gemeinden nähmen und dabei faulenzten, da er hingegen unbeweibt sei, keinen Sold verlangt hätte und sich seiner Hände Arbeit nährte.« So groß sei die Furcht vor seiner Hitzigkeit und Bitterkeit unter den Aposteln gewesen, daß sie ihm kaum mehr zu widersprechen gewagt hätten.

Reimarus gibt nicht nur ein Charakterbild des Paulus im Umgang mit den Uraposteln, er steuert auch die ersten Notizen zu einem Psychogramm des von seiner Missionsidee Besessenen, des apostolus furiosus, bei. Er fragt nach den seelischen Energien, die eine solche Leistung erst ermöglichen. »Er bauete nämlich alle Hoffnung der Seligkeit allein auf den Glauben, daß Christus zur Versöhnung der Menschen mit Gott gestorben sei, ohne auf die Werke zu achten [...] Paulus war gleichsam eifersüchtig auf diesen seinen Lehrsatz, welchen sein System und Zweck mit sich brachten [...] Er ging so weit, daß er, um ja die Werke von der Rechtfertigung auszuschließen, eine willkürliche Gnadenwahl, ein absolutum decretum in Gott annimmt, worin gar nicht auf Werke gesehen sei; sonst würde Gnade nicht Gnade sein.« Der Missionar als Monomane: »Wir werden durch viele Exempel anderer systematischen Köpfe überführt, daß sie sich durch eine einzige Hypothese, welche ihr Liebling ist, oft zu den allerungereimtesten und gefährlichsten Sätzen, wegen des Zusammenhangs, hinreißen lassen.«

Das, was Reimarus »die einzige Hypothese« des Paulus nennt, klingt dann, gut hundert Jahre später, bei Friedrich Nietzsche in der »Morgenröte« so: »Das Wesentliche, was da geschah, ist aber dies: sein *Kopf* war auf einmal hell geworden; es ist unvernünftig, hatte er sich gesagt, gerade diesen Christus zu verfolgen! Hier ist ja der Ausweg, hier ist ja die vollkommene Rache, hier und nirgends sonst habe und halte ich ja den *Vernichter des Gesetzes*! Der Kranke des gequältesten Hochmutes fühlt sich mit einem Schlage wieder hergestellt, die moralische Verzweiflung ist wie fortgeblasen, denn die Moira ist fortgeblasen, vernichtet, – nämlich erfüllt dort am Kreuze! ... Die ungeheuren Folgen dieses Einfalls, dieser Rätsellösung wirbeln vor seinem Blicke, er wird mit einem Male der glücklichste Mensch – das Schicksal der Juden, nein, aller Menschen scheint ihm an diesen Einfall, an diese Sekunde seines plötzlichen Aufleuchtens gebunden, er hat den Gedanken der Gedanken, den Schlüssel der Schlüssel, das Licht der Lichter. Denn er ist von jetzt ab der Lehrer der Vernichtung des Gesetzes.«

Und Nietzsches Fazit schließt sich fast wörtlich an den Befund von Reimarus an: »Dies ist der *erste* Christ, der Erfinder der Christlichkeit! Bis dahin gab es nur einige jüdische Sektierer.«

Es ist das gleiche wie bei Reimarus: Indem Nietzsche Paulus zum Erfinder der Christlichkeit, ja zum ersten Christen macht, will er ihn denunzieren, nicht etwa rühmen. Beide Prädikate sind rabiat gemeint. Reimarus schüttelte nur den Kopf; Nietzsche schüttelt sich: »Daß das Schiff des Christentums einen guten Teil des jüdischen Ballastes über Bord warf, daß es unter die Heiden ging und gehen konnte, – das hängt an der Geschichte dieses einen Menschen, eines sehr gequälten, sehr bemitleidenswerten, eines sehr unangenehmen und sich selber unangenehmen Menschen.« Das Porträt ist also ein Krankheitsbild, der Annäherungsversuch eine Distanzierung, die zur Abscheu wird vor der Formel des Apostels, er sei »in Christus« und also, so folgert Nietzsche, *gleich* Christus. »Damit ist der Rausch des Paulus auf seinem Gipfel, und ebenfalls die Zudringlichkeit seiner Seele, – mit dem Gedanken des Einswerdens ist jede Scham, jede Unterordnung, jede Schranke von ihr genommen, und der unbändige Wille der Herrsucht offenbart sich als ein vorwegnehmendes Schwelgen in *göttlichen Herrlichkeiten*.«

Aber diese Polemik ist erst die »Morgenröte« einer Rage, die sich dann im 42. »Antichrist« nicht mehr bezähmt, wenn Nietzsche über Paulus schreibt: ». . . er erfand sich eine Geschichte des ersten Christentums. Mehr noch: er fälschte die Geschichte Israels nochmals um, um als Vorgeschichte für *seine* Tat zu gelten [. . .] Sein Bedürfnis war die Macht.« Und ähnlich: »Jener Gott, den Paulus sich erfand [. . .] ist in Wahrheit nur der resolute *Entschluß* des Paulus selbst dazu: ›Gott‹ seinen eigenen Willen zu nennen, thora, das ist urjüdisch.« Die wildesten Schimpfworte jagen sich in diesen Texten: »Ein frecher Windmacher«, »dieser fürchterliche Betrüger«, »der größte aller Apostel der Rache«.

Es ist aber verzweifelte und eifersüchtigste Haßliebe, die da so wütet. Es ist der Haß nicht nur verwandter Seelen, es ist die elementare Rivalität gleichgerichteter Willen, zweier ekstatischer Propheten. Keinen anderen seiner Gegner hat Nietzsche so innig gehaßt wie diesen antiken aktuellen Paulus, keinem ist er so auf Schliche und Schleichwege gekommen, aber auch keinem ist er so hörig gewesen, keiner hat für ihn länger Modell gestanden als der Schriftsteller, der mit der alleinigen Macht des Wortes die Welt umgekrempelt hat.

Jacob Taubes hat, kurz vor seinem Tod, in seinen enthusiastischen Rhapsodien über den Römerbrief, das Verhältnis von Nietzsche zu Paulus knapp und einleuchtend beschrieben: Nietzsches Kriterium für den Rang eines Menschen habe sich danach bemessen, wie weit er es verstehe, für andere Menschen überglobal zu sein und über Jahrhunderte hinweg Werte zu prägen, ihnen Wertsetzungen aufzuerlegen. Und er fragt: »Wer hat ganz im Sinne Nietzsches tiefer die Wertsetzungen des Abendlandes bestimmt als Paulus? Dann muß doch das der bedeutendste Mann sein. Nämlich das wollte (auch) Nietzsche: die Umwertung der Werte. Ja, da hat's doch einer geschafft!« Die gesamte Geschichte der Décadence, die Geschichte der Moderne habe Nietzsche geradezu an Paulus aufgehängt; sein Werk sei letztlich der Versuch, die von Paulus geprägten Werte zu überwinden und sich selbst als der größere Gesetzgeber zu erweisen. Auf diesen Zusammenhang hat auch Jörg Salaquarda hingewiesen: »Der ›Umwerter‹ Nietzsche tritt dem ›Umwerter‹ Paulus entgegen.« Dabei werde der ›Gott am Kreuz‹ durch die Formel von der ›ewigen Wiederkunft des Gleichen‹ ersetzt. Ja, Nietzsche habe bei der Konzeption dieser Idee selbst so etwas wie ein Damaskus-Erlebnis gehabt; die erste Notiz lege den Gedanken an eine Vision nahe: ». . . in Sils Maria, 6000 Fuß über dem Meer und viel höher über allen menschlichen Dingen!«

Die Umwertung aller Werte bei Paulus: Nietzsche zitiert voller Ekel (mit der Bemerkung, »daß man gut tut, Handschuhe anzuziehen, wenn man das Neue Testament liest«) aus den Paradoxien des Korintherbriefs: »Sondern was töricht ist vor der Welt, das hat Gott erwählet, daß er zuschanden mache, was stark ist; und das Unedle vor der Welt und das

Verachtete hat Gott erwählet, und das da nichts ist, daß er zunichtemache, was etwas ist (1. Kor. 1,27 f.).«

In einem Punkt wird die paulinische Paradoxie auch für Nietzsche zentral, in der Überzeugung von der Kraft der Schwachen, von der Siegesstärke der Leidensgeplagtheit, vom Stachel im Fleisch, der zur Speerspitze des Ruhms werden kann. Beide, Paulus und Nietzsche, sind gebrannte Kinder, im Dauerschmerz brennende Brüder, beide gewinnen aus diesem Zustand das Vulkanische ihrer Ideen, die Ausdauer ihrer Hitzigkeit, das Übermaß ihres Anspruchs. Beide haben das bitter Irdische schon überwunden, wenn sie ihre Gedanken zu Papier gebracht, ihre Machtworte gesprochen, ihre Predigten entworfen haben. Sie sind schon Sieger über die eigene Hinfälligkeit und Leiblichkeit geworden; wie sollten sie es da nicht auch noch mit dem Rest der Welt aufnehmen?

Paulus ist ja geradezu Paradigma für den Energietrotz, die Dennoch-Disziplin des chronisch Kranken: »Und damit ich mich wegen der hohen Offenbarung nicht überhebe, ist mir ein Pfahl ins Fleisch gegeben, nämlich der Nagel des Satans, der mich mit Fäusten schlagen soll, damit ich mich nicht überhebe. Seinetwegen habe ich dreimal zum Herrn gefleht, daß er von mir ablassen möge. Aber er hat zu mir gesagt: Laß dir an meiner Gnade genügen; denn meine Kraft kommt erst in den Schwachen zur Vollendung. Darum will ich mich am allerliebsten meiner Schwachheit rühmen, damit die Kraft Christi in mir wohnt [...], denn wenn ich schwach bin, bin ich stark.« (2. Kor. 12,7-10)

Bei Nietzsche liest sich das so, und nichts könnte paulinischer sein: »Was die Krankheit angeht: würden wir nicht fast zu fragen versucht sein, ob sie uns überhaupt entbehrlich ist? Erst der große Schmerz ist der letzte Befreier des Geistes [...] erst der große Schmerz, jener lange langsame Schmerz, der sich Zeit nimmt, in dem wir gleichsam wie mit grünem Holz verbrannt werden, zwingt uns [...] in unsere letzte Tiefe zu steigen [...] Ich zweifle, ob ein solcher Schmerz ›verbessert‹ –; aber ich weiß, daß er uns ›vertieft‹.«

Und wen anders als Paulus kann Nietzsche letztlich meinen, wenn er wie mit letzter Kraft hervorstößt: »Solchen Menschen, *welche mich etwas angehen*, wünsche ich Leiden, Verlassenheit, Krankheit, Mißhandlung, Entwürdigung – ich wünsche, daß ihnen die tiefste Selbstverachtung, die Marter des Mißtrauens gegen sich, das Elend des Überwundenen nicht unbekannt bleibt: ich habe kein Mitleid mit ihnen, weil ich ihnen das Einzige wünsche, was heute beweisen kann, ob *Einer Wert* hat oder nicht – *daß er Stand hält*.« Sogar noch die paulinische Formulierung vom *Pfahl im Fleisch* nimmt Nietzsche auf, wenn er den Menschen beschreibt als *das* kranke Tier, als den Unbefriedigten, Ungesättigten, den Ewig-Zukünftigen, »dem seine Zukunft unerbittlich wie ein *Sporn im Fleisch* jeder Gegenwart wühlt«.

Daß Paulus »der Entdecker der christlichen Religion als einer neuen Religion war«, ist ein Gedanke, den auch Harnack, zwar unpolemisch, aber auch unenthusiastisch, ausspricht. Ausführlicher, kritisch-fasziniert kehrt er dann bei Sigmund Freud wieder; in einigen seiner Formulierungen tauchen Nuancierungen wie bei Reimarus und Distanzierungen wie bei Nietzsche auf; und auch der Psychoanalytiker sieht Paulus jetzt als den Religionsstifter: »Es scheint, daß ein wachsendes Schuldbewußtsein sich des jüdischen Volkes, vielleicht der ganzen damaligen Kulturwelt bemächtigt hatte [...] Bis dann einer aus diesem jüdischen Volk in der Justifizierung eines politisch-religiösen Agitators den Anlaß fand, mit dem eine neue, die christliche Religion sich vom Judentum ablöste. Paulus, ein römischer Jude aus Tarsus, griff dieses Schuldbewußtsein auf und führte es richtig auf seine urgeschichtliche Quelle zurück. Er nannte diese die ›Erbsünde‹, es war ein Verbrechen gegen Gott, das nur durch den Tod gesühnt werden konnte [...] Ein Sohn Gottes hatte sich als Unschuldiger töten lassen und damit die Schuld aller auf sich genommen [...] Das Judentum war eine Vaterreligion gewesen, das Christentum wurde eine Sohnesreligion. Der alte Gottvater trat hinter Christus zurück [...] Paulus, der

Fortsetzer des Judentums, wurde auch sein Zerstörer. Seinen Erfolg dankte er gewiß in erster Linie der Tatsache, daß er durch die Erlösungsidee das Schuldbewußtsein der Menschheit beschwor, aber daneben auch dem Umstand, daß er die Auserwähltheit seines Volkes und ihr sichtbares Anzeichen, die Beschneidung, aufgab, so daß die neue Religion eine universelle, alle Menschen umfassende werden konnte. Mag an diesem Schritt des Paulus auch seine persönliche Rachsucht Anteil gehabt haben ob des Widerspruchs, den seine Neuerung in jüdischen Kreisen fand...« Man sieht: auch die avanciertesten Meinungen transportieren einen alten tiefen Groll; immer bleibt ein Verdacht von Ranküne und Usurpation an jenem Paulus hängen, den man vom Missionar zum Religionsstifter, vom Künder zum Gründer zu befördern sucht.

Es ist – soweit ich sehe – erst Hannah Arendt, die wirklich ernst, die alttestamentarischen Ernst gemacht hat mit dem Verständnis des Paulinismus: »Doch der Gründer der christlichen Religion (wenn nicht der Kirche) blieb Jude, und dafür gibt es vielleicht keinen zwingenderen Beweis als seine Antwort auf die unbeantwortbaren Fragen, die sein neuer Glaube und die neuen Entdeckungen seiner eigenen Innerlichkeit aufgeworfen hatten. Es ist fast Wort für Wort die Antwort Hiobs, der sich Gedanken über die unerforschlichen Wege des jüdischen Gottes machen mußte. Auch die Antwort des Paulus ist ganz einfach und völlig unphilosophisch: ›Ja, lieber Mensch, wer bist du denn, daß du mit Gott rechten willst. Spricht auch ein Werk zu seinem Meister, warum machst du mich also? Hat nicht ein Töpfer Macht, aus einem Klumpen zu machen ein Gefäß zu Ehren und das andere zu Unehren? Derhalben, da Gott wollte kund tun seine Macht, hat er getragen die Gefäße des Zorns, die da zugerichtet sind zur Verdammnis; auf daß er kundtäte den Reichtum seiner Herrlichkeit an den Gefäßen der Barmherzigkeit, die er bereitet hat zur Herrlichkeit.‹«

III.
Vom Heiligen zum Heutigen

Paulus war nicht der erste, der die Welt für ein jenseitiges Ziel zu erobern suchte; aber er war der erste, der sie nicht mit Waffen, sondern mit Worten eroberte. Er hat Kriege geführt, indem er – Briefe schrieb. Doch er hat diese Briefe geschrieben, wie man Kriege führt: feldherrngleich, strategisch genial, diszipliniert und disziplinierend, auf Nachschub wie auf Gehorsam peinlich bedacht. Und er hat diese Briefe diktiert wie nur je ein Diktator: Er herrschte seine wankelmütigen Gemeinden an, er wütete ihnen die frohe Botschaft entgegen, er verurteilte sie zur Frömmigkeit, jagte ihnen den Glauben wie einen panischen Schrecken ein, er putschte sie auf und peitschte sie nieder, er duldete keinen Widerspruch, und Widersacher schon gar nicht. Noch aus Niederlagen schlug er missionarisches Kapital, und selbst Schwachheit machte er als Beweis seiner Kraft mobil. Er revolutionierte Europa – per Post. Das Wort, das im Anfang war, hat er geführt, vor allen Evangelien. Und diesem Wort spürt man das Herzjagen an, den Impulsschlag von Besessenheit, die Schläfenhektik seines Zorns und das Nervenjauchzen seines Glaubens.

Es wird fast zweitausend Jahre dauern, bis wieder einer so schreibt. Nicht Nietzsche ist der korrespondierende Nachfahre des Paulus – sondern Lenin. Nicht der Philosoph in der Einsamkeit Sils Marias (»rings nur Welle und Spiel«), in der Wüste Zarathustras, im Reich des Übermenschen führt das herrische Wort des Apostels weiter, sondern im knappen Quartier der Zürcher Altstadt, in der Spiegelgasse Nr. 14, II, ein Exilant, ein Volkstribun ohne Volk, ein Weltbeweger, der vorerst noch ohne Welt und ohne Bewegung auskommen muß und sich mit Briefen schadlos hält, mit Briefen, die wie geballte Ladungen paulinischen Zorns sind.

Aber nicht der Zorn ist das eigentliche Merkmal, der Furor nicht die entscheidende Gemeinsamkeit. Das sensationell Übereinstimmende zwischen Paulus und Lenin ist die revolutionierende Kraft des Zorns, die organisatorische Wirksamkeit des Furors. So wenig der Zorn Maske ist, so wenig will er sich in sich selbst erschöpfen. Zorn ist die Nervenbahn einer viel wichtigeren Reizung: der zur ausharrenden Disziplin, zur Klugheit des Kurshaltens und zur Sicherheit des Reagierens. Was Paulus und Lenin verbindet (in der Weltliteratur wie in der Geschichte des Epochemachens) ist die Kunst, die Balance zu halten zwischen Zorn und Zuspruch, zwischen Rage und Ratschlag; und beide sind sie Genies in der Handhabung der pädagogischen Peitsche.

Paulus und Lenin – man wird diesen Vergleich nicht gern sehen, auf zwei Seiten nicht: Die dogmatischen Christen werden ihn für ebenso anstößig halten wie die orthodoxen Marxisten. Aber schon hätten wir in diesem Satz und mit diesem Sachverhalt eine weitere Berechtigung für den Vergleich: eben in den Begriffen Christen und Marxisten, eben in der Vermeidung der Bezeichnungen Paulinisten und Leninisten. Denn: Paulus verhält sich zu Christus wie Lenin zu Marx. Keiner, weder Paulus noch Lenin, stiftet den Namen, keiner prägt den Begriff. Aber jeder der beiden setzt die Sache ins Werk und in die Welt.

Der rascheste Einwand sei gleich angefügt: Daß das Verhältnis zu den Vorbildern gerade umgekehrt sei. Daß Christus gehandelt und Paulus nur geschrieben habe, während Marx nur geschrieben und Lenin entscheidend gehandelt habe. Aber noch dieser Einwand verstärkt die Analogie, macht sie überhaupt erst relevant: Beide haben mit ihrem Werk etwas in Kraft gesetzt, das nicht denkbar ist ohne das Modell (Vorbild, Vorleben, Vordenken, Vorleiden). Aber beide haben es getan unter gleichzeitiger Berufung und weitgehendem Verzicht auf das konkrete Material, das ihr Ausgangspunkt war. Ja: beide haben überhaupt erst die Siegesvoraussetzung geschaffen, indem sie die Forderung derer, in deren Namen sie siegen wollten, außer acht (nicht: außer

Achtung) ließen. So daß man sagen kann: Sie siegten zwar unter fremdem Namen, aber doch im eigenen.

Hier soll weder Paulus zu einem Lenin der Antike erklärt, noch Lenin zu einem Paulus dieses Jahrhunderts verklärt werden; es soll nur das Bild des Apostels durch die Rahmung mit den Lebensumständen des Revolutionärs akuter, anschaulicher, konturengenauer gemacht werden. Ebensowenig soll Lenin als Zeuge fürs viel erörterte Thema »Christentum und Marxismus« in Anspruch genommen werden; es geht vor allem um eine Intensitätsfrage. »Eine kraftgeladene Verbindung von Machtwillen und Askese, ein großer Papst der Idee, voll vernichtendem Gotteseifer« – das hat Thomas Mann auf Lenin gemünzt. Paulus hätte kaum besser charakterisiert werden können.

Hat nicht Lenin zeitlebens den Paulus, die Paulus-Strategien im Hintergrund und im Hinterkopf gehabt? Als Anleitung zum Handeln über große Entfernungen hinweg, in bedrängten Situationen? Besonders auffällig ist die Verwendung eines Bildes, das die Solidarität aller bezeichnet, eines Bildes, das verblüffende Analogie besitzt, wenn man es verkürzt zitiert: »Und wenn ein Glied leidet, so leiden alle Glieder mit, und wenn ein Glied geehrt wird, so freuen sich alle Glieder mit.« So heißt es bei Paulus im ersten Korintherbrief (12,26), und in einem Prawda-Aufsatz Lenins (vom 9. Juni 1917) heißt es: »Was geschieht, wenn man in einer eisernen Kette [...] eines der Glieder mit einem hölzernen vertauscht? Die Kette reißt. Die Stärke oder Unversehrtheit aller anderen Glieder der Kette außer dieses einen, retten die Sache nicht. Reißt das hölzerne Glied, so reißt die ganze Kette.«

Klar, daß die Vergleiche verschiedenen Sphären entnommen sind: Paulus nimmt die Kirche für den Leib Christi, die einzelnen Glieder sind Körperteile, das Ganze ist ein lebendiger Organismus; bei Lenin gibt es lediglich die Vorstellung einer Kette, nicht lebendigen, sondern mechanischen Zusammenhalt. Und dennoch treffen sich beide in der pointierten

Vorstellung von der Wichtigkeit des kleinsten Gliedes, des einen für das Ganze, des Winzigen für das Große, des einzelnen für die Gesamtheit: »Und wenn ein Glied leidet, so leiden alle Glieder mit« – »Reißt das hölzerne Glied, so reißt die ganze Kette.« Gerade die analoge Satzfügung deutet darauf hin, daß Lenin das Paulus-Gleichnis nicht nur kannte, sondern daß er es bewußt in eine für den Materialisten angemessenere Sphäre transponierte.

Religiöses Vokabular geht Lenin leicht von der Hand, ist ihm erprobtes Material für Argumentation und Agitation, für Überzeugungsarbeit und Spott. Selbstverständlich, daß er die Nomenklatura von Bibel und Kirche da verwendet, wo er schmähen und höhnen will, daß ihm Ironisierungen willkommen sind wie diese: »Die III. Internationale hat schon das Licht der Welt erblickt. Und wenn sie von den Hohepriestern und Päpsten der II. Internationale noch nicht geweiht und getauft worden ist . . .« Und nicht verwunderlich, wenn er Maxim Gorki anherrscht: »Jeder Gott ist Leichenschändung, mag es auch der allerreinste, idealste, nicht zu suchende, sondern zu erschaffende Gott sein, das ist einerlei.« Merkwürdig eher, daß er in Momenten der Dringlichkeit jemanden »um Christi willen« beschwören oder die Warnung ausrufen kann: »Wandelt nicht im Rat der Gottlosen!« Oder daß er sich sogar einer mystischen Wendung bedient: »Erst jetzt wurde der alte Adam [. . .] wirklich ausgezogen.«

Aber die wichtigsten Übereinstimmungen sind viel praktischerer Art: Es sind Strategien und Korrespondenz, Techniken der Ermahnung und der List, es sind Äußerungen des Temperaments und des aufrüttelnden Eifers. »Die Zögernden hinreißend, die Schlafenden erweckend, die Schwachen ermutigend« – das ist die Sprache Lenins, aber sie klingt wie aus einem Paulus-Brief. Und Paulus, der allen alles sein will, steht Modell für den Typus des Revolutionärs, den Lenin predigt: »Wenn man es nicht versteht, sich anzupassen, wenn man nicht gewillt ist, auf dem Bauch durch den Schmutz zu kriechen, dann ist man kein Revolutionär, sondern ein

Schwätzer, denn so vorzugehen, schlage ich nicht deswegen vor, weil es mir gefällt, sondern weil es keinen anderen Weg gibt.« Und auch damit wäre die paulinische Praxis weniger denunziert als beschrieben: »Man muß die größte Treue zu den Ideen [des Kommunismus] mit der Fähigkeit vereinen, alle notwendigen praktischen Kompromisse einzusehen, zu lavieren, zu paktieren, im Zickzack vorzugehen, Rückzüge anzutreten und ähnliches mehr...« Und andererseits wieder die polemische Entschiedenheit nach Art des Galaterbriefes: »Nein, meine Lieben! Ich werde nicht die Verantwortung tragen für Eure Schwankungen...!« Und die Korinther-Beschimpfung: »Das ist ein Skandal, das ist eine Schande [...] Man muß diese Leute widerlegen, bloßstellen, ihnen Zeit geben zu lernen und nachzudenken. Und ganz und gar paulinisch ein Seufzer wie dieser: »Das ist eben mein Schicksal. Ein Waffengang nach dem andern...«

Und die Sorge um alle Gemeinden. Die Sorge um die Gleichgesinnten, und daß sie es bleiben. Die Sorge um die Briefe. Um den Kontakt. »Andererseits wäre es gerade jetzt unbedingt von Nutzen für die Sache, wenn jemand, der vollkommen informiert ist und selbständig arbeitet, 2-3 Zentren aufsuchte, Kontakte aufnähme, Verbindungen anknüpfte und unverzüglich nach Schweden zurückkehrte, um alle Verbindungen zu übermitteln und die weitere Lage zu besprechen [...] Das wäre kolossal wichtig.« Und wie wenn er einen Timotheus nach Amerika schickte: »Schreiben Sie bitte, wann Sie noch einmal in New York sein werden und für wieviel Tage. Sehen Sie zu, daß Sie überall (wenn auch nur auf 5 Minuten) die am Ort wohnenden Bolschewiki sprechen können, sie zu ›beleben‹ und die Verbindung zwischen ihnen und uns herzustellen.«

Nie, so haben uns Lenin-Kenner bei den Recherchen zu dieser Gegenüberstellung versichert, könne Lenin eine Bibel in der Hand gehabt, nie anders als mit marxistischer Verachtung von Religionsdingen gesprochen, gedacht, gefühlt haben. Nun, wenn die Bibel nicht, so hat er doch gewiß seinen

Engels gelesen: »Zur Geschichte des Urchristentums«. Und gewiß hat er die berühmte Passage behalten, die Paulus gleichsam zu einem Komplicen der sozialistischen Bewegung macht: »Ich möchte den alten ›Internationalen‹ sehen, der z. B. den sogenannten zweiten Brief Pauli an die Korinther lesen kann, ohne daß wenigstens in einer Beziehung alte Wunden bei ihm aufbrechen. Der ganze Brief, vom achten Kapitel an, hallt den ewigen, ach so wohlbekannten Klageton wider: les cotisations ne rentrent pas – die Beiträge wollen nicht einkommen! Wie viele der eifrigsten Propagandisten der sechziger Jahre würden dem Verfasser dieses Briefs, wer er auch sei, verständnisinnig die Hand drücken und flüstern: also auch dir ging's so! Auch wir können ein Liedchen davon singen – auch in unserer Assoziation wimmelte es von Korinthern . . .«

Lenin auf den Spuren des Paulus – aber Paulus ein Revolutionär? Für die politische Theologie unserer Tage, zumal für das, was sich in einem radikaleren Sinn als »Theologie der Revolution« versteht, ist er, unter dem Horizont des Kommenden im Heutigen, unter dem Stichwort der Hoffnung, ein entscheidender Kronzeuge. Ein so beiläufig scheinender Zuspruch wie der aus dem 1. Thessalonicherbrief: »Trauert nicht wie die übrigen, die keine Hoffnung haben«, wird dabei zum wichtigen Hinweis. »Denn daß das Evangelium von der kommenden Herrschaft Gottes und das recht verstandene Revolutionäre in heimlicher Verbindung zueinander stehen, präziser gesagt, daß der eschatologische, also auf die Zukunft orientierte Christusglaube – und wie könnte er anders orientiert sein! – sich als eine revolutionäre Kraft erweisen will, die ihr Maß am Kommenden, nicht am Jetzigen hat, ist eine Wahrheit, die nicht mehr preisgegeben werden darf«, heißt es bei dem Schweizer Theologen Arthur Rich in seinem »Versuch, eine Theologie des Revolutionären [. . .] namentlich von der paulinischen Eschatologie her umrißhaft zu skizzieren«. Und Jürgen Moltmann, Wortführer einer »Theologie der Hoffnung«, schreibt: »Weder Paulus noch die altchristlichen Theologen haben eine ›Theologie der Revolution‹ entwickelt. Doch wirkten die Christen durch ihre Anbetung Gottes im Gekreuzigten zweifellos revolutionär. Denn sie griffen dadurch das Nervenzentrum der politischen Religionen und der religiösen Politik ihrer Zeit an. Ihr Glaube war eine Revolution in jener Zeit . . .«

Noch einmal: VOM SAULUS ZUM PAULUS: Das allererste Detail, das man erfährt, wenn man sich diesem paradoxen Menschen, diesem Doppelleben, zu nähern versucht, ist dies: Beide Namen trug er von Geburt an: Saulus *und* Paulus.

I.
QUERTREIBER ZWISCHEN DEN FRONTEN

1.
Das Martyrium des Stephanus oder: Wenn die Steine reden

> Eine Zusammenballung von Ereignissen läßt in mir die Angst aufkommen, die Bevölkerung wolle mich steinigen.
>
> Strindberg, Inferno

> Die Palästinenser reagieren ihren Haß und ihre Hoffnungslosigkeit mittlerweile mit Steinwürfen auf jedermann ab.
>
> Der Spiegel, 18. 1. 88

Randfigur Saulus

Auf einmal steht er da. Auf einmal steht er da am Rande des Tumults und schon mitten in seiner Geschichte. Ein Mord geschieht, und auf einmal ist er dabei, gar eine Art Aufseher. Keine Gestalt der Antike hat einen fahleren, beiläufigeren, böseren Auftritt als dieser junge Mann, keiner wird abfälliger in Szene gesetzt: »Und die Zeugen legten ihre Kleider zu den Füßen eines Jünglings ab, der Saulus hieß, und sie steinigten Stephanus; der aber betete: Herr Jesus, nimm meinen Geist auf! Er fiel auf die Knie und schrie laut: Herr rechne ihnen diese Sünde nicht an! Und als er das gesagt hatte, verschied er. Saulus aber hatte Gefallen an seinem Tode.« (Apg. 7,57-59) Dieser Saulus soll aber der Held des ganzen ferneren Buches werden, die Zentralgestalt der zweiten Hälfte jenes antiken Romans, den man die Apostelgeschichte nennt. Was nach Legenden-Sammelsurium aussah, wird nun seine Biographie. Auf einmal steht er da und freut sich über den zermalmten Stephanus.

Wer aber wirft den ersten Stein? Saulus selbst nicht, er paßt ja auf die Kleider auf, die die anderen abgelegt haben vor Beginn ihres mörderischen Geschäftes; er ist nur grinsender Beobachter der entsetzlichen Szene. Aber das läßt ihn desto widerwärtiger erscheinen: Die übrigen haben doch wenigstens die Wut im Bauch, die Schädeldecke überschwemmt vom Orgasmus der Rage, die sind außer sich über diesen Gotteslästerer Stephanus. Saulus aber weiß sich zu beherrschen, macht sich die Hände nicht schmutzig. Er schaut der Barbarei bloß befriedigt zu.

Die Männer sind herausgestürmt aus den Gassen Jerusalems, aus den Häusern und Basaren, von den Märkten weg und vom Gebet. Unter allen berühmten Orten der Antike ist dieser ja noch am leichtesten zu imaginieren: Wer heute durch diese Altstadt geht, durch das Labyrinth ihrer Gassen, durch den Verwirr-Raster der Geschäftigkeitsschluchten, wer sich treiben oder bremsen oder aufhalten läßt vom breiigen Strom der Passanten, Käufer, Touristen, Händler, Tiere, Prozessionen, wer sich betäuben läßt von den Aromen des Orients, von den Düften nach Koriander, Anis, Kaffee, frisch gepreßten Orangen, von Moschus und Myrrhe, wer geblendet ist vom Messing-, Gold- und Silberglanz der unzähligen Souvenirläden, der erlebt nicht nur die Altstadt, sondern – auch wenn kein Stein von damals mehr auf dem andern stünde – die alte Stadt, das antike Jerusalem, von den Römern Hierosolyma, von den Syrern urisilem, hebräisch jerusalem und arabisch el-kuds (das Heiligtum) genannt.

Und der begreift, warum Steinigungen »vor« der Stadt, auf freiem Felde, außerhalb der Enge stattfinden mußten, in einer erst allmählich sich freisetzenden Volkswut vollzogen wurden: Menschen verwandelten sich in »Hetzmassen« (Canetti), die Menge wurde zur Meute, die Meute zum Mob. In einer seltsamen Kombination von Lynchjustiz und Strafvollzug, von Blindwütigkeit und Hinrichtungsprozedur, von niedrigsten Instinkten und erlaubter Liquidation, war die Steinigung Randale, die zugleich für Gerechtigkeit sorgen sollte. Und zudem eine innere Ordnung haben mußte, ein gewisses Maß an Übersicht, Vorsicht, Umsicht, denn das Sich-Aus-Toben war nicht ohne Gefahr. Wenn es nur darum ging, den Übeltäter zu verjagen, hinauszusteinigen in die Wüste, mit Würfen zu vertreiben und ihn dann, getroffen, verletzt, taumelnd, seinem Schicksal zu überlassen, so hatte es für die übrigen keine Not, und der Spuk, die befreiende Jagd, war alsbald vorbei, solange man Atem hatte und Lust auf die Verfolgung und Vorrat an Steinen: Daß so einer am Leben blieb, war Strafe genug.

Dieser Stephanus aber soll nicht entkommen, den treibt man nicht hinaus, sondern in die Enge. – Draußen auf dem steinigen Feld vor Jerusalem beginnt die heikle Choreographie der konzentrischen Steinigung: Man schwärmt aus nach allen Seiten, die Schnelleren haben das Opfer überholt, ein sehr lockeres Treibnetz bildet sich, gerade eng genug, um ein Entkommen zu verhindern, aber doch in wohlweislichem Abstand von den Würfen und Hieben der übrigen, denn da heben sich, nach den ersten Steinen der Zeugen, auf einmal Dutzende von Armen, ein ganzer Wirbel von Geschossen zuckt auf, fliegender Schotter, wirres Bombardement. Ganz ohne blaue Flecken oder eine Platzwunde oder eine blutende Nase geht es auch für die Folterer nicht ab. Gefährlich vor allem, wenn man sich vom blinden Zorn hinreißen läßt und mit dem Stein in der Hand auf das Opfer einschlagen will und dabei selbst zur Zielscheibe wird: Nicht selten, und man trägt einen Verletzten heim; und nicht jeder Irrläufer muß ein Versehen sein. Doch je länger die Prozedur dauert, desto einfacher wird sie, längst treibt es den Delinquenten nicht mehr hin und her, seine Ausflüchten werden wankender, endlich bricht er in die Knie, schlägt zu Boden, und wenig Ähnlichkeit hat es noch, das gedunsene, zerwalkte, blaugeschlagene Fleisch, mit einem leibhaftigen Menschen.

Und Saulus steht dabei und empfindet Wohlgefallen! Wie steht einer da, der so dasteht? Satanisch, sadistisch, fanatisch, unmenschlich? Bestialisch oder bloß unvorstellbar? Aber die Frage sollte zunächst anders lauten, denn wir haben es ja mit einer Erzählung, einer antiken Legende, einer Art Szenarium aus dem Altertum zu tun. Die Frage muß also sein: Was treibt einen Schriftsteller dazu, seinen künftigen Protagonisten so schlimm einzuführen; was denkt er sich dabei, seinen eigentlichen Sympathieträger, den er doch auf seinem Lebensweg berichtend begleiten will, so schlecht zu machen, so hinzustellen, daß den Leser das Entsetzen packt, ja der schiere Brechreiz vor diesem Menschen, der ein Unmensch ist.

Was fällt diesem Autor ein, den wir der Einfachheit halber nicht den »Geist der Erzählung« nennen wollen, sondern, wie es die Tradition wahrhaben will, Lukas. Ungeschick kann es nicht sein, selbst wenn es richtig wäre, daß er im Hauptberuf Arzt ist. Denn er ist auch ein erfahrener, erprobter, szenenkundiger Schriftsteller, der ein gewaltiges Werk schon abgeschlossen hat, ehe er sich an die Apostelgeschichte macht: das nach ihm benannte Lukas-Evangelium. Und wie gut er sich da aufs Erzählen, auf den richtigen Tonfall verstand, das weiß schließlich jedes Kind. Denn die »Weihnachtsgeschichte« ist sein Text, das »Es begab sich aber zu der Zeit« sind seine Worte, die Herberge, in der kein Raum war, ist seine Einstimmung auf die nackte Not, und die Geburt Jesu im Stall von Bethlehem seine unvergänglich anrührende Szene, die zu den weiterwirkenden Seelenbildern des Christentums gehört.

Warum dann aber, im Falle des Saulus, eine so drastische, blutige, gemeine Eröffnung? Die Antwort ist einfach: Eben, weil Lukas ein Meister seines Metiers ist. Dieser Autor, der da vor 1900 Jahren einen Lebensbericht des Apostels schreibt, ist ein psychologisches Genie, ein meisterhafter Dramaturg, und er ist ein subtiler Propagandist, der sich auf die Mobilisierung von Emotionen versteht. Und dieser Lukas schickt sich an, die sensationellste Wandlung im Leben eines Menschen zu beschreiben, die es je gegeben hat; oder vielmehr: Er schickt sich an, sie so zu beschreiben, daß sie zur sensationellsten werden kann. Je tiefer Lukas diesen Saulus sinken läßt, um so mehr kann Christus ihn erhöhen. Je wüster der Autor ihn verteufelt, um so göttlicher ist die Kraft, die dann den jungen Eiferer zu sich berufen wird. Je größer der Schock, der sich dem Leser mitteilt, um so mitreißender das Wunder, das ja nicht nur dem Saulus bevorsteht, sondern der Nachwelt insgesamt. Erst muß Saulus noch einmal ausgiebig durch die Hölle, die er anderen bereitet: Dann erst kann sich der Himmel ihm auftun.

Der erste Konflikt

Wer ist dieser Stephanus, an dessen Steinigung Saulus seinen schrecklichen Gefallen findet? In die Geschichte des Christentums ist er eingegangen als der erste Märtyrer nach Jesus. Daß es unter dessen Anhängern in Jerusalem just den Stephanus trifft und keinen von den Jüngern, ist aber kein Zufall: Stephanus ist nämlich die hervorragende Gestalt unter einer frühen Nebengruppe der Jesuaner, Vertreter der aus Griechenland stammenden Mitglieder der jungen Gemeinde, einer jener »Hellenisten«, deren Sprache und Gewohnheiten nicht nur in der Glaubenshochburg des Judentums besonders auffallen, sondern auch im Kreis der Judenchristen Irritationen hervorrufen mußten. So war Stephanus Wortführer geworden in einem Konflikt, der da, bald nach der Kreuzigung Jesu, unter seinen Anhängern ausgebrochen war.

Lukas berichtet Praktisches: »In diesen Tagen, da die Jünger sich mehrten, entstand ein Murren der Hellenisten gegen die Hebräer, weil ihre Witwen bei der täglichen Unterstützung übersehen wurden. Da beriefen die Zwölf die Versammlung der Jünger ein und sagten: Es ist nicht in Ordnung, daß wir das Wort Gottes vernachlässigen und für die Mahlzeiten sorgen. Seht euch, Brüder, nach sieben Männern aus eurer Mitte um, mit gutem Ruf, voller Geist und Weisheit, die wir mit dieser Aufgabe betrauen wollen. Wir aber wollen uns dem Gebet und dem Dienst des Wortes widmen. – Der Vorschlag fand bei der ganzen Versammlung Zustimmung, und man wählte Stephanus, einen Mann voll Glaubens und heiligen Geistes, und Philippus und Prochorus und Nikanor und Timon und Parmenas und Nikolaos, einen antiochenischen Proselyten. Diese stellten sie vor die Apostel, und sie beteten und legten ihnen die Hände auf.« (Apg. 6,1-6)

Nur vordergründig geht es um den Tischdienst, für den sich der enge Kreis der Jünger zu schade dünkt; eher wohl um die Distanzierung der judenchristlichen Elite von den zugereisten Glaubensbrüdern, die die Jerusalemer Spielregeln der Rituale und der taktischen Vorsicht nicht recht begreifen und einhalten wollten. Und womöglich eloquenter, gebildeter waren als die kleinen Leute vom Schlage eines Petrus.

Stephanus zum Beispiel beschränkt sich nicht darauf, die Witwen zu verköstigen: Er redet, und er macht von sich reden. Er beachtet nicht, was die Apostel offenbar als ihre Lektion nur zu gut gelernt haben, »die List bei der Verbreitung der Wahrheit«. Er hält sich nicht bedeckt. Er wagt sich hervor, als wisse er nicht, was in den Mauern Jerusalems vor allem lauert: Gefahr. Er läßt sich auf theologische Diskussionen ein.

So beschreibt es unser Autor: »Stephanus aber voll Gnade und Kraft tat große Wunder und Zeichen im Volk. Es erhoben sich aber einige von der sogenannten Synagoge der Libertiner und Kyrenäer und Alexandriner und von denen aus Cilicien und der Asia und disputierten mit Stephanus. Doch sie vermochten der Weisheit und dem Geist, in dem er redete, nicht zu widerstehen. Da stifteten sie Männer an, die aussagen sollten: Wir haben ihn Lästerworte gegen Mose und gegen Gott reden hören. Und sie hetzten das Volk und die Ältesten und die Schriftgelehrten auf; sie gingen auf ihn los und ergriffen ihn, führten ihn vor den Hohen Rat und stellten die falschen Zeugen auf, die aussagten: Dieser Mensch hört nicht auf, gegen diese heilige Stätte und das Gesetz zu reden. Denn wir haben ihn sagen hören: Dieser Jesus von Nazareth wird diese Städte zerstören und die Ordnungen ändern, die uns Mose gegeben hat. Und alle, die im Rat saßen, blickten auf ihn, und sahen sein Angesicht leuchten wie das eines Engels.« (Apg. 6,8-15)

Der Hohe Rat läßt Stephanus reden, und der redet sich prompt um Kopf und Kragen. Scheinbar rekapituliert er jüdische Religions- und Leidensgeschichte, in Wahrheit aber nimmt er das Alte Testament als Material für eine Polemik. Moses wird für Stephanus das Modell dafür, wie weit es die Verstocktheit der Juden schon immer gebracht habe: Er führt aus, wie Moses durch wunderbare göttliche Fügungen zum Erretter Israels herangewachsen war, wie aber seine Brüder diese Erlösermission nicht begriffen und ihn verworfen hätten, wie aber in der Wüste ein abermaliger Auftrag Gottes an ihn ergangen sei, sich zur Errettung seines Volks aufzumachen. Und dann zieht Stephanus seine Argumentationsschlinge enger: »Diesen Mose, welchen sie verleugneten, da sie sagten: Wer hat dich bestellt zum Herrscher und Richter; diesen hat Gott als Herrscher und Erlöser entsandt [...] Dieser hat sie herausgeführt.« Und es ist dieser verkannte und eben dadurch legitimierte Moses, der seinem Volk verkündet hat: »Einen Propheten wird euch erwecken Gott aus euren Brüdern wie mich.« (Apg. 7,35-37) Das heißt: Und wenn endlich der Messias kommt, werdet ihr ihn genauso verkennen, verwerfen wie mich, Moses.

Und weiter in der Argumentation: Zeichen solcher Abirrung, solcher Blindheit für den göttlichen Willen sei ja der Bau des Tempels, anstelle der Stiftshütte, unter Salomo. Denn der Allerhöchste wohne nicht in Tempeln von Menschenhand, sondern, wie er schon durch den Propheten verkündet habe: »Der Himmel ist mein Thron und die Erde der Schemel meiner Füße, was wollt ihr denn für ein Haus bauen?« (Apg. 7,49)

Bis hierher ist alles noch zu ertragen. Doch dann bricht es aus Stephanus heraus, jetzt gibt es für seinen Glaubensfuror kein Halten mehr: »Ihr Halsstarrigen mit verstockten Herzen und tauben Ohren, ihr widerstrebt allezeit dem heiligen Geist, wie schon eure Väter, so jetzt ihr. Welchen Propheten haben eure Väter nicht verfolgt? Sie haben die getötet, die das Kommen des Gerechten vorherverkündigten: dessen Verräter und Mörder seid ihr nun geworden. Ihr habt durch Weissagung von Engeln das Gesetz empfangen, doch gehalten habt ihr's nicht.« (Apg. 7,51-53)

Dieser unerhörten Provokation des Hohen Rates läßt Stephanus eine Gotteslästerung folgen, wie sie frenetischer nicht gedacht werden kann: »Siehe, ich sehe den Himmel offen, und den Menschensohn zur Rechten Gottes stehen.« Von der Ungeheuerlichkeit des Satzes zeugt die Reaktion: »Da schrien sie laut, hielten sich die Ohren zu und stürzten alle miteinander auf ihn los und stießen ihn zur Stadt hinaus, um ihn zu steinigen.« (Apg. 7,55 f.)

Der Zeugen also, die da heimlich aufgeboten waren, hätte es gar nicht bedurft, und falsch war ihre Aussage auch nicht: Gott sehen heißt schon nach der alten Bibel: Gott lästern. Aber nun einen Menschensohn zur Rechten Gottes zu imaginieren, einen zweiten zu etablieren neben dem *einen* unnennbaren unsichtbaren Gott, den Himmel zum Familienbetrieb zu degradieren: Das stürzt die Lästerung ins Satanische.

An der Form und am Ausmaß der Bestrafung konnte es für niemanden unter den gläubigen Juden einen Zweifel geben, am allerwenigsten für Saulus, den jungen, eifernden Pharisäer. Daß er Zuhörer war beim Wortgefecht des Stephanus gegen sich selbst, legt die Apostelgeschichte nahe, ja einmal führt sie Saulus sogar als ein Mitglied des verurteilenden Gremiums vor: »Und wenn sie hingerichtet werden sollten, gab ich meine Stimme dazu.« (26,10) Saulus mußte, als angehender Rabbi, die Sätze des Moses nicht nur memoriert haben, er mußte sie auch beherzigen und ausführen helfen: »Wer des Herren Namen lästert, der soll des Todes sterben; die ganze Gemeinde soll ihn steinigen. Ob Fremdling oder Einheimischer, wer den Namen lästert, der soll sterben.« (3. Mos. 24,16)

Die Weisung war im fünften gesetzgebenden Moses-Buch noch einmal ausdrücklich eingeschärft worden: »Wenn bei dir in einer deiner Städte, die dir der Herr, dein Gott, geben wird, jemand gefunden wird, der da tut, was dem Herrn, deinem Gott, mißfällt, daß er seinen Bund übertritt und hingeht und dient andern Göttern und betet sie an, es sei Sonne oder Mond oder das ganze Heer des Himmels, was ich nicht geboten habe, und es wird dir angezeigt, und du hörst es, so sollst du gründlich danach forschen. Und wenn du findest, daß es gewiß wahr ist, daß solch ein Greuel in Israel geschehen ist, so sollst du den Mann oder die Frau, die eine solche Übeltat begangen haben, hinausführen zu deinem Tor und sollst sie zu Tode steinigen.« (5. Mos. 17,2-5)

Aber alle diese Weisungen enthalten auch immer die Warnung vor Justizirrtümern: »Auf zweier oder dreier Zeugen Mund soll sterben, wer des Todes wert ist, aber auf nur eines Zeugen soll er nicht sterben. Die Hand der Zeugen soll die erste sein, ihn zu töten, und danach die Hand des ganzen Volkes, daß du das Böse aus deiner Mitte wegtust.« (5. Mos. 17,6 f.)

Die Strafe der Steinigung

RECHERCHE: Das Böse aus deiner Mitte wegtun. Die Steinigung ist eine uralte Form der Strafe, und zu ihrem Wesen gehört, daß sie von einer Gemeinschaft, von den Einwohnern einer Stadt, vom »Volk« vollzogen wird. Zwischen dem Opfer und der Gemeinde sollte jedes Band zerrissen sein. »Wie mit ihm in Zukunft niemand etwas zu tun haben wollte, so sollte nun auch jeder an der Steinigung, d. i. der Ausstoßung sich beteiligen«, heißt es bei Rudolf Hirzel, dem eine der wenigen Studien zu diesem Thema zu danken ist. Für ihn hat die lapidatio nicht nur Strafcharakter, sondern auch rituellen, ja sakralen Rang: Die Steinigung ist Nachvollzug der Vertreibung aus dem Paradies.

Von Steinigung ist nicht nur in den beiden Büchern der Bibel die Rede, sondern in fast allen Texten der antiken

Literatur. Im »Orest« des Euripides muß nicht nur Helena die Steinigung durch das aufgeputschte Volk fürchten, sondern ebenso Orest selbst und Elektra, über die (wegen des Muttermordes) eine Volksversammlung zu Gericht sitzt. Im »Agamemnon« des Aischylos droht der Chorführer dem hinterhältigen Aigisthos den Tod mit den folgenden Worten an:

> »Ich sage: Recht wird sein! Glaub mir, es wird dein Haupt
> Dem Fluch des Volkes und der Steinigung nicht entgehn.«

Und im »Ödipus auf Kolonos« von Sophokles spricht Ödipus, sich erinnernd, von beiden Formen der Steinigung, von der tödlichen und von der vertreibenden:

> ». . . Denn an jenem ersten Tag, als mir
> Siedheiß das Herz aufwallte und am liebsten ich
> Den Tod erleiden wollte und die Steinigung,
> Zeigte sich niemand, der dazu die Hand mir lieh.
> Jedoch, als längst gemildert war die Qualbegier
> Und ich erkannte, daß mein Selbsthaß einst zu weit
> Gegangen in der Züchtigung alter Irrtumsschuld,
> Erst dann, so spät erst, jagte mit Gewalt die Stadt
> Mich aus dem Land . . .«

Aber außer als Werkzeug der Ausstoßung und als tödliche Waffe haben die Steine noch eine dritte Funktion: Sie dienen einer höhnischen Form der Beerdigung, sie türmen sich über dem Toten als Grab- und Schandmal zugleich auf. Der Leichnam des Stephanus wird zwar von seinen Anhängern geborgen werden; aber in anderen Fällen werden die Opfer einfach liegengelassen und zugedeckt. Niemand, der sie wegschaffen mag; auch ersparten die Steine den grauenvollen Anblick und drückten die Toten näher zur Hölle. Das kommt auch in Martin Bubers Übersetzung der Hebräischen Bibel wieder genau zum Ausdruck, wo es im entscheidenden Passus des 3. Buches Mose heißt: »Wer aber den Namen antastet, sterben muß er, sterben, verschütten sollen sie ihn, verschütten die Gemeinschaft.« Auch Platon gibt in seinen Gesetzen »die Vorschrift, daß einer, der Eltern, Geschwister, Kinder gemordet hat, getötet und an einen Kreuzweg geschafft werden soll, wo jeder Beamte einen Stein auf ihn zu werfen habe«. Endlich: im Koran ist der Teufel immer wieder »der zu Steinigende«; und die orientalische Märchenrevue »Tausendundeine Nacht« nimmt diese Vorstellung auf, wenn da vom »gesteinigten Satan« die Rede ist.

Doch man muß nicht die Literatur bemühen, um zu erfahren, was es mit Steinigungen auf sich hat. Denn Steinigung – das ist nicht irgend etwas Fernes, Orientalisches, Exotisches, Archaisches und Biblisches. Abgesehen davon, daß sie auch heute noch in einigen arabischen Staaten gelegentlich als Strafakt vollzogen wird, ist sie auch eine Form unseres alltäglichen Reagierens. Kleine Kinder, die sich befehden, liegen sich kaum einmal in den Haaren, sondern bewerfen sich: mit Sand, Lehmklumpen, ja auch mit Steinen. Aber auch für Erwachsene gilt: In unseren Armen ist nicht nur alle Zärtlichkeit von Schutz und Liebe verkörpert, sondern auch aller Auswurf des Hasses, das Herausschnellen der Gewalt. Wer hätte nicht erlebt, mit dem nächstbesten Gegenstand nach jemandem werfen zu wollen; und sei es nicht, um den anderen zu treffen, sondern nur, um den eigenen Zorn abzureagieren. Und haben wir nicht, vor wenigen Jahrzehnten, in Deutschland eine kollektive Steinigung erlebt, zugelassen, mitgemacht, die nächtliche Aktion mit dem gespenstischen Namen »Reichskristallnacht«?

Mit der Steinigung am Beginn unserer Geschichte von Saulus/Paulus soll sich erweisen: Es ist keine alte Geschichte. Die Steine, auch sie, reden ihr fatales Wort bis heute mit.

Jesus in Verlegenheit

In Jerusalem, dieser Hochburg jüdischen Glaubens, lag eine Steinigung jederzeit in der Luft, bildete einen Gefahrenhimmel über jedem unbedachten Wort, wieviel mehr über einem bedachten oder gar dem inspirierten. Schon das Wirken und die Predigt Jesu hatten sich vollzogen unter dieser ständigen Bedrohung; zweimal soll er sich der Steinigung nur durch Versteck oder rascheste Flucht entzogen haben (Joh. 8,59; 10,31 f.). Wie sehr das Gebot der Steinigung, das auch beim Ehebruch einer Frau galt, das erste nachchristliche Jahrhundert beschäftigt hat, zeigt der Umstand, daß das Johannesevangelium seinen Jesus mit dem Problem konfrontiert: »Aber die Schriftgelehrten und Pharisäer brachten eine Frau zu ihm, die beim Ehebruch ergriffen worden war, stellten sie in die Mitte und sagten zu ihm: Meister, diese Frau ist auf frischer Tat beim Ehebruch ergriffen worden. Mose hat uns im Gesetz geboten, solche Frauen zu steinigen. Was sagst du dazu? Das sagten sie aber, um ihm eine Falle zu stellen, damit sie einen Grund der Anklage gegen ihn hätten. Aber Jesus bückte sich und schrieb mit dem Finger auf die Erde. Als sie nun nicht aufhörten, ihn zu fragen, richtete er sich auf und sagte zu ihnen: Wer unter euch ohne Sünde ist, der werfe den ersten Stein auf sie. Dann bückte er sich wieder und schrieb auf die Erde. Als sie das hörten, gingen sie weg, einer nach dem andern, die Ältesten zuerst; und Jesus blieb allein mit der Frau, die immer noch in der Mitte stand. Jesus aber richtete sich auf und fragte die Frau: Wo sind sie geblieben? Hat dich niemand verdammt? Sie antwortete: Niemand, Herr. Da sagte Jesus: Dann verdamme ich dich auch nicht; geh hin und sündige nicht mehr.« (8,3-11)

Was soll man dazu sagen? Wie soll man diese Haltung, diese Auskunft kommentieren? Was herauslesen aus der absurden Verlegenheitsgebärde des Schreibens auf der Erde? Ziehen wir einmal eine jener Interpretationshilfen zu Rate, mit der Theologiestudenten heutzutage ausgerüstet werden, die »Wuppertaler Studienbibel«; hier ist alles unter Dach und Fach: »Jesus malt mit seinem Finger irgendwelche Linien und Figuren in den Sand. Er macht damit in starker Weise deutlich, wie völlig er sich von der ganzen unechten Fragerei seiner Gegner geschieden weiß. Aber dann, als die Frager ihn weiter bedrängen, richtet er sich auf. Und nun kommt eine jener Antworten, wie wir sie mehrfach aus den Evangelien kennen, eine Antwort, die das ganze Netz zerreißt und die triumphierenden Gegner jäh zu Geschlagenen, ja zu selber Gerichteten macht: ›Wer von euch ohne Sünde ist, der werfe den ersten Stein auf sie.‹ Das Gesetz Mose gilt. Jesus widerspricht ihm nicht. Eine Ehebrecherin in Israel hat den Tod verdient. Nun wohl, macht ernst, beginnt die Steinigung! Aber als erster werfe der von euch einen Stein, der selber ohne Sünde ist! [...] Dieses eine Wort genügt. Mit ihm ist schon alles gesagt.«

Wir lassen solche erbärmliche Erbaulichkeit vorerst unkommentiert. Wichtig an dieser Stelle ist ein anderer Hinweis: Eingeschränkt wird das Gesetz des Mose im Jerusalem jener Zeit nicht durch Spitzfindigkeiten oder Hinhaltetaktiken, sondern durch die politischen Verhältnisse, das heißt, durch die römische Besatzungsmacht. Jerusalem, damals ein Ort von etwa 25 000 bis 30 000 Einwohnern (deren Zahl sich zum Passahfest wohl verzehnfacht – so viele Pilger versammeln sich in der Stadt), war seit Herodes Residenz mit dem Synedrium Sitz der obersten jüdischen Behörde und bot mit dem Tempel die Heimat des jüdischen Kultus. Aber: seit dem Jahre 6 n. Chr. war sie auch römische Provinzialstadt mit einer Garnison. Und sie unterlag weitgehend römischer Jurisdiktion. Das heißt, die Todesstrafe konnte allein von der römischen Obrigkeit verfügt werden, wie es sich ja im Prozeß gegen Jesus gezeigt hatte: Die Kreuzigung war eine römische Hinrichtungsart, das Kreuz der römische Galgen.

Für die Steinigung des Stephanus ergeben sich aus dieser Sachlage Fragen: Wenn Todesurteile allein von den imperialen Behörden ausgesprochen und vollstreckt werden durften, wie konnte dann das Synedrium den Vollzug der Steinigung angeordnet haben? Fällt das Ereignis vielleicht erst in jene Zeit, als Pilatus von seinem Posten als Prokonsul schon abberufen, sein Nachfolger aber noch nicht eingetroffen war, also in ein politisch-juristisches Interregnum? Oder war diese Steinigung gar nicht rechtlich, sondern bloß tumultuarisch? Oder hat das Synedrium dem aufgebrachten Volk diesen Stephanus bloß übergeben mit den Worten: Steinigt ihn, aber treibt es nicht bis zum äußersten? Und daß die Dinge dann ihren eigenen Lauf genommen haben, von dem Lukas ja nicht ohne agitatorische Absicht berichtete?

Die Raserei des Liquidierens

Stephanus ist tot, und Saulus ist guter Dinge: *Seinem* Gesetz ist Genüge getan. Nur: War denn Stephanus etwa der einzige dieser verblendeten Jesus-Nachfolger in Jerusalem, hat er nicht, ehe man ihm das Handwerk legte, eine ganze Schar von Menschen für seine gotteslästerliche Sekte gewinnen können? Hat er nicht die Armen und die Witwen beschwätzt zu diesem absurden Glauben an den Gekreuzigten? Der Verführer ist ausgeschaltet, aber die Verführten bleiben doch immer noch das Ärgernis.

»Am selben Tag«, so berichtet die Apostelgeschichte, »brach eine große Verfolgung über die Gemeinde in Jerusalem herein; da zerstreuten sich alle in die Länder Judäa und Samarien, außer den Aposteln. Gottesfürchtige Männer aber bestatteten den Stephanus und hielten eine große Totenklage über ihn. Saulus aber suchte, die Gemeinde zu zerschlagen, ging von Haus zu Haus, schleppte Männer und Frauen fort und lieferte sie ins Gefängnis ein.« (Apg. 8,1-3) Die Randfigur Saulus wird auf einmal zur treibenden Kraft in Jerusalem. Man sieht ihn in einen Verfolgungsrausch geraten, in eine kalte Raserei des Liquidierens: Jetzt sind die an der Reihe, die zu schwach waren zu fliehen, die sich versteckt haben nicht nur in den Winkeln ihrer Häuser und Keller, sondern auch in den kilometerlangen Gängen unter der Erde: Jerusalem ist die Stadt des Tempelbergs, aber auch ein von Höhlen unterwanderter Ort. Doch vor der Fahndung des Saulus gibt es kein Entrinnen.

Luther, in einer seiner letzten Predigten (in Halle am 26. Januar 1546), stellt sich die Verfolgertätigkeit so konkret vor, als habe er den Vernichtungsbürokratismus dieses 20. Jahrhunderts schon erlebt; die sich nicht von Christus lossagen wollten, die schrieb Saulus »auf einen Zettel, Männer wie Frauen, trug die Zettel vor Gericht, las sie ordentlich vor, drang mit Gewalt darauf, sie zu richten und zu töten, schnaubte und war ganz toll und töricht auf die Christen, sagte, Christus wäre ein Schächer gewesen (= ein gemeiner Verbrecher), hätte gegen Gottes Ordnung aufrührerisch gelehrt, weshalb er auch von ordentlicher Obrigkeit mit Recht hingerichtet und verdammt, ans Kreuz geheftet wäre...«

Doch auch Luther weiß, daß für den jungen Saulus die Verfolgung der Jesus-Anhänger Ehrensache, Glaubenssache, Rechtssache sein mußte. Daß er im Grunde gar nicht anders handeln konnte. Der Reformator fügt nämlich in seiner Predigt hinzu: »Auch hatte der liebe Paulus dazu (wie es ihm dünkte) gut Fug und Recht aus dem dritten und fünften Buch Mose, worauf er sich ohne Zweifel gestützt hat, in dem nämlich Gott befiehlt, daß der gesteinigt werden soll, der sich als Prophet oder Levit erheben und gegen Gesetz und Ordnung, wie sie von Gott gegeben, lehren und predigen werde. Für einen solchen Propheten hielt er Christum. Darum folgert er, er sei mit Recht gerichtet und getötet, weshalb man auch keinen, der ihn bekenne und seiner Lehre anhänge, leben lasse solle.«

Der Gesetzes*über*eifer ist ein Zug, den nicht nur die Apostelgeschichte überliefert hat, sondern den auch der späte Paulus selbst, nicht ohne einen gewissen reuigen Stolz, hervorkehrt: »Ihr habt ja von meinem früheren Leben im Judentum gehört, wie ich die Gemeinde Gottes bis zum äußersten verfolgte und sie zu vernichten suchte und im Judentum viele meiner Altersgenossen übertraf und noch leidenschaftlicher als alle für die Satzungen der Väter eintrat ... (Gal. 1,13 f.)

Schwierig ist es, dieses Saulusbild mit einer weiteren Angabe der Apostelgeschichte in Einklang zu bringen: nämlich, der junge Jude sei »zu den Füßen Gamaliels unterwiesen mit allem Fleiß im väterlichen Gesetz«. Denn dieser Gamaliel ist das Gegenteil eines Fanatikers; nicht nur wird er als eine der ganz großen Figuren des frühesten Rabbinertums in der jüdischen Geschichte genannt, als eine ebenso kluge wie souveräne Gestalt, sondern auch Lukas sieht ihn, in rarer Übereinstimmung mit der jüdischen Tradition, als eine noble, besänftigende Erscheinung, als einen Mann, der in einem kritischen Fall die Apostel davor bewahrt hat, Vorläufer im Martyrium des Stephanus zu werden.

Als sie nämlich wegen der Predigt Jesu von den Sadduzäern ins Gefängnis geworfen, von einem Engel aber kurz darauf befreit worden waren und abermals bei der Jesus-Verkündigung im Tempel angetroffen wurden, scheint die Geduld des Hohen Rates endgültig erschöpft, die Strafe der Steinigung nicht mehr abzuwenden. Da aber erhebt sich dieser Gamaliel, »ein Schriftgelehrter, der vom ganzen Volk in Ehren gehalten wurde« (Apg. 5,34), und hält ein kurzes, aber eindringliches Plädoyer: »Ihr Männer von Israel«, spricht er die übrigen Mitglieder des Hohen Rates an, »überlegt euch gut, was ihr mit diesen Menschen tun wollt. Denn vor einiger Zeit trat Theudas auf und gab vor, etwas Besonderes zu sein. Ihm schlossen sich ungefähr vierhundert Männer an. Der wurde erschlagen, und alle, die ihm folgten, wurden zerstreut und vernichtet. Danach trat Judas der Galiläer auf in den Tagen der Volkszählung und gewann viele für seinen Aufruhr; und er ist auch umgekommen, und alle, die ihm folgten, wurden zerstreut. Und nun sage ich euch: Laßt ab von diesen Menschen und gebt sie frei! Stammt dies Vorhaben oder dies Werk von Menschen, so wird's untergehen; stammt es aber von Gott, so könnt ihr sie nicht vernichten

– und steht ihr dann nicht als solche da, die wider Gott streiten wollen? Da stimmten sie ihm zu und riefen die Apostel herein, ließen sie auspeitschen und geboten ihnen, nicht mehr im Namen Jesu zu reden, und ließen sie gehen.« (Apg. 5,35-40)

Und dieser Gamaliel wäre nun der entscheidende Lehrer des Saulus gewesen? Und dieser sollte den jungen Mann zu seiner Gesetzesraserei verleitet haben? Dieser frühe weise Nathan mit seiner Lehre vom wait-and-see wäre der Erzieher eines Fanatikers gewesen? Mit Jacob Taubes, nur aus anderen Gründen, wird hier die Ansicht vertreten, daß die Angabe der Apostelgeschichte dennoch zutrifft: Wenn Taubes das Argument ins Feld führt, Lukas habe so relativ schnell nach Paulus' Tod doch nichts schreiben können, wofür er nicht auch haften konnte, so setzt das gewiß zuviel heutige Universitätsvernetzung voraus, zuviel von jener kommunikationsfreudigen Binnengesellschaft, deren liebster Sitz die Datenbank ist. – Nein, gerade weil die Sache pädagogisch nicht zusammenstimmt, hat sie psychologisch viel für sich und erklärt sich wohl nur durch eine auf Paulus selbst zurückgehende Information. Dergleichen Widerspenstigkeit erfindet man kaum; so unbequem ist meist nur die Realität. Gerade der Schüler eines so toleranten Lehrers kann in die Gegenposition geraten.

Die Verfolgung durch Saulus ist nicht nur als eine kurzatmige Suche zu denken, sondern als eine Aktion von Wochen. Der Autor der Apostelgeschichte deutet die lange Dauer an, indem er an dieser Stelle seines hochdramatischen Berichts zwei andere Episoden einschiebt, die vom Zauberer Simon und die vom Kämmerer aus Äthiopien, beides auch Bekehrungsgeschichten, die das Damaskus-Erlebnis des Saulus mit vorbereiten sollen. Erst zu Beginn des neunten Kapitels begegnen wir dem Christenverfolger wieder: »Saulus aber wütete weiter mit Drohen und Morden gegen die Jünger des Herrn. Er ging zum Hohenpriester und bat ihn um Briefe an die Synagogen in Damaskus, um Anhänger der neuen Lehre,

Männer und Frauen, wenn er sie dort fände, gebunden nach Jerusalem führen zu können.«

Unter den vielen kritischen Fragen, die bis heute zu dieser Beauftragung gestellt werden, sei wenigstens die nach der Kompetenz des Hohen Rates in Jerusalem für Vorgänge in der Diaspora erwähnt. »Sofern das Synedrion Ortsgericht für Jerusalem und Umgegend war«, schreibt Albrecht Oepke, »erstreckte sich seine Kompetenz nicht über Damaskus. Zu befehlen hatte es streng genommen dort nichts. Aber Jerusalem mit seinem Tempel und mit seinen Gesetzeskundigen war der Ort, auf den alle Juden der Oikumene blickten. Insofern war der Hohe Rat Vorläufer des späteren Patriarchats [...] Daß man einem Beauftragten dieser Korporation volle Achtung bezeugt und ihm die Teilnahme an allen Verhandlungen, die seinen Auftrag angingen, möglich gemacht hätte, unterliegt keinem Zweifel. Die Darstellung, welche die Apostelgeschichte von dem Damaskuszuge gibt, ist also insofern einwandfrei.«

Und zweifelsfrei ist, daß vom Hohen Rat in Jerusalem, vielleicht sogar aus der Hand des Saulus-Lehrers Gamaliel, eine Fülle von Sendschreiben an die Gemeinden der Diaspora ausgegangen ist; Briefe, in denen religiöse Vollmacht ohne weiteres überging in juristische oder politische Macht. Nur berichten diese Papiere, die da auf den Weg gebracht wurden, nicht von Strafaktionen. Sie sind sehr viel zivilerer, praktischerer Art. In seiner »Volkstümlichen Geschichte der Juden« nennt Heinrich Graetz einige Beispiele dieser Art: »An unsere Brüder in Ober- und Niedergaliläa, Gruß. Wir tun euch kund, daß die Zeit gekommen ist, den Zehnten von euren Ölbehältnissen abzuscheiden.« Oder: »An unsere Brüder, die Exulanten in Babylonien, Medien, Ionien und an alle übrigen Exulanten Israels, Gruß. Wir tun euch kund, daß die diesjährigen Lämmer noch zart, die Tauben noch nicht flügge sind, der Frühling überhaupt sich verspätet hat, so gefiel es mir und meinen Genossen, das laufende Jahr um dreißig Tage zu verlängern.«

Soviel ist gewiß: Ständig sind Boten, jüdische Saliah (Apostel) von Jerusalem mit Briefen, Bescheiden, Bitten, Befehlen an entfernte Gemeinden unterwegs. Nichts selbstverständlicher als dies, daß eines Tages auch der junge Saulus zu diesen Boten gehört. Und ganz undenkbar nicht, daß er die Botschaft, die er für Damaskus bei sich trägt, kraft seiner Besessenheit selbst veranlaßt hat.

Wo er hingeht, wissen wir nun.

Wo aber kommt er her?

2.
»Bürger einer namhaften Stadt...«
oder: Saulus aus Tarsus

> Sieh dir doch einmal die Landkarte an, gleich unterhalb von Griechenland, rechts, wenn man das Mittelmeer vor sich hat, liegt der Mittlere Orient, eine merkwürdige Gegend, in der die Menschen von klein auf Religion als besonderes Hobby betreiben.
> Luciano di Crescenzo

Zwischen Orient und Okzident

DER ORT IST GUT GEWÄHLT. Der Ort liegt so, als habe ein Genius der Religionsgeographie nach nur kurzem Besinnen einen gespitzten Bleistift auf eine der alten Weltkarten gesetzt und den Punkt, wo sich Orient und Okzident wie zu einer Geheimkonferenz treffen, nur um Millimeter verfehlt. »Dort, in Kleinasien waren Ost und West in einem Bereich der Mystik und Gnostik, des wunderreichen Mysteriums von dem Gotte, der jung gestorben und wiedererstanden war, des Sakraments von Wasser und Blut, von Brot und Wein [...] das heidnische Mysterium verkündete den, der in der Blüte der Tage dahingegangen und zu neuem Leben emporgestiegen sei...« (Leo Baeck).

DER ORT IST GUT GEWÄHLT. Der Ort liegt da, wo Kleinasien, wie ein gewaltiger Wegweiser Richtung Europa, von der levantinischen Küste abwinkelt. Der Ort liegt im nordöstlichen Zipfel des Mittelmeers. Der Ort ist wie geschaffen für eine Aufgabe, die so formuliert werden könnte: Da soll einer aufwachsen, der eine orientalische Religion nach Westen transportieren kann, der rigide genug ist, an dem jüdischen Gott festzuhalten, und flexibel genug, die äußeren Gebräuche des Kults den Umständen einer anderen Kultur anzupassen; der der mystischen Versenkung ebenso fähig ist wie der dialektischen Rede, der das Griechische beherrscht und das Aramäische dazu; einer, der nicht nur eine gewaltige Rolle spielen muß in der Historie, sondern viele kleine und wechselnde dazu, einer, der zugleich Jude und Hellene und Römer ist und der von sich sagen könnte: »Ich bin allen alles geworden...« Der Ort liegt da, wo Abendland und Morgenland einander höchst pointiert guten Tag sagen. Der Ort heißt Tarsus. In Tarsus ist Saulus/Paulus geboren.

Tarsus ist heute ein kleines Nest im allerletzten Anatolien; eine powere Kleinstadt deckt die Trümmer der alten Metropole zu; der Fluß Kydnos, einst der Stolz der Stadt, liegt die meiste Zeit als trockenes Bett da; der einstige Hafenort ist schon seit Jahrhunderten versandet und weggerückt vom Meer. Was heute wie in alter Zeit den Hintergrund des Ortes prägt, ist der viertausend Meter hohe Bergrücken des Taurus; streng und eng wie einst das Nadelöhr der Kilikischen Pforte, als wenn die Natur selbst sich sperrte vor dem grandiosen Freiraum des Mittelmeers.

Damals aber: Eine blühende Stadt, Hafen- und Handelsplatz, von hier aus ging es in alle Richtungen. Der Kydnos sicherte die Verbindung zur See, die Überlandroute nach Norden führte bis zum Hafen Amisos am Schwarzen Meer, und sämtliche Transporte zwischen dem syrischen Antiochien und der Ägäisküste zu Land liefen über Tarsus. Sir William Ramsay, der englische Gelehrte, der den Spuren des antiken Ortes nachgegangen ist, hat die Ausdehnung der Stadt auf rund zehn Kilometer und die Einwohnerzahl auf eine halbe Million geschätzt. Tarsus, wie andere Städte der Region, hat eine Geschichte wie ein Wechselbad aus östlichen und westlichen Einflüssen, persischer Königsprunk wich griechischem Individualismus und jüdischer Auflehnung, und von allem blieb etwas hängen.

Seinen apartesten weltpolitischen Auftritt hatte Tarsus im Jahre 41 vor Christus, ein halbes Jahrhundert, ehe Saulus geboren wurde. Im Geschichtsbuch der großen Siege und Niederlagen freilich liest man dieses Datum nicht, denn damals gab es hier keine Schlacht, weder Blutvergießen noch Todesopfer, nicht Brandschatzung, nicht Beute. Nur eine folgenreiche Eroberung gab es, und einen einzelnen Gefallenen. Der hieß Marcus Antonius, und die ihn in Tarsus aufs liebenswürdigste zur Strecke brachte, war Cleopatra.

Große Gala auf dem Kydnos

Zu beschreiben wäre eines der ausschweifendsten Feste der Historie; zu beschreiben wäre eine der wildesten Vermählungen zwischen Ägypten und Europa, zwischen orientalischem Zauber und der neuen Ordnungsmacht Rom; zu beschreiben wäre ein Seelen- und Sinnenklima der Verführbarkeit, eine Landschaft wie ein gewaltiges Boudoir der Düfte und Mysterien, Lustkultur und Lebensangst, Fruchtbarkeiten und Gelage, ein Spielraum der Ausschweifungen und Ekstasen. Zu beschreiben wäre eine Szene von so aberwitziger Pracht, daß man sich ein Genie wie Shakespeare wünschte, sie zu illstrieren. Der Wunsch geht sogar in Erfüllung: Der große Dramatiker hat das Ereignis zwar nicht unmittelbar auf die Bühne gebracht; aber in seinem Historienstück »Antonius und Cleopatra« läßt er einen Gefährten des Antonius, Enobarbus, berauscht davon berichten:

»Ihr Sitz, die Barke, glänzte wie ein Thron.
Das Heck, getriebnes Gold, glühte im Wasser.
Purpur die Segel, duftend, daß der Wind
Vor Liebe krank wurde. Die Silberruder,
Die zu der Flöten Ton das Wasser schlugen
Zogen es schneller nach, als wärs verliebt
In ihren Schlag. – Doch davor wie sie selbst war,
Wird jedes Wort zum Bettler! Sie lag da
In ihrem Zelt aus goldgewirkter Seide,

Schöner als jedes Venusbild, in dem
Natur der Phantasie erliegt. Zur Seite,
Mit holden Grübchen lächeln wie Cupidos,
Knaben mit bunten Fächern, deren Wind
Die zarten Wangen zu entfachen schien,
Die sie doch kühlten, zündend, statt zu löschen.

Ihre Hofdamen, wie die Nereiden, alle
Als Nixen, lasen ihr den Wunsch vom Auge
Und schmückten sie mit jeder ihrer Gesten.
Am Steuer eine Nixe, seidne Segel
Geschwellt von ihren blumenreichen Händen,
Die flink am Werk waren. Die Barke strömte
Seltsamen, unsichtbaren Duft aus, der
der Ufer Sinne traf. Die Stadt ergoß
Ihr Volk auf sie, und auf dem Marktplatz thronend
Blieb Marc Anton allein und pfiff der Luft zu,
Die, wenns in der Natur ein Leeres gäbe,
Auch fortgegangen wär, Cleopatra
Zu sehn, und hätt ein Loch im All gelassen.«

Antonius, auf dem Marktplatz Gericht haltend, findet sich also plötzlich allein, weil die Menge weggestürzt, respektlos, den balsamischen Winden entgegen, dem Rumor, den Schreien, den Rufen der Botschaft, Aphrodite/Isis komme im festlichen Zug zu Dionysos zum Wohle Asiens. Denn nicht als Cleopatra erscheint nun die Königin der Ptolemäer vor den Augen des Antonius, sondern als eine gewaltig inszenierte Göttin. Und daß diese göttliche Frau den Triumvirn Antonius als neuen Dionysos begrüßt (wie er sich nach der Schlacht bei Philippi selbst gern nennen und feiern und verehren läßt), macht aus dem politischen Besuch eine quasi religiöse Zeremonie, aus dem Staatsakt sogleich einen Götterkult, aus der schwülstigen Betörung eine Doppelapotheose.

DER ORT IST GUT GEWÄHLT: Die Vermählung, die sich in Tarsus ein halbes Jahrhundert vor der Geburt des Paulus anbahnt, ist wie ein grandioses Vorspiel zu jener anderen Verbindung, die sich im Laufe der folgenden Jahrhunderte vollziehen wird: die Verbindung zwischen der neuen, auf einer orientalischen Gottheit gründenden Glaubensbewegung und dem römischen Imperium. Die Maskerade wäre dann zu sehen als ein Vorzeichen, als ein Stück religionsgeschichtlicher Offenbarung. In der Überwältigung des Antonius ist gleichnisartig der Bann vorweggenommen, in den das Christentum alsbald (als wären drei Jahrhunderte ein Alsbald) das römische Reich ziehen wird. Das Schauspiel, das sich da in Tarsus bietet, ist gleichsam das Programm der Lebensarbeit, die auf Saulus/Paulus zukommen wird, so daß Renan schreiben konnte: »Hätte jemand im 1. Jahrhundert dem Kaiser mitgeteilt, der kleine Jude, der von Antiochien als Missionar ausgezogen war, sei sein bester Mitarbeiter, und er werde das Reich auf haltbare Grundlagen stellen, man hätte ihn für wahnsinnig gehalten.«

Soll man einwenden, daß Cleopatra mit ihrer Schau den Isis-Kult doch nur demaskiert? Soll man sagen, Götter, die man spielen kann wie eine Rolle, hätten ausgespielt? Soll man nicht eher, nach den Erfahrungen unseres Jahrhunderts, behaupten: Nur was gespielt wird, kann göttlich sein. Nur wer spielt, wird zur Diva. Kaum war Gott für tot erklärt, gab es schon eine »Göttliche« (Garbo). Auch die rasche Verständigung zwischen Hollywood und der Bibel kann nicht Zufall sein. »Jesus Christ Superstar.« Er hat ja sogar den Kampf gegen die Beatles gewonnen, die in den sechziger Jahren behauptet hatten, sie seien berühmter als Jesus. Nein: das Kostümfest der Cleopatra in Tarsus ist mehr als nur das. Es ist ein süperber Seiltanz zwischen intellektuellem Übermut und religiösem Größenwahn, zwischen Modenschau und kultischer Anmaßung.

Denn Isis ist keine tote Göttin. Sie wird noch viele Jahrhunderte lang verehrt werden, neben dem Christengott, gegen die römischen Gottheiten. Isis – das heißt eigentlich der Thron; gemeint ist der Thron, auf dem ein Gott sitzt. In alten ägyptischen Darstellungen bekommt dieser Thron aber die Gestalt einer Frau, die ein Kind auf den Armen trägt: Es ist eine Darstellung, die später Modell wird für die Madonnenbilder der katholischen Kirche. Auch dies also gehört zur bedenkenswerten Aura der bizarren Szenerie von Tarsus: Der Isiskult wird in der Marienverehrung seine christliche Variante und Ikonographie erfahren.

DER ORT IST GUT GEWÄHLT. Daß sich das Treffen hier ergab, war kein Zufall, sondern hatte mit dem besonderen Wohlwollen des Antonius für diese Stadt zu tun: Die Tarser hatten immer treu zur Partei Caesars (in seiner Rivalität mit Pompeius) gehalten und diese Loyalität nach seiner Ermordung den Triumvirn gegen die Attentäter Brutus und Cassius bewahrt, um einen fast selbstmörderischen Preis. Cassius hatte der Stadt eine Kontribution von 1500 Talenten (etwa fünfhundert Zentner Gold) auferlegt, und, als die Summe nicht aufzutreiben war, eine große Zahl der Einwohner, auch Frauen und Kinder, als Sklaven verkauft. Nachdem aber Cassius bei Philippi vernichtend geschlagen worden war, verfügte Antonius Wiedergutmachung, verlieh der Stadt Abgabenfreiheit und andere römische Privilegien, und führte viele der verstreuten Einwohner wieder heim.

Aber das Wohlergehen der Stadt überdauerte auch das Schicksal des Antonius und das unselig kurze Glück des göttlichen Paares: Als nach der Seeschlacht von Actium der geschlagene Feldherr sich das Leben nahm und Cleopatra sich im Jahr drauf mit Hilfe einer Giftschlange umbrachte, bezeugte der Sieger Octavian dem Ort nicht nur die fördernde Aufmerksamkeit des Strategen und Logistikers, sondern auch die Anhänglichkeit eines dankbaren Schülers: Sein Lehrer war der Philosoph Athenodoros aus dem Dorf Kana gewesen; ihm bewahrte er auch in späteren Jahren das Wohlwollen, ihn schickte er als alten Mann nach Tarsus zurück, um die Geschäfte der Stadt zu ordnen und zu reformieren.

Eine Stimme des Gewissens

Athenodoros gilt als einer der frühen Ideologen des Gewissens, als ein Philosoph, der sich entschieden zum Fürsprecher der inneren Stimme des Menschen als einer richtenden Instanz gemacht hat. »Für jeden Menschen ist sein Gewissen sein Gott«, soll er gesagt haben, und auch dieser Satz wird ihm zugeschrieben: »Lebe so mit den Menschen, als ob Gott es sähe, sprich so mit Gott, als ob die Menschen zuhörten.« Der römische Philosoph Seneca hat diese Maximen des Athenodoros überliefert und sie selbst fortgeführt: »Ein heiliger Geist ist in uns als Beobachter und Wächter über unsere guten und schlechten Gedanken. Wenn du Ehrenhaftes tust, dürfen alle es wissen; tust du aber Schändliches, was hilft es dann, daß niemand es weiß, wenn du selbst es doch weißt?«

Wie verführerisch nun, von hier aus eine Brücke zu schlagen zur späteren Gedankenwelt des Paulus, zu seinem häufigen und zentralen Gebrauch des Begriffs Gewissen in seinen Briefen. Wie verführerisch selbst die Vorstellung, den Geist des Gewissens durch die turbulenten Straßen von Tarsus wehen zu sehen, den Duftwolken vom Schiff der Cleopatra vergleichbar, aber nicht betörend wie sie, nicht zum Taumel verführend, sondern wie ein Anhauch von Mahnung, eine bewegte Aura der Moralität, Atemzüge eines neuen Selbstbewußtseins. Wie verführerisch die einfache Idee, daß dieser Knabe Saul gar nicht umhin konnte, solchen Geist in sich aufzunehmen, das Gewissen als seinen frühen Weggenossen bei den Gängen durch die Stadt zu empfinden.

Aber es gibt ja konkretere Nachrichten über die damalige Stadt, und die weisen vor allem darauf hin, daß viel geredet wurde, nach allen Regeln griechischer Rhetorik. »Bei den Bewohnern dieser Stadt«, schreibt der antike Geograph Strabo, »herrscht ein so großer Eifer für die Philosophie und alle Zweige der allgemeinen Bildung, daß Tarsus sowohl Athen wie Alexandria und jede andere Stadt übertrifft, in denen philosophische Schulen bestehen und philosophische

Studien betrieben werden. So gibt es in Tarsus mannigfache Schulen für die mit der Redekunst zusammenhängende Ausbildung. Im übrigen ist es stark bevölkert und hat, seiner Stellung als Hauptstadt (Metropolis) entsprechend, bedeutende Macht.« Und das letzte, wenn auch weitgehend legendäre Lebensziel des Paulus, die Adresse seines berühmtesten Briefes, ist gleichsam durch tarsische Tradition vorgegeben; denn Strabo fügt hinzu: »Die Menge der aus Tarsus stammenden Philologen kann man vor allem in Rom kennenlernen; denn Rom ist voll von Tarsiern und Alexandrinern.«

Lukas läßt Paulus stolz sein auf seine Vaterstadt; der Patriotismus der Antike bezog sich meist auf die Polis, nicht auf Provinzen oder Staaten. »Ich bin Jude, aus Tarsus in Cilicien, Bürger einer namhaften Stadt.« (Apg. 22,3) Daß er einer strenggläubigen jüdischen Familie entstammt, belegt Paulus selbst mehrfach in seinen Briefen: »Hebräer sind sie? Ich auch. Isareliten sind sie? Ich auch. Nachkommen Abrahams sind sie? Ich auch.« (2. Kor. 11,22). Und im Philipperbrief heißt es: ». . . beschnitten am achten Tage, aus dem Volks Israel, dem Stamm Benjamin, ein Hebräer von Hebräern, ein Pharisäer nach dem Gesetz.« (Phil. 3,5) Wie ernst er dieses Gesetz nimmt, erfährt man ja nicht nur aus der Verfolgungswut in Jerusalem; ein entscheidender Teil seiner Lebensarbeit dient ja der intellektuellen, der heilspolitischen Auseinandersetzung mit diesem Gesetz. – Der Junge wächst nicht allein auf; einmal ist in der Apostelgeschichte von einer Schwester die Rede.

Paulus ist Pharisäer, aber er ist zugleich auch römischer Bürger. »Cives romanus sum«, wird er, im Gang der Apostelgeschichte, immer wieder in äußerst physischer Bedrängnis sagen und damit jenen Schutzschild vor sich aufrichten, den römische Bürger im ganzen Imperium beanspruchen durften: Niemand sollte sich ohne ordentliches Verfahren an ihnen vergreifen dürfen. Da Paulus (nach Lukas) als römischer Bürger geboren ist und auch den Namen Paulus von Kindheit an trug, muß schon sein Vater das Privileg des römischen Bürgerrechts genossen haben. Eine Seltenheit für einen Juden in einer römisch-hellenistischen Metropolis. Wenn es zutrifft, können die Eltern kaum kleine Leute gewesen sein.

Das Zelt als Lebensform

Paulus lernt, entsprechend jüdisch pharisäischer Tradition, neben dem Tora-Studium ein Handwerk. »Schön ist«, sagte Rabban Gamaliel im Mischna-Traktat Awot, »das Studieren der Weisung und dabei einem Beruf nachgehen, denn die Bemühung um diese beiden läßt Verschuldung vergessen. Aber alles Weisungslernen ohne Handarbeit wird schließlich zunichte und zieht Verschuldung nach sich.« Später, in den Auseinandersetzungen des Paulus mit seinen Gemeinden, wird diese Frage der »Nebentätigkeit« zu einem Hauptpunkt, ja beinah zum Glaubenskonflikt werden.

Sein Handwerk ist das eines Zeltmachers, eines skenepoios (in welchem Wort wir noch den heutigen Theaterbegriff »Szene« wiedererkennen). Der skenepoios webte seine Planen aus Ziegenhaar; gelegentlich wurde auch Leder verarbeitet. Gebraucht wurden diese Arbeiten für alle möglichen Gelegenheiten: Die Antike war weitgehend eine Zelt-Gesellschaft. Es gab Prunk- und Trauer-Skene, Riesenzelte für mehr als vierhundert Festgäste; Zelte wurden aufgeschlagen, um die Besucher religiöser Feiern unterzubringen, in Zelten wurden Gefallene aufgebahrt, auch auf Wagen hatte man oft skene-artige Aufbauten, und natürlich waren auch Schiffe damit ausgerüstet.

Wie sehr das Gewerbe des skenepoios gerade in Tarsus ein Allerweltsberuf war, geht aus einem Text des antiken Historikers Dio Chrysostomos hervor; die Vielzahl machte die Handwerker offenbar zu einem reichlich unbequemen Haufen: »Man glaubt, daß ihrer zuviele werden und gibt ihnen die Schuld für Unruhe und Unordnung; und dann wieder behandelt man sie als einen Bestandteil des Staatswesens und hält sie hoch in Ehren. Wenn ihr diese für schädlich und für Anstifter von Aufruhr und Tumult haltet, wäre es absolut notwendig, sie auszuweisen und zu den Volksversammlungen nicht zuzulassen. Wenn ihr sie aber in gewisser Weise für Bürger haltet, nicht nur, weil sie hier ihren Wohnsitz haben, sondern auch weil sie meist hier geboren sind und keinen andern Staat haben, so dürft ihr sie gewiß auch nicht verachten und von euch absondern.«

DER ORT IST GUT GEWÄHLT. Paulus, der Jude, der Pharisäer, der Römer, der Zeltmacher. Der Tarser. Daß er in Tarsus geboren wurde, heißt vor allem: Er war der geborene Städter. Wer in dem wirbeligen unternehmenden Ort zur Welt kam, kam ja wirklich gleich zur Welt, der betrat von Kindesbeinen an urbanes Pflaster, weltverheißende Hafenmolen. Und was des Jungen früheste Eindrücke bestimmte, wurde Ziel seiner Missionsarbeit und Chance für ihren Bestand: die Metropolis. Die antiken Großstädte sollten das Medium werden für seine Mission. Sie boten nicht nur den Resonanzboden für Gesprächigkeit, Predigt, Geraune; sie boten auch Notnischen, Verstecke, Fluchtwege. Sie stellten jenes Potential bereit, ohne das die Ausbreitung einer neuen Weltreligion nicht hätte gelingen können: Kommunikation und Katakomben.

3.
Variationen einer Vision
oder: Wie kommt ein Mensch zu Fall?

> Deshalb ist man in jedem gegebenen Moment nur die Summe seines Lebens bis zu diesem Zeitpunkt. Es gibt keine großen Momente, die man erreichen kann, wenn man nicht einen Vorrat kleinerer Momente hat, auf denen man stehen kann. Die große Stunde der Entscheidung, der Wendepunkt des Lebens, das Irgendwann, mit dem man gerechnet hat –, sie kommen einfach nicht plötzlich. Man hat sich darauf vorbereitet, während man wartete ...
>
> Dashiell Hammett

Saulus von Tarsus, als er sich um das Jahr 32 auf den knapp 300 Kilometer langen Weg nach Damaskus macht, ist etwa 25 Jahre alt. Er ist wohl ein knappes Jahrzehnt jünger als Jesus, dessen Kreuzigung etwa zwei Jahre zurückliegt: Nach einer vielfach akzeptierten Berechnung wird dieses Ereignis auf den 7. April 30 datiert. Aber für alle diese Zeit- und Zahlenangaben, für sämtliche Ereignis- und Lebensdaten im frühen Christentum wie speziell in der Vita des Paulus gilt das weise Abwinken jenes zwergenhaften Fremdenführers Alexandros in den Ruinen von Festos auf Kreta, der zu allen seinen Erklärungen immer den Refrain bot: »Toujours peut-être, maybe, vielleicht.«

Saulus reist mit einer Schar von Helfershelfern; aber selbst wenn er die für sein Vorhaben nicht brauchte, hätte er Begleiter bei sich: Niemand ist, in jenen Tagen, auf jenen Wegen, gern allein. In diesem Fall ist aber den Männern um Saulus vom Autor Lukas noch eine ganz besondere Funktion zugedacht: Sie gehen auch für die Nachwelt mit auf die Reise. Sie sollen zu Zeugen werden eines einzigartigen Ereignisses, der Vision vor Damaskus. »Als er aber auf dem Wege war und in die Nähe von Damaskus kam, umleuchtete ihn plötzlich ein Licht vom Himmel; und er fiel auf die Erde und hörte eine Stimme, die sagte zu ihm: Saul, Saul, was verfolgst du mich? Er aber fragte: Herr, wer bist du? Der Herr antwortete: Ich bin Jesus, den du verfolgst. Steh auf und geh in die Stadt; da wird man dir sagen, was du tun sollst. Die Männer aber, die mit ihm reisten, standen sprachlos da; denn sie hörten zwar die Stimme, aber sahen niemand. Saulus aber richtete sich auf von der Erde; und als er seine Augen aufschlug, sah er nichts. Da nahmen sie ihn bei der Hand und führten ihn nach Damaskus.« (Apg. 9,3-8)

So lautet der Bericht des Lukas über jenes grundlegende Ereignis, das nicht nur das Leben des Saulus, das auch die Welt verändert hat. Aber so einzigartig es auch gewesen sein mag, der Schriftsteller erzählt die Szene vor Damaskus insgesamt gleich dreimal: Der erste Bericht kehrt wieder in zwei Reden, die der Apostel später selbst gehalten haben soll. Ein Schriftsteller aber, der sich wiederholt, läßt sich auf ein Risiko ein: Er wird überprüfbar. Er läßt sich in die Karten schauen. Wir können erkennen, wie er mit einem vorgegebenen Text (in diesem Fall seinem eigenen) umgeht. Was wäre für Lukas einfacher, als eine alte Papyrusrolle (wenn er sie denn zur Hand hat) hervorzuholen und für die Reprisen den ersten Bericht, der ihm so anschaulich geglückt ist, penibel abzuschreiben, sich also selbst zu zitieren. Dies Verfahren hätte doch offenbar den Vorteil, daß durch die absolute Übereinstimmung auch absolute Authentizität suggeriert wäre.

Aber wäre ein solches Zitat nicht wie ein blinder Fleck im Fortgang der Geschichte? Würde es den Leser oder Predigthörer nicht irritieren bis hin zur Frage: Weiß er denn nicht, daß wir das alles schon wissen? Aufs Wort genau? Hat er denn vergessen, daß er uns das alles schon einmal, gar zweimal ebenso erzählt hat? Und in der Tat wird sich zeigen: Lukas bietet drei einigermaßen verschiedene Fassungen. Aber nicht die Rücksicht auf den Leser, sondern die Hinsicht auf die Situation diktieren dem Schriftsteller die Abweichungen vom Originaltext. Es ist, bei genauerer Lektüre, zu merken, daß dieser antike Autor eine ganz moderne Technik beherrscht: die Rollenprosa und die Adressatenpsychologie. Das heißt: Eine Passage wird abgewandelt, je nachdem, ob sie als bloßer Bericht oder als Rückblende in einer Rede vorkommt, und sie wird abermals abgewandelt mit Blick auf das je verschiedene Publikum, an das diese Redestücke sich wenden.

Kein Autor ist ja ein wirklich freier Schriftsteller, sobald er eine Situation, eine Gestalt, eine Entwicklung geschaffen hat. Er muß seinen Szenarien gehorchen, er ist der Diener seiner Gestalten, der Nachfolger und Befolger seiner Entwürfe. Zwar entbehrt der lukanische Saulus/Paulus individueller Züge, zwar will die Apostelgeschichte nicht Bildungsroman sein, sondern eher ein Stück christlichen Heilsfahrplans; aber etwas von einer éducation religieuse steckt doch auch in ihr. Und also läßt Lukas den Fortgang von den Szenen bestimmen, in die er seinen Protagonisten geraten läßt. Konkret: Es ist ja etwas anderes, ob wir »erleben«, wie Saulus berufen wird kraft seiner Vision oder ob wir ihn, Jahre später und in bedrängter Situation, davon reden hören. Da klingt das Geschehnis dann so: »Als ich aber dorthin zog und in die Nähe von Damaskus kam, umleuchtete mich plötzlich um die Mittagszeit ein großes Licht vom Himmel. Und ich fiel zu Boden und hörte eine Stimme, die sagte zu mir: Saul, Saul, was verfolgst du mich? Ich antwortete aber: Herr, wer bist du? Und er sagte zu mir: Ich bin Jesus von Nazareth, den du verfolgst. Die Männer, die bei mir waren, sahen zwar das Licht; aber die Stimme dessen, der mit mir redete, hörten sie nicht. Ich fragte: Herr, was soll ich tun? Und der Herr sagte zu mir: Steh auf und geh nach Damaskus. Dort wird man dir alles sagen, was du tun sollst. Als ich aber nicht mehr sehen konnte, weil das Licht zu stark gewesen war, mußte ich an der Hand geleitet werden von denen, die bei mir waren; so kam ich nach Damaskus.« (Apg. 22,6-11)

Und wieder etwas anderes ist es, die Geschichte, statt vor einer erregten jüdischen Menschenmenge, vor zwei Staatsgewaltigen darzulegen, dem römischen Statthalter Festus und dem König Agrippa; da empfiehlt es sich doch, das eigentlich geplante Unternehmen mit möglichst offiziellem Vokabular einzuführen, klarzumachen, daß man ja nicht aus dem Ungefähr kam: »Als ich nun so mit Vollmacht und im Auftrag der Hohenpriester nach Damaskus reiste, sah ich mitten am Tage, o König, auf dem Weg ein Licht vom Himmel, heller als der Glanz der Sonne, das mich und meine Begleiter umleuchtete. Als wir aber alle zu Boden stürzten, hörte ich, wie eine Stimme zu mir auf hebräisch (sic!) sagte: Saul, Saul, was verfolgst du mich? Es wird dir schwer werden, wider den Stachel zu löcken. Da fragte ich: Herr, wer bist du? Der Herr antwortete: Ich bin Jesus, den du verfolgst; steh nun auf, und stell dich auf deine Füße.« (Apg. 26,12-15)

Zunächst einmal: Nicht die Abweichungen verblüffen, sondern der Grad der Übereinstimmung in allen drei Texten. Der Kern der Erzählung bleibt nahezu unangetastet: der Dialog zwischen Saulus und der göttlichen Stimme. »Saul, Saul, was verfolgst du mich?« So lautet in allen drei Stücken die Schicksalsfrage des visionären Christus, und völlig gleich kommt auch die erschütterte Gegenfrage: »Herr, wer bist du?« Und wiederum fast unisono klingt die Antwort: »Ich bin Jesus, den du verfolgst« – nur daß die Apostelgeschichte 22 noch ein für das jüdische Publikum Jesus erklärendes »von Nazareth« anfügt. An dem Ur-Ereignis, so scheint die strenge Kongruenz belegen zu wollen, gibt es keine Zweifel und keine Schnörkel; hier wird dreimal wunderbarer Klartext überliefert.

Eine Abweichung aber gibt es in der von Fassung zu Fassung größeren Aufblendung des Lichts: »Ein Licht vom Himmel« ist es zunächst, dann »ein großes Licht vom Himmel« und endlich »ein Licht vom Himmel, heller als der Glanz der Sonne«. Und mit dieser immer stärker werdenden Helligkeit stehen Diskrepanzen in Zusammenhang, die der gelehrten Theologie manches Kopfzerbrechen bereitet haben.

Das Problem ist ganz konkret: Im ersten Bericht hören die Begleiter die Stimme, sehen aber nichts. In der zweiten Fassung heißt es genau umgekehrt: »Sie sahen zwar das Licht, aber die Stimme dessen, der mit mir redete, hörten sie nicht.« Auch in der dritten Version ist die Lichterscheinung allen gemeinsam; es wird vom Licht gesprochen, »das mich und meine Begleiter umleuchtete«, worauf alle zu Boden stürzten. Die Stimme aber hört Paulus allein.

Solche Differenzen sind dennoch keine Versehen. Es macht, im wahren Sinn dieses Wortes, eben einen himmelweiten Unterschied aus, ob wir von der Jesus-Vision des Christenverfolgers Saulus zum allerersten Male erfahren oder ob dieser Visionär, *nach jahrzehntelangem Wirken als Missionar*, von seinem Erlebnis berichtet. Im ersten Fall braucht er, brauchen wir Bürgen. Und wenn sie denn schon keine *Augen*zeugen sind, so sollen sie doch wenigstens die Stimme gehört, etwas von der Information mitbekommen haben, so daß sie auf Befragen antworten können: Ja, diesem Saul ist etwas Außergewöhnliches widerfahren; wir wissen selbst nicht, was und wie, aber geschehen ist es. Wichtiger als ein Licht vom Himmel sind Worte, denn Worte sind der Keim der Verkündigung.

Im zweiten Fall – da redet Paulus vor Juden, da muß er hinzufügen, daß es sich um Jesus »von Nazareth« gehandelt habe – ist er selber sein bester Zeuge. Die Gewährsmänner von ehedem braucht er zu seiner Glaubwürdigkeit nicht mehr; die Jahre entbehrungsreicher, gefahrvoller Aposteltätigkeit sprechen für ihn; hätte das Wort der göttlichen Stimme nicht ihm allein gegolten – er brauchte sich in diesem Augenblick doch gar nicht zu verantworten. Daß aber die Eskorte das Licht sah, wird wahrscheinlicher, weil es sich ja um »ein *großes* Licht vom Himmel« handelte. Und in der dritten Fassung ist die Blendung gar so grell – (»heller als der

Glanz der Sonne«) – daß sie nicht nur Paulus allein, sondern auch die Begleiter zu Boden wirft.

Oder steckt doch hinter der Veränderung vom ersten Bericht zur zweiten Version eine wichtige theologische Korrektur? Moderne Interpreten neigen zu der Ansicht, Lukas könne sich bei der Revision des ersten Textes in der Tat bei einem Fehler ertappt haben: Genaugenommen schildere er ja gar keine Vision, sondern nur eine Audition, eine jener Hör-Überwältigungen, jener Stimm-Ekstasen, wie sie der rabbinischen Welt nicht fremd waren und wie sie auch später in den Heiligengeschichten immer wiederkehren. Grund solcher Bibel-Kritik ist die Überlegung: Wenn nämlich Paulus, vom Licht geblendet, sich sogleich zu Boden geworfen habe, könne auch er, wie seine Begleiter, nur etwas gehört, aber nichts mehr gesehen haben. Das werde ja zudem belegt vom Schluß des Visionsberichts: Denn auch als er sich endlich von der Erde aufrichtete und seine Augen aufschlug, da »sah er nichts«.

Die moderne Theologie kann sich dieses Zu-Boden-Werfen des Saulus nur als einen Fall nach vorn – das Gesicht zu Boden gewandt – vorstellen. Protestantische Innerlichkeit hat sich diesen äußersten Himmelssturz nur weltabgekehrt ausgemalt. Man denkt sich die Umkehr des Saulus mehr als eine Art Einkehr, als gesichtslose Übermächtigung, als eine gnadenvolle Scheuklappe. Saulus, so sieht man das vor sich, hat das Antlitz auf die Erde, an die Felsen, in den Staub gedrückt, vielleicht gar die Hände vor die Augen geschlagen, die Außenwelt ganz in die Innenwelt verbannt. So ähnlich wird später auch das Beten aussehen in diesem Christentum: der in sich versunkene Körper, demütige Krümmung der Gestalt, wie wenn es ein Erdgott wäre, an den man sich wendete. Daß es die Himmel sind, die des Ewigen Ehre rühmen, läßt solche Haltung zu allerletzt vermuten.

Aber ein einziger Blick auf ein Gemälde des Raffael oder des Caravaggio zeigt, daß das Hinstürzen des Saulus vor Damaskus ganz anders vor sich gegangen sein kann: daß er sich wirklich *im Angesicht* der Vision zu Boden geworfen habe, ja, daß er vor ihr zurückgeschreckt, weggetaumelt und rücklings niedergeschmettert wurde wie vom Donner gerührt. Daß er eine Gestalt *sah* und selbst noch hinter den rasch geschlossenen Lidern den Widerschein des großen Lichts, die Leuchtkraft seiner neuen Zukunft.

Lichtgestalt oder Stimme, Vision oder Audition – auffällig ist, daß in den ersten beiden Berichten von einer Berufung, einem Ruf, einer Aufforderung zur Mission noch keineswegs die Rede ist. Vor Damaskus gibt es nur die taumelnde Erschütterung, die Blendung, eine gewaltige Fassungslosigkeit. Und der fernere Auftrag wird seltsam geheimnisvoll hintangehalten; mehr als einen ganz vagen vorläufigen Bescheid gibt es da noch nicht; nur der allernächste Schritt wird vorgezeichnet: »Steh auf und geh in die Stadt; da wird man dir sagen, was du tun sollst«, heißt es im ersten Lukas-Bericht, und in der zweiten Fassung: »Steh auf und geh nach Damaskus. Dort wird man dir alles sagen, was du tun sollst.« Immerhin hat hier der Visionär schon selbst eine Art Initiative ergriffen mit seiner Frage: »Herr, was soll ich tun?«

Wie soll man ihn nennen, in diesem feierlich-vorläufigen Moment? Ist er noch Saulus, oder ist er schon Paulus? Oder trifft, in diesem Schicksals-Augenblick, der Doppelname Saulus/Paulus wahrhaft zu? Oder gibt es gerade jetzt gar keinen Namen, ereignet sich just hier die Zäsur, der Schrägstrich zwischen den beiden Existenzen? Aber steht denn noch irgend etwas auf der Kippe? Hat sich nicht soeben alles entschieden, für immer? Die Bekehrung hat sich doch ereignet, auch wenn die Berufung noch nicht erfolgt ist; aber zu was sollte die Bekehrung denn dienen, wenn nicht zur Berufung? Der Missionar ist gewonnen, auch wenn für ihn die Mission noch im Dunkeln liegt. Selbst wenn seine Frage: »Herr, was soll ich tun?« noch die tiefste Ratlosigkeit verrät, so bezeugt sie doch zugleich den Willen, etwas zu tun, ja sogar die Einsicht, etwas tun zu müssen. Die Wandlung dieses

Lebens hat sich ereignet, selbst wenn der Horizont dieses Wandels noch nicht sichtbar ist.

Aber das Verwirrendste (jedenfalls für uns, die wir uns in die Situation hineinschreiben) an den beiden Bescheiden, die Saulus in der Vision erhält, ist doch die Richtung, die ihm zugewiesen wird. In den ersten beiden Fassungen heißt es eindeutig: Er solle weiter nach Damaskus. Er solle seinen Weg fortsetzen, als wäre nichts geschehen. Er solle seine Reise vollenden, als hätte das Licht vom Himmel sie nicht vereitelt. Aber an der Richtung ist nicht zu deuteln: »Steh auf und geh in die Stadt!« Und: »Steh auf und geh nach Damaskus. Dort wird man dir alles sagen, was du tun sollst.«

Nach Damaskus! Alles würde man erwarten, nur dies nicht: Nach Damaskus! Nichts wäre doch stimmiger, als der inneren Umkehr die äußere folgen zu lassen, der Schicksalswende die Kehrtwendung. Jeden Zuruf würde man verstehen, nur diesen nicht. Plausibel wäre ein »Bis hierher und nicht weiter!«, ein »Geh überall hin, nur in diese Stadt nicht, die sich vor dir fürchtet« oder »Geh und weine am Grab des Stephanus« – aber doch dieser Befehl just nicht: »Nach Damaskus!« Alles, will uns scheinen, liegt nun näher als diese nahe Stadt. Nichts würde den neuen Menschen, die andere Existenz, die gewandelte Kreatur, die veränderte Lage so einfach und rasch zu erkennen geben, als wenn Saulus seine Reise abbräche. Damaskus gehörte zum mörderischen Vorhaben des Verfolgers; was anderes als dieses Reiseziel und die damit verknüpften Maßnahmen konnten gemeint sein, wenn der visionäre Christus fragt: »Saul, Saul, was verfolgst du mich?« Wenn Saulus seinen Weg weiterverfolgt, muß es nicht wirken, als ob er Christus weiterverfolgte? Müßte Saulus nicht geradezu aufbegehren: Aber dort habe ich doch nun nichts mehr zu suchen! Schicke mich überall hin, nur nach Damaskus nicht! Bei den Synagogenvorständen will ich mich nicht mehr blicken lassen, die Briefe an sie sind Makulatur, und wie, um alles in der Welt, könnte ich mich zu den Christen wagen?

Was hat man für ein Jahrtausendrätsel aus der Vision gemacht, was hat man für Bibliotheken vollgeschrieben, die Erscheinung zu erklären oder zu widerlegen? Mystiker und Psychoanalytiker, Dogmatiker und Mythologen, Naturforscher und Ärzte haben das große Licht vom Himmel abermals aufzuhellen, zu durchleuchten, auszuknipsen versucht. Dabei ist doch nichts an diesem Welt-Wunder so unglaublich wie der Befehl: Nach Damaskus. *Dies* bleibt das Rätsel. Hier hilft kein frommes: »Die Wege des Herrn sind wunderbar«, hier hilft kein ratlos-rettendes »Credo quia absurdum«; hier hilft eigentlich nur die Vorstellung, daß es diesem Menschen, nach dem Blitzschlag der Vision, so lebensgefährlich schlecht gegangen sein muß, daß erste Hilfe notwendig war, daß die Stadt als solche gar nichts mehr zur Sache getan haben kann, daß Damaskus nichts weiter war als die nächstbeste Intensivstation. Denn Saulus/Paulus ist zwischen seinen beiden Leben in einem todähnlichen Zustand: »und er konnte drei Tage nicht sehen und aß und trank nicht.« (Apg. 9,9)

Von der Verwirrung in der Stadt zeugt vor allem die erste Fassung, der direkte Lukas-Bericht der Apostelgeschichte 9, eine legendenhafte Passage, in der sich sämtliche Benachrichtigungen (quasi über Satellit) mittels weiterer Visionen abspielen. Zuerst erscheint Christus einem in Damaskus lebenden christgläubigen Juden namens Ananias, dem der Befehl erteilt wird: »Steh auf und geh in die Gerade Straße und frage in dem Hause des Judas nach einem Mann mit Namen Saulus von Tarsus.« Und innerhalb dieses visionären Gesprächs berichtet der Herr von einer weiteren Vision des Saulus, die keineswegs identisch ist mit der ersten: »Denn siehe, er betet und hat in einer Erscheinung gesehen, wie ein Mann mit Namen Ananias zu ihm hereinkam und ihm die Hand auflegte, damit er wieder sehen könnte.« Und Ananias, mitten in der Vision, spricht Bedenken aus, will sich weigern: »Herr ich habe von vielen gehört, wieviel Böses dieser Mann deinen Heiligen in Jerusalem angetan hat; und hier hat er von den Hohepriestern Vollmacht, alle festzunehmen, die deinen Namen anrufen.«.

Daß Ananias von der Christenverfolgung in Jerusalem weiß, erklärt sich durch die Flucht vieler der Verfolgten nach Damaskus: Die haben sich hierher gerettet und ein erschreckendes, erschrecktes Bild des jungen Fanatikers gemalt. Wie aber Ananias schon Kenntnis haben kann von der Vollmacht des Synedriums, von den Briefen, die, vor Tagen erst ausgestellt, der Anreisende bei sich hat, auch das bleibt eines der Geheimnisse des alten Textes. Ananias dringt mit seinen Bedenken nicht durch, denn der Herr antwortet ihm: »Geh nur hin; denn gerade dieser ist mein auserwähltes Werkzeug und soll meinen Namen vor Heiden, vor Könige und vor das Volk Israel tragen. Ich will ihm zeigen, wieviel er um meines Namens willen leiden muß.«

Nehmen wir, vorerst, nur den letzten Satz zur Kenntnis: Welch ein Auftrag, welch aberwitziger Gang, zu dem Ananias da genötigt wird. Saulus mag, in der Tat, bekehrt sein zu Christus, er mag in der Tat nicht mehr schnauben und wüten gegen dessen Anhänger, er mag dem Ananias zerknirscht, blind und blindgläubig entgegensinken – aber wie wird er sich verhalten, wenn er zum ersten Mal die Sprache seines neuen Herrn hört: Ich will ihm zeigen, wieviel er um meines Namens willen leiden muß!? Soll das ein Privileg sein, daß einer leiden muß? Soll sich göttliche Gunst darin erweisen, daß einem Qualen angesagt werden? Soll das eine frohe Botschaft sein, die einem Menschen Plagen und Elend und Tortur ankündigt?

Man stelle sich doch nur vor, daß man die Tür der eigenen Wohnung, des eigenen Hauses aufmacht, und draußen steht einer und sagt: »Ich möchte Ihnen nur ausrichten, daß es Ihnen in Zukunft dreckig ergeht, im Namen Gottes.« Man stelle sich vor, daß einer bei uns eindringt und erklärt: »Jetzt Freundchen, hört die Gemütlichkeit auf, jetzt machen Sie sich auf etwas gefaßt.« Es ist schon eine merkwürdige, menschenverachtende Radikalität, mit der das Christentum hier prahlt, wenn es einen Menschen zum »Werkzeug« macht und ihm wie einen Lotteriegewinn preisgibt, »wieviel er um meines Namens willen leiden muß«. Ist denn das Christentum eine Sache für Masochisten? Hier sei nur erst eine vorläufige Antwort gewagt: Es ist eine Sache für Menschen wie Saulus/Paulus. Für sie wird es nicht bloß zum Todes- sondern auch zum Überlebenselixier. Für sie ist die Paradoxie einer Leidensankündigung als Heilsbotschaft die bare Selbstverständlichkeit.

Ebenso selbstverständlich wie es für Ananias ist, den göttlichen Auftrag auszuführen: »Und Ananias ging und trat in das Haus, legte ihm die Hände auf und sagte: Bruder Saul, der Herr hat mich gesandt, Jesus, der dir auf dem Weg hierher erschienen ist; du sollst wieder sehen können und mit dem heiligen Geist erfüllt werden. Sogleich fiel es wie Schuppen von seinen Augen, und er konnte wieder sehen; er stand auf, ließ sich taufen und nahm Speise zu sich und stärkte sich.« (Apg. 9,17-19)

In der zweiten Fassung geht alles viel direkter zu; Lukas überspringt die umständliche Visions-Korrespondenz und legt dem Paulus einen nahezu realistischen Bericht in den Mund: »Als ich aber nicht mehr sehen konnte, weil das Licht zu stark gewesen war, mußte ich an der Hand geleitet werden von denen, die bei mir waren; so kam ich nach Damaskus. Da war ein gottesfürchtiger und gesetzestreuer Mann mit Namen Ananias, der einen guten Ruf bei allen Juden hatte, die dort wohnten. Der kam zu mir und trat vor mich hin und sagte zu mir: Saul, lieber Bruder, du sollst wieder sehen. Und zur selben Stunde konnte ich ihn sehen. Er aber sprach: Der Gott unserer Väter hat dich erwählt, seinen Willen zu erkennen und den Gerechten zu sehen und die Stimme aus seinem Mund zu hören; denn du wirst für ihn vor allen Menschen Zeuge sein von dem, was du gesehen und gehört hast. Und nun, was zögerst du? Steh auf und rufe seinen Namen und laß dich taufen und deine Sünden abwaschen.« (Apg. 22,11-16)

Und abermals knapper und plötzlicher stellt die dritte Fassung den Vorgang der Berufung dar: Da ist nicht mehr von Damaskus die Rede, nicht von weiteren Visionen, nicht einmal von dem frommen Ananias. Da heißt es einfach: »Steh nun auf und stellt dich auf deine Füße. Denn dazu bin ich dir erschienen, um dich zu meinem Diener zu machen und zum Zeugen für das, was du von mir gesehen hast und was ich dir noch zeigen will. Und ich will dich retten vor deinem Volk und vor den Heiden, zu denen ich dich sende, um ihnen die Augen zu öffnen, damit sie sich von der Finsternis zum Licht und vor der Gewalt des Satans zu Gott bekehren. So werden sie die Vergebung der Sünden empfangen und das Erbteil zusammen mit denen, die durch den Glauben an mich geheiligt sind.« (Apg. 26, 15-18) Hier ist die hochkomplizierte Legende abgelöst durch die Direktheit einer missionarischen Beauftragung.

Hier gibt es kein Damaskus mehr, kein Quartier in der Geraden Straße, keinen Mann namens Judas, keinen Ananias, keine rettenden Botengänge und Taufakte, keine überirdisch vermittelten Heilspläne, hier wird dem Saulus sogleich die ganze Mission, sein ganzes ferneres Schicksal entdeckt. Für diesen dritten Visionsbericht gilt wahrhaft, was Leo Baeck über die Bekehrung des Saulus schreibt: »Eine Vision hatte ihn ergriffen, und für den Juden, der er war und der zu sein er nie aufhörte [...], mußte seine Vision den Ruf bedeuten, den Ruf zu einem neuen Wege; niemals mehr durfte er dem alten folgen. Ein Grieche, der eine solche Vision erlebt hätte, würde darüber nachgedacht und gegrübelt oder geredet und geschrieben haben; er würde nicht den jüdischen Befehl gehört haben: ›Geh‹ – ›Du sollst gehen‹. Der Grieche hatte keinen Gott, der ihn für sich in Anspruch nahm und ihn als seinen Boten aussandte. Nur der Jude war sich immer dessen bewußt, daß eine Offenbarung eine Sendung enthält, so daß die sofortige Bereitschaft, den Weg zu gehen, das erste Zeugnis und Zeichen des Glaubens ist. Paulus wußte nun, daß ihm das Apostelamt im Namen des Messias zugefallen war.«

Daß aber die Mission, daß aber die Predigt des Paulus sogleich, nach seiner Heilung, nach seiner Kräftigung vom Schock der Vision, noch in Damaskus, begann, davon weiß wiederum nur die erste Fassung, die übrigens doppelt so lang ist wie die zweite und dreimal so lang wie die dritte. Hier, im ursprünglichen Bericht, heißt es: »Saulus aber blieb einige Tage bei den Jüngern in Damaskus. Und sogleich predigte er in den Synagogen, daß Jesus Gottes Sohn sei. Alle, die es hörten, waren entsetzt und sagten: Ist das nicht der Mann, der in Jerusalem alle vernichten wollte, die diesen Namen anrufen? War er nicht deshalb hierhergekommen, um sie gebunden zu den Hohepriestern zu führen? Saulus aber redete immer kraftvoller und trieb die Juden in die Enge, die in Damaskus wohnten, und bewies, daß Jesus der Christus ist. Nach einiger Zeit hielten die Juden Rat und beschlossen, ihn zu töten. Aber ihr Anschlag wurde Saulus bekannt. Sie bewachten Tag und Nacht die Tore, um ihn zu töten. Da nahmen ihn seine Jünger und ließen ihn bei Nacht in einem Korb die Mauer hinab.« (Apg. 9,20-25)

Der rettende Korb, von helfenden starken Händen aus der Höhe herabgelassen, ist beinah wie ein Symbol des himmlischen Schutzes, dem der umgewandelte Mensch sich nun vollkommen anvertraut. Kein anderes Motiv der Paulus-Vita ist in der bildenden Kunst, auch in den naiven Malereien der frühen Jahrhunderte, so oft dargestellt worden. Die sensationelle Aktion ist übrigens alles andere als Lukas-Legende: Als einziges Detail aller drei Visionsberichte wird es von Paulus selbst beglaubigt. Im zweiten Korintherbrief, gleich nach der Aufzählung aller der Plagen, Gefahren, Todesängste seines Lebens, schreibt er: »In Damaskus bewachte der Statthalter des Königs Aretas die Stadt der Damaszener und wollte mich gefangennehmen, aber ich wurde in einem Korb durch ein Fenster die Mauer hinuntergelassen und entrann seinen Händen.« (2. Kor. 11,32 f.)

Nur geschah das nicht gleich nach der Bekehrung, sondern erst drei Jahre später. Diese drei Jahre bleiben eines der großen Rätsel im Leben des Paulus. Zu lösen ist es nicht; aber als eine der ersten biographischen Erstaunlichkeiten will diese »leere« Zeit wenigstens bedacht sein.

4.
Petra statt Petrus
oder: Der Weg in die Wüste

> Wie es in Jesu Herzen ausgesehen hat, weiß ich nicht, und will ich nicht wissen.
>
> Rudolf Bultmann

Kein Schritt im Leben des Paulus hat so viel Rätselraten, Irritation, ja Feindseligkeit nach sich gezogen wie einer, den er nicht getan hat; keiner seiner Wege soviel Aufsehen gemacht in zweitausend Jahren wie dieser eine, den er nun nicht für nötig hält: den Gang nach Jerusalem. Er selbst schreibt im Galaterbrief: »Als es aber Gott gefiel, der mich vom Mutterleib an ausgesondert und durch seine Gnade berufen hat, daß er mir seinen Sohn offenbarte, damit ich ihn unter den Heiden verkünden sollte, besprach ich mich nicht erst lange mit Fleisch und Blut, ging auch nicht nach Jerusalem hinauf zu denen, die vor mir Apostel waren, sondern sogleich nach Arabien und kehrte dann wieder nach Damaskus zurück. Erst nach drei Jahren kam ich nach Jerusalem, um Kephas kennenzulernen, und blieb vierzehn Tage bei ihm. Von den andern Aposteln aber sah ich keinen, nur Jakobus, den Bruder des Herrn. Was ich euch hier schreibe – Gott weiß, ich lüge nicht!« (Gal. 1,15-20)

Dieses Verhalten muß schon den frühen Christen so skandalös erschienen sein, daß Lukas es in seiner Apostelgeschichte schlicht weggedichtet hat: Er schickt seinen Paulus schon wenige Tage nach der Vision auf die Reise zu den Aposteln. Denn: Wenn Saulus nun schon bekehrt ist, überwältigt von Christus, wie kann er da irgendetwas anderes tun als sich zu legitimieren, sich den Jüngern zu Füßen werfen, sie in immer neuer Zerknirschung um Verzeihung zu bitten, seinen grausen Irrtum kreischend zu bereuen, sie um irgendeinen Dienst anzuflehen, um die Gnade einer kleinen Nützlichkeit, um eine leidliche Möglichkeit zur Wiedergutmachung? Wenigstens *die* Erleichterung doch könnte er den Jesuanern in Jerusalem verschaffen, daß er ihnen durch sein Auftauchen bei ihnen, durch die Bußfertigkeit seines Sich-Einreihens Gewißheit verschafft über seine Bekehrung, über Realität und Redlichkeit seiner Wandlung, über die Tatsache, daß er nun nicht mehr zu fürchten ist als Verfolger, Liquidator, Peiniger. Als mindestes also könnte er Entwarnung geben, für sich, vor sich.

Aber noch ganz andere Informationen wären doch von ihm zu verlangen wie nur je von einem, der auf die Gegenseite gewechselt ist: Über Verfolgungspraktiken und -taktiken, über die Substrukturen jüdischer Maßregeln, über die religiöse Cleverness in Verhören, über Spitzel, falsche Zeugen, Verräter in den eigenen Reihen, unsichere Kantonisten, Wankelmütige, über die religiöse Diskussion unter den Rabbinern, etwa über die Frage: Wie ernst wird Jesus in Wahrheit genommen, wie groß ist die Verstörung, die er im orthodoxen Judentum angerichtet hat? Wie groß die Chance, da einzubrechen mit dem neuen Weg? Wie weit vor allem empfindet er sich als exemplarisch, wie symptomatisch ist sein eigener Fall?

Aber selbst wenn er als Zuträger nicht gelten wollte, müßte er doch, gerade im Bewußtsein seiner Vision, für die neugeschenkte Existenz soviel Herz aufbringen, nicht noch neue Verwirrung zu stiften, zu einem rätselhaften Irrläufer zu werden, der auf eigene Faust mit einem minimalen Begriff von Christus loszieht, der von der einen Extratour (als Verfolger) zur nächsten (als Missionar) aufbricht. Zeigt sich denn Glaube nicht gerade in der Solidarität mit den Glaubensgenossen?

Vor allem jedoch: Wo bleibt die Neugier, das allermenschlichste Interesse, die liebevolle Nachfrage nach dem irdischen Jesus? Zu Beginn unseres Jahrhunderts hat ein »kritischer« holländischer Theologe seinen Unmut über den störrischen

Paulus dadurch deutlich zu machen versucht, daß er die Situation auf einen postum begeisterten Anhänger des Sokrates übertrug. Noch am Tode des Philosophen habe sich der junge Mann innig erfreut. »Einige Jahre später aber geht ihm ein neues Licht auf. Jetzt sieht er ein, daß wie Sokrates zu denken, zu fühlen, zu leben, sich mit Sokrates ganz und gar zu identifizieren, das einzige ist, was nottut. Was macht er dann? Geschwind nach Athen reisen, wo Plato und Alcibiades noch leben; von diesen und vielen anderen erfahren, was Sokrates gedacht, gefühlt, gelehrt... hat? Keine Spur. Der verkehrte Sophist reist nach Ägypten, verweilt dort drei Jahre, schreibt und redet seitdem lebenslang über Sokrates und wird von einer leichtgläubigen Welt für die glaubwürdigste Autorität in betreff des griechischen Weisen und für den zuverlässigsten Interpreten seiner Lehre und Ansichten gehalten. Glaube das, wer es glauben kann.«

Das ist sehr kommune Psychologie, sehr billiger Spott. Gewiß: Die Realitätsversessenen, die Bestätigungslüsternen, die Geltungsbedürftigen hätten sich sofort aufgemacht und nachgeforscht; sie hätten, wenn auch nachträglich, zu seinem Kreis, zu seiner Gefolgschaft gehören wollen. Solche Scharungswilligen und Gruppendynamiker, solche Gefolgsseelen und »Meet«aphysiker machen ja den Großteil der Menschheit aus, ihre gesellschaftliche Norm von der Party bis zum Kongreß, von der Sauna bis zum Premierenabend. Aber wäre nicht ein wirklich neuer Jünger des Sokrates gerade einer, der, wie jener, seinen Kopf für sich hat; weil er nun einen *Begriff* von diesem philosophischen Unikum hat, muß er sich doch nicht auch noch ein *Bild* von ihm machen lassen. So einer baut sich doch lieber seinen eigenen Sokrates auf, als daß er ihn sich von der Sokrates-Society vormachen ließe.

Wieviel mehr aber muß sich solche Haltung verstehen – eifersüchtig und eigensinnig, abschirmend und keusch –, wenn der, den man entdeckt hat, kein Philosoph, sondern Gott ist, Geschenk des Himmels, Lichtgestalt aus dem Jenseits. Deren Kraft und Wirkung, deren Herrlichkeit und

Schrecklichkeit man ja soeben noch am eigenen Leib und Geist erfahren hat. Was sollte Paulus in diesem Zustand nach Jerusalem treiben? Er ist zu Christus bekehrt, nicht zu den Aposteln. Er hält es fortan mit dem gekreuzigten Jesus, nicht mit den Jerusalemern. Er hütet sich geradezu, an Ort und Stelle zu recherchieren, einem Jesus-Report nachzugehen. Er ist stolz darauf, Christus nicht »nach dem Fleisch« erlebt zu haben. Er braucht keinen Christus »zum Anfassen«: Er braucht die Reinheit und die Intensität seiner Vision, »weil er schon als Verfolger mehr vom Gekreuzigten verstanden hatte als die Mehrheit seiner Bekenner«. (Türcke)

Mit »Arabien«, wohin der Bekehrte sich sogleich begibt, ist das Gebiet östlich des Jordans und des Toten Meeres gemeint, das heutige Jordanien. Die Arabia war zwar weitgehend Wüstenlandschaft, aber keineswegs menschenleer; dies war das Reich der Nabatäer, die größtenteils als Nomaden lebten. Es waren Araber, deren Staatswesen (um diese Zeit ein Königreich) ganz hellenistisch geprägt war, obwohl wiederum die Landessprache rein aramäisch war. Die Nabatäer waren Bundesgenossen des römischen Imperiums; ihre Macht beruhte darauf, daß sie den gesamten nordarabischen Karawanenhandel von Ägypten bis nach Mesopotamien kontrollierten; etwa zu der hier in Frage stehenden Zeit erreichte ihr Staatsgebiet die größte Ausdehnung: bis nach Damaskus im Norden und im Süden bis zur Hafenstadt Leuke Kome am Roten Meer. Die Hauptstadt dieses Steinreichs war Petra, ein Ort, der fast wie ein gigantisches Relief aus den Felsen herauswuchs; auch heute noch kann man an den Überresten des schwer zugänglichen, fast albtraumhaft wirkenden Ortes griechische und römische Stilelemente, klassische Säulen und Portale finden, eine seltsame Mischung aus Naturkulisse und sublimer Architektur.

Wie das Leben des Paulus in Arabien ausgesehen und wo genau es sich abgespielt hat, darüber gehen die Vorstellungen und Mutmaßungen weit auseinander. Die extremste Deutung kommt von Leo Baeck: »So führte sein erster Schritt nicht zu den Menschen, sondern in die Wüste, den Ort der einsamen Entscheidung, an den sich Männer des jüdischen Volkes oft zurückgezogen haben, um über den Weg nachzudenken, der vor ihnen lag.« Die Vorstellung ist faszinierend, und sie ist ja auch tausendfache Praxis gewesen; die exklusive Sekte der Essener, zum Beispiel, bewahrte ihren Glauben in solcher meditativen Wüsteneinsamkeit. Baeck übrigens liest das Wort »Arabia« nicht als das Arabien der Nabatäer, sondern als das hebräische Wort für Steppe und Wüste, »Arawa«. Seiner Vermutung kommt Adolf Deissmann, behutsamer Psychologe unter den Theologen dieses Jahrhunderts, immerhin noch nahe, wenn er schreibt: »Ob er dort schon missioniert hat, ist nicht sicher; daß er damals das System des Paulinismus entworfen habe, ist ebenso unwahrscheinlich, wie es naheliegt, daß er Verlangen hatte nach einer Zeit stiller Sammlung.« Günther Bornkamm weist solche Überlegungen als eher idyllisch zurück, gibt aber vor allem als Gegenargument, daß Paulus es ja viel zu eilig gehabt habe mit seiner Verkündigung, als daß er sich auf eine lange meditative Zeit hätte einlassen können: »Wir haben darum anzunehmen, auch wenn es nicht ausdrücklich gesagt ist, daß Paulus in diesem Gebiet des heutigen Staates Jordanien bereits das Evangelium verkündet hat.« Auch eine heutige kritische Ausgabe des Neuen Testaments (Piper) verbietet kurzerhand die Vorstellung, »Paulus habe sich abseits vom Getriebe der Welt auf seine Arbeit vorbereitet«.

Eile und Aktivität sprechen ja auch aus Paulus' eigenen Worten: »... besprach ich mich nicht erst lange [...] sondern zog sogleich« nach Arabien. Die Heftigkeit, Hitzigkeit, die Leidenschaft und Rasanz seines Temperaments (die wir noch kennenlernen und erschließen werden), machen in der Tat das Bild eines sich erst besinnenden und sammelnden Mannes zu einem unverständlichen Stilleben. »Gott hatte ihm gezeigt, daß Jesus der Christus ist, Gottes Sohn, gekreuzigt für uns und auferstanden für uns. Das jedermann zu bezeugen, bildete sein Amt, zu dem er keinen Menschen nötig hatte.« (Adolf Schlatter) Und gerade der unterlassene Gang nach Jerusalem heißt, immer wieder: Paulus hat mit einem Schlage alles gewußt.

Aber: weiß man immer, was man weiß? Weiß man auf Dauer, was man in einem besonderen Augenblick wußte? Weiß man morgens, was man am Abend vorher wußte? Weiß man im Glück, was man in der Enttäuschung wußte, weiß man ernüchtert, was alles man im Rausch zu wissen meinte, weiß man auf dem Boden der Tatsachen noch, ob man der Ekstase von eben trauen kann, ja, ob sie sich überhaupt ereignet hat? Weiß man nach dem Essen noch etwas von der Qual des Hungers? Weiß man, auch nur Minuten danach, noch etwas von der hirnjauchzenden Lust der Liebe? Vor allem: weiß man, wer man selber ist, wenn man doch ein neuer Mensch geworden zu sein meint? Weiß man auch nur die Angst, wenn sie vorüber ist, nämlich »ausgestanden«?

Dieses Wissen, auch wenn es nur eins am eigenen Leibe ist, bleibt eine rührende Fragilität. Später einmal wird Paulus beides beschreiben, die Zerbrechlichkeit und die Kostbarkeit der Vision, ihre Gefährdung und das Rettend-Überdauernde: »Wir haben aber diesen Schatz in irdenen Gefäßen, damit offenbar wird, daß die überschwengliche Kraft von Gott kommt und nicht von uns.« (2. Kor. 4,7)

Die Vision – ein Schatz, Paulus ein Schatzgräber: Dies ist wohl die einfachste und vorerst verläßlichste Form für das Verhalten des Mannes in seinem neuen Leben. Paulus hat einen Schatz entdeckt, von dem er schon gewußt hatte, den er aber vorher für wertloses Zeug hielt, für Talmi, Blech, betrügerische Hinterlassenschaft. Wer einen Schatz entdeckt, will ihn ja nicht sofort, will ihn vielleicht niemals teilen, er geht auf alle Fälle behutsam, vorsichtig, auch etwas heimlich zu Werke. Er nimmt ihn erst einmal beiseite, vergewissert sich: zählt nach, prüft die Stücke, liest die Prägungen, beißt in die alten Münzen, unterscheidet, schichtet auf.

Aber lange kann die Dialektik eines Schatzes ihm nicht entgehen, lange die Frage nicht auf sich warten lassen: Was fang ich nun damit an? Auch der größte ist ja null und nichtig, wenn er nur gehütet, abermals versteckt und verscharrt würde; allenfalls macht er den neuen Besitzer krank vor Geiz oder aus Angst, ihn zu verlieren. Nein, auch der edelste Fund ist nichts wert, wenn er nicht unter die Leute kommt; sein Besitzer bleibt das arme Schwein, das er vorher war, wenn er nicht beginnt, den Glanz ausstrahlen zu lassen, die Fülle offenzulegen, will sagen: seinen Wert zu erproben und zu erweisen. Die Entdeckung eines Schatzes, so zeigt sich, beginnt wahrhaft erst mit der Nutzanwendung, mit der allgemeinen Wert»schätz«ung, mit den Wirkungen und Wohltaten, die er ermöglicht.

Paulus *kann* in Arabien nicht bloß auf seinem Schatz gehockt haben; aber was er an ihm besaß, konnte er nur durch Distribution und Weitergabe erfahren. Selbst wenn in dieser Zeit in der Arabia noch alles verschleudert war – denn es haben sich ja keinerlei Spuren seiner Jahre dort erhalten –, gibt es keine andere Erklärung als die: Er hat auch dort schon missioniert.

Gründe dafür, daß von der Mission im Nabatäerreich sich kein Zeugnis findet, gibt es genug: Als wichtigsten den, daß von diesem Reich und seinen Bewohnern nicht mehr viel übrigblieb, als im dritten Jahrhundert nach Christus der Karawanenhandel auf Druck der persischen Sassaniden nach Norden umgeleitet, von Petra abgezogen und nach Palmyra verlegt worden ist. Aber es mag auch an der Art dieser allerersten paulinischen Mission gelegen haben: Was Paulus in den ersten Wochen, Monaten, Jahren, nach seiner Vision hat predigen können, war doch nicht viel mehr als eben die Vision, als die Offenbarung Christi, als die Berufung selbst. Seine Botschaft mußte sich ja erschöpfen in der eigenen Erschütterung, in einer Art beschwörendem Beispiel, in einem mystischen Appell und Appeal. Paulus mag noch nicht Rede und Antwort gestanden haben, nur er selbst stand schon da. Das, was das Firmament seiner Theologie werden sollte, ist nur denkbar als ein allmählich sich hochwölbendes Lebenswerk, als abertausendfache Reaktion auf den »täglichen Andrang zu mir her«; wohl aber hat er einen Grund-Satz wie diesen aus dem ersten Korintherbrief den Beduinen zwischen Sand und Stein einhämmern können: »Wenn jemand den Herrn nicht liebhat, der sei verflucht.« (1. Kor. 16,22)

Im Grunde hat Paulus ja selbst ziemlich genau Auskunft gegeben über seine Red-Seligkeit, wenn auch mit der List des Bescheidenen und für die, die zwischen seinen Zeilen lesen. Denn die zu Beginn dieses Kapitels zitierte Passage aus dem Galaterbrief – etwa zwanzig Jahre nach dem Arabien-Aufenthalt geschrieben – ist ein nahezu wörtliches Zitat aus dem Propheten Jeremia. Der berichtet über seine Berufung: »Und des Herrn Wort geschah zu mir: Ich kannte dich, ehe ich dich im Mutterleib bereitete, und sonderte dich aus, ehe du von der Mutter geboren wurdest, und bestellte dich zum Propheten für die Völker.« Bis hierher schreibt Paulus dem Propheten nach; den Rest schenkt er sich, aber denkt er sich desto genauer; es trifft ja alles auf seine Situation zu, soll er es groß ausbreiten? »Ich aber sprach: Ach Herr, Herr, ich tauge nicht zu predigen; denn ich bin zu jung. Der Herr aber sprach zu mir: Sage nicht: Ich bin zu jung, sondern du sollst gehen, wohin ich dich sende und predigen alles, was ich dir gebiete [...] und der Herr streckte seine Hand aus und rührte meinen Mund an und sprach zu mir: Siehe, ich lege meine Worte in deinen Mund...« (Jer. 1,4-7) Von hier aus gibt es einen Funkenschlag zu Moses, der sich der Berufung durch Gott mit demselben Argument zu entziehen sucht: »Ach, mein Herr, ich bin von jeher nicht beredt gewesen, auch jetzt nicht, seitdem du mit deinem Knecht redest; denn ich habe eine schwere Sprache und eine schwere Zunge. Der Herr sprach zu ihm: Wer hat dem Menschen den Mund geschaffen?« (2. Mos. 4,10 f.)

Zu Moses aber will Paulus uns führen, auf Moses führt er im Galaterbrief sich selbst zurück, in der Nachfolge des Moses sieht er seine Zeit in Arabien. Nicht in diffuser Verknüpfung, sondern in einem sehr konkreten Ortssinn. Paulus glaubt, daß auch Moses in *seinem* Arabien war, als er das Gesetz empfing, oder daß sein Arabien das des Moses ist. »Das ist Hagar – denn der Berg Sinai befindet sich in Arabien«, schreibt er im gleichen Brief (Gal. 4,25) Und Hagar ist nicht nur das hebräische Wort für den Felsen, sondern auch der hebräische Name für die Felsenstadt Petra. Bis heute ist die Senke vor der Stadt als Tal des Moses bekannt; der gegenüberliegende Berg heißt Aaron und gilt als heilig. Und offenbar hat Paulus geglaubt, was einige Forscher auch heute noch annehmen: hier sei der wahre Berg Sinai, wo Moses das Gesetz empfing.

Wer aber sagt, er habe nicht missioniert? Wer aber behauptet, es gebe keine Spur seiner Wirksamkeit bei den Nabatäern? Wer kann die Leidenschaft seiner frühen Predigt in Zweifel ziehen, wenn es doch deren deutlichstes Indiz gibt: das Ärgernis und die Verfolgung, die Flucht und das knappe Entrinnen. Wie hatte doch Paulus gesagt: »In Damaskus bewachte der Statthalter des Königs Aretas« – es ist der Nabatäerkönig Aretas der Dritte – »die Stadt der Damaszener und wollte mich gefangennehmen . . .« Wer nur meditiert, den nimmt man nicht gefangen. Und die Bedrohung kann sich auch nicht vor allem auf Predigten in Damaskus beziehen, sonst wäre kaum so ausdrücklich vom Nabatäerkönig die Rede.

Der Fluchtkorb von Damaskus birgt den Prediger in der Wüste.

II.
WANDERER ZWISCHEN DEN WELTEN

5.
Fauler Zauber, falsche Götter oder: Mission als Machtprobe

> Paulus und Barnabas waren gebildet genug, um antizipieren zu können: Man würde in ihnen im Land herumvagabundierende Philosophen sehen.
> Gerd Theissen

Endlich schickt Lukas seinen Helden auf die Reise; endlich erleben wir den Missionar in Aktion; endlich bekommen wir einen Eindruck von der Waghalsigkeit aller dieser Unternehmungen. Der Autor benutzt den Apostel fast so, wie Voltaire seinen Candide benutzt, nämlich um etwas zu beweisen. Sollten die Leiden des jungen Candide, entgegen der Schönfärberei der Aufklärungsphilosophen, zeigen, wie barbarisch es auf der Erde zugeht, wie schlimm es um die beste aller möglichen Welten bestellt ist, so führt Lukas in der Gestalt des Apostels vor, welche Widerstände, Rivalitäten, Mißdeutungen und Nachstellungen das junge Christentum bei seinem Zug gen Westen zu bestehen hatte. Lukas setzt diesen Mann ein, indem er ihn fortwährend aussetzt: der Gefahr, der Konkurrenz, dem faulen Zauber, den falschen Göttern, dem Zorn der orthodoxen Juden. Übrigens nennt er ihn vorerst immer noch Saulus.

Ein Jahrzehnt etwa ist vergangen seit der Rückkehr aus der Wüste, seit der Flucht durch die Mauer, seit dem kurzen Besuch bei Petrus und Jakobus in Jerusalem, und abermals haben sich die Spuren des Apostels verwischt. Soviel scheint am Bericht der Apostelgeschichte plausibel, daß Jerusalem immer noch heißes Pflaster für den Bekehrten gewesen ist und daß er sich in der Folgezeit wieder in Tarsus aufgehalten hat. Andererseits ist in jenen nördlichen Provinzen viel zur Befestigung des neuen Glaubens geschehen, gerade durch die

Fluchtbewegung nach der Tötung des Stephanus: »Die sich nun zerstreut hatten bei der Verfolgung, die wegen Stephanus hereingebrochen war, gelangten bis nach Phönizien, Zypern und Antiochia und verkündigten das Wort ausschließlich den Juden. Einige von ihnen, Männer aus Zypern und Kyrene, kamen nach Antiochia und wandten sich auch an die Griechen und predigten ihnen das Evangelium vom Herrn Jesus. Und die Hand des Herrn war mit ihnen, und eine große Zahl kam zum Glauben und bekehrte sich zum Herrn.« (Apg. 11,19-21)

Aus Jerusalem wird nun jener Barnabas nach Antiochien gesandt, der sich schon bei der dortigen Visite des Paulus um ihn gekümmert hatte; der holt ihn nun aus Tarsus nach Antiochien oder findet ihn dort schon vor; auch andere Propheten und Lehrer des neuen Glaubens werden genannt: Simon und Lucius von Kyrene und Manahen.

Barnabas ist auf der ersten Missionsreise nicht nur mit von der Partie, sondern wohl auch so etwas wie der Senior, der Reiseleiter, »denn er war ein bewährter Mann, erfüllt mit heiligem Geist und Glauben«. (Apg. 11,24a) Er stammt aus Zypern, und Zypern ist denn auch das erste Reiseziel. Dritter im Bunde ist ein junger Mann namens Johannes Markus (dem nach der Tradition das Markus-Evangelium zugeschrieben wird).

Die Gottesarbeit auf der Insel beginnt sogleich nicht nur als spirituelles Abenteuer, sondern als Machtprobe. »Als sie die Insel bis Paphos durchzogen hatten, trafen sie einen Zauberer und falschen Propheten, einen Juden; der hieß Barjesus und hielt sich bei dem Statthalter Sergius Paulus auf, einem verständigen Mann. Dieser rief Barnabas und Saulus zu sich und verlangte das Wort Gottes zu hören. Da widersetzte sich ihnen der Zauberer Elymas – denn so wird sein Name übersetzt – und versuchte, den Statthalter vom Glauben abzuhalten.« (Apg. 13,6-8)

Wieder eine jener spannenden, gespannten Situationen, die Lukas mit wenigen Sätzen zu choreographieren weiß: Ein römischer Statthalter, zwei eifernde Christen-Juden, ein jüdischer Magier. Was aber hat er überhaupt im Gouverneurspalast zu suchen? Vom Sergius Paulus ist die Rede als von einem »verständigen« Mann (so übersetzt schon Luther). Was heißt hier verständig? Ist er jemand, der mit sich reden läßt, neugierig, offen für andere Meinungen, fasziniert von Kontroversen oder sie gar absichtlich inszenierend? Oder ist er schlicht ein bißchen gelangweilt auf Zypern, vom Inselkoller gepackt und verständig in dem Sinne, daß er Durchreisende zu sich ruft, damit sie ihm von der Welt und den neuesten Göttern erzählen? Jedenfalls: Je verständiger man sich den Sergius denkt, desto weniger gauklerhaft erscheint Elymas. Die Wendung, daß der sich bei ihm aufhielt, läßt auf eine Art halboffizieller Funktion schließen: Der ist also wohl kein Taschenspieler, sondern eine Art Hofastrologe.

Denn was dieser Zauberer zaubert, erfahren wir nicht. Lukas gönnt ihm keine Erfolgserlebnisse, keine Überraschungseffekte, kein trickreiches Hast-du-nicht-gesehen. Das einzige Rätsel, das dieser Zauberer aufgibt, ist sein zweiter Name. Die Wissenschaft scheint bis heute von ihm verzaubert. Hatte schon Luther das Bar-Jesus richtig als das aramäische »Sohn Gottes« kommentiert (das mit der Wendung bariesuban = Lucifer verwandt ist), so eröffnete er mit der Deutung des zweiten Namens die Reihe ratloser Ausleger: Elymas sei ein Anklang an Eli-Messias und heiße soviel wie Gottes König oder ein Gesalbter Gottes, und er fügte hinzu: »Denn die Juden und namentlich solche Leute pflegen solch göttliche Namen zu führen.« Dem widerspräche, daß den Juden das Zaubern verboten war; oder vielmehr: Daraus ließe sich abermals folgern, daß dieser Bar-Jesus eben nicht gezaubert, sondern gepredigt, geweissagt habe.

Aber gerade an dieser Stelle beweist Luther seinen genialen Sprachinstinkt. Er schreibt nämlich nicht, wie es eigentlich nach der Wendung »Elymas, der Zauberer« heißen müßte: »denn so wird sein Name übersetzt«, sondern: »denn so wird sein Name gedeutet«. Man rätselt nämlich bis heute darüber, in welche Sprache Lukas den Bar-Jesus als Elymas *übersetzt* haben könnte. Nachdem man alle in Frage kommenden antiken Sprachen nach Interpretationsmöglichkeiten abgehorcht hat, scheint man nunmehr darin einig zu sein, Elymas habe mit dem arabischen Wort »elim« (= der Weise) zu tun. (Dies nur als erster Hinweis auf das, was uns später begegnen, beschäftigen wird: Die gewaltige Fragwürdigkeit jeglichen Übersetzens, die Begriffsverwirrung bei bestem Wissen und Gewissen, die Verderblichkeit der Ware Sprache beim Transport vom Orient über Kleinasien und Griechenland nach Rom und später nach Mitteleuropa; die babylonische Beliebigkeit beim Dolmetschen der Worte Gottes, der aberwitzige Fall von der alttestamentarischen Anrufung Gottes bis zum heutigen Alltagsseufzer: Gottseidank!)

Was aber Lukas mit der Konfrontation Paulus – Elymas eigentlich bezweckt, ist dies: Er will die Christenmission, einschließlich ihrer gelegentlichen, aber weitwirkenden Wundertaten, absetzen von den Zauberkräften der Magie. Daß solche Distanzierung ebenso nötig wie schwierig war, leuchtet ein, wenn man bedenkt, daß beide, Zauberei wie Religion, eine gemeinsame Wurzel haben: die Furcht. Beide verdanken ihren Ursprung der Angst des Menschen vor der Übermacht und den katastrophalen Plötzlichkeiten der ihn umgebenden Natur, der Angst vor der unbegreiflichen Entrücktheit des Firmaments, der Angst vor der sengenden Kraft der Sonne, der Angst vor dem aus der Höhe zuckenden Blitz, der Angst vor der gefahrvollen Unabsehbarkeit und der lauernden Sintflutdrohung des Meeres, der Angst vor der folternden Weite und Dürre der Wüste. Und dann gibt es die Angst vor allen diesen Ängsten, das Gefühl einer ständigen und umfassenden Bedrohung, eine Grund- und Dauerangst vor dem Numinosen, vor diesem geheimnisvollen Mächtigen, das der Mensch allenthalben zu spüren bekommt. Aus diesen Ängsten erwachsen, auf diese Ängste reagieren sowohl Religion als auch Magie (im Bunde mit der Astrologie).

Mit allen Religionen teilt die Magie darum auch den

Begriff der Kraft. Denn die den Menschen (be)stürzenden Wirkungen der Natur können ja nur Aus-Wirkungen einer Kraft sein, die unsichtbar hinter den Kulissen menschlicher Einsicht am Werk ist. Es sind gleichsam Explosionen eines Weltzusammenhangs, den man sich zurechtgereimt hat, Heimsuchungen aus scheinbar heiterem Himmel. Sympatheia nannte man diese numinose Vernetzung der Welt, der noch Goethes Faust auf der Spur ist, wenn er erkennen will, »was die Welt im Innersten zusammenhält«.

Auf diese unerforschliche, unergründliche Kraft reagieren nun aber Religion und Magie völlig verschieden: die polytheistischen Religionen und Mysterienkulte mit Opfern, die Götter und Göttinnen geneigt machen sollen, der Monotheismus des jüdischen Glaubens mit der Vorstellung eines Gottes, den man sich nicht vorstellen darf; die Magie mit Gegen- oder Analogiekräften. »Magie will Kräfte manipulieren, Religion strebt nach Kommunikation zwischen einzelnen.« (Lucy Mair)

Der Magier dagegen bleibt Einzelgänger. Er hütet die Geheimnisse, die er erlernt, erworben oder von Vorfahren ererbt hat, voller Eifersucht und Vorsicht. Den kosmischen Kräften setzt er, als magisch begabtes Individuum, eigene Kräfte entgegen. Er läßt sich auf Zweikämpfe mit dem Numinosen ein. Seine Sache ist der Mut, nicht die Demut. Das aber setzt voraus, daß er die undurchschaubaren Gewalten durchschaut hat, die geheimen Kraftströme entdeckt, das verborgene Netz, in dem der Kosmos uns gefangenhält, erkannt hat. Denn nur so kann er es zerreißen.

Folglich verlangt der Magier den Glauben an sich selbst, an seine Kraft und besondere Begabung. Er spekuliert darauf, daß ein Mensch noch immer leichter an etwas oder an jemanden glaubt, das oder den man sehen und anfassen kann. Wie solche Kraftübertragung sich vollzieht, auch in unserem aufgeklärten Jahrhundert, hat Thomas Mann in »Mario und der Zauberer« fasziniert beschrieben: »Der leidende, empfangende, der Ausführende Teil, dessen Wille ausgeschaltet war, und der einen stumm in der Luft liegenden Gemeinschaftswillen vollführte, war nun er, der solange gewollt und befohlen hatte; aber er betonte, daß es auf eins hinauslaufe. Die Fähigkeit, sagte er, sich seiner selbst zu entäußern, zum Werkzeug zu werden, im unbedingtesten und vollkommensten Sinne zu gehorchen, sei nur die Kehrseite jener anderen; zu wollen und zu befehlen; es sei ein- und dieselbe Fähigkeit; Befehlen und Gehorchen bildeten zusammen nur ein Prinzip, eine unauflösliche Einheit; wer zu gehorchen wisse, der wisse auch zu befehlen, und ebenso umgekehrt; der eine Gedanke sei in dem anderen einbegriffen, wie Volk und Führer ineinander einbegriffen seien . . .«

RECHERCHE: EIN BLICK INS ARSENAL MAGISCHER RITUALE. Mit einer gewaltigen Bandbreite von Mitteln reagiert der Zauberer auf die geheimnisvollen Kräfte, auf die Kraft der Geheimnisse; erstaunlich nicht nur die Vielzahl, sondern auch deren globale Gemeinsamkeit. Skizzieren wir (an des Elymas Stelle) hier nur kurz die beiden Grundformen der Magie: den Analogiezauber und den Abwehrzauber.

Eine besonders spektakuläre Form des Analogiezaubers sind die verschiedensten Formen von Tänzen (Handlungszauber). Bei den primitiven Völkerstämmen gibt es Jagd- und Fischtänze, in Australien ist man auf Känguruhtänze gestoßen, der Regenzauber war Bestandteil eines altmexikanischen Festes. Bei den Büffeltänzen der Indianer, die eine ergiebige Jagd bewirken sollen, verkleideten sich die einen als Büffel; sie ahmen, tanzend, deren Bewegungen nach, während andere mit stumpfen Pfeilen auf die Tänzer schießen.

Magie durch analoge Handlung: Der Regenzauber in Arkadien gehört ebenso dazu wie in Rom das Fest der Robigalia, bei dem eine rothaarige Hündin getötet wurde, um dem Getreiderost Einhalt zu gebieten, oder wie in Deutschland das Fest der »Heiligen Hochzeit«, bei dem ein junges Paar sich auf freiem Feld liebte, oder der böhmische Brauch, daß ein verlassenes Mädchen während der Hochzeit ihres ungetreuen

Geliebten Hund, Katze und Henne in eine Stube einsperrte: Deren Gezänk sollte sich auf die Stimmung unter den Brautleuten übertragen.

Daß solcher Analogiezauber nicht aus der Welt ist, daß er auch in moderner Zeit nach- und weiterwirkt, dafür ist August Strindberg Zeuge. Nach der katastrophalen Trennung von seiner zweiten Frau Frida und der kleinen Tochter Kerstin überlegt er sich, auf welche Weise er ein Wiedersehen herbeiführen könne: »Es mußte schon etwas Außergewöhnliches sein, ein gemeinsames Unglück, vielleicht ein Blitzschlag, eine Feuersbrunst oder eine Überschwemmung [...] Mit einem Wort, irgendeine Katastrophe, die zwei Herzen wieder vereinigt [...] Und schon habe ich genau das, was ich brauche: eine Erkrankung: kleine Kinder sind ja schnell einmal krank; die Mutterliebe übertreibt die Gefahr; ein Telegramm [...] und schon ist die Lage genauso, wie ich sie mir gewünscht. Obwohl mir die einfachsten Begriffe der Magie fehlen, flüstert mir eine unheilvolle Stimme zu, was ich mit dem Bilde meines inniggeliebten Töchterchens, das später mein einziger Trost in einem verdammten Dasein werden sollte, tun müsse.« Als Strindberg später erfährt, daß nicht die kleine Kerstin, sondern seine drei Kinder aus der ersten Ehe just zum Zeitpunkt der Beschwörung krank geworden seien, wird er von Entsetzen so sehr gepackt, daß er nun, als er dieses Erlebnis niederschreibt, seinen Leser warnt, »diese Tatsache nicht zu vergessen, falls ihn irgendwann die Lust anwandeln sollte, Magie zu treiben und besonders jene, die sich Verhexung und Verzauberung im eigentlichen Sinne nennt...«

Für den *Abwehrzauber* gibt noch Luther in seinen Tischreden ein drastisches Beispiel, wenn es darum geht, dem Teufel in die Parade zu fahren. Er erzählt von der Kunst eines Dr. Pommer, dem der Teufel die Milch seiner Kühle stahl, noch ehe sie gemolken werden konnten: »Denn als seinen Kühen die Milch auch gestohlen wurde, so streifte er flugs die Hosen ab und broket dem Teufel einen Wächter in einen

Asch voller Milch und rührts um und sagt: ›Nun fret Teufel!‹ Darauf ward ihm die Milch immer entzogen.«

Abwehrzauber richtet sich gegen Teufel und Dämonen, gegen Hexen und Gespenster, gegen Krankheitsstoffe und gegen ein unsichtbares übertragbares Böses, er richtet sich gegen Lebende und Tote. Vor allem soll er die Wiederkehr der Gestorbenen verhindern: Daher erklärt sich das Ein- oder Zusammenschnüren der Leichen bei den Ägyptern, daher der Umstand, daß viele Skelette mit gebrochenen Beinen oder Wirbelsäulen gefunden wurden. So gefürchtet war diese Wiederkehr, daß man die Toten noch vor der Beerdigung zu verwirren suchte, indem man den Sarg, beim Verlassen des Hauses, erst in verschiedenen Richtungen wendete.

»Alle Reiche der Natur, alle Arten von Wesen werden in den Dienst der Abwehrriten als Mittel hineingezogen« (Pfister). Man unterscheidet, je nach Wirkung, rettende (servatoria), abwehrende (apotrobaia), schützende (phylakteria) und bannende (baskania): das Töten durch den Blick. Davon wird jetzt zu reden sein, bei der Rückkehr in die zyprische Szenerie, in die Gesellschaft der vier Männer, die im Palast zu Paphos kontrovers versammelt sind: Sergius Paulus, Bar-Jesus-Elymas, Barnabas und Saulus.

Denn gezaubert wird in dieser Szene doch. Nur ist es nicht Elymas, der eine Probe seiner Kunst gibt, seiner Bezeichnung als Magier Ehre macht; es ist der gegen den Zauberer sich auflehnende Paulus selbst, der seinen Widersacher bannt. Derselbe Mann, der nach der Vision vor Damaskus drei Tage lang, bis zur heilenden Hand des Ananias, blind geworden war, derselbe Paulus, der doch weiß, daß man mit Blindheit nicht allein geschlagen, sondern durch sie im höheren Sinne sehend werden kann, derselbe Paulus verfügt nun auf einmal Blendung als Strafe: »Du Sohn des Teufels, du hinterhältiger Betrüger, du Feind aller Gerechtigkeit«, herrscht er den Zauberer an, »willst du nicht aufhören, die geraden Wege des Herrn zu durchkreuzen? Und nun siehe, die Hand des Herrn kommt über dich, und du sollst blind werden und die Sonne eine Zeitlang nicht sehen! Auf der Stelle fiel Dunkelheit und Finsternis auf ihn, und er ging umher und suchte jemand, der ihn an der Hand führte.« (Agp. 13,10 f.) Weiß dieser lukanische Paulus nicht mehr, was ihm selbst einst widerfahren ist? Und wenn er es weiß, muß er nicht damit rechnen, daß der so gestrafte Elymas eines Tages nicht nur im konkreten, sondern auch im heiligen Sinne, wieder »sehend« wird, vielleicht gar ein Apostel wie Paulus selbst? Hat nicht Paulus allen Anlaß, Blindheit für ein erstes Zeichen göttlicher Gnade, Blendung für die Vorstufe der Erleuchtung zu halten?

Noch einmal muß man hier die Geschichte der Magie und ihrer Wirkungsweise zu Rate ziehen: Das Auge, der Blick besitzen, mehr als alle anderen menschlichen Sinne, Zauberkraft, magische Ausstrahlung, Übertragungsgewalt.

Im Auge wohnt die Seele, es besitzt geradezu göttliche Macht, so wie denn auch das Auge Gottes Gott selbst vertreten kann. Wenn Osiris das Auge, das ihm Seth entrissen hat, von Horus zurückerhält, wird er aufs neue beseelt und von nun an unbesiegbar. Negativ tritt die Kraft des Auges in der Wendung vom bösen Blick auf: Der ist, für die Antike, die Ursache vieler Heimsuchungen, von Krankheit, Unglück, Liebeskummer, Ruin, ja selbst Tod, wie es sich noch in der heutigen Wendung ausspricht: »Wenn Blicke töten könnten.« Solchem bösen Blick kann man am besten durch bannendes Entgegenfunkeln begegnen. Und just diese abwehrende, vernichtende Kraft des Gegenblicks ist gemeint, wenn es heißt, der Apostel »sah ihn scharf an«.

An eben dieser Stelle passiert etwas Aufregendes, im zyprischen Palast wie im lukanischen Text. In wenigen Sekunden wird der Gouverneur, erschüttert von der Verfluchung seines Astrologen, sich bekehren: »Als der Statthalter sah, was geschehen war, kam er zum Glauben, betroffen von der Lehre des Herrn.« (Apg. 13,12) Sergius Paulus ist in der Apostelgeschichte der erste, den Paulus zu Christus bekehrt, dies ist sein erster Missionserfolg. Und genau an dieser Stelle macht Lukas aus seinem Saulus den Paulus. Erst hier vollzieht er den

Namenswechsel, und das Verblüffende ist die Beiläufigkeit, mit der er das tut: »Saulus aber, der auch Paulus heißt«, schreibt er nur, aber dem Namen Paulus bleibt er von nun an treu. Unter den Deutungen der Wissenschaft ist eine der umsichtigsten die: »Lukas hatte den Paulus bisher als Saul bezeichnet, da er ihn nach Kräften als vollen und ganzen Juden darzustellen sich bemüht. Nun aber, wo Paulus in die allen Christen wohlbekannte Stellung des großen Missionars Paulus hineinwächst, mußte Lukas zu der Bezeichnung mit dem römischen Cognomen übergehen, das Paulus in seinen Briefen allein verwendet hat und das der späteren Christenheit allein vertraut war.« (Haenchen)

Dennoch: Ganz glücklich scheint der Augenblick nicht gewählt. Es muß ja so aussehen, als habe der Apostel den Namen seines Erstbekehrten übernommen. Da römische Bürger mindestens drei Namen führten (Praenomen, Nomen und Cognomen) hat dies zur Spekulation geführt, Paulus könne auch die übrigen Namen des Statthalters übernommen haben. Dann hätte er mit vollem Namen geheißen: Lucius Aemilius Paulus, genannt Saul.

Die ständige Flucht nach vorn

Nächst Aberglauben und Zauberbann nimmt sich Lukas die griechischen Götter vor; denn Missionsarbeit unter den Heiden bedeutet Konfrontation mit der griechischen Mythologie. Die Heiden – das sind ja keine Barbaren, keine Primitiven; es sind die *ethne*, die *Völker* außerhalb Israels. Es sind auch keine Gottlosen, sondern eher Leute, deren Himmel allzu reich besetzt ist mit einer wahren Galaxie von Göttern. Die aber nicht nur aufschauen gen Himmel, die auch die Macht und Dämonie des Meeres, mit dem sie leben, auf dem sie reisen, als göttliche Instanz verehren: In vielen Schicksalen redet Poseidon ein stürmisches Wort mit; und manche Existenz läßt er zur Odyssee verschwimmen. Es sind Menschen, deren Gottheiten sich unentwegt ins irdische Leben, in folgenreiche Sinnlichkeiten, in galante Doppelrollen hineinbegeben. Die Begegnungsbereitschaft der Irdischen ist groß.

Paulus und Barnabas erscheinen in Lystra (heute Zoldera), das etwa vierzig Kilometer von Ikonion (in der südöstlichen Türkei) liegt. Wieder einmal haben sie einen Ort eher auf der Flucht als nach Plan erreicht; wieder einmal sind sie mit knapper Not der Verfolgung entkommen und nicht als überlegene Strategen angereist; und wieder einmal sind sie der Rage jüdischer Orthodoxie begegnet, die dem Paulus nur allzu vertraut ist. In Ikonion, wo sie zuvor gepredigt und Wunder gewirkt hatten, wären sie beinah verprügelt oder gar gesteinigt worden. Sie merkten die Gefahr noch vor den ersten Schlägen und Steinen und nahmen Reißaus.

Es ist eine Lektion, die für jegliche Wanderschaft des Paulus zu merken sein wird: Er geht nicht einfach nur so vor sich hin mit der Hauptrichtung Westen, er läuft auch nicht nur, von Bekehrungseifer getrieben, von einer Stadt zur nächsten, als gelte es, um des Heils willen, keine Zeit zu verlieren, sondern er muß dauernd davoneilen vor dem, was er anrichtet. Paradoxie: Die Verfolger beschleunigen seine Mission, die eifernden Juden helfen dem frühen Christentum auf die Sprünge. Der Apostel Paulus befindet sich auf einer stetigen Flucht nach vorn.

Kaum in Lystra, kommt ihnen einer der berühmten Lahmen wie gelegen. »Es war ein Mann in Lystra«, so berichtet Lukas, »der hatte schwache Füße und konnte nur sitzen; er war gelähmt von Mutterleib an und hatte noch nie gehen können«. (Apg. 14,8) Das Stehe-auf-und-Wandle ist, nächst der Erweckung eines Toten, das größte, das sichtbarste, das publikumswirksamste Wunder; wenn ein Blinder wieder sieht, ein Tauber wieder hört, so bleibt es eine höchst individuelle Heilung, schwer zu dokumentieren nach außen hin. Aber der Krüppel, der aufsteht oder gar aufspringt und die ersten Schritte tut, tut sie in aller Öffentlichkeit, inmitten der Schar von Neugierigen, unter Leuten, die sein Elend kennen.

Bis heute haben sich Wunderheiler denn auch auf diese Kur spezialisiert. Szenen wie diese sind auch in unserem Jahrhundert nicht selten: »Einmal haben sie mich zwei Meilen weit im Kinderwagen zu Aimee Semple MacPherson, der Wunderheilerin, kutschiert. Wir waren oben auf einer Bühne. Sie machte ein Kreuzzeichen in Öl auf meine Stirn und sah mich an und sagte: ›Wirf diese Krücken weg! Wirf sie nieder!‹ Ich wußte, ich konnte es nicht tun. Glaubst du denn, ich hätte es nicht tausendmal versucht? ›Wirf diese Stöcke weg, Junge!‹ kreischte sie mich an. Ich hab's trotzdem nicht getan. Das Publikum rief uns zu. Jesses, waren die verrückt nach einem Wunder.« So berichtet einer der Zeitzeugen in William L. Heatmoons Amerika-Reportage »Blue Highways«.

Ähnlich wie die amerikanische Wunderheilerin ruft Paulus dem Lahmen aus Lystra zu: »Stell dich richtig auf deine Füße!« Und was auf der Bühne nicht geschah, vollzieht sich nun hier nach dem Willen des Paulus: »Und er sprang auf und ging umher.« Die Leute, die Zeugen des Wunders sind, schreien erregt, und sie kommen auf fromme Gedanken: »Die Götter sind den Menschen gleich geworden und zu uns herabgekommen. Und sie nannten Barnabas Zeus und Paulus Hermes, weil er das Wort führte.« (Apg. 14,10-12) Protestieren die beiden auf der Stelle gegen den heidnischen Vergleich? Weisen sie die skandalöse Verwechslung sogleich und heftig zurück? Keineswegs, denn es bleibt Zeit für einen zeremoniösen Vorgang; Zeit für den Priester des Zeus, aus dem Tempel vor der Stadt Stiere und Kränze herbeizuführen und ein Opfer vorzubereiten.

Eine skandalöse Verwechslung

Dies ist wieder einmal eins der kleinen Details, mit denen Lukas seine trickreiche szenische Meisterschaft, seine situationssouveräne Dramaturgie erweist. Paulus und Barnabas sollen ja zunächst gar nicht begreifen, was da vor sich geht – deshalb ist sorgfältig vermerkt, daß die Leute von Lystra lykaonisch gesprochen hätten, ein regionales Idiom, das den beiden Missionaren fremd war, so daß sie mit den ersten erregten Zurufen gar nichts anzufangen wußten und erst bei der langwierigen Vorbereitung des Opfers sich klarwurden, welcher monströsen Verirrung sie selbst zum Opfer zu fallen drohten.

Welch eine Verblendung, welch ein Tort! Der doch eher prüde Paulus, der als Hagestolz lebende Mann, der Keuschheitsfanatiker wird für Hermes gehalten, für jenen Gott, der wie kein anderer das Symbol der Männlichkeit ist, dessen Altäre, die sogenannten Hermen, aus nichts weiter bestehen als aus aufgerichteten Steinmalen, die Manneskraft, Zeugungslust beschwören sollen; manchmal sind sie auch noch mit Kopf und Phallus versehen. Hermes, der aus der Vereinigung des Himmelsgottes Zeus mit der Atlastochter Maia hervorgegangen ist, jener Hermes, der nicht zu denken ist ohne die Gesellschaft von Göttinnen und Nymphen, der mit Aphrodite einen Hermaphroditen zeugt, dieser Playboy unter den griechischen Göttern: der nun, und Paulus?!

Läßt irgendetwas an der äußeren Erscheinung des Paulus auf Hermes schließen, oder umgekehrt: Erfahren wir aus dem mythologischen Bild des Hermes etwas über die Gestalt des Paulus? Trug er vielleicht, wie Hermes oft geschildert wird, eine Filzkappe oder einen Reisehut, benutzte er auf seinen Wanderungen einen (Zauber-)Stab? Gewiß, daß er keine Flügelschuhe trug (die in unseren Märchen als Siebenmeilenstiefel wiederkehren), aber wirkten womöglich seine Sandalen besonders ausladend? Und gibt es nicht vor allem im Blick auf die intellektuellen Merkmale eine insgeheime Übereinstimmung, eine Geistesverwandtschaft, die den Vergleich so unsinnig und willkürlich gar nicht erscheinen läßt?

Hermes ist ja nicht nur »der listigste und gewandteste aller Götter« (und gewiß ist die List für Paulus ein wichtiges Medium für die Verbreitung seiner Wahrheit); er ist auch der

Bürgegott für frühgriechische Jenseitsvorstellungen, er hat die Funktion eines Psychopompos, eines Seelengeleiters: Er bietet also nicht nur List auf, sondern auch Trost an. Hermes ist es, der Apollon zum Lachen zu bringen weiß – und ist nicht auch Paulus, bei aller Dringlichkeit seiner Predigt, bei aller Bitterkeit im Kampf mit Gegnern und Rivalen gelegentlich höchst ironisch (wie schon Friedrich Rückert erkannt hat)? Ist nicht Durchtriebenheit der hervorstechende Charakterzug des einen wie des andern?

Das Entscheidende aber: beide sind die »Sprecher« ihres Gottes. Lukas schreibt ja selbst, man habe Paulus für Hermes gehalten, »weil er das Wort führte«. Das heißt mehr, als daß er bloß redete, mehr als daß er der Gesprächigere war. Schon mit dem frühen Hermes verbanden die Griechen die Vorstellung eines Götterboten, eines Wortführers für Zeus, eines Interpreten des göttlichen Schweigens. Nichts anderes will ja auch Paulus als Christus verkündigen, als Diener göttlichen Wortes sein, ein Prediger den tauben Ohren. Und wenn Hermes als Hermes Logios für seine überragende Sprachbegabung und Redekunst gerühmt wurde, so rückt auch das den Paulus in seine Nähe.

Und noch etwas muß zumindest dem Lukas bei seinem legendären Vergleich vorgeschwebt haben: Die Wanderungen des einen wie des anderen. Paulus ist ja der große Wanderer im frühen Christentum, der dem Glauben an den Gekreuzigten zur rettenden Auswanderung aus der Einkapselung in Palästina verhilft; er ist mindestens fünfzehn Jahre lang, von der Rast in einigen Gemeindezentren abgesehen, immer unterwegs; und Hermes gilt nicht nur als der Gott des Handels und Wandels, sondern auch als Schutzgott der Wege; und die ihm zu Ehren errichteten Steinmale haben, neben ihrer phallischen Bedeutung, auch die Funktion von Wegweisern. Auch er ist ständig unterwegs. Wie sollte er nicht an diesem Tag, vielleicht im Jahre 47 unserer Zeitrechnung, in Lystra zusammen mit Zeus Visite machen?

Ob Lukas an die Sage von Philemon und Baucis gedacht

haben mag? Ob sie den Leuten von Lystra in irgendeiner Form bekannt gewesen sein kann? Die neuere Exegese dieses Kapitels ist da eher skeptisch. »Selbst in Lykaonien«, schreibt Loisy, »hätte man nicht so leicht zwei jüdische Exorzisten für Götter genommen.« Vielleicht, fügt er hinzu, »möchte man sie für große Zauberer halten, aber nicht für mehr.« Die Verteilung der Rollen – Barnabas als Zeus, Paulus als Hermes – scheint den letzteren zu benachteiligen; aber die Sache gewinnt ihre Richtigkeit, wenn man sich den Auftritt der beiden genau ansieht: Paulus ist der Redende, Heilende, Handelnde; Barnabas, der ältere von beiden, bärtig, steht während der ganzen Szene zunächst stumm da; der Göttervater als Statist.

Erst als die Opfertiere herangetrieben und die Kränze herbeigeschafft werden, wird den beiden Missionaren klar, worauf alle diese Vorbereitungen hinauslaufen. Sie zerreißen vor Zorn ihre Kleider, springen mitten in die Menge und schreien den Leuten zu: »Ihr Männer, was macht ihr da? Auch wir sind sterbliche Menschen wie ihr und predigen euch das Evangelium, damit ihr euch von diesen falschen Göttern bekehren sollt zu dem lebendigen Gott, der Himmel und Erde und das Meer und alles, was darin ist, geschaffen hat.« Das ist mehr als ein Wetterleuchten des Alten Testaments, das ist wieder einmal ein direktes Moses-Zitat. »Zwar hat er« – nun gehen die beiden zur Predigt über, »in den vergangenen Zeiten alle Heiden ihre eigenen Wege gehen lassen; und doch hat er selbst sich nicht unbezeugt gelassen, hat viel Gutes getan und euch vom Himmel Regen und fruchtbare Zeiten gegeben, hat euch ernährt und eure Herzen mit Freude erfüllt. – Und obwohl sie das sagten, konnten sie kaum das Volk davon abbringen, ihnen zu opfern.« (Apg. 14,14–18)

Das ist nun wahrlich kein Wunder: Wieviel leichter ist es doch, den Wundertäter selbst als göttliche Erscheinung anzusehen, ihm unmittelbar wirkende, göttliche Kraft zuzutrauen, als ihn bloß für ein Medium zu halten, das seine Kraft von einer unbegreiflichen, unvorstellbaren Instanz bezieht.

Doch plötzlich gibt es einen Stimmungsumschwung, die Szene wird in ein völlig anderes Licht getaucht: Vulkanausbruch von Gefahr. Denn mitten hinein in die begeisterte Aufgeregtheit des Volkes, in die Vorbereitungen für das bizarre Opfer, in das Ziehen und Zerren der Opfertiere, in die beschwörenden Worte des Paulus, die abwehrenden Gesten des Barnabas, kommen nun die Verfolger aus Ikonion auf den Plan. Sie sind den beiden nachgeeilt wie einst Paulus den Stephanus-Anhängern von Jerusalem nach Damaskus und wollen nun ihrerseits Blut sehen. Sie »überredeten das Volk, steinigten Paulus und schleiften ihn zur Stadt hinaus, weil sie meinten, er wäre gestorben. Als ihn aber die Jünger umringten, stand er auf und ging in die Stadt.« (Apg. 14,19 f.)

Die kritische Theologie des 19. Jahrhunderts hat diesen Bruch als so kraß empfunden, daß sie bei dieser letzten Passage von einem späteren redaktionellen Einschub gesprochen hat: Zumal plötzlich nur noch von Paulus die Rede und Barnabas vergessen ist (Johannes Markus hatte sich schon vorher von den beiden getrennt), zumal die vorherige Szene sich ja gar nicht in der Stadt zugetragen habe (so daß man ihn hätte hinausschleifen müssen), und zumal von irgendwelchen Jüngern, die ihn danach hätten umringen können, in diesem Lystra, nie die Rede gewesen sei.

Immer die Redakteure, nie die Realität! Immer ein Mißgriff von Schreibern, nie ein Übergriff der stets bereiten und omnipräsenten Schreier! Nein, dies alles ist ganz und gar folgerichtig: Der Missionar hat seinen ersten Erfolg zu verzeichnen gehabt, er hat sogar einen römischen Gouverneur bekehrt, der umsichtige Lukas hat ihn endlich auch vom Saulus in den Paulus verwandelt, und jetzt fliegen die Steine, wie sie einst Stephanus trafen, gegen den Mann. Letztes Motiv in der Dramaturgie der Bekehrung: Aus dem Verfolger von einst ist nun der Verfolgte geworden.

6.
Der Apostelkonvent
oder: Zu Kreuze kriechen
in Jerusalem?

> Warum also bist du gekommen, uns zu stören? Denn du bist uns stören gekommen.
>
> Dostojewski, Karamasoff
> (Frage des Großinquisitors)

An was, an wen soll man dabei denken? An Luthers Trotz auf dem Reichstag zu Worms, als man ihn zum Widerruf seiner Thesen zwingen will, an sein toll- und todkühnes »Hier stehe ich, ich kann nicht anders, Gott helfe mir, Amen!«? An den deutschen Kaiser Heinrich IV., als er sich 1077 auf den Weg nach Canossa macht, dort vor Papst Gregor VII., der ihn gebannt hat, auf die Knie fällt, Buße tut und dafür die Absolution erhält? Oder an Galileo Galilei, den genialen Wissenschafter, der im Jahre 1633 nach einem Inquisitionsprozeß vor dem römischen Officium gezwungen wird, dem kopernikanischen Weltbild gegen Wissen und Gewissen abzuschwören? An alle die hochnotpeinlichen Szenen der Kirchengeschichte, in denen der rechte Glaube mehr einem Folterwerkzeug als einem Gottesgeschenk geglichen hat, mehr einer Intrige als einer Offenbarung und mehr mit der irdischen Gewalt als mit der göttlichen Liebe zu tun hatte? In denen er die Fratze der Tortur trug statt eines Antlitzes von Trost? In der die Kathedralen zugleich Folterkammern waren und die Glut der Frömmigkeit Scheiterhaufen entfachte?

Oder soll man, aktueller, an die Auseinandersetzung um die sogenannte, sich auch selbst so nennende Theologie der Befreiung denken; an den Konflikt vor allem lateinamerikanischer Geistlicher mit dem Vatikan? Kann man, um das folgende, entscheidende Kapitel im Leben des Paulus zu illustrieren, den folgenden Satz herbeizitieren: »Die Belege dafür mehren sich, daß die seit langem von einflußreichen Kreisen der katholischen Kirche der Bundesrepublik geführte Kampagne gegen die Theologie der Befreiung und viele ihr nahestehende Bewegungen der lateinamerikanischen Kirche mittlerweile so scharfe Ausmaße angenommen hat, daß ein öffentlicher und nachdrücklicher Protest unumgänglich erscheint.« (Aus einem Memorandum westdeutscher Theologen, 21. 11. 1977). Ist die Maßregelung des Freiheitstheologen Leonardo Boff durch Papst Johannes Paul II. eine angemessene Paralelle?

So gewiß solcher Horizont zu grell, zu polemisch ausgemalt wäre, so sicher dient er aber einer nötigen Vorstellung: Die Reise, zu der Paulus bald nach der Rückkehr von seiner ersten Predigt-Expedition aufbricht, ist alles andere als ein normaler Geschäftsgang, ein routinemäßiger Konferenzbesuch. Er begibt sich, gelinde gesagt, in eine heikle Mission. Er muß nicht befürchten, daß ihm ein cleverer Magier entgegentritt, noch daß er plötzlich mit Hermes verwechselt wird und Stieropfer von sich weisen muß; auch vor Steinen und Prügeln und Peitschen kann er sich wohl sicher fühlen: Hautnah liegt da eher die Sorge, daß man ihm die Hände bindet, nicht nur im bildlichen Sinn: Wie rasch kann eine Gesprächsrunde in Klausur, die Klausur in Hausarrest und der wiederum in eine Form der Gefangenschaft übergehen?

Denn Paulus reist, zehn Jahre nach seinem ersten Kurzbesuch bei Petrus, nach Jerusalem, wo er die ganze Schar der Jünger Jesu und ihrer ersten Nachrücker treffen soll. Was immer da vor dem Politbüro des Urchristentums vonstatten gehen wird, ein Treffen unter Brüdern, obwohl sie so sich nennen, ist es eher nicht. Und wenn auch die Bezeichnung Apostelkonzil oder -konvent sich eingebürgert hat, so geht sie gewiß an der Brisanz der Affäre vorbei. Dies ist eher eine Zusammenkunft von der Art, bei der man nicht sicher sein kann, ob am Ende alle wohlbehalten den Saal verlassen.

Worum aber geht es? Es geht, wie stets in solchen Fällen,

um die Machtfrage, aber die spielt, wie ebenfalls gebräuchlich, gern graue Eminenz und schickt Detailprobleme vor. Also treten auf: Fragen der Glaubenslehre, der Missionspraxis, Fragen der alten jüdischen Rituale, des alltäglichen religiösen Verhaltens, Fragen des traditionellen Gottesdienstes und des neuen Christuskults; es geht um die Frage des Selbstverständnisses; aber auch, für die Jerusalemer, um die ebenso simple wie dringliche Erkundigung: Wer bist du eigentlich, Paulus?

Alle diese Fragen sind Resultat dessen, was nun nicht mehr bloß die Eigenmächtigkeit des Paulus genannt werden kann, sondern seine Eigenmacht. Den seltsamen Einzelgänger mochte man noch gewähren lassen oder einfach übersehen, aber die vielen Mitläufer, die sich nach und nach um ihn scharen, muß man nun doch ins Visier nehmen. Einen Exzentriker kann man belächeln oder totschweigen, aber ein Ex-Zentrum muß man einkreisen, einbinden: zu leicht wird die Nebenstelle zur Gegengründung. (Gewiß kann man Paulus hier nicht isoliert sehen: Er kommt ja auch nicht allein, sondern wiederum in Begleitung des Barnabas, der schon sein Reisebegleiter und früher Förderer gewesen ist; aber der war ja nie ein Sonderling, nie im Alleingang tätig, der hielt so regelmäßige Verbindung mit den Jerusalemern, daß man in ihm sogar einen »syrischen Nuntius« der dortigen Gemeinde hat sehen können.)

Das aber kann keinem Zweifel unterliegen, daß jetzt in Jerusalem einer gegen alle steht, doch nicht deshalb, weil er nur einer wäre, sondern weil er eben für viele steht, für eine ziemlich rasch gewachsene Glaubensgemeinschaft, die so sehr auf Christus fixiert ist, daß man ihre Mitglieder damit verspottet: In Antiochien kommt erstmals die Bezeichnung »Christen« auf.

Otto Dibelius hat ein anschauliches Bild dieser antiochenischen Paulus-Gemeinde gezeichnet: »So bot also eine Gemeinde wie Antiochien ein buntes Bild. Wenn der Sabbat kam, dann ging die große Mehrzahl der Gemeindeglieder ihrer gewohnten Beschäftigung nach; das Häufchen der ehemaligen Juden aber arbeitete nicht. Die Mehrheit kaufte ihr Fleisch, wie jedermann, in der Markthalle, wo es mit den heidnischen Schlachtgebräuchen in Berührung gekommen war, die kleine Minderheit ging zum jüdischen Schlächter und mied, was den Juden zu meiden geboten war. Jeder wußte das. Niemand nahm daran Anstoß. Das waren nebensächliche Dinge. Und wenn man beisammen war, um das Mahl des Herrn zu feiern – ja dann mochte wohl einmal eine leise Verlegenheit aufkommen. Dann stand vielleicht, bevor das heilige Mahl begann, zum eigentlichen Abendessen auch Fleisch auf dem Tisch. Die einen aßen davon, die anderen rührten es nicht an. Aber Skrupel machte man sich nicht. Die Juden in der Diaspora waren in diesen Dingen durch den Zwang der Umstände weitherziger geworden als die Juden in der Heimat und in Palästina, wo eben alles jüdisch und der Heide eine Ausnahme war.«

Nun aber hatte es Ärger gegeben in Antiochien und Umgebung: Es waren Leute aufgetaucht aus Judäa, aus der Hochburg Jerusalem, Rigoristen, denen die ganze Richtung, die neue Richtungslosigkeit nicht paßte, die gegen das mehr oder minder friedliche Nebeneinander der Glaubensweisen und Lebensgewohnheiten agitierten und intrigierten. Da handelte es sich nicht um ein paar verirrte Querulanten, da war wohl »eine weitgespannte kirchliche Intrige« (Georgi) am Werk mit dem Ziel, diesem Paulus das missionarische Handwerk zu legen, zumindest aber, ihn auf ein strenges Reglement zu verpflichten. Spione, Spitzel, Zuträger hatten sich unter die Frommen Antiochiens gemischt und wohl über längere Zeit ausgeforscht, was es mit der von Paulus verkündeten und praktizierten Freiheit vom Gesetz auf sich habe. Selbst in das nun beginnende Konzil mischen sich solche Leute ein, wie Paulus in ärgerlicher Erinnerung behalten wird: »Denn es hatten sich einige falsche Bürger eingedrängt und eingeschlichen, um die Freiheit auszukundschaften, die wir in Jesus Christus haben, und uns zu Knechten zu machen.

Doch wir gaben ihnen nicht einen Augenblick nach, und unterwarfen uns ihnen nicht, damit die Wahrheit des Evangeliums für euch erhalten bliebe.« (Gal. 2,4 f.) Vom gewaltigen theologischen Überbau dieser Konfliktsituation soll erst später, anhand der Briefe, die Rede sein; hier sei nur so viel festgehalten: In Antiochien hat sich die gesetzesfreie Mission vorbereitet, ausgebreitet, hier war sie von Paulus zuerst eingeübt, dann ausgeübt, dann weiterbetrieben und schließlich zum Weltkonzept entwickelt worden. Kurz: Das, was Christentum werden sollte, ist zuerst in Antiochien gedacht, geglaubt, als Lebensform praktiziert worden.

Heikelstes Problem beim Für und Wider um das Gesetz ist die Frage der Beschneidung; im konkretesten Sinn: der wundeste Punkt. Sie ist ein uraltes Ritual und zugleich eine äußerst riskante Operation, mit aller Feierlichkeit und ohne viel medizinische Vorsorge vollzogen: Der Asepsis diente meist ein wenig Rotwein; eine Prozedur, die sogleich die Initiation in den Bund Israels bedeutete und die akuteste Gefährdung eines Neugeborenen; denn am achten Tag mußte die Beschneidung, die Entfernung der männlichen Vorhaut, vollzogen werden. Wie sehr dieser Ritus bis in unsere Tage selbst unter orthodoxen Juden Widerstand, heikelste Abwehrgefühle hervorruft, hat Isaac Singer beschrieben: »... Esriels Frau hatte einen Knaben zur Welt gebracht. Esriel mußte eine Säuglingsschwester anstellen, Vorbereitungen für die Beschneidung treffen und seine Eltern sowie seinen Schwiegervater Kalman einladen. Das alles stellte Esriel vor seelische und praktische Probleme. Ein acht Tage altes Kind zu beschneiden, erschien ihm als ein Akt der Barbarei [...] Es stimmte zwar, daß auch die meisten assimilierten Juden in Warschau ihre Söhne beschneiden ließen, aber wo blieb da die Logik? Mußte er, Esriel, ein Arzt in der zweiten Hälfte des neunzehnten Jahrhunderts, ein Ritual der Schwarzen Magie nachahmen, das Beduinen vor viertausend Jahren in Asien vollzogen hatten? Aber die Beschneidung zu unterlassen, war unmöglich [...] Sogar seine Stellung im

Spital und in der Klinik konnte er verlieren. Ein Jude, der sein Kind nicht beschneiden ließ, konnte nur ein Atheist sein, war also auch politisch verdächtig...«

Wie aber, wenn damals erwachsene Männer, die als »Heiden« aufgewachsen waren, solcher Prozedur unterworfen werden mußten? Die Störenfriede in Antiochien aber hatten ihre Kampagne an eben diesem Punkt festgemacht: Ihr Argument, nach Lukas: »Wenn ihr euch nicht nach der Ordnung des Mose beschneiden laßt, könnt ihr nicht gerettet werden.« Schon in Antiochien hatte es »einen heftigen Streit mit ihnen« gegeben, und in Jerusalem, auf dem Konzil, sind sie gleich wieder beim Thema: »Man muß sie beschneiden und von ihnen verlangen, das Gesetz des Moses zu halten.« Und Paulus leistet sich eine Provokation: Er führt einen seiner Jüngstbekehrten bei den Uraposteln ein, macht die Machtprobe also ganz leibhaftig konkret: Das wollen wir doch einmal sehen, ob jemand es wagt, im Namen des Gesetzes Hand an den Jungen zu legen. »Aber selbst Titus, der bei mir war, wurde nicht gezwungen, sich beschneiden zu lassen, obwohl er ein Grieche war.« (Apg. 15,1-7a)

Es kann also kein gemütliches Treffen werden, und selbst Lukas kann nicht umhin, das zu Protokoll zu nehmen. Er erwähnt die Heftigkeit des Konflikts, die Hitzigkeit dieser Tage nur mit einem Halbsatz; der aber gibt ein ziemlich drastisches, anschauliches Bild, wenn man seine Nuancen anhand der verschiedenen Übersetzungen auffächert: »Da man sich aber lange gezanket hatte«, heißt es bei Luther und entsprechend in der heutigen sogenannten Lutherbibel: »Als man sich aber lange gestritten hatte...«. »Als sich aber viel Streit erhob«, übersetzt Ernst Haenchen, »als ein heftiger Streit entstand« Bode, »als es nun zu einer großen Auseinandersetzung kam« die Piper-Ausgabe des Neuen Testaments, und daneben gibt es die diplomatischen Versionen: »Als aber eine lange Erörterung stattgefunden hatte« (Schlatter), »als aber auch hier die Meinungen heftig aufeinanderprallten«

(Wilckens) und die sogenannte Jerusalemer Bibel will sogar nur von »langem Hin- und Herreden« wissen.

Welch eine merkwürdige, verlegene, entgeisterte Runde. Wir lassen, eine Weile lang, den Blick schweifen. Die meisten kennen wir ja wieder von den Tausenden von Abendmahlsbildern europäischer Malerei: Jene letzte legendäre Tafelrunde mit Jesus von Nazareth liegt nun fast zwei Jahrzehnte zurück. Da sind Philippus, Bartholomäus und der ungläubige Thomas; da sind der Zöllner Matthäus und Thaddäus sowie der Zelot Simon Kananäus; da ist jetzt Matthias, der für den Verräter Judas Ischariot in den Kreis der Zwölf aufgenommen wurde; aber einen Judas gibt es auch jetzt, den Sohn des Jakobus. Sind die beiden Söhne des Zebedäus noch dabei? Man weiß es nicht: Sie sterben, beide, in jenen Jahren den Märtyrertod. Und zu guter Letzt die beiden wichtigsten: Petrus und Jakobus, der Bruder Jesu, von dem gleich noch zu reden sein wird. Nur diese beiden haben Paulus schon einmal gesehen, zehn Jahre vorher, bei seinem so ungut verspäteten Antrittsbesuch in Jerusalem. Wenig wahrscheinlich, daß sie bei der damaligen Begegnung damit gerechnet hatten, den seltsamen Schwärmer noch einmal vor Augen zu kriegen.

Aber wichtiger als die Namensliste ist dies: Sie alle haben, mit wenigen Fluchten und Ausflüchten, die Glaubensstellung Jerusalems gehalten; sie haben die Verfolgungen nach dem Tod des Stephanus ebenso unterlaufen, wie sie unangefochten geblieben sind bei der Hinrichtung des Zebedaiden Jakobus durch Herodes Agrippa. Sie haben das alles aber nicht nur durch Unerschrockenheit und Beherztheit überstehen können, durch Geschick und Herzenszusammenhalt, durch die kultische Verehrung ihres Jesus, sondern vor allem durch einen simplen Umstand: Sie sind ja alle Juden. Sie alle sind beschnitten. Sie alle halten das mosaische Gesetz. Sie alle heiligen den Sabbat. Sie alle befolgen die rituellen Speisegesetze. Sie alle gehen in den Tempel. Sie tun es nicht zur Tarnung, nicht aus Feigheit. Sie tun es, weil sie fromme Juden sind; allenfalls ragen sie durch die dulderische Intensität ihrer Frömmigkeit hervor.

Ja, sind sie denn nicht Christen, die ersten überhaupt, die Urchristen? Nichts allerdings würde die Männer jener Jerusalemer Gemeinde mehr verstören als dieser Name, der ihnen wie eine Unterstellung, ja wie Blasphemie vorkommen müßte. Jesuaner mögen sie sich nennen, Nazarener, Anhänger und Weggefährten des Jesus von Nazareth. Daß er der Christus ist, der sehnlich erwartete Messias: Das glauben sie, das hoffen sie, das versichern sie sich im täglichen Gebet. Das werden sie bestätigt finden, wenn er alsbald wiederkommt. Aber eins ist ihnen doch noch gewisser: Daß er ein Jude war wie sie, beschnitten wie sie, ein Kenner der Schrift wie es nur je einen gegeben hat, ein Ausleger ihrer Gebote, daß man fast nicht mehr ein noch aus wußte und selbst die Schriftgelehrten schockiert waren oder überrumpelt. Haben Sie ihn nicht oft und oft Rabbi genannt? Diese Männer da haben für ihren Jesus alles stehen- und liegengelassen, Mütter, Ehefrauen und Kinder, Acker und Angelzeug, Freunde und Kollegen, Handwerk und Tagesgeschäft, Heimatdorf und Beilager, Halt und Habe. Nur eins haben sie doch gerade nicht preisgegeben in der verzückten und verwunderten Nachfolge dieses charismatischen Wanderpredigers: ihren Glauben. Diesem Jesus gingen sie nach wie einer neuen Profession und einem alten Propheten. Seinen Gedankengängen konnten sie meist nicht folgen, aber das machte den Weg mit ihm um so verheißungsvoller: War es nicht eine neue, radikale Weise, dem Gesetz des Moses zu dienen? Hatte nicht das Volk Israel wandern müssen, Hunderte von Jahren lang, und nahm man nun nicht Teil an dieser gottesfürchtigen Wanderschaft; ging man nicht geradewegs dem Messias entgegen?

Es sind einfache Leute, die da, nun betagt, um Paulus herumsitzen oder sich an ihn empört herandrängen. Es sind Männer, die auf dem Land aufgewachsen sind wie Jesus auch; Menschen, die vielleicht nicht einmal lesen oder gar schreiben können oder es erst spät gelernt haben (noch in hohen

Jahren wird Petrus einen Sekretär für seinen Schriftverkehr brauchen). Aber desto genauer funktioniert ihr Gedächtnis, desto lebhafter entfaltet sich ihre Erinnerung, desto beharrlicher prägen sie sich gewisse Weisungen, Worte, Sentenzen ein. Und natürlich sind sie stolz darauf, ihn gekannt, ihn er»lebt« zu haben, ihn angefaßt zu haben, fassungslos. Sie haben auch gewiß noch den Klang seiner Stimme im Ohr, wenn er diese listigen Umkehrgeschichten erzählte, die immer anders ausgingen, als man gedacht hätte, und die man hinterher gar nicht mehr richtig zusammenbekam, so merkwürdig waren die Pointen. Oder die einen zu Tränen rührten wie die Sache mit dem verlorenen Sohn, der dann gar nicht verloren war, sondern ziemlich obenauf zu guter Letzt. Und wie sollten sie nicht konsterniert sein über diesen Mann Paulus, der ihren Begeisterungen nur mit halbem Ohr zuhört und erst aufmerkt, wenn sie mit ihren Weinbergen und Hochzeiten und Samaritern zu Ende kommen, zum Ende Jesu, zu diesem skandalösen Prozeß und schmählichen Tod und zur letzten gemeinsamen Mahlzeit, denn da schreibt er sich sogar etwas auf: »Der Herr Jesus, in der Nacht, als er verraten wurde, nahm er das Brot, dankte und brach's und sprach: Das ist mein Leib, der für euch gegeben wird; dies tut zu meinem Gedächtnis. Ebenso nahm er auch den Kelch nach dem Mahl und sprach: Dieser Kelch ist der neue Bund in meinem Blut; dies tut, sooft ihr daraus trinkt, zu meinem Gedächtnis.« (1. Kor. 11,23 f.)

Dieses Wort wird wichtig werden für Paulus, und er wird es später, im ersten Korintherbrief als Beweismittel benutzen: Denn da ist ja seine Gewißheit bestätigt, daß mit Christus etwas ganz Neues in Erscheinung getreten ist. Wie anders könnte Jesus vom *neuen* Bunde reden?

Die Männer um Petrus und Jakobus sehen das Neue nicht, nicht die Eröffnung der ganz anderen Glaubensperspektive; sie schwelgen in Erinnerungen wie bei einem Klassentreffen, sie vergöttern Jesus wie einen verehrten lieben Lehrer, der er für sie ja *auch* war, sie überbieten sich in »Weißt du noch« und

»Hättest du das für möglich gehalten?« oder »Wie mag er das bloß gemeint haben?« Diese frommen Apostel, bei allem Respekt, haben doch gar nicht begriffen, worum es geht, wie es nun weitergehen kann und muß (man hat darauf hingewiesen, daß gerade das Matthäus-Evangelium sie als besonders unintelligent darstelle; Loisy). Da reden sie immer vom Leben Jesu und sehen nicht, daß es sein Tod am Kreuz ist, der die eigentliche Botschaft sein muß, die schaurige Legitimation seines Daseins als Messias und das erlösende Opfer für uns alle. Erst damit kann man etwas anfangen: das große Werk, das neue Heil, die befreiende, weltumspannende Verkündigung. Auf die Situation hier und jetzt in Jerusalem trifft das Wort Ernst von Dobschütz zu: »Ohne Paulus wäre das Christentum eine jüdische Bewegung geblieben, wirkungslos, lebensunfähig, erstarrend und versteinernd.«

Deutlichstes Zeichen solcher Erstarrung, solcher Vereinsseligkeit und Clanmentalität ist der Umstand, daß bei den streitbaren Unterredungen nicht mehr Petrus den Vorsitz führt, sondern Jakobus, der Bruder Jesu. Auf einmal zählt nicht mehr die Erwählung durch Jesus, sondern der Verwandtschaftsgrad. Nicht mehr die Getreuen führen das Wort, sondern die Geschwister. Die Familie hat Jesus eingeholt, zurückgeholt. Denn zu Lebzeiten des Nazareners hatte sich Jakobus mitsamt der ganzen Familie Jesu ja höchst distanziert, feindselig verhalten, und erst nach der Kreuzigung wird er, von der Apostelgeschichte, den übrigen Jüngern zugesellt. Paulus selbst ist es, der die Auskunft beisteuert, daß Jakobus in einer Vision von Christus bekehrt worden sei. Nach dem frühchristlichen Chronisten Hegesipp trug Jakobus später den Beinamen »der Gerechte«, galt als ein exemplarischer jüdischer Frommer und soll (nach Josephus) auf Betreiben des sadduzäischen Hohenpriesters Ananos durch Steinigung hingerichtet worden sein. Dieser Herrenbruder, nicht Petrus, bestimmt nun auf dem Apostelkonzil die Richtung, jedenfalls gehört er, nach dem ironischen schillernden Wort des Paulus, zu den »Säulen« der Jerusalemer Gemeinde.

Im Bericht des Lukas über das Apostelkonzil hat denn auch Jakobus das letzte und längste Wort; es klingt, bei allem Bemühen um Weltoffenheit, sehr alttestamentarisch-rigoristisch: »Ihr Männer, liebe Brüder, hört mir zu! Simon hat erzählt, wie Gott zum ersten Mal die Heiden gnädig angesehen hat, um aus ihnen ein Volk für seinen Namen zu gewinnen. Und damit stimmen die Worte des Propheten überein, wie geschrieben steht: Danach will ich mich wieder zu ihnen wenden und will die zerfallene Hütte Davids wieder aufbauen, und ihre Trümmer will ich wieder aufbauen und will sie aufrichten, damit die Menschen, die übriggeblieben sind, nach dem Herrn fragen, dazu alle Heiden, über die mein Name genannt ist, spricht der Herr, der tut, was von alters her bekannt ist. Darum halte ich es für richtig, daß man die Heiden, die sich zu Gott bekehren, nicht belastet, sondern ihnen nur vorschreibt, sich von Befleckungen durch Götzendienst, von Unzucht und vom Genuß von Ersticktem und Blut zu enthalten. Denn Mose wird in allen Städten von alters her gepredigt und wird an allen Sabbattagen in den Synagogen vorgelesen.« (Apg. 15,13-21) Dies ist in extenso zitiert, weil es ein in jedem Sinne aufregender Text ist; nicht wegen der Erwähnung des Propheten Amos, nicht wegen der Beharrung auf den sogenannten Noachidischen Gesetzen, sondern wegen eines Wortes, das *nicht* vorkommt: Jesus oder gar Christus. Nimmt man die Rede des Jakobus so, wie sie in der Apostelgeschichte dasteht, so markiert sie die Stunde Null des Christentums.

Das Apostelkonzil ist das erste (und in gewissem Sinne einzige) Ereignis, wo ein Brief des Paulus den Bericht der Apostelgeschichte direkt korrigiert. Selbst wenn man berücksichtigt, daß er die Angelegenheit in seinem Sinne interpretiert, bleibt in seiner Version doch noch etwas mehr Verständnis übrig für die Runde der Konzilgewaltigen. »Von denen aber, die Ansehen hatten – was sie früher gewesen sind, daran liegt mir nichts; denn Gott achtet das Ansehen der Menschen nicht –, mir haben die, die Ansehen hatten, nichts weiter auferlegt. Im Gegenteil, als sie sahen, daß mir das Evangelium an die Heiden anvertraut war so wie Petrus das Evangelium an die Juden – denn der in Petrus wirksam gewesen ist bei seinem Aposteldienst unter den Juden, der ist auch in mir wirksam gewesen unter den Heiden –, und als sie die Gnade erkannten, die mir gegeben war, gaben Jakobus und Kephas (Petrus) mir und Barnabas die rechte Hand. Sie wurden mit uns einig, daß wir unter den Heiden, sie aber unter den Juden predigen sollten, nur daß wir an die Armen denken sollten . . .« (Gal. 2,6 f.)

War es ein Wort unter Brüdern oder ein förmlicher Vertrag? War es eine geographische Abgrenzung oder nur die Sortierung des Adressaten? War es ein knapp noch erzielter Kompromiß oder die Kaschierung des Auseinanderdriftens? Wollte man Paulus einfach loswerden, indem man ihn auf die Reise schickte?

Wie auch immer: Er hatte nun freie Hand, freien Lauf. Von nun an stand seiner Botschaft die Welt offen. Mochte Jakobus den Moses predigen. Paulus konnte von jetzt an die Bahn brechen für *seinen* Christus.

7.
Aufsehen und Aufseher in Philippi
oder: Ein Erdbeben für die Seele

> Achtung Europa!
> Rundfunksendung Thomas Manns
> im Zweiten Weltkrieg

Der Heilige Geist erhebt Einspruch

Natürlich verführt das zur Pointierung, zum hochgemuten Kontrast: Ein paar müde Wanderprediger pilgern da nach Philippi hinein – so betritt das Christentum europäischen Boden. Die unscheinbaren Männer erreichen jenen Teil der antiken Welt, den sie nach einiger Zeit (und vor Gott sind dreihundert Jahre allenfalls ein halber Tag) ganz und gar erobert haben werden: die (damals) westliche Welt. Die Landstreicher, die da vom Hafen Neapolis her über den Paß des Symbolon in die römische Kolonialstadt einziehen, betreten jenes Gebiet, das der eigentliche Nährboden für die junge Religion werden soll: den Okzident. In Philippi, so könnte man sagen, wird die entscheidende Schwelle überschritten. Ein orientalischer Gott beginnt seine abendländische Karriere. Und, so könnte man weiterfolgern, die wahren Triumphzüge beginnen als Schleichwege, ein neuer Himmel erhebt sich über einer staubigen Straße.

Nur: Europa gab es damals nicht, die Männer selbst haben von dem gewaltigen Schritt, den sie mit den vielen kleinen tun, keinen Begriff. Und eigentlich wollte Paulus ganz woanders hin. Er wollte in Kleinasien bleiben, wollte dort die Küstenstädte besuchen. »Sie zogen aber durch Phrygien und das Land Galatien, da sie vom heiligen Geist gehindert wurden, das Wort in der Provinz Asien zu predigen. Als sie aber bis an die Grenze Mysiens gekommen waren, versuchten sie, nach Bithynien zu reisen, doch der Geist Jesu ließ auch dies nicht zu.« (Apg. 16,6 f.)

Man hat, seit fast zwei Jahrtausenden, über diese Stelle gerätselt. Was ist da geschehen, was kann da passiert sein? Wie sah das aus, wenn sie »vom heiligen Geist gehindert wurden, das Wort in der Provinz Asien zu predigen«? Wie auch immer der Geist sich manifestiert haben mag, eins macht diese Stelle deutlich: Sie hatten die Mission in der Provinz Asien vor, und sie müssen davon geredet haben. Sie kamen von Osten, aus Tarsus, hatten Derbe und Lystra und Ikonium wiederbesucht und planten nun, gleich jenseits des pisidischen Antiochia, die gut ausgebaute Straße gen Westen zu nehmen, die, dem Tal des Lykus und des Mäanders folgend, bis Ephesus führt. Das aber geschah nun nicht, sondern die Gruppe wanderte weiter nach Norden, auf Bithynien zu und näherte sich einem weiteren attraktiven Arbeitsfeld, den griechischen Städten am Bosporus. »Doch der Geist Jesu ließ auch dieses nicht zu.« Gerade jetzt, da Paulus ein Programm hat, eine feste Reiseroute, werden seine Planungen zweimal über den Haufen geworfen.

Was war da los? Waren es Wind-, Wetter- oder Winterverhältnisse, die den Wanderern den Weg verlegten, waren es Steinschlag oder Erdrutsche, die ihnen die Straße versperrten, waren es Hungersnöte oder Räuberbanden, die sie nicht weitergehen ließen? Oder war es einfach die Widerspenstigkeit der Leute, die genug hatten von Göttern und Wahrheiten? Oder waren gar, wie eine neuere, geradezu detektivische Studie wahrhaben will, die Nachstellungen einer »Thora-Polizei« im Spiel, regelrechte Verfolger aus Jerusalem? Lukas aber bemüht den Heiligen Geist; er will (nach Ernst Haenchen) zeigen: »Nicht menschliche Berechnung und Planung hat die paulinische Mission nach Troas und dann nach Mazedonien gebracht, sondern die geheimnisvoll eingreifende providentia specialissima Gottes.« In der schlichteren Theologie unserer Tage klingt das dann so: »Gott läßt uns manchmal mit seiner Führung bis zum Äußersten, fast unerträglich lange, warten; aber dann im letzten Augenblick kommt die Führung mit wunderbarer Bestimmtheit.« (de Boor)

In Troas an der Küste, wird Gottes geheimnisvolle Reiseleitung vollends offenbar: »Und Paulus hatte eine Erscheinung bei Nacht: ein Mann aus Mazedonien stand da und bat ihn: Komm herüber nach Mazedonien und hilf uns!« (Apg. 16,9) Wenn Freud recht hätte, daß alle Träume Wunschträume seien, dann entspräche diese Erscheinung sogar den Regeln der Psychoanalyse, und auch die gelegentlich debattierte Frage wäre geklärt, woher denn Paulus sogleich habe wissen können, daß es sich bei dem Mann, noch ehe er sprach, um einen Mazedonier gehandelt habe: Alles nun läuft auf Mazedonien hinaus.

Aber nach diesem dreimaligen göttlichen Eingriff geschieht an dieser Stelle der Apostelgeschichte noch etwas Seltsames, das selbst uns heutige Leser noch ein wenig spukhaft und unheimlich, jedenfalls überraschend anweht. Es ist, als ob der Heilige Geist auf einmal über die Grammatik gekommen wäre, als habe er sich eingenistet in die Erzählung, denn die fährt jetzt so fort: »Als er aber die Erscheinung gesehen hatte, suchten *wir* sogleich nach Mazedonien zu reisen, in der Gewißheit, daß *uns* Gott dahin berufen hatte, um ihnen das Evangelium zu predigen.« Suchten *Wir*! Daß *uns* Gott berufen hatte! Nie vorher in der Apostelgeschichte hat es ein erzählendes Wir gegeben, nie vorher hat einer so berichtet, als wäre er dabei gewesen, nie vorher hat der Autor den Anschein erweckt, als gehöre er zu den Begleitern des Paulus.

Wer sagt das »Wir?«

Dieses plötzliche eruptiv atmende Wir ist bis heute ein Rätsel, gegen das selbst die Einmischung des Heiligen Geistes leicht erklärbar erscheint. Wer sagt da unvermittelt wir? Wer ist da so aufgeregt, daß er dem neutral berichtenden Schriftsteller dazwischenfährt und gleichsam ausruft: Wir fahren los, wir steigen ins Schiff, wir segeln gegen Samothrake und dann weiter nach Neapolis? Und eigentlich ist dieses Wir ja das Ich eines überwältigten Augenzeugen: Ich bin dabei! Ich bin mit an Bord! Ich bin mit Paulus unterwegs!

Wer also sagt wir? Nur einer kann es nicht sein, Paulus selbst, denn von ihm ist weiterhin in der dritten Person die Rede: »Als er aber die Erscheinung gesehen hatte ...« Ist es also einer seiner beiden neuen Begleiter, die diese zweite Missionsreise mit ihm unternehmen? Denn Barnabas, der »Zeus« von Lystra, Vordermann auf der ersten Tour, Wendehals auf dem Apostelkonzil, ist diesmal nicht dabei. Die beiden Männer hatten sich vor der Abreise regelrecht verkracht, weil Paulus sich nicht wieder den offenbar unzuverlässigen Johannes Markus aufhalsen wollte. Paulus und Barnabas waren sogar »scharf aneinandergeraten«, (Apg. 15, 39), wie selbst die doch immer eher auf Harmonie bedachte Apostelgeschichte formuliert. Paulus nimmt sich also einen neuen Weggenossen, Silas (Silvanus), und rekrutiert in Lystra, dort, wo er einige Jahre zuvor beinahe zu Tode gesteinigt worden wäre, einen weiteren. Der heißt Timotheus, ist der Sohn einer Jüdin, die den christlichen Glauben angenommen hat, und eines griechischen Vaters. Diesen Timotheus nimmt Paulus nun mit auf die Reise, aber nicht, ohne ihn vorher beschnitten zu haben. Das bleibt innerhalb der Missionspraxis und der Theologie des Apostels ein ungewöhnlicher Vorgang.

Ist nicht diesem Timotheus das »Wir« zuzuschreiben? Ihm, der ganz neu ist in der Missionsgruppe, der als Binnenländer wohl zum erstenmal in seinem Leben das Meer sieht, ein Schiff besteigt, auf große Schicksalsfahrt geht? Die gehörige Begeisterung ist dem jungen Mann wohl zuzutrauen, aber führt er denn Buch? Denn »wir« geschrieben haben kann doch nur einer, der den Bericht, oder ein Bruchstück davon, auch geliefert hat.

Und damit kommt nun wirklich der Autor Lukas selbst ins Bild, tritt neu zu den drei Missionaren hinzu (eine ganze Phalanx von Forschern teilt diese Ansicht). Gilt es nicht als ausgemacht, daß der Verfasser der Apostelgeschichte Lukas heißt, war dieser Lukas nicht Arzt, und war Paulus nicht, einige Zeit vorher, in Galatien schwer erkrankt, und hätte es nicht sein können, daß er, nach der beschwerlichen Wanderung, in Troas dringend ärztlicher Hilfe bedurfte und daß er dabei auf den in Troas lebenden Lukas gestoßen sei? Oder auch umgekehrt: daß Lukas von den Heilungen des Apostels gehört und selbst dessen Gesellschaft gesucht habe? »Gerade ein Arzt konnte leicht durch die Art, wie Paulus mit Kraft und Glauben an den Kranken handelte, zu ihm hingezogen und zum Glauben gebracht werden.« (Schlatter). Ja, man hat sogar vermutet, daß Lukas auch jener Mazedonier gewesen sei, der dem Paulus in der Nacht erschienen war, oder daß der nächtlichen Vision ein ähnlicher Appell, gewissermaßen als Tagesbefehl, vorausgegangen ist.

Und auch die rasche Zielstrebigkeit der folgenden Überfahrt spricht für einen see-erprobten, windkundigen Begleiter: »Da fuhren wir von Troas ab und kamen geradewegs (»stracks Laufs«, übersetzt Luther) nach Samothrake, am nächsten Tag nach Neapolis und von da nach Philippi, der Hauptstadt des ersten Bezirks von Mazedonien, einer römischen Kolonie.« (Apg. 16,11 f.)

RECHERCHE: DATEN EINER EILFAHRT. Die Dauer der Schiffsreise von Troas über Samothrake nach Neapolis (heute Kawalla) wird mit zwei Tagen angegeben. Das ist für die rund 300 Kilometer lange Seestrecke extrem schnell; der umgekehrte Weg, den Paulus Jahre später nimmt (Apg. 20,6), wird in fünf Tagen zurückgelegt. Das ist zur Frühjahrszeit und deutet darauf hin, daß das Schiff Richtung Troas gegen südliche Winde hat kreuzen müssen; man konnte damals noch nicht hart am Wind, sondern bestenfalls mit halbem Wind segeln. Es dürften also solche südlichen Winde gewesen sein, die die »Hinfahrt« (Richtung Nord-Nord-Westen) so beschleunigt haben; der Aufbruch von Troas aus geschah also wohl ebenfalls im späteren Frühling. Denn solche Südwinde sind in jener Region, wie klimatische Beobachtungen ergeben haben, jahreszeitlich gebunden. Das Mittelmeerbecken liegt an der Grenze zwischen zwei Klimazonen, dem nördlichen Bereich der Passatwinde im Süden und dem südlichen Bereich der vorherrschenden Westwinde im Norden. Diese Westwinde führen im Sommer Regen nach Nord- und Mitteleuropa, im Winter bestimmen sie weitgehend das Mittelmeerklima. Die Zeit des vorherrschenden Nordostwindes war die Zeit für die Schiffahrt auf offener See, die vom 10. März bis zum 10. November dauerte, für kleinere Schiffe aber auf die Zeit vom 26. Mai bis zum 14. September beschränkt war. Die Nordostwinde treten erst gegen Ende Mai verstärkt auf, wechseln dann aber oft mit Windstillen und eben kräftigen Südwinden, zumal in den Monaten Juni und Juli. Diese klimatischen Verhältnisse »erlauben mit ziemlicher Sicherheit den Schluß, daß die Überfahrt von Troas nach Neapolis [...] in diese Jahreszeit fällt und Paulus mit der ersten Mission in Griechenland demnach im Frühjahr begann.« (Suhl). Vielleicht wäre es nach so schlüssiger Argumentation dann aber doch richtiger, einen Termin Mai/Anfang Juni eher Frühsommer als Frühjahr zu nennen.

Die Purpurhändlerin Lydia

Sehr erfolgversprechend aber sieht dieses Philippi für den Apostel nicht aus. Schon sein erster Gang schlägt fehl: Es gibt nicht einmal eine Synagoge in der Stadt. In der meist von römischen Kolonisten bewohnten Stadt, die mit allerlei Privilegien ausgestattet ist (städtische Selbstverwaltung, Befreiung von Tributen), leben kaum Juden, so daß für Paulus sein wichtigster Anknüpfungspunkt (»zuerst den Juden«) entfällt. Man fragt sich aber durch und erfährt, daß sich am

Sabbat etliche Leute am Fluß, dem Gangites, etwa zwei Kilometer außerhalb der Stadt versammeln. Aber es sind Frauen, die man dort trifft, und womöglich sind sie nicht nur zum Gebet, sondern auch zum Waschtag dort. Aber dann passiert es doch: »Und eine gottesfürchtige Frau mit Namen Lydia, eine Purpurhändlerin aus der Stadt Thyatira, hörte zu; dieser öffnete der Herr das Herz, so daß sie darauf achtgab, was Paulus redete. Als sie aber mit ihrem Hause getauft war, bat sie uns: Wenn ihr der Überzeugung seid, daß ich an den Herren glaube, so kommt in mein Haus und bleibt da. Und sie nötigte uns.« (Apg. 16,14 f.)

Diese Lydia war also nicht nur eine gottesfürchtige, sondern auch eine energische Frau, wenn ihre sacht terroristische Gastfreundschaft den Chronisten nicht zum reinen Jubel, sondern zu einem so distanzierenden Zusatz veranlaßt hat, den Luther sogar mit »und sie zwang uns« übersetzt. Kurios an dieser ersten Bekehrung »auf europäischem Boden« aber ist nicht, daß sie einer Frau widerfährt, sondern daß sie einem Menschen gilt, der aus eben jenem Gebiet kommt, in dem Paulus zu missionieren vom Heiligen Geist verwehrt worden war: aus der Asia. Thiatyra liegt in Kleinasien und war, als Zentrale der Purpurfärberei, eine wohlhabende Stadt. Auch Lydia (die Lydierin) wird eine nicht nur unternehmende, sondern vermögende Frau gewesen sein, mit einem komfortablen Haus und zahlreichem Personal (das nach damaliger Sitte in der Regel mitgetauft wird). Dieses Haus wird nun auch zur ersten Missionsstation in Europa; ehe Paulus Philippi verläßt, wird er dort noch einmal einkehren.

Vorher aber kommt es noch zu einer Reihe aufregender Ereignisse. Zunächst einmal arbeitet Lukas wieder mit der Dramaturgie des Konflikts. Paulus muß ja erst Aufsehen machen, muß es sich mit diesem und jenem, vielleicht mit den Juden, am besten mit der ganzen Stadt verderben: Nur so ist seiner Mission die volle, wenn auch zunächst feindselige Aufmerksamkeit gewiß.

Diesmal legt er sich, merkwürdigerweise, mit einem armen Menschenkind, mit einem etwas wirren Geschöpf an: »Als wir wieder einmal zur Gebetsstätte gingen, begegnete uns eine Magd, die einen Wahrsagegeist hatte und ihren Herren mit ihrem Wahrsagen viel Gewinn einbrachte. Die folgte Paulus und uns überall hin und rief: Diese Menschen sind Knechte des allerhöchsten Gottes, die euch den Weg des Heils verkündigen.« Aber anstatt nun zu sagen: Ja, gutes Kind, genau so ist es, aber wir brauchen dein Geschrei nicht, wir verschaffen uns schon selbst Gehör, verliert Paulus die Nerven, wird zuletzt »darüber so aufgebracht, daß er sich umwandte und zu dem Geist sprach: Ich gebiete dir im Namen Jesu Christi, daß du von ihr fährst. Und er fuhr zur selben Stunde von ihr aus.« (Apg. 16,16-18) Lukas will wohl mit dieser Episode (wie Ernst Haenchen vermutet) zeigen, »daß die Wahrheit des Evangeliums auch durch die übermenschliche Erkenntnis der Geisterwelt bestätigt worden ist, zum andern, daß Paulus durch die Beschwörung den Geistern schlechthin überlegen ist«. Gleichwohl bleibt das Eingeständnis eines so subtilen Predigers wie Eberhard Jüngel, daß diese Geschichte »ziemlich verzwickt« ist. Vielleicht aber kann als ihre kurze Quintessenz gelten, daß die christliche Wahrheit für den Marktschrei nicht taugt, daß mit ihr kein Geschäft zu machen ist.

Uns interessiert sie hier als weiteres Mosaik zur Charakteristik des Paulus. Gerade erst hatten wir ja erfahren, daß er sich, vor dem Aufbruch zur großen Reise, mit Barnabas angelegt habe. Und das muß schon ein Brüllen und Anschreien und Keifen gewesen sein, wenn nicht gar eine Handgreiflichkeit; und jetzt verliert er in einer fremden Stadt, auf offener Straße, mitten unter den gaffenden Passanten, die Fassung, ekelt sich vielleicht vor den sabbernden Nachstellungen des Mädchens, ihrer Verehrungshysterie, ihrer himmelschreienden Zudringlichkeit, kann sie einfach nicht mehr ertragen. »Paulus war bekanntlich nicht weniger reizbar, als das heute bei den meisten von uns die Regel zu sein pflegt.« (Juengel)

Jedenfalls handelt sich Paulus wieder einmal Ärger ein.

Der Wahrsagegeist, den er so kurzerhand und mit zornigem Wort vertrieben hat, war nicht nur Plage, sondern von einigen cleveren Philippern auch bereits vermarktet worden als ein Orakel, mit dem man Geld machen konnte. Nun war das Medium nichts weiter als ein armes Mädchen. Die Kranke war geheilt, das Geschäft ruiniert. Dergleichen ließen sich die Investoren in der Antike so wenig gefallen, wie sie es heute tun würden. »Als aber ihre Herren sahen, daß damit ihre Hoffnung auf Gewinn entschwunden war, ergriffen sie Paulus und Silas, schleppten sie auf den Markt vor die Stadtoberen, führten sie den Stadtrichtern vor und sagten: Diese Menschen bringen unsere Stadt in Aufruhr; sie sind Juden und wollen solche Sitten einführen, die wir weder annehmen noch befolgen dürfen, weil wir Römer sind. Auch das Volk wandte sich gegen sie; und die Stadtrichter ließen ihnen die Kleider herrunterreißen und befahlen, sie mit Stöcken zu schlagen.«(Apg. 16,20-22)

Interessant ist, daß Lukas hier einmal von seiner polemischen Praxis abweicht, Verfolgung meist von den Juden ausgehen zu lassen. Im Gegenteil: hier in Philippi kommt Paulus nun selbst in Gefahr unter der Beschuldigung, er sei Jude und wolle jüdische Bräuche einführen. Daß man in dem von Rom so privilegierten Philippi den (ja immer noch hochgehaltenen) römischen Göttern besonders treu gehuldigt, dem Judentum besonderen Widerstand entgegengesetzt habe, erscheint glaubhaft und wird auch durch den Umstand belegt, daß es dort keine Synagoge gegeben hat. Wenn die Geschäftemacher nicht den wahren Grund ihrer Anklage nennen, so ist das Teil ihres Gewerbes. Ein bißchen Überbau hat die Skrupellosigkeit immer parat. – Der Missionsweg führt nun in den Kerker.

Des Kerkermeisters seltsame Nacht

Zu den dramatischsten Episoden der Apostelgeschichte gehört die vom »Kerkermeister zu Philippi«: Mit brutaler Mißhandlung beginnt sie, mit rührender Bekehrungsharmonie hört sie auf, ein hartherziger Gefängnisaufseher wird zum barmherzigen Pfleger, dazwischen liegen unterirdisches Verließ, Gesang in der Finsternis, ein Erdbeben und gesprengte Fesseln.

»Nachdem man sie hart geschlagen hatte, warf man sie ins Gefängnis und befahl dem Aufseher, sie sicher zu verwahren. Als er diesen Befehl empfangen hatte, warf er sie in das innerste Gefängnis und legte ihre Füße in den Block. Um Mitternacht beteten Paulus und Silas und lobten Gott. Und die Gefangenen hörten ihnen zu. Plötzlich aber entstand ein großes Erdbeben, so daß die Grundmauern des Gefängnisses wankten. Und sogleich öffneten sich alle Türen, und alle Fesseln fielen ab. Als aber der Aufseher aus dem Schlaf erwachte und die Türen des Gefängnisses offen stehen sah, zog er das Schwert und wollte sich töten; denn er meinte, die Gefangenen wären entflohen. Paulus aber rief laut: Tu dir kein Leid an, denn wir sind noch alle hier! Da verlangte der Aufseher Licht, stürzte ins Gefängnis und fiel zitternd Paulus und Silas zu Füßen. Dann führte er sie heraus und fragte: Liebe Herren, was muß ich tun, damit ich gerettet werde? Sie antworteten: Glaube an den Herrn Jesus, so wirst du und dein Haus gerettet werden! Und sie verkündeten ihm und allen, die in seinem Haus waren, das Wort des Herrn. Und er nahm sie noch in derselben Nachtstunde zu sich und wusch ihnen die Striemen. Dann ließ er sich und alle die Seinen sogleich taufen und führte sie in sein Haus, deckte ihnen den Tisch und freute sich mit seinem ganzen Hause, daß er zum Glauben an Gott gekommen war.« (Apg. 16,23-34)

So einleuchtend, so anrührend, ja emotional folgerichtig diese Geschichte sich liest, so gründlich, ironisch, ja sarkastisch hat gerade die kritischen Bibelinterpretation sie abgeklopft und zerbröckelt. Es möge ja angehen, daß Erdstöße die Ketten aus der Wand brächen, aber nie und nimmer könnten sie diese Ketten von den Gliedern der Gefangenen selbst lösen. Und wo gäbe es einen Gefängnisdirektor, der sich gleich das Leben nehme, wenn er die Türen offen sehe, ohne auch nur einen Blick in die Zellen selbst geworfen zu haben? Und woher wisse Paulus in dem entlegensten Loch, was der Kerkermeister draußen zu tun im Begriff ist? Und wie könne er sicher sein, daß keiner der übrigen Gefangenen entflohen ist? Und was bringe den Kerkermeister dazu, just Paulus und Silas zu Füßen zu fallen: Kennt er Paulus schon an der Stimme, kann er auch nur ahnen, daß das Erdbeben eine Antwort auf den Gesang der beiden Christen gewesen ist, hat er auch nur einen Ton dieses Glaubensliedes zu hören bekommen? »Er war der einzige im ganzen Gefängnis, der geschlafen hat«, spottet einer der kritischen Interpreten. Aber die schadenfrohe Entdeckung solcher Unstimmigkeiten schlägt um in einen exegetischen Unmut darüber, daß nun die ganze hochherzige Angelegenheit nichts mehr taugt, daß es mit dieser Bekehrung vorn und hinten nicht stimmt, daß die Ungereimtheiten im Detail den schönen Reim zerstören, den man sich auf diese außerordentliche Missionsgeschichte sonst machen könnte: »Kurz, die ganze Episode ist ein solches Nest von Unwahrscheinlichkeiten, daß man sie als unhistorisch streichen muß. Ihr Fehlen ergibt nicht einmal eine Lücke.« So resümiert Ernst Haenchen die Einwände der auf Realismus sehenden Forschung (ohne daß er sie sich zu eigen machte).

Realistisch erzählt ist die Episode gewiß nicht, aber ist sie darum auch schon schlecht erzählt? Wenn Thomas Mann recht hätte mit seinem Satz, »daß nur das Genaue wahrhaft unterhaltend ist«, so darf umgekehrt gelten, daß nur das Ungenaue jenes Nachfragen, jene Irritation erzeugt, die uns auf Dauer beschäftigen. Das Genaue erschöpft den Vorgang, erledigt ihn geradezu, da gibt es dann nichts mehr dran zu deuten. Das Ungenaue ist wie eine Art Hefe (aus Zweifeln, Einsprüchen, Protesten, Hin- und Herlegungen), die die

Imagination weitertreibt. Das Genaue befriedigt unseren Ordnungssinn, das Ungenaue schafft so etwas wie traumwandlerische Sicherheit. Und ist es nicht eigentlich dieses Gefühl, das Lukas beschwören will, das Gefühl einer tollen, wenn auch taumeligen Zielstrebigkeit, einer sagenhaften Wirkungsmacht, die, wenn's darauf ankommt, auch ein Erdbeben im Repertoire hat?

Wo alles drunter und drüber geht, da haben die Dinge eben nicht mehr die behütete peinliche Ordnung eines Studierzimmers, im Angesicht einer Katastrophe verhalten sich Menschen eben nur dann realistisch, wenn sie sich nicht rational verhalten; und gar so unwahrscheinlich ist ein Gefängnisdirektor doch nicht, der bei offenstehenden Türen gleich an Flucht oder Ausbruch denkt.

Nein, die tiefere Unstimmigkeit dieser Episode liegt gerade nicht in den Details, sondern in ihrem dramaturgischen Zentrum. Diese Unstimmigkeit wird deutlich, wenn man sich klarmacht, daß Erdbeben nicht nur zu den häufigeren Erscheinungen jener Mittelmeerregion gehören, sondern auch wiederkehrende Muster antiker Literatur sind. Berühmtestes Beispiel sind die »Bakchen« des Euripides, an die schon Celsus erinnert hat; die Bakchen, im Staatsgefängnis gefesselt, werden durch ein Beben erlöst und fliehen: »Von selbst öffneten sich ihnen die Fesseln von den Füßen, und die Türriegel öffneten sich ohne sterbliche Hand.«

Lukas aber setzt die alte Geschichte hier gegen ihre eigene Pointe ein: Das Erdbeben dient gleichsam nur noch als Theaterdonner, die Naturgewalt ist außer Kraft gesetzt, nicht mehr die Erde, sondern eine Seele wird erschüttert. Bei Euripides geschah das Erdbeben als direkte Antwort auf die Anrufung des Gottes Bromios. Fesseln und Riegel wurden gesprengt, und die Menschen begriffen das als göttliche Botschaft. Dies war die Befreiung, der Ausweg, die Rettung. Gott mußte sich nicht weiter kommentieren, noch mußte er kommentiert werden. Das Erdbeben war sein Wort, die Flucht das Zeichen dafür, daß es begriffen worden war. Gesprengte Fesseln – Befreiungstheologie der klarsten Art.

Aber nun dieser Paulus zu Philippi. Da hockt er im innersten Verlies, fühlt sich von den Fesseln frei, und bleibt doch sitzen. Er, der große Wanderer, bleibt auf der Stelle. Er, den es umtreibt wie einen Eroberer, schlägt just da sein Lager auf, wo eben noch seine Zelle war. Natürlich ist das wunderbar zu interpretieren von den Sonntagskanzeln. Das Naturwirken seines Gottes nutzt er nicht zur bloßen Befreiung, sondern zur Demonstration größerer Befreiungs*möglichkeit*. Und Befreiungsmöglichkeit als eine Macht, die der Naturgewalt überlegen ist. Die nicht genutzte irdische Befreiung als das wahre Gottesereignis. Dies eben unterscheidet den christlichen vom antiken Menschen, den neuen Gott von den vielen alten.

In der Tat zeigt gerade das Beispiel des Erdbebens zu Philippi die gewaltige Verwerfung zwischen der Antike und der beginnenden christlichen Welt an, wenngleich komplizierter, als fromme Auslegung es uns klarmacht. Die grandiose Einheit des antiken Menschen mit der Natur und ihren vielfältigen Formen von Erneuerung und Absterben, von Werden und Vergehen, von Katastrophe und Neuschöpfung, geht nicht etwa mit den Kerkermauern zu Bruch, sondern mit der Weigerung, die Zertrümmerung als Tor in die Freiheit anzusehen und zu nutzen. Die gesprengten Fesseln werden durch innere ersetzt. Wer aber läßt da nicht locker?

Paradoxie der gesprengten Fesseln

Im Grunde ist dieser Vorgang doch unerhört, ja geradezu blasphemisch. Die Gefangenen haben ihren Gott angerufen, und der hat getan, was in seiner Allmacht steht; er hat sich nicht auf flaue Tröstung beschränkt, sondern getan, »was Sache ist«. Ein Gott, der ein Erdbeben anrichtet, zur rechten Zeit, hält es doch noch mit der Natur. Aber sucht ein

Mensch, der daraufhin sein Heil nicht in der Flucht sucht, überhaupt noch sein Heil? Versteht er noch die Zeichen seines Gottes?

Paulus – *ausharrend* im gesprengten Kerker zu Philippi: Macht er sich zum tiefsten Knecht seines Glaubens oder doch eher zum selbstgerechten Herrn seiner Entschlüsse? Ist er von Gottesversunkenheit gebannt, oder stilisiert er sich zum eigenen Denkmal? Beweist er seinem Christus strengsten Gehorsam, oder nimmt er sich äußerste Freiheiten heraus? Ist er von allerinnigster Frömmigkeit beseelt oder motiviert von der durchtriebensten Psychologie?

Zur These dieses Buches gehört: Paulus ist einer der genialsten Psychologen der Menschheitsgeschichte. Er versteht sich auf die Dramaturgie des Konflikts ebenso wie auf den Überraschungseffekt abweichenden Verhaltens. Er ist ein Virtuose der Verwirrung und ein Meister in der Handhabung einander widerstrebender Gefühle. Mögen die Menschen seit Jahrtausenden weggelaufen sein, wenn sich ihnen die Gefängnistore auftaten – Paulus folgt ihnen nicht. Unter den Wundern, die er wirkt, ist das größte die Verwunderung.

Denn was ist das Wesen der Religion? Etwa siebzig Jahre später wird es der Evangelist Johannes auf den knappsten Nenner bringen: »Im Anfang war das Wort, und das Wort war bei Gott, und Gott war das Wort.« (Joh. 1,1) In Schriften, in Gesetzestafeln und Psalmen, in Geschichten und Genealogien, in Gleichnissen und Familiendramen, hat sich Gott bekanntgemacht, gelegentlich mit Wundern und Visionen, mit Glücksfällen und Prüfungen, aber doch vor allem mit Worten, die davon berichten. Das Medium der Religion ist Rede. Auch Gebet ist Rede. Vor allem aber Mission ist Rede. Mission ist das Herumsprechen des Wortes Gottes, bis es sich gleichsam von selbst herumspricht. Worüber geredet wird, das erst hat eine Chance, sich herumzusprechen – und an diese Einsicht hält sich das missionarische Temperament des Paulus. Aber was sich herumsprechen soll, muß aus dem Rahmen fallen, ihn gar sprengen. Daß so etwas Ungewöhnliches geschieht, dafür sorgt Paulus immer wieder, am auffälligsten hier in Philippi.

Würden die Leute am nächsten Morgen erfahren, die beiden Wanderprediger seien mit den übrigen Gefangenen getürmt, auf und davon, so hätten sie Gesprächsstoff für einen Tag; was sollte man dazu anders sagen als: »Wäre ja auch schön dumm, wenn sie die Chance nicht genutzt hätten«? Allenfalls könnte das Schicksal des Kerkermeisters sie etwas länger beschäftigen: »Hätte er sich denn wirklich umbringen müssen, schließlich: für das Erdbeben konnte er ja nichts.« Aber daß die Gefangenen nun nicht ihre Stunde genutzt haben, nicht geflohen sind, ja daß sie sogar die übrigen Häftlinge vor dem Ausbruch bewahrt haben, das macht die Sache merkwürdig, rätselhaft, nachdenkenswert: Darüber hält man sich auf. Was müssen das für Menschen sein? Gewiß waren sie krank, so daß sie nicht weglaufen konnten? Oder man hatte sie so sehr geprügelt, daß sie nicht mehr von der Stelle kamen? Oder der Block an den Füßen hat sie *doch* festgehalten? Oder: Man weiß ja, wie verwinkelt unser Felsengefängnis ist, vielleicht haben sie nur nicht hinausgefunden. Vielleicht auch haben sie in der Dunkelheit nicht einmal gemerkt, daß sie frei waren. Doch je länger man praktische, normale Begründungen, Vermutungen nachschiebt, desto mehr festigt sich das Rätsel: Was geht im Kopf dieses Paulus vor?

Der erste, der die Wucht dieses Bleibens zu spüren bekommt, ist der Kerkermeister. Seine Reaktion bezeugt spontan und machtvoll die Wirkungsweise, die Bekehrungsstrategie des Apostels. Vielleicht ist dieser Mann nicht der brutalste in Philippi, gewiß aber ist er der gefürchtetste, unheimlichste, von schaurigen Gerüchten umwittert, mächtig, wenn auch gemieden. Den zu gewinnen, wäre eine Sensation, ein Paukenschlag bei Beginn der Mission in Europa. Selbst der Kerkermeister in Philippi kam zum Glauben – das wäre unschätzbare Mundpropaganda. Und auf der Stelle hat dieser Aufseher alles begriffen. Er, dem man doch durch das freiwillige Ausharren den Tod erspart hat, weiß sofort, daß er nun nicht einfach nur weiterleben kann, sondern daß ein anderes Leben begonnen hat, zu dem ihm aber der Schlüssel fehlt. Er, dessen Kopf doch gerade gerettet worden ist, stellt daher die Frage, als er Paulus und Silas ins Freie geführt hat: »Liebe Herren, was muß ich tun, damit ich gerettet werde?« Und so, wie für den Kerkermeister soeben ein Wunder geschehen ist, geschieht auch für Paulus mit dieser Frage, mit dieser Bekehrungsbereitschaft, wieder einmal ein Wunder, eine Bekräftigung seiner Mission und Legitimation, so daß er mit frisch rekreierter Zuversicht antworten kann: »Glaube an den Herrn Jesus, so wirst du und dein Haus gerettet werden.«

Wie sehr das Erdbeben nur exemplarischen, lehrhaften Charakter hatte, zeigt sich am nächsten Morgen: Es wird gar nicht mehr erwähnt. »Als es Tag geworden war, sandten die Stadtrichter die Amtsdiener und ließen sagen: Laß diese Männer frei!« (Apg. 16,35) Den frühen Abschreibern dieser Verse erschien die Art, wie da, trotz nächtlicher Katastrophe, zur Tagesordnung übergegangen wurde, so suspekt, daß eine andere Lesart die Einfügung hat, die Freilassungsordre ergehe unter dem Eindruck des nächtlichen Bebens.

Was nun folgt, hat seinen psychologischen Reiz wiederum, weil es sich mit dem Gang der Handlung gar nicht zu vertragen scheint; weil es diesen Paulus in einer merkwürdigen Bockigkeit zeigt. Er hat doch nun wahrlich eine Nacht des vielfachen Triumphes hinter sich: Die Erhörung des Glaubensliedes durch das Erdbeben, die Befreiung von den Fesseln, die Bezähmung der Fluchtversuchung, die Bekehrung des Kerkermeisters, seiner Familie und seiner Leute. Und durch alle diese Ereignisse hindurch die Gewißheit, daß er mit seinem Gott sei und sein Gott bei ihm: eine Art transzendenten Funkfeuers, das ihm signalisiert, er befinde sich auf dem richtigen Kurs. Und dieser in seiner Mission so bestätigte und belohnte Paulus verhält sich am nächsten Morgen, beim Anhören des Freilassungsbescheides, ausgesprochen querulant. Nach dem nächtlichen Singen, Beten, Besänftigen, Bekehren fängt er auf einmal zu streiten an: Er begibt sich in einen formalistischen Kleinkrieg mit den Behörden. Er verhält sich so, daß manche Exegeten meinen, unmöglich könne dieser Vormittagsbericht auf die Kerkerszene folgen: »Paulus aber sagte zu ihnen: Sie haben uns ohne Recht und Urteil öffentlich geschlagen, obwohl wir doch römische Bürger sind, und in das Gefängnis geworfen, und nun wollen sie uns heimlich fortschicken? Nein! Sie sollen selbst kommen und uns hinausführen! Die Amtsdiener berichteten dies den Stadtrichtern. Da fürchteten sie sich, als sie hörten, jene seien römische Bürger, und kamen und redeten ihnen gut zu, führten sie hinaus und baten sie, die Stadt zu verlassen. Da gingen sie aus dem Gefängnis...« (Apg. 16,37-40)

So sieht zwar kein harmonischer Bericht aus, so aber spielt das Leben, zwischen Nacht und Tag. So verhält sich vielleicht kein Apostel, wohl aber ein Mensch. So beträgt sich zwar kein schwärmerischer Missionar, wohl aber Paulus. So rechthaberisch sollte man sich einen Boten Gottes nicht denken, dieser aber ist so. In der Nacht hat der Glaube vielfach geholfen, bei Tag muß man selbst nach dem Rechten und auch dem Recht sehen. Das empfindliche, hochgereizte und hochreizende Rechtsbewußtsein des Paulus ist noch in seiner Theorie zu finden. Es ist nicht bloß Ausdruck seines Temperaments, sondern Prägung durch seine jüdische Herkunft, seine Rabbiner-Ausbildung. – Er besteht auf seinem Schein, fast wie anderthalb Jahrtausende nach ihm der Shylock. Man könnte die Sache auf sich beruhen lassen und des Weges ziehen – der Mann aus Tarsus denkt nicht daran. Die Herren Schreibtischtäter sollen sich gefälligst selbst herbemühen und ihm das Geleit aus dem Gefängnis geben; es schadet auch nichts, wenn sie die Striemen zu sehen bekommen, die die ausführenden Organe – Amtsdiener! übersetzt die evangelische Kirche heutzutage – ihm mit ihren Ruten verpaßt haben. Es ist ja auch ein Stück Verwegenheit in diesem Ansinnen, eine kräftige Spur Risiko. Aber welche Demonstration der Überlegenheit, wenn es gelingt, welch unheimlich starker Abgang! Schließlich ist Paulus römischer Bürger, er wird sich immer wieder darauf berufen; an diesem Privileg hält er beinah so unerschütterlich fest wie an der Gnade, von Christus zum Apostel berufen zu sein.

Und siehe, sie kommen. »Sie kamen und redeten ihnen gut zu, führten sie heraus und baten sie, die Stadt zu verlassen.« Damit wird, wie Mommsen herausgefunden hat, eine förmliche Ausweisung vollzogen: Abschiebung nennt man es heute. Aber ein letzter Besuch ist noch möglich: sie gehen zu Lydia. »Und als sie die Brüder gesehen und ihnen Mut zugesprochen hatten, zogen sie fort.« (Apg. 16,39 f.)

Das Christentum hat Europa erreicht. Es hat, im genauesten Wortsinn, dort Fuß gefaßt.

8.
Per pedes apostolorum
oder: Die Völkerwanderung
der einzelnen

> ... daß unter all den Hunderten von vorderasiatischen Wanderpredigern und Wundermännern [...] gerade dieser Paulus mit seinem Sehen und Hören, wenn nicht alle, so doch die beträchtlichsten Dinge ins Rollen gebracht haben muß.
>
> Karl Barth

> Und das ist ja auch der Weg, auf dem das Christentum stets durch die Welt gegangen ist: zwischen zwei Räubern (denn das sind wir alle) ...
>
> Sören Kierkegaard

Als alle Wege nach Rom führten

Paulus ist nicht allein, und er ist nicht nur mit seinen Begleitern unterwegs. Er ist der große Einzelgänger, aber gerade als solcher hat er viele Weggenossen. Wenn man in der Tat den Eindruck haben muß, »daß hier ein Besessener einem Fiebertraum nachjagt« (Käsemann), so gilt doch auch, daß dieser Mann an einem wahren Volkslauf der Besessenheit teilnimmt, an einer Wallfahrt aller möglichen Heilsbringer und Wunschvorsteller, Lebensretter und Traumtänzer, an einem Run des Ostens auf den Westen. »Die ganze religiöse Umwelt des Paulus ist also in einer starken Bewegung schon vor Paulus gewesen, und die Straßen, die der Missionar durchwanderte, sind vor ihm von den Sendboten der Isis und des Serapis, des Judengottes und der großen Mutter von Phrygien betreten gewesen«, schreibt Adolf Deissmann. Paulus gehört zum Fußvolk bei einem grandiosen geistigen Gegen-Feldzug des Orients in Richtung Europa.

Die militärische Vokabel ist mit Bedacht gewählt. Denn die Straßen, auf denen Paulus sich mit vielen anderen Wanderpredigern, Wunderpredigern dahinmüht, sind Militärstrecken Roms, sie sind angelegt für die Ausschreitungen des römischen Imperiums. Sie sind für Soldaten, Nachschub, Kriegsmaterial, Kontributionen und Informationen eines Reichs gemacht, das den gesamten Mittelmeerraum zu erobern verstanden hat und nun auch zu beherrschen, womöglich friedlich zu verwalten sucht. Diese Straßen sind keine Wanderwege, sondern Strukturlinien der Macht, keine Fußgängerzonen, sondern Rollbahnen für das Rad der Geschichte. Diese Straßen reichen von Britannien bis nach Syrien, von Spanien bis an den Rhein, vom Nil bis zum Atlantik. Sieht man auf eine Karte mit einer Rekonstruktion der Hauptverkehrswege im römischen Reich, so hat man fast eine Autobahnkarte des heutigen Südeuropas vor sich.

Der Straßenbau war seit etwa 300 vor Christus allererste Sorge römischer Eroberer. Straßenbau hieß möglichst gerade Trassierung, hieß zunächst Kiesbelag, später weitgehend Pflasterung. Brückenkonstruktionen wurden nach Möglichkeit vermieden, zur Überquerung von Flüssen behalf man sich mit Fähren: Nur vereinzelt gab es hölzerne Überwege. Die Aufstellung von Meilensteinen diente nicht nur der Entfernungsangabe, sondern auch dem Bezug zum Zentrum Rom. Von dort aus würde gezählt, und zwar in römischen Meilen, milia passuum, das sind etwa 1,5 Kilometer. Für die Mitte einer Wegstrecke gab es ebenfalls eine Markierung. Militärkommandos an Straßenkreuzungen und Verkehrsknotenpunkten waren Vorläufer einer regulären Straßenpolizei, mit deren Hilfe man sich der Landplage von Straßenräubern wehren wollte, wohl nicht immer sehr erfolgreich (»Gefahr von Räubern«, beklagt ja Paulus im Leidenskatalog des 2. Korintherbriefes). Spätestens seit der Zeit des Claudius gab es auch einen Reparaturdienst, der für die regelmäßige Instandhaltung sorgte.

Die erste große gepflasterte und bis heute berühmteste Straße des römischen Reichs ist die Via Appia, die gen Süden führte und zur Zeit des Augustus bis nach Brindisi reichte, dem strategisch und handelspolitisch wichtigen Schiffahrtshafen. Richtung Norden gab es zwei Hauptverkehrswege: die Via Flaminia zum adriatischen Meer (bis zum heutigen Rimini) und die Via Aurelia an der Westküste Italiens, dann weiter durch Südfrankreich und, als Via Augusta, an der spanischen Ostküste entlang bis nach Cadiz. Die Straße, auf der Paulus nun mit Silvanus und Timotheus von Philippi aus nach Westen zieht, ist die wichtige Via Egnatia, die schon fünfhundert Kilometer weit von Byzanz herkommt und nun über Thessalonich und Lychnidos bis an die heutige albanische Adriaküste (damals Dyrrhachium und Apollonia) führt, wo es dann die Schiffsverbindung nach Brindisi gibt.

Die erste Reisewelle der Weltgeschichte

Nie wieder bis zum 19. Jahrhundert waren so viele Menschen so relativ bequem und weit unterwegs wie zur Zeit des römischen Reiches. Natürlich gab es nicht nur Soldaten und Fromme; da zogen Regierungsbeamte, Briefboten, Touristen, entlaufene Sklaven, Gefangene, Athleten, Handwerker, Lehrer und Studenten durch die Lande, und vor allem immer wieder die Händler, deren rege Reisetätigkeit nicht zuletzt den religiösen Strömungen den Weg bahnte. Eine Inschrift bezeugt, daß ein Geschäftsmann aus Hierapolis in Phrygien zweiundsiebzigmal nach Rom gekommen ist. »Bis nach Belgien hinauf ist man auf schwarzen, vom Golf von Suez stammenden Basalt gestoßen. Purpur kam aus Syrien, Wachs vom Schwarzen Meer, die Austern aus Ephesus, die Trüffel aus Mytilene, Öl und Wein von den Rhoneufern, Gänse aus Boulogne-sur-Mer ...« (Hamman)

Wie schnell reiste man; wie weit kam man an einem Tag? Die Marschleistung eines Soldaten mit Gepäck betrug etwa dreißig Kilometer am Tag; dieselbe Tagesstrecke wird auch einer Person zugemutet, die vor Gericht erscheinen soll. Die Reisegeschwindigkeit der römischen Staatspost (cursus publicus) wird auf mehr als das Doppelte geschätzt. Leute, die mit Pferd und Wagen unterwegs waren, schaffen täglich zwischen vierzig und fünfzig Kilometern. Reiche Römer benutzten zwei- oder vierrädrige Wagen, die oft pompös ausgestattet, ja sogar zum Schlafen eingerichtet waren. Wenn – in der letzten Lebenszeit des Paulus – Kaiser Nero auf Reisen ging, bewegte er sich oft in einer Wagenkolonne, die bis zu tausend Fahrzeuge gezählt haben soll.

Große Reisen bereitete man damals sorgfältig anhand von Karten und Itinerarien vor, die Auskunft gaben über die günstigsten Routen, Entfernungen, meist auch über Gasthäuser (mansiones) und Pferdestationen (mutationes). Standardisiert war im Imperium auch das Zahlungsmittel: Überall, wo man einen Wagen mieten oder übernachten wollte, konnte man in der römischen Reichswährung, in Denaren oder Sesterzen, zahlen. Nur in Ägypten waren noch lokal geprägte Münzen in Umlauf.

Man darf sich diese Straßen nicht als endlos dahinführende Einsamkeitsstrecken denken, auf denen tagelang keine menschliche Behausung aufgetaucht wäre. Selbstverständlich erforderte die relativ geringe Tagesleistung auch eine dichte Staffelung von Unterkünften und Proviantierungsmöglichkeiten. Nicht nur das: Die neuere Urbanistikforschung stellt heraus, daß es gerade im ersten nachchristlichen Jahrhundert eine Blütezeit jener kleineren Städte gegeben habe, die man Polis oder Poleis nennt. Frank Kolb definiert sie als eine »von einem Zentralort aus verwaltete Bürgergemeinde, deren politische Lenkung in den Händen einer lokalen Elite lag, die sich aus den reichsten und angesehensten Mitgliedern der Gemeinde zusammensetzte. Letztere waren in erster Linie dafür verantwortlich, daß ihre Gemeinde die

Verpflichtungen (munera) erfüllte, welche die Bürger gegenüber dem römischen Staat wahrzunehmen hatten. In der Kaiserzeit zählten dazu vor allem die Einziehung der Steuern, die Gestellung von Rekruten, die Aufrechterhaltung der öffentlichen Post [...] Während die lokale Elite für die Erfüllung der finanziellen Belastungen garantierte, mußte die einfache Bevölkerung ihre Arbeitskraft zur Verfügung stellen (munera sordida).«

Für die Provinz Makedonien wurden 150 solcher Poleis gezählt, für Asia (etwa das heutige Anatolien, die Gegend der »Galater«) sogar 282. Der Rhetor Aelius Aristides definiert in seinem »Preis auf Rom« (um 150 n. Chr.) den Unterschied zwischen dem persischen und dem römischen Reich gerade durch die größte Zahl der Poleis, nicht nur an der Küste, sondern auch im Landesinnern. So wird sein sensationelles Wort verständlich, das allzuleicht für bloßen Bombast gelten könnte: »Das ganze Universum ist eine einzige Stadt.«

Und dann gibt es, in der Nähe der Straßen, immer wieder die Lager, die Canabae, die Barackensiedlungen der Legionäre mitsamt dem Troß, also für die Händler und Köche, die Unterhaltungkünstler und Huren, für den klassischen Anhang einer Garnison. Immerhin hatte Rom etwa eine halbe Million Legionäre unter Waffen – und deren Versorgung war gerade in Friedenszeiten ein lohnendes Geschäft.

»... daß sie laufen und nicht matt werden«

PER PEDES APOSTOLORUM: Heißt das wirklich immer zu Fuß? Heißt das Schritt für Schritt auf diesen etwa 10 000 Kilometern Landstraße, die Paulus auf seinen Reisen insgesamt hinter sich bringen wird? Heißt das dahinpilgern, selbst ohne den Komfort eines Stockes? »Wer ohne Stab auf antiken Straßen zog, verzichtete demonstrativ auf das geringste Mittel der Selbstverteidigung.« (Theissen) Welcher seltsamen schleppenden, schlurfenden, sandalensanften Form von Vagabundentum gehorchte Paulus, gehorchten alle diese Leute, ein Apollonius von Tyana, ein Simon Magus, ein Agabus, ein Peregrinus? Hatten die Scharen umherziehender Kyniker in den Jahrhunderten davor gehorcht? Ist die natürlichste Fortbewegung des Menschen auch seine bewegendste? War der Gedankengang wirklich ursprünglich einmal ein Gehen? Warum, wenn sie philosophierten, wandelten die großen Griechen? Paulus selbst spricht nicht von *gehen*: Er spricht im Galaterbrief von seiner Sorge um Klarheit, »damit ich nicht etwa vergeblich laufe oder gelaufen wäre«. (Gal. 2,2) Das meint bestimmt nicht eine schnellere Gangart, sondern bezeichnet wohl die Unermüdlichkeit, das stete Sichaufraffen im Sinne Jesajas: »Aber die auf den Herren harren, kriegen neue Kraft, [...] daß sie laufen und nicht matt werden, daß sie wandeln und nicht müde werden.« (40,31) Aber das Laufen kann doch auch allgemein den Lauf seiner Mission meinen, es muß doch nicht ein fortgesetztes per pedes bedeuten. Es gab doch die Maultierstationen, man konnte die rüstigen Tiere leihen, jeder konnte sie sich leisten, der sich auch nur ein bißchen aufs Feilschen verstand. Schließlich war selbst Jesus auf einer Eselin in Jerusalem eingezogen; also: Gelegentliche Ritte dürfte es für Paulus und die Seinen doch gegeben haben. Und warum nicht auch Mitfahrgelegenheiten auf den großen Gefährten, die ganze Scharen von Pilgern transportierten, warum nicht auch einmal ein paar erschöpfte Wegstunden lang mit Legionären oder gar Gefangenen auf einem Karren? Oder vielleicht? Illustrieren wir dieses Vielleicht mit dem jüdischen Witz von den beiden österreichischen Emigranten, die am East River in New York spazierengehen, beide erschöpft, abgebrannt, am Ende. Der Mattere bittet den anderen um einen Dollar: Vergeblich, es gibt keinen mehr. Er bittet um eine Zigarette: Vergeblich, es gibt keine mehr. Endlich sagt er: »Bitt dich, trag mich a Stückerl.« Kam es gelegentlich nicht auch vor, daß Paulus sich von seinen Mitarbeitern aufhucken lassen mußte? Wie weit dieser dahinwandernde Paulus von uns und unserem Zeitgefühl entfernt ist, wie sehr wir uns tagtäglich durch Tempo, Hektik, Rasanz ihm entrücken, wie wir uns in jeder Sekunde hinauskatapultieren aus seinem Fußweg wie aus seinen Gedankengängen, das hat vor einiger Zeit der polnische Theaterzauberer Tadeusz Kantor in einem Poem klargemacht, das, weil er es in Mailand vortrug, inzwischen als Mailänder Manifest zum Begriff geworden ist. Mit keinem Wort bezieht es sich auf Paulus, aber mit jedem erweist es ihm, der da einen Fuß vor den andern setzt, eine futuristische Reverenz:

». . . Und da ist ein anderes Gesicht des FURORS am Ende
Unseres Jahrhunderts:
DIE OMNIPOTENTE KOMMUNIKATION
Es fehlt schon an Platz
für die Sonderlinge, die zu Fuß gehen,
(man sagt, daß solche Art sich fortzubewegen das Denken
   fördert)
Autowellen und -ströme ergießen sich bis hinein in die
   Häuser
und Wohnungen,
es fehlt an Wasser, an Luft, an Wäldern und Pflanzen,
erschreckend schnell wächst die Zahl der Lebewesen: der
Menschen . . .
Gehen wir weiter:
die KOMMUNIKATION,
die sich mit Eisenbahn, Straßenbahn und Bus
hervorragend verbindet
hat man als richtigsten und *erlösenden*
Begriff
für den menschlichen GEDANKEN genommen,
und für KUNST anerkannt.
Die omnipotente KOMMUNIKATION!
Ihr Hauptmotto:
                die GESCHWINDIGKEIT
hat sich in kurzer Zeit zu einem wilden Kampfruf
wie primitiver Volksstämme verwandelt.

Die Vorschrift wurde zum BEFEHL.
Die ganze Welt, die ganze Menschheit,
das ganze Denken des Menschen
und die ganze KUNST
soll diesen Befehl ausführen.
Die Welt rennt mit wildem Geschrei, Hals über Kopf.
Wollen sie das Licht und den Gedanken einholen?«

Können wir auch nur den Paulus auf der Via Egnatia einholen? Die Frage an ihn wäre dringend: Hier ist er doch auf der Direttissima nach Rom, hier könnte er rasch lossteuern auf jenes zentrale Ziel, das die Kirchengeschichte ihm seit zwei Jahrtausenden mit so großer Selbstverständlichkeit unterstellt hat. Er brauchte nur noch ein paar Hundert Kilometer weiter bis nach Dyrrhachium, dann zu Schiff nach Brundisium, und in spätestens zwei Monaten wäre er am Ort.

Er wendet sich aber nicht gen Westen, sondern nach Süden. Und so wird er Rom erst zehn Jahre später und nur noch als Gefangener und vielleicht überhaupt bloß in der Legende erreichen.

9.
Marktgang mit Sokrates oder: Bekanntmachung des unbekannten Gottes

> Das Unverstandene ist das größte Trostmittel der Menschheit.
> Hans Blumenberg

Eine Stadt voller Götzenbilder

Spektakuläre Szene der Apostelgeschichte: Die Predigt des Paulus auf dem Areopag in Athen, zu Füßen der Akropolis. Das Gespür des Schriftstellers Lukas für kontrastierende Situationen, für eine nahezu paradoxe Kulisse erweist sich hier besonders klar: Der christliche Missionar wagt seine Verkündigung im Schatten einer Kultstätte für die Götter Griechenlands, der kleine geschundene Prediger wird vor die überdimensionalen Aufbauten der Tempel gesetzt, die armselige Gestalt begibt sich in die grandioseste Dekoration des antiken Europa. Seht nur, wie die Säulenschäfte ihn erschlagen, die Querquader ihn erdrücken, die Stufen ihn gar nicht emporkommen lassen, wie dieses ganze Verehrungsgebirge ihn der Anmaßung preisgibt, einer lächerlichen Winzigkeit überführt! Was will so einer schon ausrichten, was hat er hier zu suchen?

Nach Athen ist Paulus wieder einmal mit knapper Not gelangt: erst aus Thessaloniki, dann aus Beröa vertrieben. In Athen nun wartet er auf seine Begleiter Silas und Timotheus, vertreibt sich unruhig und unwillig die Zeit. Er liebt ja die Städte, aber dies ist nicht sein Pflaster: »Während Paulus in Athen auf sie wartete, wurde er zornig, als er die Stadt voller Götzenbilder sah.« (Apg. 17,16) Das läßt sich denken: Ihm muß die alte Metropole vorgekommen sein, wie ein einziges steinernes Ärgernis. Standen doch an allen Ecken und Enden die Skulpturen der großen Bildhauer, die zartgliedrigen Jünglinge und die grobschlächtigen Krieger, schwang sich doch der Marmor auf zu den sinnlichen Hüftlinien und Brustwölbungen der schönsten Frauenkörper: »Von allen Ecken her kam dem Auge die Darstellung unseres Leibes in künstlerischer Vollendung entgegen« (Schlatter). Denn der Grieche, auch noch der dieser späten Zeit, liebte den menschlichen Körper und dessen artistisches Zitat, er war ein Hedonist der Leiblichkeit. Spaziergänge sind es also nicht gerade, die der Apostel in Athen unternimmt, sondern eher Spießrutenläufe fürs Auge, Gewaltmärsche eines Mannes, der erleben muß, wie sogar das Fleisch ihn steinigt.

Aber Paulus setzt seinen Zorn in Missionsenergie um. »Er sprach mit den Juden und den Gottesfürchtigen in der Synagoge und täglich auf dem Markt mit denen, die sich gerade einfanden. Einige Philosophen aber, Epikuräer und Stoiker, stritten mit ihm. Und einige von ihnen fragten: Was will dieser Schwätzer uns sagen? Andere aber: Er sieht so aus, als wolle er fremde Götter verkünden. Er hatte ihnen nämlich das Evangelium von Jesus und von der Auferstehung verkündigt. Sie nahmen ihn mit und führten ihn auf den Areopag und sagten: Können wir erfahren, was das für eine neue Lehre ist, die du lehrst. Denn du bringst etwas Neues vor unsere Ohren; nun wollen wir gern wissen, was das ist. Alle Athener nämlich, auch die Fremden, die bei ihnen wohnten, hatten nichts anderes im Sinn, als etwas Neues zu hören und zu sagen.« (Apg. 17,17-21)

Dies ist, innerhalb der Apostelgeschichte, ein einzigartiger Ausbruch von Ironie, geradezu ein Stück attischer Sophistication. Da wird die intellektuelle Hellhörigkeit eines großstädtischen Publikums glossiert, jene urbane Umtriebigkeit, die sich bis heute in der Frage ausspricht: »Was gibt's Neues?« Es ist die Grundfrage des Städters. Das Nachrichtenbedürfnis bestimmt Anlage und Architektur der antiken Polis, deren gesellschaftliches Leben fast ausschließlich im Freien oder in den großen Hallen stattfand. Die Straßen widerhallen vom Echo der jeweils letzten Schreie, man hat einen unstillbaren Bedarf an Noch-nicht-da-Gewesenem, ein allzeit offenes Ohr für das Unerhörte. So jedenfalls denkt sich Lukas dieses Athen, so will er es seinen Lesern vorstellen. Diese Stadt der großen Dialoge und Diskussionen, der Fragen und Gegenfragen liegt zwar schon einige hundert Jahre zurück; politisch und religiös hat diese Metropole antiken Geistes längst ausgespielt, es ist ein Ort von kaum mehr als fünftausend Einwohnern, »das leere Athen«, wie Horaz es nennt. Einzig als wissenschaftliches Zentrum hat es seine Bedeutung bewahrt, als ein »Alt-Heidelberg der Antike« (Haenchen).

Die andere Lust: Das Gespräch

Geblieben ist allerdings die Lust am Gespräch; man übt sich nach wie vor gern in Rhetorik, Diskurs und Streitgespräch. Die Redekunst gehört immer noch, wie in klassischer Zeit, zu den ganz elementaren »Tüchtigkeiten« einer Kultur, die auf der Vorstellung eines dauernden friedlichen Wettstreits beruht. Bevorzugter Turnierplatz ist eben der Markt, die Agora. Luciano Crescenzo hat in seiner kecken Geschichte der griechischen Philosophie dieser Öffentlichkeitslust, diesem Aus-dem-Häuschen-Sein des Atheners ein zärtliches Plädoyer gewidmet: »Agorazein bedeutet: ›auf den Markt gehen und hören, was es Neues gibt‹ – also reden, kaufen, verkaufen und seine Freunde treffen; es bedeutet aber auch, ohne genaue Vorstellungen aus dem Haus zu gehen, sich in der Sonne herumzutreiben, bis es Zeit ist zum Mittagessen, oder so lange zu trödeln, bis man Teil eines menschlichen Magmas aus Gesten, Blicken und Geräuschen geworden ist.« Und der Fremde, den Crescenzo inmitten dieses Gewimmels beschreibt, hat fast die Gestalt des Paulus: »Ein Fremder [...] kann diese Menschenmenge nur staunend betrachten, die da auf den Straßen hin- und hergeht, alle paar Schritte stehen bleibt, laut redet und redet, weitergeht und wieder stehenbleibt. Vielleicht glaubt er dann, an einem besonderen Feiertag hierher geraten zu sein, dabei hat er nur eine gewöhnliche Szene des agorazein miterlebt.«

Die klassische Figur dieses Agorazein, die Geburt des Philosophen aus dem Geist des Marktes aber ist Sokrates. Er ist der Wallfahrer zum Mysterium des Alltags, der Pilger zu dem Mitmenschen, die Kultfigur aller Neugier und Wißbegier. Exemplarisch seine Antwort, die er dem Phädros gibt, als der ihn fragt, warum er nicht einmal aus der Stadt hinauswandere, ja nicht einmal vors Tor gehe: »Ich bin eben lernbegierig, und Feld und Bäume wollen mich nichts lehren, wohl aber die Menschen in der Stadt.« Eben darin ist Sokrates dem spätergeborenen Paulus ähnlich (wenn nicht Vorbild); denn auch der Apostel ist ja Stadtmensch, auch er braucht die vielen, die Versammlungsgelegenheiten, die Foren der Schaulust und Hörbereitschaft. Zwar will er nicht lernen wie Sokrates, sondern lehren; aber daß der Mensch nichts wisse, weiß auch er, und vor allem diese Leidenschaft haben sie gemeinsam: Sie mischen sich nicht nur immer wieder unter die Leute, sie mischen sich auch ein; sie fragen und sie stellen in Frage.

Und so ist denn der skeptische Gang des Paulus durch Athen nach berühmtem Vorbild gestaltet: Der Apostel tritt in die Fußstapfen des Sokrates. Die Erinnerung an die legendären Philosophen wird von Lukas zweifach befestigt: durch ein Wort des Spotts und durch eine Wendung von versteckter Drohung. Das höhnische Verhalten der Zuhörer: »Was will dieser Schwätzer uns sagen«, ist modelliert nach der Sokrates-Beschimpfung in den »Wolken« des Aristophanes:

»Du aber, du Priester des kniffligen Wortes,
verkünde uns jetzt dein Begehren!
Denn keinem sonst willfahrn wir so gern
von allen Erhabenheitsschwätzern
Wie dem Prodiktor: ihm seiner Weisheit zu lieb,
seiner Einsicht; und außer ihm dir noch,

Weil du stolz in den Gassen herumflanierst
und die Augen rundum läßt schweifen,
Stets barfuß und ohne Empfindlichkeit
und im Glauben an uns voller Dünkel.«

Deutlicher noch ist der Sokrates-Bezug in dem murrenden Vorhalt: »Es sieht aus, als wolle er fremde Götter verkünden . . .« (Apg. 17,18) Das ist nämlich eine wörtliche Anspielung auf die Anklage gegen den Philosophen: »Er sagt nämlich, ich erdichtete Götter, und als einen Erdichter neuer Götter, der an die alten nicht glaubt, verklagt er mich eben deshalb.« (Martin) Die Parallele wird aber erst dadurch betont, daß Lukas den Athenern nicht das sonst bei ihm gebräuchliche Wort für Götter, theoi, in den Mund legt, sondern den Begriff »daimonia«. Just dies war der Vorwurf, an dem Sokrates zu Fall und zu Tode gekommen ist.

Ein grammatischer Handstreich

Es ist keine besonders gemütliche Situation, in der sich Paulus auf dem Aresfelsen, wo der Areopag lag, befindet. Es ist eine Schwebe zwischen Verhör und Anhörung. Er wird zur Rede gestellt wie an die Wand. Und da hilft er sich mit einer Entdeckung, die er bei seinen Streifzügen durch Athen gemacht haben will und die er nun mit frommer List und allen Ernstes als Apropos benutzt: »Ihr Männer von Athen, ich sehe, daß ihr die Götter in jeder Weise besonders eifrig verehrt. Ich bin umhergegangen und habe eure Heiligtümer angesehen und fand einen Altar mit der Aufschrift: Dem unbekannten Gott. Nun verkündige ich euch diesen Gott, den ihr unwissend verehrt.« (Apg. 17,22 f.) Dies ist nicht nur ein Augenblick missionarischer Kühnheit, paulinischer Geistesgegenwart, dies ist einer der verblüffendsten Schachzüge des Neuen Testaments. Das Sensationelle der Passage besteht eben in der Altaraufschrift: Dem unbekannten Gott. Alles

Graben der Archäologen, alles Entziffern der Epigraphiker, die universellste Kenntnis der antiken Literatur hat nämlich nur eins zutage gefördert: Einen Altar mit *dieser* Aufschrift hat es nie gegeben. Der unbekannte Gott ist eine Erfindung des Lukas-Paulus. Der unbekannte Gott ist ein grammatischer Handstreich gegen die Götterwelt Griechenlands. *Dem* unbekannten Gott: Dieser Singular ist singulär.

Die richtige Lesart hätte sein müssen: »Den unbekannten Göttern« oder »Unbekannten Göttern«. So gewidmete Altäre hat es zahlreich gegeben, die gelehrte Philologie hat zu Beginn dieses Jahrhunderts eine Fülle von Belegen erkundet (Norden u. a.). Aber entscheidend an allen diesen Aufschriften und Zitaten ist eben der Plural; diese unbekannten Götter waren eben nicht *einer*; die Mehrzahl bedeutete, daß auch sie zugehörig waren zur polytheistischen Götterwelt, zu einer Götzengemeinschaft, die so unübersehbar groß war, daß man in der Tat nicht alle mit Namen nennen und kennen konnte. Man stellte gewissermaßen Sammelaltäre auf, Blanko-Vollmachten der Verehrung, to whom it may concern. Man kann ja nie wissen. Daß es in Athen mindestens einen solcher Mehrzweck-Steine gegeben haben muß, bestätigt auch der Wanderrivale des Paulus, Apollonius von Tyana, wenn er sagt: »Überhaupt achte ich es nicht als Zeichen der Ehrbarkeit, gehässige Äußerungen gegen irgendwelchen Gott zu tun, wie Hippolytos gegen Aphrodite; ehrbarer ist es vielmehr, von allen Göttern fromm zu reden, zumal in Athen, wo sogar unbekannten Göttern Altäre errichtet worden sind.«

Indem Paulus nun die authentischen Altaraufschriften abwandelt, proklamiert er nicht weniger als eine Götterdämmerung. Denn den Einzahl-Gott verkündet er zugleich als den einen, den einzigen und alleinigen, den wahren und wirklichen, als den namenlosen, der nicht nötig habe, sich bekannt zu machen. Aber er will ja nicht gelyncht werden noch den Schierlingsbecher trinken, also beginnt er, von seiner tollen Proposition aus, verbindlich zu argumentieren:

»Gott, der die Welt geschaffen hat und alles, was darin ist, der Herr des Himmels und der Erde, wohnt nicht in Tempeln, die mit Händen gemacht sind. Auch läßt er sich nicht von Menschenhänden bedienen, als ob er irgend etwas nötig hätte, während er doch selbst allen Wesen Leben und Odem und alles gibt. Und er hat gemacht, daß alle Völker von einem einzigen Menschen abstammen und auf dem ganzen Erdboden wohnen, und er hat bestimmt, wie lange sie bestehen und in welchen Grenzen sie wohnen sollen. Auch sollen sie Gott suchen, ob sie ihn vielleicht fühlen und finden könnten; und es ist wahr, er ist nicht ferne von einem jeden unter uns. Denn in ihm leben, weben und sind wir; wie auch einige eurer Dichter gesagt haben: wir sind von seiner Art.« (Apg. 17,24–28)

Der Redner geht also auf seine griechischen Zuhörer sehr bemüht ein: Den Dichtern, die er erwähnt, ist die Altphilologie längst auf die Spur gekommen. Es handelt sich erstens um ein Zitat aus den »Phainomena« des Aratus, eines Schriftstellers, der, wie Paulus, aus Cilicien stammte, im dritten vorchristlichen Jahrhundert gelebt und sich mit vielfältigen Problemen und Wissenschaften befaßt hat. Beim Nachsatz: »Wir sind von seiner Art«, handelt es sich um ein Wort des stoischen Dichters Kleanthes; es kommt in einem »Hymnus an Zeus« vor.

Aber die Zitate sind eben mehr als Zitat: Sie sind rhetorische Absicherung, Brückenschlag zu den Umstehenden und ein Signal: Lukas läßt Paulus hier durchaus im Sinne der griechischen Philosophie argumentieren, in Gedankengängen sich bewegen, die den Gebildeten unter seinem Publikum vertraut sein mußten. Dank solcher Einbettung seiner Argumentation kann er fortfahren: »Da wir nun göttlicher Art sind, sollten wir nicht meinen, die Gottheit gleiche den goldenen, silbernen und steinernen Gebilden, die durch menschliche Kunst und Überlegung entstanden sind. Zwar hat Gott über die Zeit der Unwissenheit bisher hinweggesehen; nun aber gebietet er allen Menschen überall Buße zu tun.« (Apg. 17,29 f.)

Es ist verlockend, an dieser Stelle (des Textes wie der Situation) noch einmal auf Sokrates zurückzukommen. Auch der hat ja, Jahrhunderte früher, einen Kampf gegen Götzenbilder und dergleichen gekämpft; zwar hat er, in aller Heiterkeit des Gemüts, Pan und andere Gottheiten angebetet, doch ohne sie ernst zu nehmen. Und gegen die diversen Mythen des griechischen Volksglaubens, gegen »ein ganzes Volk von dergleichen Gorgonen, Pegasen und andern unendlich vielen und unbegreiflichen wunderbaren Wesen«, hatte er sich ironisch zur Wehr gesetzt. Nicht aber, um einem umfassenden unbekannten Wesen zu huldigen, macht sich der Philosoph von all dem frei, sondern weil er sich selbst zum Rätsel wird: »Ich kann noch immer nicht nach dem delphischen Spruch mich selbst erkennen. Lächerlich also kommt es mir vor, solange ich hierin noch unwissend bin, an andere Dinge zu denken. Daher lasse ich das alles gut sein; und annehmend, was darüber allgemein geglaubt wird [...], denke ich nicht an diese Dinge, sondern an mich selbst, ob ich etwa ein Ungeheuer bin, noch verschlungener gebildet und ungestümer als Typhon, oder ein milderes und einfacheres Wesen, das sich eines göttlichen und edeln Teiles von Natur erfreut.«

Das ist, auf kurzen Nenner gebracht, der scharfe Kontrast zwischen dem sokratisch aufgeklärten Griechentum und der orientalisch-jüdisch-christlichen Jenseitslehre: Beiden gilt der Porzellanladen der Götter nichts, nichts die abergläubische Verehrung von Winden und Wolken, Tieren und Pflanzen (»bis sie auch Gewächse und Knoblauch zu Göttern gemacht«, wird Luther spotten). Aber während Sokrates sich dem Problem der Selbsterkenntnis, dem Seelenrätsel zuwendet, postuliert Paulus bei Lukas den unbekannten Gott, das ganz und gar Unfaßliche. Der eine geht in sich, der andere gerät ganz und gar außer sich. Beiden Haltungen gemeinsam aber ist, daß sie in der Unerforschlichkeit enden – oder ihren Anfang nehmen. Der Aufklärer Lessing hat – zweitausend Jahre nach Sokrates – dessen Gedankengang wiederaufzunehmen versucht: »Man schließe einen Blick in sich selbst; man setze alles, was man weiß, als wüßte man es nicht, bei Seite: auf einmal ist man in einer undurchdringlichen Nacht.«

Das göttliche Inkognito

Eben zu dieser undurchdringlichen Nacht ist »der unbekannte Gott« äußerster Gegensatz; das Predigt-Apropos des Paulus gehört zu den gewaltigsten Faszinationen der abendländischen, zumal der protestantischen Theologie – in immer neuen Ansätzen, immer schärferen Paradoxien wird es paraphrasiert. So sagt Luther: »Der Glaube richtet sich auf die unsichtbaren Dinge. Damit also Gelegenheit für den Glauben ist, muß alles, was geglaubt wird, verborgen sein. Es wird am tiefsten verborgen, wenn es dem Augenschein, den Sinnen und der Erfahrung gerade entgegengesetzt ist.« Und Kierkegaard spitzt das noch zu: »Geist ist Leugnung der direkten Unmittelbarkeit. Ist Christus wahrer Gott, so muß er in Unkenntlichkeit sein. Die direkte Kenntlichkeit ist gerade für die Götzen so wichtig.« Karl Barth, dessen großer Römerbrief-Kommentar von 1922 eigentlich nichts anderes ist als ein Scheherezade-Text über das Thema des unbekannten Gottes, spricht von diesem Gott als von einem, »von dem der Mensch als Mensch nie etwas wissen noch haben wird und von dem ihm eben darum das Heil kommt«, und er sagt kategorisch: »Das ist der Glaube: der Respekt vor dem göttlichen Incognito [...], die Bejahung des göttlichen Nein.«

So bis zur Absurdität radikal predigt Paulus auf dem Areopag den Athenern nun aber nicht; vielmehr begeht er jetzt die Sonderbarkeit, seinen unbekannten Gott den Leuten noch bekannt zu machen, den, der keiner Vermittlung bedarf, doch mit einem Mittler zu versehen; dem Ruf zur Buße nämlich läßt er den Hinweis auf Christus folgen: »Denn er hat einen Tag festgesetzt, an dem er den Erdkreis mit Gerechtigkeit richten will durch den Mann, den er dazu bestimmt hat.

Ihn hat er für alle Menschen dadurch beglaubigt, daß er ihn von den Toten auferweckt hat.«

Das aber war ein Wort zuviel, damit hätte er den Athenern nicht kommen dürfen: »Als sie von der Auferstehung der Toten hörten, begannen die einen zu spotten; die andern aber sagten: Wir wollen dich darüber noch einmal hören.« Wer ein so lichtes, leichtes, leuchtendes Ideal hat wie die Unsterblichkeit der Seele, dem muß die Auferweckung eines Toten wie eine bleiche makabre Gruselei erscheinen. »So ging Paulus von ihnen weg«, heißt es dann und natürlich fehlt der begütigende Zusatz nicht, daß einige sich ihm angeschlossen hätten und zum Glauben gekommen seien (Apg. 17,31-34).

Es scheint, daß dem Apostel etwas Seltenes widerfahren ist, womöglich etwas Einmaliges: Man hat ihn einfach stehen lassen.

III.
GEJAGTER ZWISCHEN DEN ZEITEN

10.
Ein Brief nach Saloniki
oder: Der Beginn des Neuen Testaments

> Wer schreibt, der bleibt.
> Sprichwort

Momentaufnahme

Die nüchternste Vision, die kargste Kulisse: etliche Lager auf der festgestampften Erde, ein paar rohe Holzschemel, ein Schreibgerüst für die Papyrusrolle, die Wände grob gemauert mit herausleckendem, kaum erst erstarrtem Mörtel: Ein Raum, mehr eine ebenerdige Höhle im weißen kubischen Haus der Eheleute Aquila und Priscilla; sie sind Handwerker: Im Gewölbe nebenan stehen die Webstühle. Segeltuch und Zeltdecken sind gefragte Ware hier in Korinth, der riesigen Stadt mit den zwei Häfen, Lechaion und Kenchreai, wo die Schiffsmasten dicht an dicht wie Föhrenwälder auf dem Wasser stehen. Mit zerfetzenden Stürmen ist immer zu rechnen auf diesem Meer: Schon die Odyssee konnte ihr Lied davon singen.

Jetzt aber hat sich das Paar den Sturm selbst ins Haus geholt, in Gestalt eines kleinen, verhuschten, ausgemergelten Mannes: Ein Zeltmacher wie sie, ein Jesus-Anhänger wie sie: Aber auf den ersten Blick doch eher ein Pflegefall: mit schlecht verheilten Narben und aufbrechenden Wunden, mit Gliedern, die von Knochenbrüchen verschoben sind, mit verkrampften Händen, die kaum noch für den Webkasten gelenkig genug sind. Kein schöner Anblick, dieses Häuflein Elend, dieses vor Ausgezehrtheit kaum noch leibhaftige Geschöpf, diese geschundene Kreatur, dieses Haut-und-Knochen-und-Nervenbündel, dieser skelettierte Mensch, dieses Tagesgespenst. Ein Häuflein Elend, das aber auf einmal sich zu verwandeln beginnt und zu einem beängstigend sehenswürdigen, furchterregend leidenschaftlichen Mann wird, aufgestanden vom Arbeitsgerät wie auferstanden, und der nun zu reden beginnt. Vor sich hin? Im Gebet? In Gedanken? Im Zorn gegen den Begleiter? In Panik? In letzter Not? Nein, in der Konzentration dessen, der über weite Strecken hinweg spricht, der eine ferne Zuhörerschaft erreichen will, der die Meilenweite nicht mit Lautstärke, sondern kraft seiner Intensität überbrücken muß, mit heißem Atem und heißerem Herzen. Der Pflegefall ist zum Arzt geworden, das Skelett zum Propheten, das Gespenst zum Kraftmenschen. Der Mann diktiert seinem Gefährten: eben noch sacht und sachlich, schon aber ausbrechend und scharf, rasch sich zurücknehmend und wieder behutsam, mal sich überstürzend und dann wieder lange in sich hineinschweigend. Neu ansetzend mit dem, was er soeben erst gesagt hat, aber von Tilgung will er nichts wissen, nur weiter, doppelt hält besser, hält überhaupt erst, wozu hat der Mensch zwei Ohren? Jetzt schmeichelnd, jetzt ungeduldig; eben noch ein liebevoller Vater und jäh ein strenger Aufseher; vom praktischen Ratgeber verwandelt er sich zum larmoyanten Jammerer. Es ist, als ob er in seine Sätze hineinkriecht wie in viele Kostüme, nein: wie in lauter lebendige Rollen.

Das Großartige, das grausig Bewegende der Szene: Der kleine klägliche Mann, wie er da steht, steht am Anfang des verkündeten Christentums, was er da fleht und befiehlt, rät und verbietet, ankündigt und erhofft, sind die allerersten Äußerungen der Kreuzesmission; was er da diktiert, sind die ältesten Worte des Evangeliums, ist der eigentliche Beginn des Neuen Testaments. Wäre der zweite Teil unserer Bibel chronologisch geordnet, stünde das Schreiben, dessen Verfertigung wir zusehen, gleich vorn an. Was wir nacherleben, ist das Entstehen des frühesten christlichen Dokuments. Der Vorgang, den wir nachvollziehen, ist folgender: Paulus schreibt einen Brief an die Thessalonicher.

Um es noch einmal in aller Deutlichkeit zu sagen (und mit

solcher Insistenz zugleich das Repetitionsverfahren der paulinischen Briefe zu imitieren): Nicht der programmatische Satz des Matthäus', »Dies ist das Buch von der Geburt Jesu Christi, der da ist ein Sohn Davids, des Sohns Abrahams«, eröffnet die Sequenz der neutestamentlichen Texte, nicht Markus und seine Ankündigung »Dies ist der Anfang des Evangeliums von Jesus Christus, dem Sohn Gottes«, schon gar nicht Lukas, der ja gleich selber einräumt: »Schon viele haben es unternommen, von den Ereignissen Bericht zu geben, die unter uns geschehen sind...« Und erst recht darf das Johannnesevangelium nicht zum Gedanken an irgendeine Priorität verführen: »Im Anfang war das Wort, und das Wort war bei Gott, und Gott war das Wort« – gerade der hohe Ton dieser Fanfare verrät die Jahrhundertferne von den ersten Berichten über die Entstehung des Christentums.

Nein, das Wort, das hier wirklich im Anfang war, hörte sich ganz unbiblisch, ganz alltäglich, ganz normal an und war ein Grußwort: »Paulus und Silvanus und Timotheus an die Gemeinde der Thessalonicher in Gott dem Vater und dem Herrn Jesus Christus: Gnade euch und Friede!« (1. Thess. 1,1) Aber diese scheinbar harmlose Begrüßungsfloskel ist eben die sensationelle Fundgrube. Es gibt kein früheres Zeugnis, in dem der Ausdruck »Jesus Christus« vorkommt; keinen ursprünglicheren Beleg für diesen Messias-Namen; kein vorheriges Dokument des neuen Glaubens. So schlicht, in Wahrheit, begrüßt das Christentum die Nachwelt. Prooemium nannte man in der antiken Briefstilistik solche Grußadressen; sie hatten mehr postalischen als apostolischen Sinn.

Wer aber sind die Empfänger? Wer ist das: die Thessalonicher? Es sind Leute aus Thessalonich, dem heutigen Saloniki. Aber absurd wäre die Vorstellung, Paulus würde sich mit seinem Brief an »die« Thessalonicher wenden, er spreche irgendeine größere Schar von Menschen an, eine maßgebende Einwohnerschaft oder unübersehbare Kirchengemeinde. In Wahrheit wendet er sich an einige wenige, an eine kleine Gruppe von Leuten, die keineswegs das Lebensgefühl der happy few haben. Die Thessalonicher, das sind vielleicht hundert, vielleicht auch bloß fünfzig Seelen.

Die Apostelgeschichte berichtet ausführlich über das Auftreten des Paulus in Saloniki: »Da war eine Synagoge der Juden. Wie Paulus es gewohnt war, ging er dorthin und redete mit ihnen an drei Sabbaten. Von der Schrift her versuchte er zu erklären und zu zeigen, daß Christus leiden und von den Toten auferstehen mußte und daß Jesus, den ich – so sprach er – euch verkündige, der Christus ist. Einige von ihnen ließen sich überzeugen und schlossen sich Paulus und Silas an, auch eine große Zahl von gottesfürchtigen Griechen, dazu nicht wenige von den angesehensten Frauen. Aber die Juden ereiferten sich, holten sich einige üble Männer aus dem Pöbel, rotteten sich zusammen und richteten einen Aufruhr in der Stadt an, zogen vor das Haus Jasons und versuchten, sie vor das Volk zu führen. Sie fanden sie aber nicht. Da schleiften sie Jason und einige Brüder vor die Stadtoberen und schrien: Diese Leute, die auf dem ganzen Erdkreis Unruhe erregt haben, sind jetzt auch hierher gekommen; die beherbergt Jason. Diese alle handeln gegen die Gebote des Kaisers und sagen, ein anderer sei König, nämlich Jesus. So brachten sie das Volk und die Stadtoberen, die das hörten, in Verwirrung. Und erst nachdem ihnen die Bürgschaft von Jason und den anderen geleistet worden war, ließen sie sie frei.« (Apg. 17,1-9) So groß ist der Volkszorn in Thessalonich gewesen, daß er den Apostel und seine beiden Begleiter noch im nahen Beröa eingeholt und abermals zu fluchtartigem Abgang gezwungen hatte.

Der Dramaturg der Bedrängnis

»Bedrängnisse« – das ist denn auch eins der Schlüsselworte des Thessalonicher-Briefes, und es ist zugleich Schlüssel für die paulinische Mission. Paulus ist der Dramaturg der Bedrängnis, der Stratege der Not, der Impresario der Gefahr. Paulus ist der unbarmherzige Prediger der Barmherzigkeit. Paulus ist eine Katastrophe, und er weiß es und will es sein. Denn nur Katastrophen haben diese weltbewegende Macht. »Bedrängnisse« – das ist für ihn keine Verlegenheit, das ist beinah sein Jubel. Geradezu wohlgemut schreibt er seinen paar Thessalonichern: »Denn ihr wißt selbst, daß wir zum Leiden bestimmt sind. Denn schon, als wir bei euch waren, sagten wir's euch voraus, daß Bedrängnis über uns kommen wird, wie es auch geschehen ist und wie ihr wißt. Darum habe ich's auch nicht länger ertragen und habe ihn gesandt [Timotheus], um zu erfahren, wie es um euren Glauben steht, ob der Versucher euch etwa versucht hat und unsere Arbeit vergeblich war.« (1. Thess. 3,3–5)

Bedrängnis – das ist das griechische Wort thlipsis. Luther hat es mit »Trübsal« übersetzt, was alle Schwierigkeit gleichsam ins Innere, in die Seele des Menschen verlegte. »Trübsal blasen« – die Redensart ist ja deutlich genug. Das aber sagt thlipsis eigentlich nicht, jedenfalls nicht nur. Drang, Druck und Dreck von außen sind mitgemeint, üble Nachrede und Denunziation, der Nachbar, der zum Aufpasser wird, der Hohn auf offener Straße, die Freunde, die nicht mehr grüßen, die weinende Frau, die verängstigten Kinder, der boykottierte Laden. Wie sich eine so schleichende Ausstoßung aus einer Gesellschaft, die Isolation inmitten einer Stadt vollzieht, wie unmerklich Grußlosigkeit in Grausamkeit übergeht, Achtung in Ächtung, dafür haben wir Deutschen noch vor wenigen Jahrzehnten der Welt und der Geschichte ein schauriges Beispiel geliefert.

Bedrängnis – Paulus weiß, was er den Menschen zumutet, mit sich und seiner Predigt: »Obgleich wir«, schreibt er nun in seinem Brief, ». . . vorher in Philippi gelitten hatten und mißhandelt worden waren, fanden wir dennoch im Vertrauen auf unseren Gott den Mut, bei euch das Evangelium Gottes zu predigen unter viel Kampf.« (1. Thess. 2,2) Wie sieht es im Kopf dieses Menschen aus? Was denkt sich Paulus bei dem, was er tut? Hat er außer seinem Sendungsbewußtsein nicht auch noch ein Gefühl der Verantwortung? Nicht eine Stimme des Gewissens, die ihm sagt: Laufe dein eigenes Risiko, aber bringe nicht andere in Gefahr? Weiß er nicht, daß die himmlische Verheißung, die er mit sich führt, verteufelt nach Verstörung aussieht, das Heil nach Unheil? Hat Paulus die Stirn, stets von neuem ein großes Drunter und Drüber anzustiften, in den Synagogen, in den Häusern, in den Straßen, in den Behörden, nicht zuletzt in den Köpfen?

Wenn irgend etwas, dann hat er diese Stirn. Er hatte zu allem, was er zeitlebens tat, die Stirn, die unglaublichste Stirn seit Jahrtausenden. Denkt man Jesus als *Gestirn*, so muß man Paulus als die *Stirn* des Christentums denken. Mit dieser Stirn macht er seine Vision zum lebenslangen Elan, mit dieser Stirn verabschiedet er sein erstes Leben, mit dieser Stirn hält er sich abseits von den Uraposteln, mit dieser Stirn setzt er Jesus an die Stelle des mosaischen Gesetzes, mit dieser Stirn setzt er das verfluchte Kreuz als Heilszeichen. Diese Stirn bietet er nicht nur der jüdischen Tora, sondern auch allen Rivalen seiner Mission. Immer ist diese Stirn sichtbar, in seinen Wegen und Taten, in seinen Entscheidungen und Verwandlungen, in seiner Konsequenz und seiner Besessenheit. Es ist die Stirn, die ein Mann braucht, der durch die Welt geht, als ginge er mit dem Kopf durch die Wand.

Die dialektische Energie

Und das ist das Erregende an dem eigentlich nicht sonderlich aufregenden Thessalonicherbrief: Zum erstenmal sehen wir hinter diese Stirn, können wir ihre Gedankengänge verfolgen, können wir die Impulse erkennen, aus denen sie ihre Durchsetzungskraft, ihr Durchhaltevermögen bezieht. Zum erstenmal werden wir eingeweiht in die Strategien eines Denkens, das aus abweichendem Verhalten eine Norm zu machen versteht, aus Fluchtverzicht Freiheit gewinnt, aus Berührungsängsten zur Gottnähe findet. Zum erstenmal begegnet uns – in statu nascendi – diese dialektische Energie aus Himmelsmacht und Organisationstalent, aus Gottvertrauen und Selbstbewußtsein, von der die paulinische Mission vorwärtsgetrieben wird. Oder, um es noch etwas irdischer zu sagen: Zum erstenmal sind wir Zeuge dieser Gehirnströme aus Predigt und Eitelkeit, Zuspruch und Herrschsucht, Heilsverkündung und Panikmache, aus Nächstenliebe und Selbstgerechtigkeit, die hinter dieser Stirn ständig am Werk sind.

Im Klartext liest sich das dann so: »Ihr wißt ja selbst, Brüder, daß unser Auftreten bei euch nicht ohne Wirkung war, sondern daß wir nach den Leiden und Mißhandlungen in Philippi, von denen ihr ja wißt, durch unseren Gott den Mut gewannen, die Botschaft Gottes bei euch zu verkünden in heißem Bemühen. Denn unsere Predigt beruhte nicht auf Irrtum oder Lasterhaftigkeit, noch geschah sie in listiger Absicht; vielmehr: wie wir von Gott gewürdigt wurden, mit dem Evangelium betraut zu sein, so reden wir nicht Menschen zu Gefallen, sondern Gott, der unsere Herzen prüft. Und so sind wir weder mit schmeichlerischen Reden aufgetreten – Gott ist Zeuge –, noch suchten wir Ruhm bei Menschen, weder bei euch noch bei anderen. Wir hätten unser Ansehen als Apostel Christi geltend machen können, aber wir traten in eurer Mitte milde auf. Wie eine Mutter ihre Kinder hegt, so herzlich waren wir euch zugetan, und waren bereit, euch nicht nur am Evangelium Gottes Anteil zu geben, sondern auch an unserem Leben, denn ihr wart uns lieb geworden. Denkt doch, Brüder, an unsere mühevolle Arbeit: Tag und Nacht arbeitend, um keinem von euch lästig zu fallen, verkündigten wir euch das Evangelium Gottes. Ihr und Gott seid Zeuge, wie heilig und gerecht und untadelig wir euch Gläubigen gegenüber gewesen sind. Denn ihr wißt, daß wir, wie ein Vater seine Kinder, einen jeden von euch ermahnt, ermutigt und beschworen haben, sein Leben würdig vor Gott zu führen, der euch zu seinem Reich und zu seiner Herrlichkeit beruft.« (1. Thess. 2,1–12)

Das ist ein Text im wahren Wortsinn, eine Textur, ein

dichtes Gewebe aus Motiven. Paulus bleibt auch als Schreiber seinem Handwerk so treu wie seinem Gott, da schießt immer das Irdische mit dem Himmlischen zusammen, das Eitle mit dem zu Vereitelnden, das Persönliche mit dem Göttlichen, da verketten sich die Zeilen mit dem, was zwischen ihnen steht. »Wir hätten unser Ansehen als Apostel Christi geltend machen können, aber wir traten in eurer Mitte milde auf.« Diesen Satz sollte man sich gesagt sein lassen, für ferneren Gebrauch, wenn Paulus in der Tat als Apostel Christi auftritt und keine Milde kennt. Dort aber, in Saloniki, will er sanft gewesen sein, wie eine Mutter zu ihren Kindern, hegend und herzlich, wie ein Vater, ermahnend, ermutigend, korrigierend. Über zwei Jahrtausende hinweg läßt sich beides begreifen. Man erfährt auch, daß Paulus in seinem Handwerk gearbeitet hat, Tag und Nacht, um keinem lästig zu fallen. Haben sie dabeigesessen, ihm zugehört, hat er von seinem Vorleben, seiner Vision erzählt während der Tätigkeit? Denn er hatte sich ja bereit gezeigt, »euch nicht nur am Evangelium Gottes Anteil zu geben, sondern auch an unserem Leben«. Das bleibt eine bedenkenswerte Verknüpfung, ja eine kühne Stufung: »nicht nur am Evangelium, sondern auch an unserem Leben.« Aber es kann ja allen Ernstes nicht heißen, daß er sein Leben wichtiger genommen hätte als das Evangelium, sich selbst höher eingeschätzt als Christus; sondern nur, daß der Missionar sich auch als Mensch gezeigt hat. Obwohl er ja weiß, daß das zu falscher Vertraulichkeit und die wiederum zur Verhunzung der Mission führen kann. Deshalb fügt er gleich den Dank an, »daß ihr das Wort Gottes, das ihr in der Predigt von uns empfangen habt, nicht als Menschenwort aufgenommen habt, sondern als das, was es in Wahrheit ist – als Wort Gottes, das sich in euch, den Gläubigen, nun auch als wirksam erweist«. (1. Thess. 2,13)

Der Brief eines Webers

Paulus schreibt seinen Brief, nachdem Timotheus mit guten Nachrichten aus Saloniki zurückgekehrt ist zu ihm, der jetzt in Korinth sitzt. Mit guten Nachrichten vom Glauben und von der Liebe der Gemeinde und davon, daß sie den Apostel in gutem Andenken hat. Paulus wendet seine Freude gleich mehrfach hin und her zwischen den Thessalonichern und sich selbst und dem gemeinsamen Gott: »Darum sind *wir*, liebe Brüder, im Gedanken an *euch* getröstet worden in all *unsrer* Not und Bedrängnis durch *euren* Glauben; denn nun sind *wir* wieder lebendig, wenn *ihr* fest steht im Herrn. Wie können *wir* Gott *euretwegen* genug danken für all die Freude, die *wir* an *euch* haben vor *unserem* Gott?« (1. Thess. 3,7-9) Wenn das nicht der Brief eines Webers ist, eines Webers von fliegenden, himmlischen Teppichen! Eines Mannes, der es versteht, die Gemeinde mit sich fortwährend zu verknüpfen und beide, je länger, je mehr, an Gott zu binden. Rudolf Bultmann sagt es so: »Jeder Satz über Gott ist zugleich ein Satz über den Menschen und umgekehrt. Deshalb und in diesem Sinne ist die paulinische Theologie zugleich Anthropologie.«

Solche Anthropologie spricht sich nicht nur in gemeinsamer Glaubensfreude, sondern auch in einsamer Didaktik aus. Paulus erinnert sodann an die Gebote, die er »in der Vollmacht des Herrn Jesus« gegeben habe: »Meidet also die Unzucht; daß jeder von euch wisse, sein eigenes Gerät zu gewinnen in Heilung und Ehre, nicht in Leidenschaft des Begehrens, wie die ›Völker, die Gott nicht kennen‹, nicht sich Übergriffe zu erlauben und zu übervorteilen in dem Unternehmen seinen Bruder; denn der Herr ist ein Richter über das alles, wie wir es euch schon früher gesagt und bezeugt haben. Denn Gott hat uns nicht berufen zur Unreinheit, sondern zur Heiligung. Wer nun dies mißachtet, mißachtet nicht Menschen, sondern Gott, der seinen heiligen Geist in euch gibt.« (1. Thess. 4,1-8)

Aber gerade diese »praktische« Stelle bietet den bisher

unpraktischsten Text. Hier, wo Paulus ganz konkret wird, fällt es besonders schwer, ihn zu verstehen. Nicht die Gottes- und Glaubensdinge sind in diesem Brief das Rätsel, sondern diese Ermahnungen für das Alltagsleben der Gemeinde Saloniki. Daß die alte Sprache und Idiomatik ausgegraben werden muß wie eine antike Stadt, davon wird noch zu sprechen sein; hier haben wir es vor allem mit der enigmatischen Wendung zu tun: ». . . daß jeder von euch wisse, sein eigenes *Gerät* zu gewinnen in Heiligung und Ehre«. Das griechische *skeuos*, das hier im Original steht, bietet keinen sicheren Anhalt, da es ein Allerweltswort mit vielerlei Bedeutung ist: Gefäß, Gerät, Instrument; ein Stück der Rüstung, eine Waffe. Werkzeug auch im übertragenen Sinn: So ist das skeuos uns schon begegnet im Zusammenhang mit der Berufung des Saulus: ». . . denn gerade dieser ist mein auserwähltes Werkzeug.« (Apg. 9,15)

Ein rätselhaftes Wort

Was aber bedeutet die Vokabel hier, was will Paulus sagen? Luther weiß in diesem Fall keinen Rat, denn er übersetzt ebenso ungerührt wie unverständlich: »und ein jeglicher unter euch wisse sein Faß zu behalten in Heiligung und Ehren.« Er schenkt sich hier auch die Randbemerkung, mit der er sonst bei zweifelhaften Begriffen so gern bei der Hand ist. Offenbar dachte er bei »Faß« an den Leib, an die Körperlichkeit, an den sinnlichen Menschen; in diesem Sinn versteht auch ein Teil der Ausleger heute diese Stelle: als einen Appell gegen Ausschweifung, als Ermahnung, Sexualität zu zügeln; denn Paulus spricht ja zu Menschen, zu Männern, zu Griechen, denen die Lust Lebenselixier war.

Aber gerade weil das so ist, hat sich eine andere Leseart dieser Mahnworte durchgesetzt, die sich heute in fast allen gängigen Bibelausgaben findet: »Ein jeder von euch soll lernen, mit seiner eigenen *Frau* in Heiligkeit und Ehrerbietung zusammenzuleben.« Nach Auskunft gelehrter Theologen ist gerade der Begriff »Gefäß, Gerät« von den Rabbinern, in vollem Respekt, für die Frau benutzt worden; und daß Paulus, als einst angehender Rabbiner, deren Sprachgebrauch nicht nur kannte, sondern gelegentlich benutzte, sei nicht verwunderlich. Dann hätte der Text die Qualität eines doppelten Appells: einmal den, die Ehe nicht zu brechen, und den anderen und in gewissem Sinn höchst modernen, sie nicht als »Prostitution auf Raten« zu mißbrauchen, die Frau nicht als Lustobjekt zu nehmen, sondern als Persönlichkeit zu respektieren. Nur: Hätte sich eine solche Weisung dann nicht doch – rabbinischer Sprachgebrauch hin oder her – einer angemesseneren Formulierung bedienen sollen? Bezeichnet das Wort »Gefäß« nicht genau das, was der ganze Satz gerade verhüten will? Und auch: Wie hätte Paulus darauf vertrauen können, daß eine so rabbinische Auslegung des Wortes unter den Griechen Salonikis richtig verstanden würde; und daß er verstanden wurde, darauf kam es ihm zu allererst an.

Das Rätselraten geht in dieser Passage weiter, auch wenn man sich vom Detailpunkt *skeuos* löst: Was bedeutet die Mahnung, »sich nicht Übergriffe zu erlauben und zu übervorteilen in dem Unternehmen seinen Bruder«? Der springende Punkt hier ist nämlich, ob Paulus von einem Punkt zum andern springt oder ob er beim Thema, nämlich der Sexualpraxis seiner Gemeinde, bleibt. Für letzteres spricht, daß er gleich darauf eine Art Fazit zieht, das diesem Problem wiederum gewidmet ist: »Denn Gott hat uns nicht berufen zur Unreinheit, sondern zur Heiligung.«

Und mag er sich wiederholen, mag er sich widersprechen, fahrig ist Paulus niemals. Wenn er sich mit der Triebhaftigkeit beschäftigt hat, kommt er nicht plötzlich aufs Geschäftsleben zu sprechen, auf Habsucht oder krumme Touren. Nein, er bleibt auch dann bei der Sache, wenn er sie Sache nennt, nämlich »pragma«. *En to pragmati* – das hat man gelesen als »in Geschäften« oder eben »in dem Unternehmen« und heißt doch wohl schlicht »in der besagten Angelegenheit«, also im Problemkreis der Sexualität.

Versuchen wir also, die zunächst befremdende Passage neu zu formulieren, in jener Verständlichkeit zu bieten, die sie für die Thessalonicher gehabt haben muß: »Denn das ist der Wille Gottes, daß ihr heilig lebt, daß ihr die Unzucht meidet, daß ihr lernt, jeder einzelne von euch, die eigene Sinnlichkeit zu bezähmen und der Begier derer nicht zu verfallen, die von Gott keine Ahnung haben. Schon gar nicht soll einer in diesen Dingen so weit gehen, seinem Bruder nahezutreten (und dessen Frau zu verführen); denn der Herr ist Richter über alles das, wie wir es euch schon früher gesagt und bezeugt haben. Denn Gott hat uns nicht zur Unreinheit berufen, sondern zur Heiligung.«

Der Apostel also als Sittenprediger, der Gottesmann als Lebenspraktiker, der Christusverkünder als Ehebrater. Dies werden immer wichtigere Funktionen des Missionars. Vorerst nur soviel: Seine Gemeinden kümmern ihn nicht nur, er kümmert sich auch um sie. Er verstört sie oft, aber er gibt ihnen auch Rat. Er bringt sie nicht nur in Bedrängnis, er weiß ihnen auch Trost. Er zeigt ihnen nicht nur den Himmel, er ordnet ihnen auch die Erde.

11.
Wie ein Dieb in der Nacht
oder: Das Verfallsdatum der Welt

> Da muß sein zuerst die Angst, daß man sein Heil versäume [...] Wir gehen auf einer Scheide, wir leben im Abstand, gerade, eben merklich überhaupt noch vor dem völligen Fall gehalten [...] Der Christ lebt, hebt nicht anders an als in solch beständiger Spannung. Darum auch verweilt er nicht, erlischt nicht wollüstig in falschem Rasen, in der falschen Ruhe des Fleisches, sondern die Seele bleibt wach, sie hält gerade in Furcht und Zittern an sich fest, und nur der tapfere, nüchterne Mensch wird selig.
>
> Bloch, Thomas Münzer

Der Schock der Aktualität

Plötzlich, mit einem Satz, gegen Ende des 1. Thessalonicher-Briefes, gibt es eine grelle Aktualität, fast wie das Spruchband auf einer Demonstration: »Wenn sie sagen werden: Es ist Friede, es hat keine Gefahr – dann wird sie das Verderben schnell überfallen wie die Wehen eine Schwangere.« Welch eine unerhörte, aufwühlende, beängstigende Äußerung. Tagespolitischer kann die Antike nicht formulieren, wortgetreuer unser eigenes Zeitgrauen nicht zur Sprache bringen: »Wenn Sie sagen werden: Es ist Friede, es hat keine Gefahr – dann wird sie das Verderben schnell überfallen ...« Dies geht uns an, hier reden wir mit. Wenn die frommen Sprüche des Paulus nicht gleich wirken wollen, an seinen Ängsten, an den Ängsten seiner Gemeinden haben wir unmittelbar teil. Wenn vom Weltende nicht bloß die Rede, sondern die Furcht ist, ereilt sie uns auch und verschlägt uns die Rede. Wo keine Zeit mehr bleibt, werden wir Zeitgenossen.

Aber: Jede Epoche ist (das Wort Rankes abzuwandeln) unmittelbar zur Vorstellung ihres Abbruchs, jede Welt lebt mit dem Schauder vor ihrem Untergang, jede Zeit versteht und ängstigt sich als Endzeit. Es scheint, als gebe es eine ständige Bereitschaft zum Ende der Zeit, eine unbewußte Fertigkeit zum Weltuntergang. Und ist nicht jeder Tod ein Weltuntergang für den einzelnen? Und wie die Menschen den Tod fürchten, so fürchten die Völker das Ende der Geschichte. Und beide, der einzelne wie die Gemeinschaft, klammern sich an Heilslehren, die Rettung verheißen: Der einzelne an die Auferstehung, die Gemeinschaft an die Herrschaft Gottes, der Gericht hält über die feindlichen Mächte. Die Hoffnung geht auf ein neues Zeitalter.

Rudolf Bultmann beschreibt die jüdischen apokalyptischen Vorstellungen etwa um die Zeit der Geburt Jesu: »Das Gericht Gottes, das dem alten Äon ein Ende setzt, vollstreckt sich nicht mehr innerhalb der Volks- und Völkergeschichte, sondern ist ein supranaturales Geschehen, das von einer kosmischen Katastrophe begleitet wird [...] Alle die Degenerationserscheinungen, die einst die letzte Periode vor der zyklischen Weltenwende charakterisierten, werden jetzt zu Vorzeichen des Endes. Die apokalyptische Literatur erwartet solch Vorzeichen und deutet erschreckende Naturereignisse, Kriege, Hundersnot und Pest als solche Enderscheinungen. Der ursprüngliche Charakter der Endereignisse kommt wieder zum Vorschein, und mit der Schilderung der aus ihren Ordnungen geratenen Natur verbindet sich die Beschreibung der moralischen Degeneration der Menschen.«

Paulus nun predigt seinen Christus, aber indem er das tut, verkündet er ja keine Idylle, sondern eben das bevorstehende Ende des bisherigen Äons, das Zorngericht Gottes, den Jüngsten Tag. Er missioniert in dem erdverfinsternden Schatten, den die kommende Katastrophe wirft. Er hetzt dem Verhängnis voraus, wie jemand, der einer Sturmwelle zu entrinnen versucht und dabei andere mit in Sicherheit bringen will. Die Frist, die ihm bleibt, ist allerhöchste Zeit, weil Christus alsbald wiederkommen will; wer bis dahin nicht an ihn glaubt, ist aber verloren. Daß er bald kommt, gehört zum Glaubenssatz des Paulus, die Naherwartung der Parusie (theologisch gesprochen) ist Peitsche und Streicheleinheit zugleich, Druckmittel und Tröstung. Paulus gibt gewissermaßen (und mit allem Respekt gesagt) lauter unwiderruflich letzte Vorstellungen.

Gestorben und verloren?

Ganz konkret: Seit Paulus den Thessalonichern gepredigt hat und sie diese Predigt sich zu Herzen genommen haben, leben sie wie Leute, die nicht mehr lange zu leben haben. Ihre Tage sind gezählt, aber sie verstehen die Zählung nicht. Sie nehmen an einem existentiellen Countdown teil, aber sie kennen den absoluten Nullpunkt nicht. Sie wissen, daß furchtbare Dinge passieren, aber sie hoffen sich durch ihren neuen Glauben davon verschont. Natürlich fühlen sie sich privilegiert, herausgehoben aus dem allgemeinen Untergang, aber ebenso natürlich haben sie Angst, Zweifel, Morgengrauen und Schwierigkeiten, noch irgendetwas richtig ernst zu nehmen in ihrem Alltag.

Und nun passiert etwas Gräßliches: Nicht Christus kommt, sondern ein paar aus ihren Reihen sterben. Siechen dahin, brechen sich die Knochen, werden erschlagen, obwohl sie doch an Christus glauben, obwohl sie doch geheiligt sind und der Parusie entgegenhoffen. Davon war in der Predigt des Paulus nicht die Rede gewesen, davon hatte man sich nichts träumen lassen. Was heißt das nun? Haben die Toten nun vergeblich geglaubt, sind sie fürs Heil verloren? Wird der Messias sie übergehen?

Diese Sorge ist nicht das Hirngespinst der wenigen Christen von Saloniki, sie findet sich verbreitet in apokalyptischen (jüdischen) Schriften aus eben dieser Zeit. Im vierten Esra-Buch heißt es: »Denn die nicht überbleiben, müssen traurig sein, denn sie kennen zwar die Freuden, die für die letzte Zeit bereitstehen, werden aber selbst nicht dazu gelangen [...] So wisse also, daß die Überbleibenden bei weitem seliger sind als die Gestorbenen.« Es ist, als ob Paulus diesen Text kennt und ihm direkt widerspricht, wenn er jetzt die Sorge seiner Anhänger in Saloniki zu zerstreuen sucht: »Wir wollen euch aber, liebe Brüder, nicht im Ungewissen lassen über die, die entschlafen sind, damit ihr nicht traurig seid wie die andern, die keine Hoffnung haben. Denn wenn wir glauben, daß Jesus gestorben und auferstanden ist, so wird Gott ebenso auch die Entschlafenen durch Jesus mit ihm zum Leben führen.« (1. Thess. 4,12f.) Bemerkenswert die Entschiedenheit, die Paulus hier beweist, die Festigkeit, mit der er die Traurigkeit als Zeichen heidnischer Hoffnungslosigkeit abtut. Er wischt die Sorgen gleichsam vom Tisch, auf den er nunmehr ein Beweisstück besonderer Art legt: »Denn das sagen wir euch mit einem Wort des Herrn: Wir, die wir noch leben und bis zur Ankunft des Herrn übrigbleiben, werden denen nicht zuvorkommen, die entschlafen sind. Denn der Herr selbst wird mit befehlendem Wort, mit der Stimme des Erzengels und mit der Posaune Gottes vom Himmel herabkommen, und zuerst werden die Toten, die in Christus gestorben sind, auferstehen. Danach werden wir, die Übrigbleibenden, zugleich mit ihnen auf den Wolken in die Luft entrückt werden, und den Herrn einholen; und so werden wir beim Herrn sein für alle Zeit. So tröstet einander mit diesen Worten.« (1. Thess. 4,13-18)

Paulus malt ihnen das Erscheinen Christi nicht gerade aus (er ist überhaupt kein großer Illustrator), aber er skizziert ihnen den Vorgang immerhin wie eine »Miniaturapokalypse« (Vielhauer) in drei Akten: Zuert kommt der Herr vom Himmel, sodann werden die christusgläubigen Toten auferstehen, und schließlich findet das eigentliche Ereignis, die Entrückung sowohl der Auferstandenen wie der Lebenden statt und die Einholung des Herrn. Dies »Einholen« ist die Anwendung eines antiken politischen Ausdrucks auf die religiöse Sphäre: Apantesis bezeichnete den staatsrechtlichen Brauch, daß die Brügerschaft einer Polis hochgestellte Persönlichkeiten in feierlichem Zug in die Stadt geleitete. Quasi wie ein Zeremoniell, bei dem alles seine festgelegte Ordnung hat, stellt Paulus den Thessalonichern die Parusie Christi vor: Zudem ist die Auferstehung für ihn, den früheren Pharisäer, kein Problem.

Herrenloses Herrenwort

Er führt also nur den allerknappsten Beweis. Allerdings hat er ihn mit außergewöhnlicher Legitimation ausgestattet, ihn nämlich als ein »Wort des Herrn« bezeichnet, als eine Äußerung von Christus selbst. Damit aber hat es seine Schwierigkeit: Man hat die Evangelien (immer wieder gesagt: die ja alle erst Jahrzehnte später geschrieben werden) auf ein vergleichbares, analoges Christuswort hin untersucht: mit negativem Ergebnis. Auch die kurze Apokalypse, die sich bei Markus findet, kann nicht eigentlich zum Vergleich dienen: »In jenen Tagen nach jener Drangsal wird sich die Sonne verfinstern, und der Mond wird seinen Schein nicht mehr geben, die Sterne werden vom Himmel fallen, und die Himmelsmächtigen werden in Erschütterung geraten. Dann wird man sehen, wie der Menschensohn kommt mit großer Macht und Herrlichkeit. Und dann wird er die Engel entsenden und wird die Auserwählten sammeln lassen aus den vier Winden vom Ende der Erde bis zum Ende des Himmels.« (Mark. 13,24–27)

Nun müssen ja die Evangelien nicht sämtliche Sätze Jesu gesammelt und bewahrt haben; es bleibt also die Möglichkeit eines Agraphon, eines ungeschriebenen, in mündlicher Tradition weitergereichten Ausspruchs, den Paulus gekannt und nun selber überliefert hat. Interessanter ist eine andere Perspektive, die von einigen namhaften Theologen vertreten wird (Dobschütz, Gutjahr, Lueken), daß Paulus diese apokalyptischen Sätze selbst, in einem Zustand der Inspiration, von Christus empfangen habe. So schreibt Ernst von Dobschütz (der durchaus kein Schwärmer ist): »Aber ebenso sicher ist das andere, daß Paulus in fortgesetztem Verkehr mit dem erhöhten Herrn lebt und von ihm Offenbarungen erhält [...] Der Apostel hat im Gebet dem Herrn die Frage vorgelegt: werden wir Überlebenden vor den Verstorbenen einen Vorzug haben? und hat darauf die Antwort erhalten: nein.« Lueken erklärt, im Sinne der inspirierten Prophetenrede des alttestamentarischen Sprachgebrauchs, »eine Offenbarung an Paulus oder einen anderen urchristlichen Propheten, etwa an Silvanus« für möglich. Wo die Philologie nicht fündig wird, steht der Theologie allemal der Himmel offen.

Viel wahrscheinlicher, viel paulinischer, daß der Apostel selbst ein Machtwort gesprochen hat, daß er das »Herrenwort« aus dem eigenen Sendungsbewußtsein *und* unter dem psychologischen Druck der heiklen Situation formuliert hat; und das hieße ja eben nicht frei erfunden: Denn gerade apokalyptische Ausdrucksweise hatte damals seit Jahrhunderten ihren festen Code, und der war, lange vor Christus, fixiert auf einen Herrn, der aus dem Himmel herabsteigt. Wichtiger als jede Apokalypse ist aber für Paulus die Aufrichtung seiner Gemeinde: Er will erreichen, daß die Toten die Lebenden nicht verstören, denn auf den Glauben der Lebenden kommt es zuletzt auch für das Heil der Toten an.

Die wenigen Zeilen haben zu umfangreicher theologischer Diskussion Anlaß gegeben, aus der hier nur ein Detail herausgegriffen werden soll, weil es von biographischem Interesse ist: Es geht wieder einmal um die Frage, ob der Missionar Paulus sich entwickelt, ob seine Theologie sich allmählich entfaltet, ob der Prediger dazugelernt habe. So selbstverständlich einem die Bejahung scheinen will, so selbstverständlich ist auch, daß in bezug auf Paulus nichts selbstverständlich sein kann; und viele berühmte Theologen sind denn auch der Ansicht, dieser Mann habe, nach seiner Vision, gleich alles gewußt, alle Antworten mit seinem »in Christus« parat gehabt. Hier aber nun, in der Antwort an die Thessalonicher, gibt es einen Anhaltspunkt dafür, daß auch der beharrlichste Visionär wandlungsfähig ist und der begnadeste Missionar der Nachhilfe bedarf. Denn diese Stelle im frühesten Paulusbrief kann als Beleg dafür dienen, daß Paulus noch nicht jene Auskunft zu geben wußte, die er dann, höchstens zehn Jahre danach, den Leuten aus Philippi, erteilte. Es geht um die Frage: Wie steht es um die Toten in ihren Gräbern, ehe sie auferstehen? Haben sie schon das Heil? Im Thessalonicherbrief sagt Paulus dazu kein Wort, im Brief an die Philipper aber sagt er, erschöpft, von sich selbst: »Ich sehne mich danach, aus der Welt zu scheiden und bei Christus zu sein...« (Phil. 1,23) Wenn es so ist, daß man schon im Tod mit Christus vereint wäre, warum hat Paulus diese einfache Antwort nicht schon den betrübten Thessalonichern gegeben?

Das hat sich eine Anzahl moderner Theologen in seltener Einhelligkeit gefragt, und es verrät sich darin mehr als nur exegetisches Interesse, sondern wirkliche Seel-Sorge. Paulus »sagt denn um das Schicksal der verstorbenen Gläubigen besorgten Lesern eigentlich nicht das, was wir vor allem erwarten möchten, daß ihre Toten jetzt schon beim Herrn seien [...] Alles spitzt sich hier noch zu auf die Zeit nach der Parusie«. (Oepke) »Wie ganz anders wäre der Trost in 1. Thess. ausgefallen, wen ihm damals die Idee einer unmittelbaren Vereinigung mit dem Herrn zur Verfügung gestanden hätte.« (Windisch) »Das Schweigen über diesen Punkt in seiner Antwort auf die besagten Fragen der Thessalonicher macht in Anbetracht des Geisteszustandes, den wir bei den Thessalonichern feststellten, zum mindesten im hohen Grade wahrscheinlich, daß Paulus damals diese Ansicht noch nicht gehabt hat.« (Guntermann) Und besonders einfühlsam diese Stimme: »Immerhin erscheint das Schweigen im 1. Thess. auffällig. Die Thessalonicher trauerten um ihre verstorbenen

Mitbrüder. Paulus tröstet sie durch den Hinweis auf die Auferstehung [...] Indem er nicht davon spricht, daß die Seelen schon jetzt ›bei Christus‹ sind, versagt er den Thessalonichern einen Trostgrund, der wirklich geeignet gewesen wäre, sie über das Los der Verstorbenen zu beruhigen. Sollte Paulus damals dieses Wissen noch nicht gehabt haben?« (Staab)

Wie sollte er denn, wie könnte er denn? Das, was heute die paulinische Theologie genannt wird, das war ja für den Visionär Paulus, den »Vorläufer des Weltendes« (Käsemann) ganz sekundär, gleichsam die argumentative Schleppe seiner Arbeit. Sie entstand unter der Wucht des »täglichen Andrangs zu mir«, aus der »Sorge um alle meine Gemeinden«. Sie entsteht im Laufe der Missionsjahre aus den Tausenden von Fragen, die man ihm stellt, aus der Wiederkehr der Zweifel, aus Reaktion auf Verzagtheit und Schwärmerei, auf Schmerz und Peinigung. »Über die allmähliche Verfertigung der Gedanken beim Reden« heißt ein berühmter Aufsatz Kleists – bei Paulus haben wir es mit der allmählichen Verfertigung der christlichen Theologie beim Missionieren zu tun.

Gerade da, wo Menschen zu einem neuen Gott geführt werden, kommen ihnen Fragen; gerade dann, wenn sie auf ein himmlisches Ereignis warten, werden sie unruhig; gerade, wenn sie ein anderes Leben begonnen haben, kennen sie sich nicht mehr aus. Die Frage der Thessalonicher schreit nicht zum Himmel, aber sie macht Paulus zu schaffen: Wann endlich kommt denn nun der Herr? Paulus aber legt sich nicht fest; er weiß es ja auch nicht: »Über Zeit und Stunde aber, liebe Brüder, brauche ich euch nicht zu schreiben, denn ihr selbst wißt genau, daß der Tag des Herrn kommen wird wie ein Dieb in der Nacht.« (1. Thess. 5,1f.)

»Wie ein Dieb in der Nacht«

Wie ein Dieb in der Nacht – das ist denn doch eine seltsame Chiffre für die Unverhofftheit (bei aller Erhofftheit) des jüngsten Tages, für den Tag des Herrn, für das Ende der Welt. Wie ein Dieb in der Nacht: Zumindest für heutige Ohren liegt darin die Ängstlichkeit dessen, der etwas zu verlieren hat, der um seine Habseligkeit besorgt sein muß. Wie sehr die Wendung in der Tat auf die bürgerlich-private Sphäre zielt, auf die Vorstellungswelt von Versicherungsschutz und Alarmvorkehrung, zeigt sich deutlich noch an anderen Stellen des Neuen Testaments, wo der Vorgang wie ein warnendes Exempel ausgeführt ist: »Wenn ein Hausherr wüßte, zu welcher Stunde der Dieb kommt, so ließe er nicht in sein Haus einbrechen. Seid auch ihr bereit!« heißt es bei Lukas (12,39) und ausführlicher noch bei Matthäus: »Darum seid wachsam, denn ihr wißt nicht, an welchem Tag euer Herr kommt. Das sollt ihr aber wissen: Wenn ein Hausvater wüßte, zu welcher Stunde in der Nacht der Dieb kommt, so würde er ja wachen und nicht in sein Haus einbrechen lassen. Darum seid auch ihr bereit!« (24,42f.) Auch im zweiten Petrusbrief gibt es die Wendung vom Dieb, in der Offenbarung des Johannes gleich zweimal, in diesen Belegen ohne den Zusatz der Nacht.

Sollte der Dieb in der Nacht das deutlichste Bild für Unberechenbarkeit, Unsicherheit gewesen sein, so daß man die negative Aura des Vergleichs gleichsam vergaß? Sollten die realen Sorgen mobilisiert werden im Hinblick auf die Urängste, sollte der Alltag doch irgendwie korrespondieren mit dem Tag des Herrn? Wollte Paulus sagen, daß der Tag des Herrn einem Einbruch gleichkomme, einem Sich-hinein-Stehlen in die nichtsahnende Welt? Aber das doch wohl nicht, denn es ist ja ein Vorgang von beträchtlicher Lautstärke, mit befehlendem Wort und der Posaune Gottes. Nein: Der Dieb in der Nacht bezieht sich wohl nur auf die Latenz, auf das mögliche Jederzeit, das lauernde Wann-auch-immer.

Das bedeutete nicht nur fromme Einstimmung, sondern auch Nervenkitzel und Schauder über den Rücken. So jedenfalls konnte Paulus sicher sein, daß die Leute bei der Sache waren und blieben.

Dieses Pochen auf Unberechenbarkeit ist Erbteil (und bleibt Element) der jüdisch-rabbinischen Eschatologie, die die übersteigerte, ja verzweifelte Messias-Erwartung gelegentlich bis zur Pointe kapriziierte: So heißt es im Talmud (Sanhedrin 97a) »Wann immer Rabbi Seira Gelehrte fand, die sich damit (mit der Frage nach dem Kommen des Messias) befaßten, so sagte er zu ihnen: Ich bitte euch, schiebt es nicht hinaus! Es wird nämlich gelehrt: Drei kommen unversehens: Der Messias, ein Fund und ein Skorpion.« Und mit immer vertrackteren Bedingungen wird das Erscheinen des Messias verknüpft, so daß schließlich gleich mehrere Lehrer mit der unwirschen Äußerung zitiert werden: »Mag er kommen, aber ich will ihn nicht sehen.«

Solcher jüdisch-apokalyptischen Reaktion gegenüber wirkt das Bild vom Dieb in der Nacht doch sehr konkret und betont die Naherwartung. Es macht das Erscheinen des Messias faßbar, läßt aber auch mitschwingen, daß es ohne Heulen und Zähneklappern nicht abgehen werde. Im folgenden greift Paulus das Bild noch einmal auf, macht es aber merkwürdig unscharf: »Ihr aber, liebe Brüder, seid nicht in der Finsternis, so daß der Tag wie ein Dieb über euch kommt. Denn ihr alle seid Kinder des Lichts und Kinder des Tages. Wir sind nicht von der Nacht noch von der Finsternis. So laßt uns nun nicht schlafen wie die andern, sondern laßt uns wachen und nüchtern sein. Denn wer schläft, der schläft bei Nacht, und wer trinkt, der betrinkt sich bei Nacht. Wir aber als Kinder des Tages wollen nüchtern sein, gerüstet mit dem Panzer des Glaubens und der Liebe und mit dem Helm der Hoffnung auf das Heil. Denn Gott hat uns nicht für das Zorngericht bestimmt, sondern dazu, das Heil zu gewinnen durch unsern Hern Jesus Christus. Er ist für uns gestorben, damit wir, ob wir wachen oder schlafen, zugleich mit ihm leben. Darum ermahnt einander, und einer richte den andern auf, wie ihr auch tut.« (1. Thess. 5,4–11)

Der Schluß des Briefes erweist noch einmal den pastoralen, praktischen Paulus; da wird nicht bloß gut zugeredet, sondern zum Guten geredet; da gibt es die Mission für den Alltag, die Hilfe für die konkrete Situation, die Anweisung für den Umgang miteinander: »Wir bitten euch aber, liebe Brüder: Erkennt die an, die an euch arbeiten und euch vorstehen im Herrn und euch ermahnen; achtet und liebt sie um so mehr um ihres Werkes willen. Haltet Frieden untereinander. Wir ermahnen euch aber, liebe Brüder: Weist die Unordentlichen zurecht, tröstet die Kleinmütigen, tragt die Schwachen, seid geduldig gegen jedermann. Seht zu, daß keiner dem andern Böses mit Bösem vergilt, sondern jagt immer dem Guten nach untereinander und gegen jedermann. Seid allezeit fröhlich, betet ohne nachzulassen, seid dankbar für alles; denn das ist der Wille Gottes in Christus Jesus für euch. Den Geist löscht nicht aus. Prophetische Weisungen verachtet nicht. Prüft aber alles, und das Gute behaltet. Meidet das Böse in jeder Gestalt.« (1. Thess. 5,12-22)

Und endlich meldet sich noch einmal der Apostel als Publizist, als Propagandist, als Distributionsfanatiker, als Medienkundiger zu Wort: »Ich beschwöre euch beim Herrn, daß ihr diesen Brief vor allen Brüdern lesen laßt.« (1. Thess. 5,27)

Dies alles ist nicht nur Herzenssache; es ist eine öffentliche Angelegenheit.

12.
Fröhliche Wissenschaft
oder: Puzzlespiele mit Paulusbriefen

> Wieviel Menschen mag wohl die Bibel ernährt haben, Kommentatoren, Buchdrucker und Buchbinder?
> Georg Christoph Lichtenberg

> Will man dem Weg der Kommentatoren folgen, so geht es einem oft wie dem, der nach London reiste; der Weg führt wohl nach London; aber wenn man dorthin will, muß man umkehren.
> Sören Kierkegaard

Keine Spur eines Originals

Nach dem antiken Saloniki betreten wir nun Teufels Küche; dahinein führt schon die simple Frage: Wo steht denn nun dieser Thessalonicherbrief, wie hat er sich erhalten, wo wurde er zuerst gefunden, wer hat ihn entdeckt? Seit dem sensationellen Fund der Qumran-Texte, der Schriftrollen vom Toten Meer, ist ja doch die abenteuerliche Vorstellung erlaubt, daß Beduinen auf der Suche nach Schätzen in uralten Höhlen Tonkrüge mit Texten entdecken; ist ja die Möglichkeit denkbar, daß da irgendeiner irgendwann irgendwo eine Papyrusrolle aufgespürt hat, die sich dann der Nachwelt als der erste Brief an die Thessalonicher erwiesen hat, ein rührend zerbrechliches Dokument, noch mit den Fingerabdrücken des Timotheus, der ihn ja aufschrieb, und womöglich von Paulus selbst, der eigenhändig den Schlußgruß darunter gesetzt hat. Schatzgräberisch aber geht es im Fall dieses Briefes, aller anderen Paulus-Epistel, nicht zu. Es gibt nicht die Spur eines Originals, nicht ein Jota ist erhalten von seiner oder seiner Sekretäre Hand.

Das aber macht die Sache mit den Paulus-Briefen denkwürdiger als jeder Fund sein könnte: Sie waren nie verschollen, also konnten sie nicht plötzlich entdeckt werden. Sie waren nie in Tonkrügen versteckt, sondern zirkulierten in den Gemeinden, waren virulent in den Köpfen der Christen seit der zweiten Hälfte des ersten Jahrhunderts. Sie wurden nicht von ratlosen Beduinen für einen Spottpreis verhökert, sondern von ratsuchenden Menschen vor fast zwei Jahrtausenden weitergegeben, abgeschrieben, auswendig gelernt, verschickt, bewahrt, abgegriffen, zerknittert, auseinandergerissen, zerfetzt, wieder zusammengeleimt, beiseitegeschafft, versteckt und wieder hervorgeholt. Diese Briefe waren immer in Gebrauch, taten von Anfang an ihren Gottesdienst; sie wurden benutzt, vorgelesen, ausposaunt, eingeflüstert. Man erfuhr aus ihnen, wie getrost man sterben konnte; vorerst lebte man mit ihnen.

Die allererste Briefsammlung verbindet sich mit dem Namen Marcion. Dieser geniale Theologe, dem Scharfsinn und der Tendenz nach ein Über-Paulus, schafft um 150 nach Christus eine radikal neue Bibel: Er verwirft, als jüdisch, das gesamte Alte Testament und will als das »eine Evangelium«, von dem Paulus spricht, nur das des Lukas gelten lassen, nebst den Paulus-Briefen selbst, von denen er zehn aufführt. Nur dieses Verzeichnis ist überliefert, nicht aber die Texte selbst. Ebenfalls zehn erwähnt dann Tertullian in seiner Widerlegung Marcions, um 200 n. Chr. Der auf die gleiche Zeit zu datierende Kanon Muratori nennt schon dreizehn Briefe, eben die, die auch heute, in aller Regel, in unseren Bibelausgaben stehen. Das erste Text-Konvolut ist die Handschrift P (= Papyrus) 46 (um das Jahr 200). Es handelt sich um einen Kodex (also ein Buch, keine Rolle) von 104 Blättern, von denen jedoch nur 86 erhalten sind: Im ersten Thessalonicherbrief bricht dieses Dokument ab. Hier also, rund einhundertfünfzig Jahre nach der Abfassung, haben wir den frühesten, wenn auch fragmentarischen Beleg für unseren Brief. P 46 beginnt (schon!) mit dem Römerbrief, läßt den (heute nicht mehr Paulus zugerechneten) Hebräerbrief folgen, dann die zwei Korinther sowie Epheser, Galater, Philipper, Kolosser. Auf den fehlenden Seiten könnten der zweite Thessalonicher und der kleine Brief an Philemon Platz gehabt haben. Die drei sogenannten Pastoralbriefe (1. und 2. Brief an Timotheus, Titusbrief) scheinen nicht zu dieser Sammlung gehört zu haben. Dagegen finden sie sich in einem anderen frühen Kodex, dem Claromontanus, der wiederum den ersten und zweiten Thessalonicher und den Brief an Philemon nicht enthält. Alle frühen Handschriften der Briefe sind griechisch. Bis 1989 hat man 5400 vollständige oder fragmentarische Handschriften des Neuen Testaments gezählt.

Echte und unechte Paulusbriefe

Fast anderthalb Jahrtausende lang bleiben – mit der Ausnahme des Hebräerbriefes – Umfang und Reihenfolge der Paulus-Briefe unangetastet; wobei die Reihenfolge der Länge entsprach, damit auch den theologisch grundlegenden Römerbrief an die Spitze rückte. Erst im Gefolge der Aufklärung setzte dann eine von mehreren Seiten ausgehende Prüfung des Konvoluts ein. Die Theologie gewann neue Einsichten in das, was eigentlich »paulinisch« ist; die Philologie verwies auf Muster der antiken Formengeschichte und des Sprachgebrauchs; die Religionswissenschaft ebenso wie die Altertumskunde entdeckten neue Schichten philosophischer und religiöser Überlagerung; Philosophie und Epigraphik steuerten Anhaltspunkte für veränderte Abhängigkeiten bei; und so ergab sich im Laufe von etwa 150 Jahren bei kritischer Durchsicht der biblischen Paulustexte ein neuer Bestand: Nahezu die Hälfte der Paulusbriefe wird, nach fast einhelliger Meinung der Wissenschaft, heute ausgeschieden; von den 13 Traditionstexten gelten nur noch sieben als echte »Paulinen«:

Römerbrief
1. Brief an die Korinther
2. Brief an die Korinther
Brief an die Galater
1. Brief an die Thessalonicher
Philipperbrief
Brief an Philemon

Als unecht, als Deuteropaulinen, werden der 2. Thessalonicher, die Briefe an Epheser und Kolosser sowie die drei Pastoralbriefe angesehen.

So wenig an den Befunden der Textkritik zu deuteln ist, so wenig ist andererseits zu vermuten, daß sich an unseren Bibeltexten je etwas ändern wird. Auch die »verworfenen«, die hinausinterpretierten Briefe sind ja über Jahrhunderte hineingepredigt in kirchliches Gemeindeleben, in christliches Bewußtsein, in volkstümlichen Sprachgebrauch. »Wer nicht arbeiten will, der soll auch nicht essen!« (2. Thess. 3,10) Was kümmert es uns, ob dieses frühe Leistungsprinzip als Paulus-Satz oder als spätere Ermahnung zitiert wird. Es ist längst selbstironisches Sprichwort geworden.

Warum eine ganze Reihe von Briefen gewissermaßen abgetan werden mußte, soll hier nur an wenigen Indizien des 2. (unechten) Thessalonicherbriefes erläutert werden. Die Beweisführung klingt aber geradezu paradox: Er gilt als unecht, weil er so echt zu sein bestrebt ist. Der zweite Thessalonicher erscheint als spätere Hinzufügung, weil er dem authentischen ersten zu ähnlich sieht. Er kopiert den ersten zu genau, als daß er sich nicht als Kopie verriete. Die Situation gegenüber dem ersten Schreiben ist kaum verändert, die Argumentation daher in vielen Punkten gleichlautend. Der zweite Brief rückt zudem am Ende mit einer verräterischen Versicherung heraus und sich selbst ins Zwielicht: »Der Gruß mit meiner, des Paulus, Hand. Das ist mein Zeichen in allen Briefen; so schreibe ich.« (2. Thess. 3,17)

Aber in Wahrheit gibt es gar nicht immer weniger, sondern immer mehr Paulusbriefe. Der Einschränkung der Echtheitszertifikate steht eine andere Tendenz entgegen: die Entdeckung neuer Zusammenhänge in den echten Paulinen, die Aufteilung der klassischen Texte in kleinere Einheiten, andere Kontexte, ein teils einleuchtendes, teils abenteuerliches Schnittverfahren. Was da besonders in den letzten Jahrzehnten mit den Paulusbriefen betrieben wird, erinnert an ein immenses Puzzle, bei dem alle möglichen Leute sich an allen möglichen Kombinationen versuchen; und an ein Spiel nur deshalb nicht, weil alle diese Versuche mit größtem Ernst, ja mit beträchtlicher Verbissenheit unternommen werden; fast jeder davon mit dem entschiedenen Fazit, jetzt dem wahren Wortlaut und der ursprünglichen Textfolge auf die Spur gekommen zu sein. Nicht einmal die Diskrepanz dieser Bemühungen untereinander trägt zu Vorsicht und Vorläufigkeit der Urteile bei; sie verstärkt im Gegenteil Rechthaberei und Rigorismus der Puzzle-Fans, die sich im besten Fall gegenseitig zu widerlegen suchen, oft aber auch nur ignorieren oder sich als Ignoranten ansehen. So gingen zwar durch Text-Kritik sechs Paulusbriefe verloren, durch Text-Collagierung, also durchs Puzzleverfahren, sind aber mindestens zehn dazugekommen, so daß man, statt der dreizehn in unseren Bibelausgaben, statt der sieben nach dem Auswahlverfahren strenger, aber konservativer Wissenschaft, etwa 15 bis 20 Paulusbriefe in neuer Sortierung und Gliederung zählen könnte.

Eins aber scheinen diese neuen Kombinationen doch insgesamt zu belegen: Die einzelnen Briefe waren in der Regel viel kürzer, als sie vom kanonischen Neuen Testament überliefert wurden. Die beiden Korintherbriefe, zum Beispiel, bestehen offenkundig aus mehreren Stücken einer relativ regen jahrelangen Korrespondenz, aus wiederholten Antworten, Anfragen, Reaktionen, Gegenreaktionen. Will sagen: Paulus hat viel öfter, spontaner, kurzangebundener und kürzer geschrieben, als es auf den ersten Blick erscheinen mag.

Es bietet sich also eine Spekulation noch ganz anderer Art an: Wie viele Briefe hat Paulus überhaupt geschrieben? Oder anders: Sind die erhaltenen Briefe zu denken als ein wesentlicher Teil seiner Korrespondenz oder machen sie nur einen winzigen Rest davon aus? Denn ob nun die traditionellen dreizehn auf sieben reduziert und diese sieben dann wieder zu fünfzehn oder zwanzig aufgesplittert werden – das sind ja in jedem Fall wenig für eine (erschlossene) Missionszeit von acht bis zehn Jahren und erst recht für die gesamte Aposteltätigkeit von fast dreißig Jahren. Das erhaltene Briefmaterial umfaßt zirka hundert Schreibmaschinenseiten, etwa so viel wie drei Vorträge eines internationalen Star-Redners oder wie eine Regierungserklärung oder die Hälfte eines ideologischen Grundsatzreferates in Moskau. Diese hundert Seiten haben europäische Geschichte gemacht wie kein anderer Text vorher und nachher – aber dennoch bleibt die Frage zumindest *biographisch* interessant, ob sie zu denken sind als das Kernstück paulinischer Korrespondenz oder nur als ein verschwindend kleiner Teil? Hat Paulus statt dieser 100 Seiten in Wahrheit fünfhundert diktiert oder gar zehntausend? Wie lange kann er demnach daran gearbeitet haben? Wie oft in einem Leben, wenn überhaupt, kann man so etwas wie den Römerbrief schreiben?

Wenn man aus der Art, aus dem Scharfsinn, der Intensität und der Kompliziertheit folgern möchte, daß es wirklich kaum mehr Originale gegeben haben kann, so wird die Frage der Bewahrung bemerkenswert. Denn es hieße ja, daß sich mehr oder minder alle erhalten hätten, und das wiederum, daß man bei seinen Gemeinden an gewissenhaftes Sammeln, an bibliophiles Aufbewahren, an eine Art frühen Denkmalschutz gedachte habe. Es setzt voraus, daß seine Schreiben schon bald wie eine Kostbarkeit, wie ein Heiligtum gehütet worden sind: und das bei den Verhältnissen, unter denen diese frühen Christen gelebt haben. Wenn es um Kopf und Kragen geht, schleppt man da auch noch dicke Papyrusrollen mit? Und das bei den Inhalten einiger dieser Briefe! Wenn man, wie die Korinther, regelrecht beschimpft wird, hält man die Beschimpfung dann noch so hoch in Ehren, daß man sie der nächsten Generation weiterreicht?

Wir greifen damit eine Frage auf, die sich schon Albert Schweitzer gestellt hat: »Verwunderlich ist, daß überhaupt so viel erhalten blieb. Schreiben, wie der Brief an die Galater und der zweite Brief an die Korinther, scheinen wirklich nicht zum Weiterleben bestimmt zu sein. Wie kamen die Gemeinden dazu, Schriftstücke, die ihnen so wenig zum Ruhme gereichten, aufzubewahren? Noch erstaunlicher ist, daß sie ihre Schande nachher in gottesdienstlichen Vorlesungen immer aufs neue aufleben ließen. Wie stark muß der Zauber des Namens Pauli gewesen sein, daß Schreiben, die inaktuelle und damit unverständlich gewordene Fragen und Kämpfe behandelten und so harte Urteile über die damaligen Gemeinden enthielten, statt der Vergessenheit überantwortet zu werden, Rang und Ansehen von Erbauungsschriften erhielten?«

Aber wenn es so viel mehr Originale gäbe (oder damals gab), hätte man dann Paulus-Briefe erst noch erfinden müssen? Denn die setzten doch, wie zu folgern war, den Respekt, auch die Behütungssorgfalt bei den Empfängern voraus. Solche Nach-Schriften (»Deuteropaulinen«) müßten noch relativ gut (und oft) erhalten sein. Wenn es aber von den nachgemachten auch nur so wenige gibt, was besagt das wiederum für die echten? Daß es eben nur wenige gegeben hat (die man dann vermehren wollte) oder daß die Verlustquote insgesamt sehr hoch war, auch bei den Imitationen?

Daß es gefälschte Paulus-Briefe gibt, ist aber interessanter, als wenn sie alle echt wären. Gerade die nicht von ihm stammen, sagen viel über ihn aus. Deutlicher noch als sein eigener, ohnehin markanter Anspruch auf apostolische Vollmacht zeigen sie, welchen Bekanntheitsgrad, welche Autorität, welche Wirkung Paulus schon früh gehabt haben muß. In seinem Namen zu schreiben, das war ja nicht der Vorsatz irgendwelcher Fälschernaturen (den Begriff geistiges Eigentum kannte die Antike ohnehin nicht), das war die fromme und kenntnisreiche Nachahmung eines temperamentvollen Zuspruchs. Wer einen Paulus-Brief in die frühchristliche Welt setzte, konnte hoffen, gehört und ernst genommen zu werden. Wer als Paulus schrieb, schrieb ja nicht nur von ihm ab, und bezeugte damit, daß er selber einen Paulus-Brief vor sich hatte; er hatte vielmehr das Gefühl, sich unmittelbar an der paulinischen Mission zu beteiligen. Daß diese Nachahmungstäter sich so eng an den Wortlaut der authentischen Texte hielten, zeigt, daß sie die Eigenart des Autors auch selber respektierten; daß sie ihn genau gelesen hatten und seinen Stil bis zur Mimikry zu imitieren wußten; daß sie es vor allem auf seine Ausrufe und individuellen Beteuerungen abgesehen hatten. Schon früh reizte gerade die Unverwechselbarkeit dieses Schreibers dazu, sich mit ihm zu verwechseln zu lassen.

Dennoch ist es ein frommes Mißverständnis zu denken, die frühe Verbreitung der Briefe nach seinem Tod und über den Erstadressaten hinaus sei lediglich zu Zwecken der Erbauung und der christlichen Unterweisung erfolgt. Sie dienten der Gardinenpredigt viel eher als dem Gottesdienst, der Zurechtweisung häufiger als der Unterweisung im rechten Glauben, sie wurden gewissermaßen als Zuchtruten benutzt bei Streitigkeiten in den Gemeinden. Besonders der 1. Korintherbrief mit seinen vehementen Warnungen vor Uneinigkeit, Streit und Parteibildungen wurde da zum Instrument der Maßregelung. Just der Brief, der das Hohelied der Liebe enthält, diente kaum fünfzig Jahre nach seiner Abfassung der Verbreitung reglementierten Zorns, den zum Beispiel Clemens I. (Romanus) wiederum gegen die Korinther glaubte richten zu müssen. Nicht die Frömmigkeit des Paulus machte zunächst die Runde in den frühen Stützpunkten der Christen, sondern sein Temperament, nicht sein Ruhm der Schwachheit, sondern sein Machtanspruch, nicht, daß er »in Christo« war, sondern wie er außer sich geraten konnte. (Davon wird bei späterer Gelegenheit noch ausführlich zu sprechen sein.)

Walter Bauer sieht in seiner eingehenden Studie über »Rechtgläubigkeit und Ketzerei im ältesten Christentum« bei der Art der Verbreitung des 1. Korintherbriefs geradezu den Beleg für eine sehr frühe Vormachtstellung der römischen Gemeinde (schon um etwa 100). Wenn der 1. Korintherbrief im Verlauf von knapp zwanzig Jahren innerhalb der Kirchen von Rom, Smyrna und Antiochien zur festen Stellung und besonderen Ehren gelangt sei, dann, so schließt Bauer, »muß *die* Kirche, in welcher der 1. Kor. am frühesten so hoch geschätzt wurde, ... muß Rom die Führung haben«.

Aber früh schon widerfährt den Briefen, was auch dem Apostel widerfahren ist: Sie geraten zwischen die Fronten. Einerseits werden sie, wie Bauer dargelegt hat, zur Bändigung von Ketzern und Querulanten benutzt, andererseits aber werden sie mit dem Explosivstoff ihrer Paradoxien auch bald schon in ein der Häresie verdächtiges Abseits gedrängt. Auch Paulus gerät (wie später zu zeigen sein wird) in den Verdacht ketzerischer Ansichten, und das böse Wort vom »Apostel der Häretiker« kommt auf.

Papyrus als Hardware

RECHERCHE: Papyrus. Paulus, wie fast alle antiken Autoren, schreibt auf Papyrus-Rollen, nicht auf Pergament. Papyrus ist das verbreitetste Schreibmaterial des Altertums, seit Tausenden von Jahren, vor allem in Ägypten, in Gebrauch. Den Namen hat es von der Papyrus-Staude, einer in niedrigem Wasser wachsenden Sumpfpflanze mit fast armdicker querliegender Wurzel (samt vielen nach unten reichenden Wurzelfasern), mehreren dreieckig-länglichen Schäften mit feuchtem Mark, die von einer Blumenhülle mit pinselartigen Büscheln gekrönt werden. In einem ziemlich simplen, von Plinius im 13. Buch seiner Naturgeschichte beschriebenen Verfahren, gewinnt man das Papyrusblatt: Das Mark des Schaftes wird in dünne Streifen geschnitten, die zur Form des

Schreibblattes senkrecht nebeneinander gelegt werden. Darüber wird eine zweite Schicht, diesmal horizontal laufender Streifen, angeordnet. Beide Lagen werden zusammengeleimt; bei der Zusammensetzung des Klebstoffes soll das Nilwasser eine wichtige Rolle gespielt haben. Das feuchte, leimige Blatt wird nun gepreßt, in der Sonne getrocknet, leicht überpoliert. Danach ist es fertig zum Gebrauch, ein Material von verblüffender Haltbarkeit. Zwei Bündel der Pflanze ergeben etwa ein Blatt von 25 × 20 Zentimetern.

Die alten Formate sind höchst ungleich. Für die meisten Gelegenheiten (wie Rechnungen, Quittungen, kurze Briefe) genügte ein einzelnes Blatt. Für längere Briefe oder literarische Texte wurden die Blätter zu Rollen zusammengeklebt, die oft die Länge von ausladenden Teppichläufern hatten: Man hat Papyrusrollen von zwanzig, ja von vierzig Metern gefunden. Geschrieben wurde natürlich zuerst auf der Seite, deren Fasern waagrecht verliefen (recto), die Rückseite, bei der die Faserrichtung zu kreuzen war, wurde nur ausnahmsweise benutzt. Eine solcher Ausnahmen wird in der Offenbarung des Johannes erwähnt, wo es heißt: »Und ich sah in der rechten Hand dessen, der auf dem Thron saß, ein Buch, innen und außen beschrieben, versiegelt mit sieben Siegeln.« (Joh. 5,1) Eine Stelle, die sich wiederum auf den Propheten Hesekiel bezieht (2,9.10) »Und ich sah, und siehe, da war eine Hand ausgestreckt gegen mich, die hielt eine Schriftrolle. Die breitete sich aus vor mir, und sie war außen und innen beschrieben, und darin stand geschrieben Klage, Ach und Weh.«

Beschrieben wurden die Rollen mit einer Tinte, die entweder schwarz war (Ruß in einer Gummilösung) oder rot (Ocker in Wasser und Gummilösung). Als Schreibgerät dienten pinselartig zerkaute Binsen oder Rohrstengel. Die Qualität des Papyrus reichte von sehr feinen Blättern (augusta) bis zum Packpapier (emporetica). Paprus ist sehr feuchtigkeitsempfindlich; die großen Funde beschränken sich daher auf trocken-heiße Gegenden.

Wie verbreitet das Papryus vor allem im antiken Ägypten war, beschreibt Adolf Deissmann: »In den Papyrusmassen von Faijum, von Oxyrhynchos-Behnesa usw. haben wir nicht die Reste einiger großer Archive zu sehen, wie man zuerst wohl glaubte, sondern die Überbleibsel antiker Abfall- und Schuttablagerungsstätten, auf die ausrangierte Aktenbündel öffentlicher und privater Kanzleien, alter zerlesener Bücher und Buchteile und dergleichen in alter Zeit geworfen wurden, um ungeahnten Schicksalen entgegenzuschlummern.« Er erwähnt Rechnungen, Heiratsverträge, Scheidebriefe und Testamente, Erlasse, Anzeigen und Strafanträge, Gerichtsprotokolle, Steuerakten, Zaubertexte, Horoskope, Tagebücher und Schulhefte. Und er schreibt: »Die Inschriften sind oft kalt und tot. Das Papyrusblatt ist etwas viel Lebendigeres: man sieht Handschriften, krause Schriftzüge, man sieht Menschen; man blickt in die intimen Winkel und Falten des persönlichen Lebens.«

Anfängerarbeit oder Spätwerk?

Rückkehr zum Puzzlespiel mit den Briefen; Heimkehr zum 1. Thessalonicher. Gerade dieser kleine, dieser eher schlichte, dieser ganz uncharakteristisch freundliche Brief hat eine Reihe von Deutungen hervorgerufen, die einander auf faszinierende, aber auch verwirrende Weise entgegenstehen. Man sieht das Handgemenge der Nachwelt auf dem Papyrus des Paulus. Man geht in die Schule der Möglichkeiten. Man erlebt eine Konkurrenz des Scharfsinns. Sieht man einmal ab von den bizarren Konjekturen, daß auch der 1. Thessalonicher, wie der 2., nicht echt sei oder daß er zwar geschrieben, aber nicht abgeschickt worden sei, so gibt es zwei nicht einmal konkurrierende, sondern völlig voneinander abweichende Theorien. Sie sollen hier nicht als bloßes Kuriosum vorgeführt werden, sondern als Beiträge zu jeweils verschiedener biographischer und theologischer Deutung. Jede dieser

Thesen hat einiges für sich, beide heben einander völlig auf; jeder ihrer Verfechter ist sich seiner Sache ganz sicher; beide machen damit die Sache zur Spiegelfechterei.

Die erste These birgt eine interessante biographische Perspektive. Sie besagt, daß dieser 1. Thessalonicherbrief nicht nur der früheste Paulusbrief, sondern einer noch viel früheren Zeit zuzurechnen ist als bisher angenommen. »Ob der sachlich archaischen Gestalt« (Schade) setzt man ihn ins Jahr 40 und eröffnet damit einen ganz neuen Blick auf die Reisetätigkeit des Apostels. Dann hätte er schon eine große Westreise unternommen, die in die dreizehn stillen Jahre fiele, eine Mission, von der die Apostelgeschichte nichts weiß. (Lüdemann) Hauptgrund für diese These ist aber nicht das Vokabular, sondern der Umstand, daß Paulus überhaupt nichts von Geld sagt, von jenem Geld nämlich, das er laut eigenem Bekenntnis nach dem Apostelkonzil für die Jerusalemer Gemeinde einsammeln will, von jener Kollekte, die in der neueren Forschung eine so große Rolle spielt, als wäre der Klingelbeutel die eigentliche Substanz der paulinischen Mission.

Diese Hypothese bedient unsere Ungeduld. Dieser Paulus, wie wir ihn zu kennen beginnen, soll »auf die Idee, selbständig zu missionieren, erst nach 13 Jahren unselbständiger Mission gekommen sein?« (Schade) Der soll es sich erst in der Regionalität bequem gemacht haben, immer in Reichweite seines Heimatortes Tarsus, ehe er sich zur großen Reise aufgemacht hätte? Der sollte nicht gleich das erstbeste Schiff, die naheliegende Überlandstraße benutzt haben gen Westen? Wer irgendwas von Paulus zu spüren meint, muß diesen Gedanken reizvoll finden. Ein solches Temperament bleibt nicht über so viele Jahre in der Versenkung, hält sich nicht auf unter der Ägide des Barnabas, läßt sich nicht anbinden in einer bloß lokalen Diaspora. Diese Konstruktion liefert einen kräftigen Pinselstrich zum Porträt des ungestümen Paulus.

Aber er ist doch nur der, den wir denken, weil er nicht so ist, wie wir ihn denken. Weder war er damals sofort nach Jerusalem gegangen, noch kann er gleich in die weite Welt hinausgezogen sein. Auch die eschatologische Eile des Paulus mußte erst entstehen, und sie entstand gerade aus langen Jahren des Abwartens. Die Endzeitmission ist angereichert mit dem Gefühl, zuviel der eigenen Zeit vertan zu haben. Oder anders: Die Glaubensexpedition muß Jahresringe ansetzen, immer weiter nach außen hin. Eine Reise nach Saloniki, womöglich noch vor der Fahrt nach Zypern, ließe doch soviel Zwischenräume, soviel »heidnische« Landstriche unmissioniert. Saloniki mußte doch erst irgendwie ins Blickfeld eines vorwärtsstürmenden Apostels geraten. Paulus tut das Gottgebotene, aber als Menschenmögliches.

GEGENTHESE: »Die uns interessierenden sieben paulinischen Hauptbriefe sind alle während der 3. sogenannten Missionsreise des Paulus geschrieben worden.« (Schmithals) Das heißt für diesen Fall: Der 1. Thessalonicher ist nicht schon um 40, sondern erst Mitte der fünfziger Jahre geschrieben. Er ist nicht ein frühestes Zeugnis des Apostels, sondern gehört zu dessen Spätschriften. Er ist nicht auf einer bisher unbekannten Europareise bald nach seiner Bekehrung entstanden, sondern erst während seiner dritten Fahrt, die den Charakter einer Revisions-, ja einer Inspektionsvisite (wohl auch einer Wiedersehensfeier) gehabt hat. Er ist keineswegs archaisch, sondern handelt, wie die anderen Briefe auch, von dem sattsam bekannten Ärger mit Irrlehrern, die dem Apostel immer wieder in die Quere kommen.

Man wird fragen: Was interessiert, nach fast zweitausend Jahren, eine Zeitdifferenz von anderthalb Jahrzehnten? Wen geht das etwas an außer Theologen und Religionswissenschaftler? Auf was anderes läuft das hinaus als auf den bibelkritischen Kleinkrieg einiger Hypothesentüftler? Und was könnte es anderes bedeuten als die akribische Mißachtung des paulinischen Satzes, daß der Buchstabe tötet, der Geist aber lebendig mache?

Es ist aber Anlaß, diese fünfzehn Jahre Differenz wichtig zu nehmen. Sie bedeuten eine gewaltige Spanne im intellektuell-theologischen Horizont des Paulus; sie markieren gewissermaßen Anfang und Ende der konkret erfaßbaren Mission. Und da macht es eben einen wahrhaft himmelweiten Unterschied, ob man sagt: Dies sei ein typischer Brief des Anfängers Paulus oder ob man erklärt, nur der späte Apostel, dessen Arbeit doch immer wieder verwirrt und vereitelt worden ist, habe solch einen Brief schreiben können. Nur: Gerade weil das so ist, bleibt es unerfindlich, warum die Wissenschaft es sich bei ihren Widersprüchen so wohl sein läßt, warum sie Hypothesen aufwirft wie ein Maulwurf seine Haufen, ohne sich um die Betretbarkeit des Rasens zu bekümmern. Oder beruhigt man sich beim Gedanken, paradoxe Ergebnisse seien nicht die schlechteste Art, dem Mann auf die Spur zu kommen?

Eine der jüngsten Bemühungen um den 1. Thessalonicherbrief stammt von Rudolf Pesch. Er geht von der Tatsache aus, daß gerade in diesem Brief das auch sonst zu beobachtende Repetionsverfahren besonders auffällig sei; daß Paulus sich ständig wiederholt, daß der Brief, akustisch gesprochen, wie ein dauernd wiederkehrendes Echo wirkt. Daraus folgert nun der Interpret: So vergeßlich könnte Paulus nicht gewesen sein, daß er alles zweimal sage. Mithin müßte es sich beim 1. Thessalonicher um zwei verschiedene Briefe handeln, die man später ineinander collagiert habe. »Die Entdeckung des ältesten Paulus-Briefes« betreibt Pesch also nicht in irgendwelchen Höhlen oder Tonkrügen, sondern inmitten des 1. Thessalonicherbriefes selbst. An dieser Hypothese ist immerhin eine biographische Überlegung bemerkenswert: Paulus hatte ja Timotheus von Athen aus nach Thessalonich zurückgeschickt, weil er in Sorge war um die Gemeinde; er hätte ihn aber gewiß nicht auf die Reise gehen lassen, ohne ihm etwas Schriftliches mitzugeben, einen Gruß, eine Botschaft, einen Zuspruch. Und eben diesen Brief, der dann in Athen geschrieben sein müßte, könne man im Thessalonicher ausfindig machen, so daß auch all die lästigen Doppelungen sich erübrigten.

Aber was wäre Paulus ohne seine Wiederholungen, sein Insistieren, sein Immer-wieder-auf-dieselbe-Sache-Zurückkommen? Ohne die Psychologie des Einhämmerns? Ohne den innigen Terror der Monotonie? Eine der schönsten Bemerkungen dazu hat Kierkegaard gemacht: »Paulus schreibt im Brief an die Philipper: ›Freuet euch‹; drauf, denke ich mir, hält er einen Augenblick inne, horch nun: Der lärmende Klagegesang all derer, die glauben, nicht froh sein zu können; die demütig Trauernden, die, welche sich schämen zu trauern, und die, welche ihre Ehre darein setzen; und nun fährt er fort, – ›und abermal sage ich: Freuet euch.‹«

13.
Die Kokotte Korinth
oder: Eine Stadt auf dem Drahtseil

> Korinthisch leben heißt unsittlich leben.
>
> Redensart der Antike

Rembrandts falsches Bild

Jeder, der zuerst von den Briefen des Paulus gehört hat, von den Episteln an die Korinther, Philipper, Galater, Thessalonicher und Römer wird, ehe er sich näher mit dem Mann und seiner Sache befaßt hat, die Vorstellung eines Menschen gehabt haben, der, an irgendeinem ruhigen Ort sitzend, würdentragend, wohlversorgt, bibliotheksnah, bischofsähnlich, seine gottgefällige Korrespondenz erledigt, hierhin und dorthin, dann und wann, an der Wand vielleicht eine Karte der Mittelmeerregion, womöglich mit kleinen Fähnchen nach Art des Militärs, generalstabsmäßig seine Gemeinden mit Post versorgend. Von wem haben wir denn lange nicht mehr gehört, warum geben die Galater denn keine Ruhe, sollten wir für die Philipper nicht wieder einmal ein gutes Wort einlegen, den Römern das Gesamtkonzept unserer Mission darlegen, den einen etwas Trost zusprechen, den anderen einen Mitarbeiter ans Herz legen? Ganz unwillkürlich trägt zu dieser Vorstellung von einer zentralen, übersichtlichen, geordneten Position der Begriff Brief bei; eine Sache, bei der jeder mitreden kann. Dazu muß man Ruhe haben, besser noch Muße, da setzt man sich in der berühmten stillen Stunde hin und bringt seine Gedanken zu Papier. Da ist man Herr der Situation und im Gespräch mit den Adressaten. Aus solcher Selbstversunkenheit erwächst ganz natürlich das Bild des Paulus, des berühmtesten Briefschreibers aller Zeiten, der da, von hoher Warte aus, die Welt mit Worten ordnet, den Himmel mit Worten verheißt, die Alltagsnöte mit Worten aufhebt, die Entfernungen mit Worten überbrückt und den Unglauben mit Worten vernichtet.

Die Vorstellung täuscht gründlich; soviel haben wir inzwischen erfahren; Paulus schrieb mit knapper Not, aus bedrängten Situationen, in kärglichen Umständen, in elender Verfassung. Die Gestalt des würdigen, nachdenkenden Greises mit dem mächtigen Haupt, wie Rembrandt ihn gesehen und gemalt hat, dieses Sinnbild gesicherter Konzentration, ist eher ein Gegenstück zur Realität, ein Widerpart auch zum Ungestüm des Apostels. Wenn es aber doch, inmitten des Missionsfurors und der Verfolgungsnöte so etwas wie einen Ruhepunkt, ein Kraftfeld, ein Gedankenzentrum gegeben hat, so war es Korinth. Hier hat Paulus auf seiner zweiten großen Missionsreise anderthalb Jahre Station gemacht; hierhin hat er zwei seiner wichtigsten Briefe geschrieben; hierher ist er auch später wieder zurückgekehrt. Paulus hat Korinth nicht nur (zum kleinen Teil) bekehrt; er hat die Mission auch in wesentlichen Zügen überliefert. Es gibt keinen Ort, wo das frühe Christentum so ausführlich und ausgezeichnet beschrieben ist wie Korinth; ja, es gibt (außer vielleicht Rom) keine andere Stadt in der Zeitenwende, die soviel Lebensnähe, Hautnähe, Alltagsdetail für die Retrospektive bietet. Für Paulus wurde sie sein größter Erfolg und sein wüstestes Ärgernis; seine dauerhafteste Schatzkammer und sein wankelmütigster Adressat; indem er sie zu retten versuchte, hat sie ihn über die Zeiten gerettet.

Die wiederkehrende Katastrophe

Das antike Korinth konnte nicht gutgehen. Korinth war eine himmlisch situierte Siedlung in einer irdischen Welt. Die Lage bedeutete von vornherein immer wiederkehrende Niederlagen. Die Idealität des Platzes, von der Natur im doppelten Sinne vorgegeben, wurde in regelmäßigen Abständen ad absurdum geführt und zur Katastrophe. Man kokettiert nicht mit der Geographie. Korinth lag, bis auf Rufweite, zwischen zwei Meeren, aber es lag auch mitten im Strom der Geschichte, schlimmer noch: in einer der wildesten Stromschnellen antiker Historie. Die Gründung Korinths glich dem Versuch, eine Mühle an der engsten, reißendsten Stelle eines Sturzbaches zu bauen. Hier war etwas abzumahlen, hier drehte sich, rascher als sonstwo, das Rad des Handels zwischen Nord und Süd; nur wurde alle paar Jahrzehnte die Mühle selbst mitgerissen, fortgeschwemmt, weggespült. Just da, wo die Welt so schmal war, daß die Geschichte nicht ausweichen konnte, stellte sich ihr Korinth geschäftstüchtig in den Weg. Kein Wunder, daß da viel passierte.

Der Isthmus, die Wespentaille Griechenlands, ist nur sechs Kilometer breit; der südlich gelegene Peleponnes, wie ein gewaltig aufgeblasener Luftballon, ist größer als das nordgriechische Territorium. Genau südlich der Landenge hatte Korinth Posten bezogen, unter wechselndem Namen, mit wechselnden Gestalten: Phönizier, Thessaler, Dorer siedelten hier. Im fünften Jahrhundert vor Christus ist Korinth auf dem Gipfel seiner Macht, neben Athen und Sparta eine der drei Hauptkräfte im Kampf gegen die Perser. Als aber der einigende Krieg siegreich beendet ist, zerfällt das Bündnis, man ringt untereinander um die Vormacht. Der pelonnesische Krieg, von Sparta und Korinth gegen die seetüchtigen Athener geführt, geht zwar für Athen verloren, aber da Sparta sich als der den Sieg entscheidende Partner erwiesen hatte, bleibt auch Korinth geschwächt: Zweite Sieger werden nicht geduldet. Jetzt orientieren sich die Korinther nach

Norden, räumen den Athenern die Seeherrschaft ein, verbünden sich mit ihnen und anderen griechischen Städten gegen das tyrannische Sparta. Der Krieg geht als der korinthische in die Geschichte ein, endet aber damit, daß Korinth seine Selbständigkeit verliert und eine Art Zwangsehe mit Argos erleidet. Die ist aber auch nicht von langer Dauer: Nach einem aristokratischen Umsturz findet sich Korinth kurz darauf wieder an der Seite Spartas, bis im Norden die neue Macht der Mazedonier unter Philipp II. Korinth eine neue Funktion zudiktiert. Es wird Sitz des neugegründeten Bundes der Griechen. Den weiteren Wechselfällen ist dann am ehesten lexikalisch beizukommen: »K. besaß seitdem eine maked. Besatzung und schloß sich in den Diadochenkämpfen nacheinander Polyperchon, Ptolemaios, Kassandros und Demetrios Poliorketes an.« Im letzten Kapitel seiner selbständigen Geschichte ist Korinth dann wieder Mitglied des achaischen Bundes und wird zum Hauptzentrum des Widerstandes gegen den Expansionsdrang des römischen Reiches. Damit wird die Katastrophe total: L. Mummius macht im Jahre 146 die Stadt dem Erdboden gleich, ermordet die Bevölkerung oder verkauft sie als Sklaven; ein Jahrhundert lang bleibt das Trümmerfeld menschenleer, verödet, ein Niemandsland, aus dem sogar das Entsetzen gewichen ist.

Die Initiative zum Wiederaufbau kommt von Julius Caesar; im Jahr seiner Ermordung, 44 vor Chr., wird mit der Neugründung begonnen. Die ersten öffentlichen Gebäude werden auf Staatskosten errichtet, auch die Einwohner, meist römische Veteranen und Besitzlose, sind hierher beordert, mit geschenktem Land seßhaft gemacht. Mitten in Griechenland sprach man auf einmal lateinisch. Aber während des jahrzehntelangen Aufbaus und dank reichlicher Subventionen fanden sich nach und nach Kaufleute, Seefahrer, Handwerker aus dem Orient wie auch aus den griechischen Provinzen ein. Nach mehr als hundert Jahren ist das Griechische wieder Umgangssprache in Korinth; Latein bleibt Amtssprache. Der Gewaltakt der Städtegründung reüssiert; die Steinplantage beginnt zu florieren; die Säulen richten sich auf, die Menschen richten sich ein.

Das Korinth zur Zeit des Paulus ist also eine junge Stadt, kaum hundert Jahre alt, aber es ist in dieser kurzen Zeit zu einer Riesenmetropole gewachsen. Mit mehr als hunderttausend Einwohnern und als Sitz des Statthalters der römischen Provinz Achaia ist es nicht nur die größte, sondern auch die glanzvollste Stadt des von Rom okkupierten Griechenlands. Unter dem Schutz des Imperiums und seiner Militärmacht wird der schmale Landrücken endlich einmal zur friedlich funktionierenden Handelsstraße. Und die imperialen Strukturen sichern auch den beiden Häfen uneingeschränkte wirtschaftliche, handelspolitische Nutzung: Lechaion bedient die Schiffahrt aus dem westlichen Mittelmeer, hält vor allem die Verbindung zum Mutterland Italien, und Kenchreai nimmt die Schiffe aus der Ägäis und der Levante auf. Noch aus der Zeit vor der Zerstörung war der Diolkos erhalten, eine gepflasterte Bahn zwischen dem Ost- und dem Westmeer, die es erlaubte, leichtere (oder zuvor entladene) Schiffe auf flachen Rollen über den Landrücken zu ziehen. So rege war dieser Schiffsverkehr über den Berg geworden, daß die alte Idee eines Durchstichkanals wieder einmal konkrete Formen annahm. Schon Caesar hatte Pläne ausarbeiten lassen, Caligula griff sie auf und schickte, zehn Jahre vor dem Aufenthalt des Paulus, Baumeister nach Korinth, die das Vorhaben an Ort und Stelle prüfen sollten. Ägyptische Ingenieure ließen das Unternehmen, vor dem ersten Spatenstich, mit einem Gutachten auffliegen: Da der Wasserspiegel des (westlichen) korinthischen Golfes höher sei als der des saronischen Golfes im Osten, werde es bei einem Durchstich zur Katastrophe kommen; die nahegelegene Insel Ägina werde von den Wasserfluten verschlungen werden. Erst der Caesarenwahn eines Nero ging soweit, etliche Monate lang mehre tausend Sklaven auf die Schachtarbeiten anzusetzen; sein Tod befreite sie von dem ebenso mörderischen wie aussichtslosen Unterfangen. Das Gelingen des Plans blieb dem späten 19. Jahrhundert (der Epoche der heroischen Ingenieurtaten) vorbehalten: Aber selbst mit den technischen Hilfsmitteln dieser Zeit dauerte es dreizehn Jahre (1881-1893), bis der sechs Kilometer lange, 25 Meter breite, acht Meter tiefe und an der extremsten Stelle von 60 Meter hohen Wänden flankierte Kunst-Canyon fertig war.

Sightseeing vor 2000 Jahren

Man kann das Korinth des Paulus wieder betreten. Die City der römischen Metropole ist in den letzten hundert Jahren weitgehend freigelegt worden. Über die Grundrisse und Grundmauern und einzelne Gewölbereste hinaus erlauben Rekonstruktionsskizzen einen quasi-authentischen Besuch: Man befindet sich in einer beeindruckenden, zusammenhängenden Stadtlandschaft, in einer Siedlung großen Formats, in der die Säulen zu Trägern der verschiedensten Funktionen geworden sind, von der Götterverehrung bis zum Kommerz, von der Politik bis zur Philosophie und zur Unterhaltung. Hier wurde ein Architektur-Szenario aus machtvollem Kalkül geschaffen, hier lebte man in und mit dem Bombast. Steigt man die Treppen vom Osthafen Lechaion hinauf, so gerät man ins langgestreckte Entree der Stadt, in einen geschäftigen Korridor mit Säulengängen und Läden zur Rechten, mit Bädern und einem Brunnen zur Linken. Halten die Händler einen nicht auf, so ist man nach wenigen Hundert Metern bei den Propyläen, dem Stadttor, das auf den Hauptplatz führt. Hier, auf diesem weiträumigen Areal geht es zwischen Göttern und Geschäften erst recht lebhaft hin und her. Da gibt es rechter Hand gleich wieder Läden, elegant gewölbte Boutiquen, Handwerkerstudios (vor allem die korinthische Bronze ist ja begehrter Schmuck im ganzen Imperium), und dann, als rechte Begrenzung des Platzes, eine kecke Reihe kleiner Tempel, die dem Paulus, auf den ersten Blick, vermutlich nicht viel mehr sagten als heute den Archäologen, nämlich, daß es sich um die Tempel D, F, G und K handelt. Dagegen ist die Statue des Poseidon mit dazugehöriger Quelle nicht zu verkennen. Und zwischen den Tempeln, ein paar Treppen hinauf und über eine Straße hinweg schon wieder eine Ladenzeile, mit tempelähnlichem Mittelteil: Korinth und Kommerz sind nicht bloß Alliteration. Den Geschäften entkommt man auch nicht, wenn man den Platz bloß überquert: Eine Kette von steinernen Marktbuden unterteilte damals die Fläche; nur die eigentliche Mitte lassen sie frei für die Bema, die Rednertribüne, von der heute die Fremdenführer versichern, hier habe Paulus gestanden, als der Proconsul Gallio ihn auf Betreiben der Juden verhört hätte. Der erhaltene Stein des Podests sei festester Boden der Paulus-Biographik. Dahinter, als Südbegrenzung des Platzes erhebt sich die Säulenstaffel der Stoa, einer riesigen Wandelhalle, während nach Osten hin die Basilika Julia den Platz flankiert.

Wohin als nächstes? Auf den Nordmarkt, ein Einkaufszentrum in Form eines Atriums, oder zu den sieben Säulen des alten Apollotempels, die als einzige die Vernichtung der Stadt überstanden haben? Oder vielleicht doch erst einmal die Besichtigung der intakten Heiligtümer fortsetzen, des Tempels C, des Tempels der Octavia, des Heiligtums der Athena Chalinitis, des Bades der Glauke? Alle diese diversen Kultstätten sind ja Zeichen religiöser Rivalität; so wie die Händler in den Läden, die Handwerker in den Werkstätten einander Konkurrenz machen, so die Götter und Göttinnen in ihren Verehrungsgevierten. Diese freche, fromme, frivole Stadt muß ja ein weites Missionsfeld sein! Der Monumentalität nach sind längst Odeion und Theater die überragenden Attraktionen; man wird darauf zu achten haben, daß man eher unter den Zuschauern bleibt und nicht selber zum Schauspiel wird.

Aber damit ist ja erst der offizielle Teil der Stadt erkundet, ihre Staats- und Schauseite, die Repräsentationsfassade; bei Gelegenheit wäre auch der beschwerliche Weg hinauf nach

Akrokorinth zu machen, auf den Festungsberg 500 Meter oberhalb der Stadt, wo der riesige Tempel der Aphrodite zwar auch in Schutt gelegt ist, aber der Kult sich doch wohl neu zu beleben beginnt, mitsamt den monströsen Gerüchten, die nie fehlen, wenn es um Aphrodite geht, diese schönste aller Göttinnen, diese Hinreißendste aller Erhabenen, diese Fleischlichste aller Überirdischen. Tausend Priesterinnen sollen dort Dienst getan haben in ihrem Namen, an ihrer statt, Gottesdienst als Prostitution, Sinnlichkeit anstelle von Sinnsuche, der Tempel ein Hurenhaus. Aber wer da hinaufgekeucht kam (läßt sich denken damals wie heute), der war doch erst einmal außer Atem. Nein das Ärgernis Akrokorinth kann man vergessen.

Der Weg sollte wohl doch zuerst nach Kenchraion führen, zur Ost-Hafenstadt von Korinth, durch die kilometerweiten Suburbien, über die glatten breiten Straßen der residential districts, an den Villen der Beamten und Reichen vorbei in die Quartiere der Handwerker, zu den Steinhütten der Armen, zu den Slums und den Zeltlagern der Neuangekommenen, und dann wieder hinein in die festere Bebauung und dienstfertige Struktur der Hafenstadt. Wer aus Tarsus kam, erkennt am ehesten hier seine Heimat wieder.

Korinth damals, mit beiden Häfen: Eine Mischung aus Staatsakt und Durchgangslager, aus Militärbasis und Sklavenhandel, aus Verwaltungszentrum und Matrosenbordell, aus Manufaktur und Prostitution, aus Priestereliten und Proletariat. Korinth ist jener Ort der römisch-imperialen Epoche, an dem die Perspektiven sich teilen wie die Profile eines Januskopfes: Einmal geht der Blick zurück in den Orient, zum andern hinaus in den römisch-wilden Westen. Es ist der Ort, wo das Mittelmeer auseinanderzufluten scheint in den Pazifik und den Atlantik der Antike.

Wo nun auch die Himmel sich zu teilen beginnen.

14.
»Zuerst den Juden...«
oder: Paulus – Prediger in der Synagoge

> Und immer, immer noch der Widerhall
> In mir,
> Wenn schauerlich gen Ost
> Das morsche Felsgebein,
> Mein Volk,
> Zu Gott schreit.
> Lasker-Schüler, Hebräische Balladen

Predigt an allen Sabbaten

Nach der Ankunft des Paulus in Korinth und seiner Einquartierung bei Aquila und Priscilla und neben der gemeinsamen Handwerksarbeit mit ihnen nimmt er seine gewohnte Missionstätigkeit wieder auf: »Und er lehrte in der Synagoge an allen Sabbaten und suchte Juden und Griechen zu überzeugen. Als aber Silas und Timotheus aus Mazedonien kamen, widmete sich Paulus ganz der Verkündigung des Wortes und bezeugte den Juden, daß Jesus der Christus ist. Als sie sich aber widersetzten und schmähten, schüttelte er die Kleider aus und sagte zu ihnen: Euer Blut komme über euer Haupt; ich bin ohne Schuld und gehe von nun an zu den Heiden.« (Apg. 18,4-7)

Daß es eine jüdische Gemeinde in Korinth gegeben hat, bezeugt nicht nur die Apostelgeschichte; bei Ausgrabungen hat man auch eine Inschrift mit den Wortfragmenten (syn)-agoge Ebr(aion) gefunden; sie hätte demnach nur wenige Meter von der lebhaften Geschäftsstraße zum Hafen Lechaion gelegen. Weitere Synagogenfunde hat man in Delos Priene, Aegina, in der Nähe von Tunis und in Ostia gemacht. Die ältesten Spuren einer Synagoge stammen aus dem dritten Jahrhundert (vor Chr.) und wurden in Ägypten nachgewiesen. Man darf sich diese Bethäuser zwar klein, aber keineswegs primitiv denken. Der Gebetsraum besaß Fenster und sollte nach Jerusalem hin orientiert sein; der Grundriß entsprach einer hellenistischen Ratsbasilika mit meist einer Säulenreihe. Im Innern gab es, bei offenbar sehr verschiedenen Einrichtungen im einzelnen, eine Estrade für die Lesungen, oft auch einen Ehrensessel. Nebenräume dienten einerseits der Aufbewahrung der Schriftrollen, andererseits als Quartier für Gäste und als Bäder. Die Schriftlesungen in der Diaspora wurden entweder auf Hebräisch mit anschließender Übersetzung oder, mit zunehmender Hellenisierung, gleich auf Griechisch gehalten. Denn von den Juden, die lange außerhalb Palästinas gelebt hatten und mit der Septuaginta-Bibel großgeworden waren, kann man wohl mit dem englischen Sprichwort sagen: Hebräisch »was Greek to them«.

Wenn Paulus auf den Markt ging wie in Athen, wenn er in einen Palast gebeten wurde wie auf Zypern, wenn er in die Nähe eines Tempels geriet wie in Lystra, so waren das alles Zufallsszenen, legendenkräftige Nebenschauplätze. Die erste und eigentliche Adresse an einem fremden Ort aber war für Paulus, nach allen Gepflogenheiten eines jüdischen Wanderpredigers, die Synagoge: seine wichtigste Anlaufstation, überhaupt der einzige Anknüpfungspunkt. Dies so sehr, daß die Missionare in Philippi, wo sie keine Synagoge vorfanden, sich durchfragten (wie wir gesehen haben) zu einer Gebetsstätte am Fluß vor der Stadt. Die Apostelgeschichte berichtet von Synagogenpredigten in Damaskus (9,20). Antiochien (13,14–47), in Ikonion (14,1–7), Thessalonich (17,1 ff.), Beröa (17,10–13), Korinth (18,4–7) und Ephesus (19,8 f.). Meist wohl boten diese Synagogen auch ein Nachtlager; vor allem aber *das vertrauteste Argumentationsmilieu*. Paulus hat ja nicht drauflosgeredet; er war ja nicht nur ein Besessener, sondern auch ein klar disponierender Kopf. Was nützte ihm schließlich die größte Menge, wenn sie nichts besaß als taube Ohren?

»Wir sehen diesen Schaliach, diesen Abgesandten Jerusalems«, so illustriert das der jüdische Schriftsteller Schalom Ben-Chorin, »als den er sich empfindet, deutlich vor uns, wie er am Schabbath wie ehe und je in die Synagoge geht. Natürlich geht er in die Synagoge, denn dort trifft er nicht nur die Juden des betreffenden Ortes, sondern auch jene Randproselyten, die das gegebene Menschenmaterial für sein umformendes Werk sind.« Das ist nicht bloß taktisch, das hat auch seine fromme Richtigkeit; Psychologie und Missionseifer decken sich hier. Wenn einer die Vorstellung haben durfte, die Juden erreichen zu können, dann doch Paulus, der als Jude das Faszinosum Christus an der eigenen Existenz erfahren hatte. Ob er von seiner Bekehrung so oft Gebrauch gemacht hat, wie das die Apostelgeschichte nahelegt, scheint zweifelhaft; aber plausibel, daß Paulus sich fortwährend sagte: Was mir passiert ist, muß doch auch andern passieren können; gerade ich, als ehemaliger gesetzestreuer Pharisäer, muß doch anderen Gesetzestreuen klarmachen können, daß mit dem Gekreuzigten ein neuer Heilszustand gegeben ist, ein anderer Äon angebrochen. Warten denn nicht auch sie auf den Messias?

Es geschieht dann aber fast immer das gleiche. Die Apostelgeschichte berichtet von diesen Auftritten in den Synagogen mit großer Monotonie: Fast überall ein ähnlicher Ablauf, die gemischte Reaktion, der bedrängte Abgang. Paulus kommt, redet, siegt nicht, sondern gewinnt einige, woraufhin er die übrigen desto mehr verärgert und zumindest Hausverbot erhält. Im frühen Ikonion hatte sich schon das Muster gezeigt: »Auch in Ikonion gingen sie wieder in die Synagoge der Juden und predigten so, daß eine große Menge Juden und Griechen zum Glauben kam. Die Juden aber, die nicht glauben wollten, stifteten Unruhe und wiegelten die Heiden gegen die Brüder auf. Dennoch blieben sie eine lange Zeit dort und lehrten frei und offen im Vertrauen auf den Herrn ...« (Apg. 14,1-3) So ist es, wie zitiert, nun in Korinth, so wird es später in Ephesus sein: »Er ging in die Synagoge und predigte frei und offen drei Monate lang, lehrte dort und suchte sie vom Reich Gottes zu überzeugen. Als aber einige verstockt blieben und nicht glauben wollten und die Lehre vor der Menge verschmähten, trennte er sich von ihnen . . .« (Apg. 19,8 f.)

So gleichförmig, so musterhaft spielt das Leben natürlich nicht; selbst wenn man konzedieren wollte, daß das mehrmalige »frei und offen« Charakteristik der gleichbleibenden Unerschrockenheit des Paulus sein will, so muß man doch in diesen stereotypen Kurzberichten die Schablone erkennen, ja geradezu die Code-Nummer, die dem Paulus den Zugang zu einer Stadt verschafft. Immer kommen einige zum Glauben, die übrigen bleiben »verstockt« oder werden rabiat und gehen zum Gegenangriff über. Gelegentliche Varianten beleben das Muster; so sind zum Beispiel die Juden in Beröa »weitherziger als die in Thessalonich; sie nahmen das Wort bereitwillig auf und forschten täglich in der Schrift, ob sich's so verhielte.« (Apg. 17,11)

Ben-Chorin hat die lange Predigt des Paulus in Antiochien unter dem Gesichtspunkt des jüdischen Gottesdienstes betrachtet: »Wir können noch genau feststellen, wie die Predigt des Paulus in den Synagogen vor sich gegangen ist: Die Apostelgeschichte bietet ein gutes Beispiel dafür. Hier wird der synagogale Gottesdienst so geschildert, wie er noch heute ist.« Ist das nicht wieder einmal ein wichtiger Pluspunkt für die Zuverlässigkeit des Lukas-Berichts? »Nach der Verlesung des Wochenabschnitts, der Parascha, aus der Thora, wird eine korrespondierende Propheten-Perikope verlesen, die Haptara. Nach dieser Schriftlesung findet die Drascha, die Predigt statt. Zu einer Auslegung der Parascha, aus der die große Literaturgattung des Midrasch entstanden ist, wird oft ein durchreisender Rabbi oder sonst ein gelehrter Gast aufgefordert. Das ist auch heute noch so. Zu solchen Gastpredigten wird der gelehrte Reisende, der sich als ein Schüler des Gamaliel ausweisen kann (wie aber Paulus das könnte, bleibt unerfindlich!), gerne eingeladen. Er beginnt seine Schrifterklärung im traditionellen Sinne, vor allem dem des hellenistischen Judentums, und geht dann zu seiner Verkündigung Jesu über, was regelmäßig als Skandalon empfunden wird.«

Man sieht, dank der Apostelgeschichte, ja zunächst ganz friedlich in eine solche Synagogenversammlung hinein: Paulus und Barnabas fallen als Fremde natürlich auf, werden auf ihre Plätze geleitet und nach der Lesung aus dem Gesetz und den Propheten von den Vorstehern der Synagoge mit traditioneller Gastfreundschaft begrüßt. »Liebe Brüder, wenn ihr etwas reden und das Volk ermahnen wollt, so sprecht. Da stand Paulus auf, winkte mit der Hand und sagte: Ihr Männer von Israel und ihr Gottesfürchtigen, hört zu!« (Apg. 13,15) Und vielleicht fünf Minuten, 24 Zeilen lang sind die Gläubigen ganz getrost, unangefochten beim Vortrag des Gastredners, der zentrale Geschichtssätze des jüdischen Volkes rekapituliert. Doch mit einem Satz ist Paulus in der skandalösen Sensation: Aus Davids Geschlecht »hat Gott nach seiner Verheißung Jesus kommen lassen als Heiland für das Volk Israel.« (Apg. 13,23)

Die permanente Provokation

Spätestens hier geht ein Ruck oder auch nur ein Raunen durch die jeweilige Gemeinde. Vielleicht nur jene beängstigte Elektrisierung, wie wenn ein Schauspieler plötzlich aus der Rolle fällt oder ein Pianist im Konzert den Faden verliert und seltsam improvisierend weitertastet. Aber der Mann ist ja fremd, vielleicht hat er wirklich die Konzentration verloren oder die Übersicht, jedenfalls wissen die Zuhörer sich noch zu beherrschen. Wie anders wäre zu erklären, daß er noch ziemlich lange weiterreden kann, immer von diesem Jesus, der angeblich zum Heil gesandt ist, aber dazwischen auch besonders viel Vertrautes, viel Beruhigend-Orthodoxes, viel »ihr Männer, liebe Brüder, ihr Nachkommen Abrahams«, ganz auf dem falschen Weg, ganz aus dem falschen Glauben kann dieser Wanderer nicht daherkommen.

Eine merkwürdige Geschichte, daß dieser zum Heil gesandte Jesus auf einmal verurteilt, getötet, gekreuzigt worden ist; und wie vertrackt wird sie erzählt, kaum weiß man, was da los ist: »Denn die Einwohner von Jerusalem und ihre Oberen haben, weil sie Jesus nicht erkannten, die Worte der Propheten, die an jedem Sabbat vorgelesen werden, mit ihrem Urteilsspruch zur Erfüllung gebracht. Und obwohl sie nichts an ihm fanden, womit er den Tod verdient hätte, baten sie doch Pilatus, ihn zu töten. Und als sie alles vollendet hatten, was von ihm geschrieben steht, nahmen sie ihn von dem Holz und legten ihn in ein Grab.« (Apg. 13,27 ff.) Was soll das alles? Wer ist da wer? Wen meint er mit den Einwohnern von Jerusalem und ihre Oberen? Etwa Juden? Warum verklausuliert er es dann? Und was kreidet er ihnen an, wenn sie doch die Worte der Propheten zur Erfüllung gebracht haben? Haben sie also nicht gut daran getan, diesen Jesus nicht zu erkennen? Was wirft er den Jerusalemern denn vor, wenn sie doch »alles vollendet hatten, was von ihm geschrieben steht?« Und kaum liegt dieser Jesus im Grab, da steht er auch schon wieder auf, »denn Gott hat ihn auferweckt.«

Aber alle diese Unglaublichkeiten deckt der Prediger gleich wieder mit Psalmen und Propheten zu, in einem ohrenverwirrenden Zitatenspiel: »Du bist mein Sohn, heute habe ich dich gezeugt« und dann: »Ich will euch die Gnade, die ich David verheißen habe, in Treue bewahren«, und nun erst: »Du wirst nicht zugeben, daß dein Heiliger die Verwesung sieht.« Und schließlich kommt er einem auch noch mit dem verqueren Habakuk: »Seht, ihr Verächter, wundert euch und geht zugrunde! Denn ich tue ein Werk zu euren Zeiten, das ihr nicht glauben werdet, wenn es euch jemand erzählt.« (Apg. 13,34 f.) Was soll das für ein Predigtschluß sein: brüstet sich der Mann damit, daß man's ihm nicht glauben wird? Und warum sollte Gott sich rühmen, ein Werk zu tun, das wir ihm nicht abnehmen? Schwindelt uns, schwindelt er?–

Holt er die Propheten aus der Tasche wie ein Magier die weißen Kaninchen?

Selbstverständlich bietet die Apostelgeschichte keine originale Paulus-Predigt, und wohl auch kaum eine Nachschrift. Ob der Text paulinischen Geist verrät, ist eine Frage, die wir in jenem Raum stehen lassen wollen, in dem die Theologie mit so guten Gründen und noch besseren Gegengründen zu streiten nicht müde wird. Doch als rhetorische Studie für einen, der einer frommen Versammlung eine ebenso fromme Provokation zumuten will, der eine geballte Ladung Vorgefaßtheit nicht zur Explosion bringen, sondern eher entschärfen, in neue Energie umwandeln will, als ein Redeentwurf in so heikler Situation ist der Lukas-Text ausgezeichnet.

Wichtig ist festzuhalten, daß Paulus den Menschen Zeit läßt, sie aber auch ihm. Auch darin stimmen die Synagogen-Berichte der Apostelgeschichte überein, daß sie nie von einem sofortigen Eklat sprechen. Nie wird Paulus gleich beim ersten Mal vor die Tür gesetzt, immer erstreckt sich sein Synagogenbesuch über mehrere Wochen, gar Monate. »Eine lange Zeit« blieb er selbst in Ikonion, wo der Konflikt mit den Juden relativ gleich berichtet wird, in Thessalonich, wo es zur Vertreibung kommt, redet Paulus immerhin vorher noch »an drei Sabbaten«, in Korinth gar »an allen Sabbaten«, und in Ephesus werden es drei Monate freier und offener Synagogenpredigt sein. Das spricht für dreierlei: für die Toleranz der Juden (zumindest für ihre Bereitschaft zur Nachprüfung in der Schrift), für die Argumentationsdiplomatie des Paulus, und schließlich zeugt es von einer besonderen Konfliktstrategie: Offenbar läßt er selbst es immer dann zum Äußersten kommen, wenn er genügend Leute interessiert hat; dann wird er (immer nach Lukas) rücksichtslos und greift zum alttestamentarischen Fluch: »Euer Blut komme über euer Haupt.« (Apg. 18,6)

Wer sind die Gottesfürchtigen?

Dabei vertraut der Apostel offenbar auf eine besondere Zielgruppe. Bei manchen dieser Synagogenberichte und in anderem Zusammenhang taucht der Begriff der »Gottesfürchtigen« auf. Eine Gottesfürchtige war die Purpurhändlerin in Philippi, und in Thessalonich schließen sich dem Paulus »auch eine große Zahl von gottesfürchtigen Griechen an« (Apg. 17,4); in die gleiche Kategorie gehören, obwohl nicht ausdrücklich so benannt, wohl auch die »Griechen« aus Ikonion sowie die »nicht wenigen von den vornehmen griechischen Männern und Frauen« (Apg. 17,12) in Beröa. Diese Gottesfürchtigen sind, wie jüngst auch Jacob Taubes dargelegt hat, die eigentlichen Ansprechpartner, die wirklichen Adressaten der Mission. Wer aber sind diese Sebomenoi? Es sind Menschen, die sich den griechischen Göttern, den lokalen Opferriten und Mysterienkulten entfremdet haben, die gepackt sind vom Glauben an den Gott, der in den Synagogen der Juden verehrt wird, gebannt auch von der Verehrungsintensität dort. Sie stehen aber in einem rituellen Zwischenraum: Sie dürfen die Synagoge besuchen, aber sie werden nicht aufgerufen zu den Lesungen. Sie dürfen die Perikopen des Alten Bundes hören, aber sie gehören nicht zu diesem Bund, denn sie sind (noch) nicht beschnitten. Es sind gewissermaßen Leute auf der Warteliste des jüdischen Kultus. Sie gelten den Juden als »Gerechte der Völker« im Sinne der noachidischen Gesetze, aber sie bleiben Außenseiter, eindringliche Randfiguren. Was kommt da in dieser Konstellation alles zusammen: die unerhörte Exklusivität der jüdischen Frömmigkeit, die alttestamentarische Reserve vor allem Fremden, eine Gesinnung, die zwar Proselyten machen will, aber die Auserwähltheit nicht einem Sammelsurium opfern; aber vielleicht auch dies, daß diese neuen Leute mehr Angst vor der Beschneidung haben als Furcht vor Gott? Liegt die Abwehr, besteht die Scheu auf beiden Seiten? Soviel ist sicher: In den hellenistischen Synagogen findet sich eine Zwei-Klassen-

Gesellschaft ein. Juden und solche, die es gern wären. Bei aller Gottesfurcht der Gottesfürchtigen bleibt ihnen ein schmerzender Rest von Unerfülltheit. Man möchte dem Gott, den man fürchtet, auch gehören.

Und da kommt nun dieser Paulus wie gerufen. Der hebt diese Barriere einfach auf. Zulassungsbeschränkungen gelten auf einmal nicht mehr. Jesus hat die ganze jüdische Exklusivität zunichte gemacht. Das Gesetz aufgehoben, den Zwang zur Beschneidung. Aber wenn man an Jesus Christus glaubt, glaubt man dann nicht an zwei Götter? Ist der Gott Jesu auch wahrhaftig derselbe Gott wie der aus der Synagoge? Die Fragen hallen in den Straßen von Korinth wider, zwischen den Marmorsälen und den ärmlichen Hütten. Hatte Paulus mit seinen Antworten bei den Gottesfürchtigen wirklich Erfolg? *Eine* Antwort gibt die Sprachwissenschaft: Sebomenoi heißt im Iranischen soviel wie: Christen.

Nicht nur Hörerschaft, Argumentationsmilieu und allererstes Quartier bieten die Synagogen dem Paulus; sie gewähren zunächst auch Schutz vor der römischen Staatsmacht. Das Judentum ist, trotz und auch nach der »Judenvertreibung« aus Rom, religio licita, eine erlaubte Religion, die Bethäuser schaffen eine sachte Extraterritorialität inmitten des Imperiums. So hatte man die seltsam eigensinnigen Frommen konzentriert und im Auge: Wer betet, rebelliert nicht, mochte man denken. Am wunderlichsten an der jüdischen Religion erschien Griechen wie Römern die fromme Faulenzerei: Der Sabbat war der antiken Geschäftigkeit ein Kuriosum, das aber schon bald Nachahmung fand, wie Philo bemerkt. »Denn wer hat nicht jenen heiligen siebten Tag respektiert dadurch, daß er sich und seinen Nächsten, nicht nur den Freien, sondern auch den Sklaven, ja sogar dem Vieh Ruhe von aller Arbeit und Muße gönnte...«

Pointiert gesagt: Nicht irgendwelche Verstecke, die Synagogen waren der erste Schutzraum des sich ausbreitenden Christentums. Und erst, wenn Paulus sie verließ, wenn er sie preisgab oder aus ihnen verstoßen wurde, erst wenn er den

Bruch riskiert hatte, treten dramatische Entwicklungen ein, wie nun auch in Korinth. Lukas berichtet geradezu Provokatorisches: »Und er verließ sie (die Juden) und kam in das Haus eines Mannes mit Namen Titius Justus, dessen Haus lag *neben der Synagoge*. Krispus aber, der Vorsteher der Synagoge, kam mit seinem ganzen Haus zum Glauben an den Herrn...« (Apg. 18,7,8a)

Nun läßt es die Apostelgeschichte zum offenen Protest der korinthischen Judenschaft kommen: »Als aber Gallio Statthalter in Achaja war, empörten sich die Juden einmütig gegen Paulus und führten ihn vor den Richterstuhl und sagten: Dieser Mensch verführt die Leute, Gott anders zu dienen, als das Gesetz es fordert. Als aber Paulus etwas sagen wollte, sprach Gallio zu den Juden: Wenn es um ein Vergehen oder um einen Frevel ginge, ihr Juden, so würde ich euch anhören, wie es recht ist; weil es sich aber um Streitigkeit über Lehre, Personen und euer Gesetz handelt, müßt ihr schon selber zusehen; ich gedenke darüber nicht Richter zu sein. Und er wies sie von seinem Richterstuhl. Da ergriffen sie alle Sosthenes, den Vorsteher der Synagoge, und schlugen vor dem Richterstuhl auf ihn ein, aber Gallio kümmerte sich nicht darum.« (Apg. 18,12-17)

15.
Der Prokonsul stellt die Uhr
oder: Ein Kapitel Chronologie

> Ich, die ich alles prüfe, Gut und Böse,
> Erfreu und schrecke, Irrtum schaff und löse,
> Ich übernehm es, unterm Namen *Zeit*,
> Die Schwingen zu entfalten. Drum verzeiht
> Mir und dem schnellen Flug, daß sechzehn Jahre
> Ich überspring und nichts euch offenbare
> Von dieser weiten Kluft, da meine Stärke
> Gesetze stürzt, in einer Stund auch Werke
> Und Sitten pflanzt und tilgt...
> Shakespeare, Ein Wintermärchen

Eine Inschrift als Zeit-Anker

Dieser Gallio, Statthalter von Achaia, Amtssitz Korinth, schützt Paulus nicht nur in jenem erregten Augenblick; er rettet ihn auch in präzise geschichtliche Zeit. Er bewahrt ihn nicht nur vor dem Zorn der aufgebrachten Gemüter, er sichert ihn auch vor der völligen Vagheit der Chronologie. Der Auftritt des Gallio auf dem Richterstuhl in Korinth ist der einzige Fixpunkt in den Lebensumständen des Paulus. Kein anderes Datum ist wirklich gesichert, keine andere Zeitangabe so überprüfbar, kein anderer Vorfall so zu terminieren wie diese Gerichtsszene (selbst wenn sie sich so gar nicht abgespielt hätte). In der weithin verschwimmenden Biographie des Paulus wirft Gallio den sichernden Zeitanker.

Noch im Jahre 1909 schrieb Adolf Deissmann: »Die Steine, die uns die Amtsjahre der Prokuratoren Felix und Festus oder des Prokonsuls Gallio genau bestimmen lassen und dadurch ein wichtiges Problem altchristlicher Geschichte beseitigen, sind bis jetzt nicht gefunden.« Gewiß, es gab für Gallio Vermutungen, die auf die Zeit um die Mitte des ersten Jahrhunderts wiesen; Konjekturen von großem Scharfsinn;

schon Reimarus, vor mehr als 200 Jahren, wußte da erstaunlich gut Bescheid. Man hatte sich die Datierung aufgrund römischer Texte zusammengereimt.

Heute läßt sich die Amtszeit Gallios (und damit der Aufenthalt des Apostels) in Korinth genau(er) bestimmen. Die Inschrift, deren Fehlen Deissmann vor achtzig Jahren noch beklagt hatte, war zu eben dieser Zeit schon gefunden, und zwar auf Bruchstücken eines Gedenksteins zu Delphi. Die vier Fragmente tragen die Bezeichnungen 2178, 2271, 3883, 4001, und ihre Botschaft ist wie folgt rekonstruiert worden: »TIBERIUS CLAUDIUS CÄSAR AUGUSTUS, Pontifex Maximus, im 12. Jahr der tribunizischen Gewalt, zum Imperator proklamiert zum 26. Mal, Vater des Vaterlandes, zum fünften Mal Konsul, grüßt die Stadt Delphi. Ich war schon lange der Stadt Delphi zugetan und gewogen von Anfang an; immer habe ich die Verehrung des pythischen Apollo beachtet. Was aber jetzt gesagt wird und jene Streitigkeiten der Bürger, von denen mir Lucius Junius Gallio, mein Freund und Proconsul von Achaia, berichtet, hat . . .«

Wichtig für die zeitliche Fixierung ist dabei die Angabe der 26. imperatorischen Proklamation. Das waren Kaiserfeiern aus Anlaß von Siegen oder anderen Großereignissen; der Zeitraum einer solchen Proklamations-Periode war also unbestimmt. In diesem Fall aber läßt sich, durch weitere Funde und Befunde der Epigraphik, die Sache eingrenzen: Bis zum 25. Januar 52 reichte die 24. Akklamation; und ein halbes Jahr später, am 1. August wurde in Rom die Wasserleitung Aqua Claudia dediziert, deren Hauptbogen eine Widmung an den Kaiser schon zur 27. Akklamation trug. Innerhalb dieser sechs Monate von Ende Januar bis Ende Juli ist also, nächst der 25., auch die 26. Akklamationszeit unterzubringen. Das heißt für unsern Fall: Etwa in den Monaten Mai, Juni, Juli 52 war Gallio noch (oder schon) Proconsul in Korinth.

Noch oder schon? Denn die Amtszeit der Proconsuln betrug nur jeweils ein Jahr; Claudius hatte bestimmt, daß die

Herren Rom bis zum 15. April zu verlassen und zu ihren Dienstsitzen aufzubrechen hätten. Das hieße für Korinth eine Übernahme der Amtsgeschäfte zum 1. Mai, spätestens zum 1. Juni (oder auch mittendrin). Die Frage lautet also: War Gallio Statthalter vom 1. 5. 51 bis 1. 5. 52 oder ein Jahr später? Von dem einen Jahr Zeitdifferenz bei Gallio hängen nämlich unter Umständen zwei Jahre für Paulus zusammen, und dann könnten die delphinischen Steine reden, soviel sie wollten: Wir wären nicht klüger als zuvor.

Wer sich auf Zeitrechnung einläßt, muß rechnen wollen, nicht nur mit der Zeit. Er muß auch Übermittlungsfristen, Verzögerungstaktiken, Bürokratiebarrieren ins Kalkül ziehen. Ernst Haenchen hat diesen Fall zu rekonstruieren versucht: »Die Inschrift gibt den kaiserlichen Bescheid auf ein Schreiben Gallios in einem delphischen Streitfall. Wäre Gallio am 1. Mai 52 in Korinth eingetroffen, dann hätte er – im günstigsten Fall – die Parteien noch im Mai angehört und einen Bericht ausarbeiten lassen, der dann mit einem Kurier nach Italien abging. In Rom kam dieser Brief in den Geschäftsgang der Behörden. Nun ist die Antwort erfolgt, bevor der Kaiser zum 27. Mai als Imperator akklamiert worden war, also noch vor dem 1. August 52. Dann würde aber die Zeit für Gallios Verhandlungen, für die Abfassung des Berichts und die Reise des Kuriers nebst dem Aktengang in Rom nicht mehr ausreichen. Hat dagegen Gallio sein Amt am 1. Mai 51 angetreten, dann verschwinden diese Zeitnöte.«

Der Bruder Senecas

Diese Argumentation hat alle Erfahrung unseres bürokratiegeschädigten Jahrhunderts für sich; einer Epoche, die ja den Aktenstau, die Karteileiche erfunden hat, von den »Schreibtischtätern« einmal zu schweigen. Aber dennoch scheint in diesem Fall die Rechnung mit dem schneckenhaften Gang der Dinge nicht ganz aufzugehen. Das heißt: Die Wahrscheinlichkeit ist groß, daß Gallio doch erst im Frühjahr 52, als Haenchen ihn schon abreisen sieht, nach Korinth gekommen ist.

Die Gründe für diesen Einspruch liegen in der Person des Gallio selbst. Der ist nicht irgendwer. Nicht von ungefähr nennt ihn Claudius in der Inschrift seinen Freund. Als Sohn des Rhetors Seneca geboren, ist er der Bruder des Philosophen Seneca, der ihm zwei seiner Werke gewidmet hat. Vom Senator Iunius Gallio adoptiert, heißt er fortan mit vollem Namen L. Iunius Gallio Annaeanus. Aber dieser Gallio ist kein robuster Mann, er hat es an der Lunge. Und daraus folgt nun ein für die Zeitberechnung entscheidender Umstand: Der Bruder Seneca berichtet, Gallio habe sich in Korinth alsbald ein schweres Fieber zugezogen, aber es sei das Klima gewesen, das ihn krank gemacht habe, der Ort sei ihm nicht bekommen. (Er wird nicht am Fieber und nicht an der Lunge sterben. Nach Rom heimgekehrt wird er Jahre später ein Opfer der dortigen Krankheit: Aus Angst vor der Verfolgung durch Nero begeht er anno 65 Selbstmord.)

Ob durchs Klima, ob aus körperlicher Indisposition: Gallio wird krank, hält es in Korinth nicht aus. Und wenn es wirklich der Ort ist, der ihm zusetzt, wird er das einzige Rezept nehmen, das dagegen hilft: Reißaus. Er wird sich vorzeitig abzumelden versuchen, und er hat ja einflußreiche Gönner in Rom. Selbst wenn er, wegen der Schiffahrtspause im Winter, die Regenmonate noch überdauern muß, wird er mit dem ersten Schiff, vielleicht schon im März, Korinth zu verlassen suchen.

Wäre dies nun aber der März 52 gewesen, können Amtszeit des Gallio und 26. Proklamation des Claudius überhaupt nicht zusammengestimmt haben; die »Schnittmenge« beider Perioden wäre gleich Null. Nein: Gallio, noch nicht erkrankt, kam erst ein Jahr später als Haenchen vermutet, Ende April 52, nach Korinth. Und wann, in einem neuen Amt, geht man die ärgerlichsten Aufgaben am ehesten an? Doch zu Beginn, und wenn schon nicht mit frischen Kräften, so doch mit dem Wunsch, die lokalen Leidigkeiten vom Tisch zu bekommen. Mit anderen Worten: Gallio landet im Frühjahr 52 in Korinth, findet akuten Skandal vor in Delphi, verhört die Leute, kann den Fall nicht von sich aus schlichten, berichtet unverzüglich, und schon nach wenigen Wochen sagt Claudius den Streithähnen von Delphi Bescheid. Affären, in die der Kaiser selbst eingreift, werden auch nicht verschleppt. Und noch immer bliebe für den Aktengang Korinth-Rom-Korinth-Delphi eine Zeit von gut zwei Monaten.

Vom Mai 52 bis zum frühen Frühjahr 53 also ist Gallio Statthalter der Provinz Achaia, mit Amtssitz Korinth. Und daraus folgt mit Sicherheit: Irgendwann innerhalb dieser Zeit war auch Paulus dort, hat er direkt mit Gallio zu tun bekommen, ist er von seinen Gegnern vor die Bema geschleppt worden. Aber beim Versuch, den Zeitpunkt dieser Konfrontation zu fixieren, taucht dieselbe Schwierigkeit wie zuvor auf: Fand die Anhörung im Sommer 52 oder erst mehrere Monate später statt? Für unsern Zweck: Reiste Paulus noch im Sommer 52 oder erst 53 aus Korinth ab?

Noch einmal Auskunft bei der Apostelgeschichte: »Er blieb dort ein Jahr und sechs Monate und lehrte unter ihnen das Wort Gottes«, heißt es Vers 11, und Vers 12 schließt so an: »Als aber Gallio Statthalter in Achaia war, empörten sich die Juden einmütig gegen Paulus...« Dem Wortlaut, der schnittartigen Aufeinanderfolge beider Sätze hört man geradezu einen Aufstau von Empörung an. Wer immer diese »Juden« gewesen sein mögen – das insistente Predigen des Paulus über so lange Zeit hinweg muß ihnen auf die Nerven gegangen sein, sie suchten die erste sichere Gelegenheit, ihren Furor loszuwerden. »Als aber Gallio Statthalter in Achaia war, empörten sie sich...« Das war kein x-beliebiger Zeitpunkt während der Statthalterschaft, das kann nur heißen: Die Juden trugen ihren Protest vor, als Gallio Statthalter in Korinth *wurde*, als er sein Amt antrat, als endlich der neue römische Mann installiert war, dem man das von Groll übervolle Herz ausschütten konnte, als endlich Aussicht bestand, eine vielleicht früher schon vergeblich vorgebrachte Klage wirksam zu erneuern.

Daß dieser Zwischenfall in die erste Zeit des Gallio zu setzen ist, wird auch von den Exegeten bedacht. »Die Vermutung liegt freilich nahe, daß die Juden bei einem neuen Statthalter ihr Heil versuchten.« (Haenchen) Aber solche Argumentation wirft dann zugleich ein Licht auf die Streitigkeit in Delphi und bringt sie in eine gewisse Parelle. Nicht, als ob es sich um denselben Fall gehandelt hätte; wohl aber so, daß hier wie dort schwelende Unzufriedenheiten laut geworden sind und das Ohr des neuen Mannes gesucht haben. Ob in Korinth, ob im nahen Delphi: Gerade die Anfangsenergie des neuen Statthalters war ihrerseits imstande, die Mißhelligkeiten, die Reibereien aufzugreifen und, so oder so, zu erledigen.

Die Szene vor Gallio spielt also im Frühsommer 52. Kurz danach muß Paulus abgereist sei. Zwar schreibt Lukas, Paulus sei nach dem Vorfall noch »viele Tage« in Korinth geblieben. Aber das klingt eher so, als wolle der Erzähler seinem Protagonisten das Gesicht wahren: Es soll auf keinen Fall nach überstürzter Abreise, nach Flucht oder gar nach Ausweisung aussehen.

Rechnet man von diesem Fixpunkt aus zurück, so kommt man zu folgenden Datierungen: Wenn Paulus insgesamt anderthalb Jahre in Korinth war, so muß er im Spätherbst 50 dort eingetroffen sein – das ist auch der gemeinhin akzeptierte Termin für die Abfassung des Thessalonicherbriefes. Ins selbe Jahr gehören auch die europäischen Stationen Philippi, Thessalonich und Beröa. Den Winter davor hatte Paulus, krank und angeschlagen, bei den galatischen Gemeinden in Kleinasien verbracht. Der eigentliche Aufbruch zur ersten Europa-Mission, von Antiochien aus, muß dann in der zweiten Hälfte des Jahres 49 gewesen sein.

Dorthin zurück wird, nach drei Jahren, zunächst auch der Weg in die Zukunft führen: »Danach nahm er Abschied von den Brüdern und wollte nach Syrien fahren und mit ihm

Priscilla und Aquila [...] Und sie kamen nach Ephesus, und er ließ die beiden dort zurück [...] Und er fuhr weg von Ephesus und kam nach Caesarea und ging hinauf (nach Jerusalem), begrüßte die Gemeinde und zog wieder hinab nach Antiochia. [Später] durchzog Paulus das Hochland und kam dann nach Ephesus.« (Apg. 18,18 ff.)

Vermutlich im Frühjahr 53 trifft Paulus wieder in Ephesus ein, wo er zweieinhalb Jahre lang bleiben wird. Aber erst durch diese Entfernung gerät das paulinische Korinth wirklich in unser Blickfeld, erst seine Abwesenheit von der Gemeinde ergibt die historische Chance, sich von ihr ein Bild zu machen, erst die Distanz schafft für uns die ganz intime Nähe. Fast ist es, als säße man, unter 24 000 Zuschauern, in dem riesigen Halbrund des Theaters von Ephesus und schaute, über das Vorland hinweg und die Gischt und Wellen der Ägäis und den azurenen Dunst der Weite, auf das lokale Drama der frühesten städtischen Christenheit.

IV.
RATGEBER ZWISCHEN DEN SORGEN

16.
Das fingierte Überall
oder: Paulus und »Die Dämonen«

> Aber der Kaiser hat ja gar nichts an!
> Hans Christian Andersen

> Wer sich dem Horizont zu nähern versuchte, um ihn schließlich abzuschreiten, würde nur die enttäuschende Erfahrung des Kindes machen, daß sich ihm mit jeder Anstrengung ein neuer, nicht minder unerreichbarer Gesichtskreis aufspannte.
> Hans Blumenberg

Verschwörungsklausel und Losungswort

Die Grußformel des 1. Korintherbriefs ist besonders pompös, umgreifend, eindrucksvoll: »Paulus, zum Apostel Jesu Christi berufen durch den Willen Gottes, und Sosthenes, unser Bruder, an die Gemeinde in Korinth, an die Geheiligten in Jesus Christus, die berufenen Heiligen samt allen, die den Namen unseres Herrn Jesus Christus anrufen an jedem Ort, bei ihnen und bei uns: Gnade sei mit euch und Friede von Gott, unserm Vater, und dem Herrn Jesus Christus!« (1. Kor. 1,1-3)

Eine Wendung daraus soll hier zum Leitmotiv werden: Der Blick auf die berufenen Heiligen »samt allen, die den Namen unseres Herrn Jesus anrufen an jedem Ort, bei ihnen und bei uns«. Diese pauschale Adressierung hat früh schon Fragen nach der Echtheit aufgeworfen. Wie käme Paulus dazu, in einem speziell an die Korinther gerichteten Brief einen so weitschweifenden Blick zu tun auf andere Christusgläubige wo auch immer in der Welt? Was sollte es für einen Sinn haben, wenn das Schreiben, das dann so hochnotpeinlich ins einzelne geht, am Beginn mit einem so beliebigen

Anspruch daherkommt? Warum dehnt Paulus seinen Friedensgruß an die Korinther auf die gesamte Christenheit aus?

Als geläufigste Erklärung dient die, es handele sich um eine spätere, aber relativ früh nachgetragene Einfügung. Es hat sich ja gezeigt, daß die Korintherbriefe schon bald als Disziplinierungstexte und Maßregelungsschriften verwendet worden sind, und zumal der 1. Korinther war probate Waffe einer auf law and order bedachten, fortwährend Ketzerei witternden, jungen römischen Kirche. Und deshalb stand dieses Schreiben an der Spitze der frühesten Paulinischen Sammlungen, und deshalb auch mochte sich das Bedürfnis ergeben haben, den Gruß der Epistel so zu erweitern, daß er alle übrigen gleichsam miteinschloß, alle weiteren Gemeinden ebenfalls anredete. Der Eingang des ersten Korintherbriefs wäre dann gewissermaßen die Inschrift über dem Tor, durch das man die Welt des Paulus betrat.

Eine andere Deutung ist die, daß die Stelle sehr wohl von Paulus ist, und zwar als weiterer Beleg dafür, wie sehr er jüdischem (Sprach-)Gebrauch folgt. Man hat Synagogeninschriften gefunden mit Wendungen wie: »Friede sei diesem Ort und allen Orten Israels« und hat auf eine mit dieser Formel verknüpfte liturgische Sitte geschlossen.

Dieses »an allen Orten« kommt auch bei Paulus mehrfach vor, fast ist es stehende Redewendung. »So seid ihr ein Vorbild geworden für alle Gläubigen in Mazedonien und Achaja«, hatte er schon den Thessalonichern geschrieben, »denn von euch aus ist das Wort des Herrn nicht nur nach Mazedonien und Achaja gedrungen, sondern an allen Orten ist euer Glaube an Gott bekannt geworden...« (1. Thes. 1,7 f.) Und im 2. Korinther heißt es: »Gott aber sei Dank, der uns allezeit Sieg gibt in Christus und durch uns den Duft seiner Erkenntnis an allen Orten offenbart.« (2. Kor. 2,14)

En panti topō – das ist eine der Zauberformeln der paulinischen Mission, ihr Verführungsruf und ihre Schutzverheißung, Aufputschmittel und Ablenkungsmanöver, Verschwörungsklausel und Losungswort. En panti topō – das ist eine Hinwegtröstung über die Dürftigkeiten »vor Ort«, eine Vokabel kühnster Horizonterweiterung, eine Art geographischer U-topie (das ist ja wörtlich der Nicht-Ort), ja eine räumliche Eschatologie. En panti topō – das ist ein Begriff des tollsten und ausgreifendsten Behauptungswillens. Denn: en panti topō ist nichts anderes als eine Fiktion.

Paulus arbeitet da – und er tut es gewiß nach jüdischem Muster – mit dem, was hier der »Dämonen«-Effekt genannt werden soll. Das Wesen (oder eher: das konkrete Funktionieren) dieser Propagandatechnik ist vor etwa hundert Jahren aufgedeckt und dargestellt worden. Nicht von der theologischen Exegese, nicht von der frühen Soziologie, sondern von einem Schriftsteller des 19. Jahrhunderts. Den Schlüssel liefert Dostojewski.

In seinem großen zeitkritischen, politpsychologischen Roman »Die Dämonen« beschreibt Dostojewski die Machenschaften einer geheimnisvollen Untergrundbewegung, die vom fiktiven Erzähler mit raunender Undeutlichkeit »Die Unsrigen« genannt wird. Einmal sehen wir einer Versammlung von fünf Beteiligten dieser mysteriösen Loge zu: »Alle diese fünf Männer hatten sich zu dieser ersten Gruppe in dem festen Glauben zusammengefunden, daß sie nur eine einzige von Hunderten und Tausenden solcher über ganz Rußland verstreuten Fünfergruppen seien, die wiederum ihrerseits mit der ganzen internationalen Revolutionsbewegung in Europa organisch verbunden sei. Zu meinem Leidwesen muß ich aber gestehen, daß schon damals Unstimmigkeiten unter ihnen zutage traten [...] kaum hatten sie die Fünfergruppe gebildet, als sie sich sogleich alle beleidigt fühlten, und zwar, wie ich vermute, nur deshalb, weil sie mit ihrer Einwilligung so schnell bei der Hand gewesen waren [...] Werchowenskij wollte ihre gerechte Neugier in keiner Weise befriedigen, erzählte nichts, was er nicht unbedingt mußte, und behandelte sie überhaupt mit sichtlicher Strenge, ja sogar mit Geringschätzung.«

Werchowenskij kann nichts erzählen, denn es gibt nichts

zu erzählen. Er kann nur versuchen, vage Eindrücke hervorzurufen. In Wahrheit sind die fünf Männer allein, ja, es wären nicht einmal diese fünf, wenn sie wüßten, daß sie allein wären. Einem, der nicht dazugehört, vertraut Werchowenskij an: »Hören Sie, wir werden das Volk aufwiegeln [...] Wir werden einen solchen Aufruhr erregen, daß die ganze Welt in ihren Grundfesten erschüttert werden soll [...] Nur zehn solcher Gruppen noch in Rußland, und kein Häscher wird mir etwas anhaben können [...] Noch ein paar solcher Gruppen, und ich werde überall Pässe und überall Geld haben [...] Auch Schlupfwinkel werde ich haben, mögen sie mich dann nur suchen. Die eine Gruppe wird man mit allen Wurzeln ausreißen, auf eine andere wird man sich setzen, ohne es zu merken. Wir werden den Aufruhr entzünden. Oder glauben Sie etwa nicht, daß wir zwei dazu vollständig ausreichen werden?«

Ein Kolumbus ohne Amerika

Dem skrupellosen Stawrogin entwickelt dann Werchowenskij seine Dämonie der Propaganda, seine Propaganda der Dämonie. Nein, eben nicht nur der Dämonie, sondern auch jeglichen Glaubens. Die Ausbreitungsautomatik balanciert da auf schmalem Grat: »Wir werden sagen, daß ›er sich verbirgt‹. Wissen Sie, was dieses Wörtchen bedeutet: ›Er verbirgt sich‹? Aber er wird erscheinen, er wird erscheinen [...] Er ist da, aber niemand hat ihn gesehen. Oh, was für Legenden kann man da in Umlauf setzen! Aber die Hauptsache ist doch – eine neue Kraft kommt. Und deren bedarf man, nach der weint man [...] Er lebt, aber keiner hat ihn noch gesehen, er verbirgt sich. Er bringt der Welt die neue Wahrheit und verbirgt sich! [...] Unsere Leute, unsere Fünfergruppen werden arbeiten – eine Zeitung brauchen wir nicht. Wenn von zehntausend Bitten nur eine einzige erhört wird, so werden alle mit Bitten kommen. In jedem Blick wird jeder Bauer wissen, daß es irgendwo einen hohlen Baumstamm gibt, wo alle Bittschriften niedergelegt werden sollen. Und aufstöhnen wird die Erde mit einem neuen Stöhnen! ›Ein neues, gerechtes Gesetz kommt!‹ Aber vorläufig bin ich ja noch ein Kolumbus ohne Amerika... Kann ein Kolumbus ohne Amerika vernünftig sein?«

Ein Kolumbus ohne Amerika – welch ein Bild für den visionär missionierenden Paulus, den Dostojewski hier, wenn nicht im Sinn, so doch im Hinterkopf gehabt haben muß. Ein Kolumbus, den es nicht in die neue Welt verschlägt, sondern der die neue Welt mitschaffen will. Ein Kolumbus, der dem Erdkreis seinen Christus noch nicht vollends entdeckt hat. Und der in höchster Eile handeln muß, wie Werchowenskij: »Ach, wenn wir nur Zeit hätten! Das ist ja das ganze Elend – wir haben keine Zeit.« Bei Paulus wird es heißen: »Die Zeit drängt – die Zeit wird knapp – die Tage sind gezählt.« (1. Kor. 7,29)

An allen Orten – diese usurpatorische Phantasie der Mission, dieses vorpreschende Wunschdenken, das mit einer Fata morgana mehr zu tun hat als mit dem Vaterunser, charakterisiert den Apostel als einen Kolumbus der Spiritualität. Paulus rüstet immer Segelschiffe der Imagination aus für seine Gemeinden, er meldet ihnen immer neue Entdeckungen und Stützpunkte, sagt ihnen Schätze an und Hilfstruppen zu. Die Zeit drängt, und die Welt ist, auch damals schon, groß. Aber macht es die Welt nicht etwas kleiner und die Zeit weniger bedrängend, wenn man weiß, daß schon »an allen Orten« Leute beten wie wir, daß man nicht allein ist mit dem bizarren Glauben an einen Gekreuzigten, daß man, bei aller Gefährdung und Ablenkung des Alltags, doch zu einer großen Familie gehört, zu einer Bruderschaft christlicher »Fünfer«-Gruppen?

Im Römerbrief wird Paulus sagen, er habe »von Jerusalem aus ringsumher bis nach Illyrien das Evangelium von Christus überall ausgerichtet« (Röm. 15,19b), und er wolle, demnächst, von Rom aus nach Spanien weiterreisen. Solcher

Ubiquität gibt die Apostelgeschichte recht, wenn sie sogar die Paulusverfolger von Saloniki sagen läßt: »Diese Leute, die auf dem ganzen Erdkreis Unruhe erregt haben, sind jetzt auch hierher gekommen.« (Apg. 17,6) Das ist ja Propagandatechnik der einfacheren Art: Selbst die Gegner, noch die Widersacher reden vom weltweiten Einfluß der Missionare. Gerade sie bezeugen, wieviel an der Sache, die sie begeifern, dran sein muß. Lukas, wenn er so berichtet, ist hier wirklich ein gelehriger Schüler des Apostels, ebenso wie Clemens Romanus, der von Paulus als dem Missionar spricht, »der die ganze Welt gelehrt hat«.

Selbst Adolf von Harnack bemerkt etwas von dem paulinischen »Dämonen«-Effekt (ohne sich allerdings irgend auf Dostojewski zu beziehen), wenn er schreibt: »Die Ausdrucksweise des Paulus, der die Missionspredigt auf einer schmalen Linie von Jerusalem bis Illyrien für die Verkündigung in der ganzen Osthälfte der Welt erklärt, ist nur bei der Annahme verständlich, daß die Gewißheit des nahen Weltendes eine andere Weise der Mission überhaupt nicht zuließ als die *Durchquerung* der Welt. Zugrunde liegt der Gedanke, daß das Evangelium in der kurzen Spanne der gegenwärtigen Weltzeit überall verkündet werden muß, daß aber die Durchquerung das einzig mögliche Mittel seiner Durchführung ist. Vorausgesetzt ist dabei, daß sich nach rechts und links von der flammenden Linie das *Feuer* von selbst verbreiten wird.« Wie nahe ist das der Dostojewskischen Formulierung: »Wir werden den Aufruhr *entzünden*!«

Es muß wohl so gewesen sein: Wichtig für Paulus von einem gewissen Punkt an war nicht mehr der panische, apokalyptische Transport des Evangeliums in die ganze Welt, sondern die Sicherung und Festigung der kleinen Zellen Gläubiger durch den fiktiven Horizont eines größeren Zusammenhalts. Den heraufzubeschwören, aufzuwölben, vorzustellen, war wichtiger, als ihn abzuschreiten. Es war nötig, den Eindruck einer gewissen Allgegenwart zu erzeugen. Es kam nicht zuerst auf Mobilität an, sondern auf Mobilisierung. Er brauchte die Erde nicht mehr, um sie zu durcheilen; er brauchte sie als rahmenden Horizont. Er bemühte die ganze Welt, um einen lokalen Zweifler ins Lot zu bringen. Er mußte von allen Orten reden, um den einen Ort festzunageln. Denn auch dies gilt: Bisher war er den Städten entgegengejagt; nun mußte er ihnen hinterherlaufen.

Vergebliche Spurensuche

Unter allen Argumenten der frühchristlichen Mission war dieses gelegentlich eingestreute, en panti tōpo, war dieses »an allen Orten« vielleicht das wichtigste, tröstlichste. Wie verloren wären diese Korinther, Thessalonicher, Philipper gewesen, hätten sie gewußt, wie sehr sie sich inmitten ihrer Umwelt verloren. Die frühe Überlieferung ist bestenfalls das gewesen, was man heute eine Samisdat-Bewegung nennen würde, Untergrund-Geraune oder -Geschreibsel, Sektenkult. Jedenfalls hätten sich die Gläubigen wohl entsetzt, wäre ihnen aufgegangen, was die heutige Quellenlage widerspiegelt: Sie sind im ersten Jahrhundert nicht nur eine quantité négligeable, nein, sie kommen in außerchristlichen Dokumenten praktisch überhaupt nicht vor! Es gibt sie nicht in der griechischen, nicht in der römischen, ja nicht einmal in der jüdischen Literatur. Die Ereignisse dessen, was unser Neues Testament wird, sind vollständig ausgeblendet aus jeglicher anderen Geschichtsschreibung, Legendenliteratur, Dichtung und Dramatik. Ja: »ausgeblendet« ist noch eine übereifrige Vokabel, weil sie Abwehr und damit Kenntnisnahme voraussetzt, Gegenzug und Widerstand; aber nicht einmal das liegt vor, sondern die blankeste Ahnungslosigkeit. Es gibt nichts Absurderes als die Vorstellung, man hätte den Zeitgenossen des Paulus eröffnet, sie lebten im 1. Jahrhundert nach Christus.

Selbst die wenigen, gerade eben aufblitzenden Erwähnungen, die es gibt, sind umstritten und mit großer Wahrscheinlichkeit mißdeutet oder interpoliert. Josephus, der jüdische Schriftsteller am Ende dieses »ersten« Jahrhunderts, spricht einmal von einer »nach Christus benannten Sippe« und nennt ein andermal Jakobus als »den Bruder Jesu, des sogenannten Christus«. Beide Zeugnisse sind wohl spätere Zutaten. Ob beim Judenedikt des Claudius (um 49) von Tumulten wegen eines Christus oder eines aufrührerischen Sklaven namens Chrestos (nach Sueton) die Rede ist, bleibt gleichfalls unsicher. Tacitus wird dann in seinen »Annalen« die Christen als die erwähnen, denen der Brand von Rom zur Last gelegt wurde: »Aber nicht menschliche Hilfe, nicht freigebige Spenden des Princeps oder Sühnemittel für die Götter konnten das schlimme Gerücht aus der Welt schaffen, der Brand sei auf Befehl (Neros) gelegt worden. Und so schob Nero, um dieses Gerücht zu ersticken, die Schuld auf andere und verhängte über die, die durch ihr schändlich Gebaren verhaßt waren und im Volksmund ›Christianer‹ hießen, die ausgesuchtesten Strafen. Dieser Name leitete sich von Christus ab, der unter der Regierung des Tiberius durch den Prokurator Pontius Pilatus hingerichtet worden war.« Dieses Zeugnis stammt dann aber schon aus dem Beginn des zweiten Jahrhunderts.

Der »Dämonen«-Effekt des en panti topō muß aber dennoch gewirkt haben. Adolf von Harnack beschreibt ihn auf seine Weise: »Der Glaube, daß bereits die Urapostel der ganzen Welt das Evangelium verkündigt haben, ist somit sehr alt [...] Dieser Glaube hätte nicht aufkommen können, wenn man von der wirklichen Tätigkeit und dem Verbleib der Mehrzahl der Apostel etwas Sicheres gewußt hätte.«

So aber kann für die wenigen Christen, entgegen allem Alltag und Augenschein, das Bild einer Zeitgenossenschaft sich abzeichnen, die mit ihm glaubt, die mit ihm bekehrt ist oder sich noch bekehren wird; die von Christus gerettet wird, weil sie sich von ihm retten lassen will. Es erwächst das Gefühl der Zugehörigkeit zu einer zwar unsichtbaren, aber zugleich unüberschbaren Gemeinschaft. Es begibt sich das irrationale Wunder dessen, was heute unsere Fernsehgesellschaft mitkonstituiert: die Macht der Einschaltquote.

En panti topō – das ist ein subtiler Betrug. Denn nächst der Gottverlassenheit ist jene Verlassenheit am größten, in der ein Mensch mit seinem Glauben allein bleibt. Erst wenn er sich eins weiß mit den vielen, mit der ganzen Welt, bringt er die Kraft auf, diesen Glauben wirklich der ganzen Welt mitzuteilen.

17.
»Nicht viele Mächtige, nicht viele Vornehme ...«
oder: Religion für Underdogs?

> Ich liebe es durchaus nicht an jenem Jesus von Nazareth und seinem Apostel Paulus, daß sie den kleinen Leuten so viel in den Kopf gesetzt haben.
> Friedrich Nietzsche

> ... haben wir es doch mit einer Kirche zu tun, die durch die ganze Geschichte hindurch gerade mit den nicht-armen Klassen gemeinsame Sache gemacht hat.
> Leonardo Boff

Vergleich mit einer Räuberbande

Wer waren die ersten *europäischen* Christen, was waren das für Leute? Es ist eine Frage, die seit zwei Jahrtausenden gestellt wird, und wie alle bejahrten Fragen hat sie viele Antworten gefunden, und das heißt: eigentlich keine. Das Übergewicht hatte immer die Vorstellung, es seien die Ärmsten der Armen, kleine und kleinste Leute, Invalide, Randfiguren der Gesellschaft, Underdogs und Outcasts. Dieses Bild ist vor allem von Celsus entworfen worden, dessen Schrift »Alethes logos« um 178 eine scharfe Kritik des Christentums bei erstaunlich genauer Kenntnis der Lebensverhältnisse vorträgt. Bekanntgeworden ist diese Polemik nur durch die Widerlegung des Origines geworden, der daraus zitiert; das aber verleiht den Attacken des Celsus desto größere Authentizität.

»Die Christen müssen selbst zugeben, daß sie nur Menschen ohne Geist, ohne Ansehen und ohne Verstand, daß sie nur Sklaven, Weiber und Kinder zur Annahme ihres Glaubens bewegen können«, höhnt Celsus zum Beispiel, und noch aggressiver: »Hören wir nun, was für Leute jene (Christen) herbeirufen: Wer ein Sünder ist, ein Tor, ein Einfältiger, mit einem Wort ein Unglücksmensch – ihn wird das Reich Gottes aufnehmen. Den Sünder, damit meinen sie den Ungerechten, den Dieb, den Einbrecher, den Giftmischer, den Tempelräuber und den Grabschänder. Wenn einer eine Räuberbande bilden wollte, würde er solche Leute herbeirufen.«

Celsus hat, wie seine Wortwahl verrät, selbst Paulus gelesen, er kennt sich in dessen Paradoxien gut aus: »Einige Christen wollen nicht einmal Rechenschaft geben noch nehmen über das, was sie glauben, sie halten sich an die Parole: ›Ein Übel ist die Weisheit in der Welt, ein Gutes aber die Torheit.‹ Folgende Vorschriften gelten bei den Christen, ja sogar bei den Verständigeren: Wer gebildet ist, wer klug, wer weise ist, der trete nicht zu uns hinzu; denn solche Eigenschaften sind in unseren Augen schlimme Dinge. Die Unwissenden aber, die Narren und die Toren, mögen herzhaft zu uns kommen.«

Celsus bezieht sich auf dieses Wort aus dem erten Korintherbrief: »Seht doch, liebe Brüder, auf eure Berufung: Nicht viele Weise nach dem Urteil der Menschen, nicht viele Mächtige, nicht viele Vornehme sind berufen. Sondern was töricht ist vor der Welt, das hat Gott erwählt, um die Weisen zuschanden zu machen; und was schwach ist vor der Welt, das hat Gott erwählt, um zuschanden zu machen, was stark ist; und das Geringe vor der Welt und das Verachtete hat Gott erwählt, das, was nichts ist, um zunichte zu machen, was etwas ist, damit sich kein Mensch vor Gott rühmen kann.« (1. Kor. 1,26–29) Natürlich sind das religiöse, gottbezogene Paradoxien; aber haben sie nicht auch sozialstatistischen Wert? Was sagen sie über die korinthischen Zeitgenossen und Gemeindemitglieder? Berichten sie konkret etwas über Arm und Reich, Hoch und Niedrig?

Für das palästinische Christentum galt gewiß, wenn nicht

das Ideal, so doch der Zustand der Armut. Hier trifft der Satz Adolf Deissmanns zu: »Nur weil das Neue Testament, menschlich geredet, hervorgegangen ist nicht aus der matten, resignierten Kultur einer abgelebten Oberschicht, sondern aus der unverbrauchten und durch die Gegenwart und Zukunft des Göttlichen gestählten Kraft von unten, nur deshalb konnte es das Buch der Menschheit werden.« Weniger pompös, in der Metaphorik der Sozialbewegung des 19. Jahrhunderts, hatte es Ernest Renan gesagt: »Wenn Sie einen genauen Begriff davon haben wollen, was die ersten christlichen Gemeinden waren, dann vergleichen Sie sie nicht mit den Kirchengemeinden unserer Tage; sie glichen eher lokalen Sektionen der internationalen Arbeiterklasse.« Aber es ist eben ein großer Unterschied zwischen der notleidenden und übervölkerten Armutsgesellschaft Palästinas und der Handelsbeweglichkeit des antiken Europas. Der Zug der paulinischen Mission gen Westen bedeutete auch die Tendenz von der alleräußersten Dürftigkeit und Bedürftigkeit weg zu einer gewissen Wohlhabenheit, von der Genügsamkeit zum luxuriösen Anspruch, von archaischen zu »modernen« Gesellschaftsstrukturen.

Im Orient, meint der Religionssoziologe Gerd H. Theissen, wo »die unteren Schichten ganz auf die ›Gerechtigkeit‹ der oberen Schichten angewiesen waren, wurde Gerechtigkeit zum Erbarmen und zur Gnade. Besonders in Israel konnte der Arme als jemand gelten, der in besonderem Maße Gottes Schutz anvertraut war. Hier konnte Jesus die Armen selig preisen. Hier konnte der Begriff ›Arme‹ zum Ehrentitel religiöser Gruppen (= der Ebioniten) werden.« Noch der vermutlich in Syrien entstandene Hebräerbrief läßt sich als ein Pamphlet gegen den Reichtum, als Solidaritätsschrift für die Armen und die Armut lesen.

Mission unter den Meinungsführern

Für Korinth aber gilt etwas anderes. »Die Christen waren, wenn man die Korinther als einigermaßen typisch ansehen kann, nicht nur keine sozial unterdrückte Schicht, sondern das in ihnen vorherrschende Element stammte aus der selbstbewußten sozialen Oberschicht der Großstädte«, urteilt der australische Religionshistoriker E. A. Judge. Die heutige Religionssoziologie ist immerhin so weit gediehen, eine Äußerung wie die des »nicht viele Weise [...], nicht viele Mächtige, nicht viele Vornehme sind berufen...« so zu verarbeiten, wie auch der unbefangen-kritische Leser sie zu verstehen meint: Weise, Vornehme, Mächtige sind konkret so gemeint, das sind durchaus auch soziale Kategorien. Die erste umfaßt Angehörige gebildeter studierter Schichten, die zweite Leute mit Einfluß und wirtschaftlicher Macht, die dritte solche, die von Geburt einen höheren Rang innehaben. Und das »nicht viele« heißt keineswegs, daß solche Leute mit dem Christentum gar nichts zu tun haben dürften, sondern daß sie gegenüber den anderen, Ärmeren, in der Minderheit gewesen sind.

Die wichtige Erkenntnis der neueren Forschung aber ist: Diese wenigen gaben den Ton an, sie waren das, was man heute Meinungsführer und Multiplikatoren nennt; sie galten zwar vor Gott nicht mehr als alle übrigen; aber in der Gemeinde übten sie eben doch den größten Einfluß aus. »Mag nun ihr zahlenmäßiger Anteil gering gewesen sein, ihr sachliches Gewicht muß um so höher eingeschätzt werden.« (Theissen)

Rekapitulieren wir doch auch hier wieder einmal die Berichte der Apostelgeschichte. Was von der Missionsarbeit des Paulus bisher an Namen im Gedächtnis blieb (beim Erzählgang mit Lukas), war ja eher prominent: Als ersten gab es da den Sergius Paulus, Statthalter von Zypern; dann die Purpurhändlerin Lydia in Philippi, eine sicherlich nicht unbetuchte Dame; am gleichen Ort den Kerkermeister, der auch nicht ein einfacher Gefangenenwärter, sondern eher der Stadtsicherheitschef gewesen sein muß; und unter den bekehrten gottesfürchtigen Griechen in Thessalonich waren auch »nicht wenige von den angesehensten Frauen«; gehobenes Publikum, gegen das man dann den Pöbel mobilisiert hat. Zweimal, bei Lydia und dem Aufseher, wird betont, daß die Bekehrten mit ihrem ganzen »Haus« zum Glauben gekommen seien. Auch bei zwei Korinthern wird vom »Haus« gesprochen, das sich mit ihnen bekehrt habe: beim Synagogenvorsteher Crispus und bei Stephanus.

Was bedeutet dieses »Haus«? Auch hier wieder bedarf es eigentlich keiner soziologischen, philologischen oder religionsgeschichtlichen Kompetenz, um sich das Wichtigste denken zu können: Zum Haus einer wohlhabenden Frau, eines wichtigen Beamten, gehört alles, was zum Haushalt zählt: die engere Familie, dann Mägde und Diener, wiederum mit ihren Familien, des weiteren auch Knechte und Boten. Das Haus heißt griechisch oikos; es ist jenes Wort, das auch in der Ökumene steckt, ebenso wie in der Ökonomie. Oikos ist jedenfalls ein umfassender Begriff, weitergehend wohl als das lateinische domus, das nur die verwandtschaftlich verbundenen und rechtsfähigen Mitglieder einer Familie meint.

Von Crispus und seinem Übertritt zum Christentum war schon die Rede; wenn er in der Tat Synagogenvorsteher war, wie die Apostelgeschichte behauptet, so bedeutete seine Bekehrung natürlich in erster Linie einen gewaltigen propagandistischen Effekt; das mußte im Umkreis der Synagoge fast jene Schockdramaturgie haben, die die Wendung vom Saulus zum Paulus kennzeichnet. Aber außerdem ist Crispus auch als ein wohlhabender Mann zu denken, dessen Mittel nun der jungen Christengemeinde Korinths zugute kamen. Denn zu den Aufgaben eines Synagogenvorstehers gehörte nicht nur die Regelung von Schriftlesungen und Ansprachen, sondern auch die Sorge für das Synagogengebäude und dessen Instandhaltung. So ein Mann mußte notfalls auch einmal aus der eigenen Tasche bezahlen können, was der Gemeindekasse fehlte. Davon zeugen mehrere Inschriften an anderen Orten, zum Beispiel in Jerusalem: »Theodotos, des Vettenos Sohn, Priester und Synagogenvorsteher, Sohn eines Synagogenvorstehers, Enkel eines Synagogenvorstehers, erbaute die Synagoge zur Vorlesung des Gesetzes und zum Unterricht in den Geboten, ebenso auch das Fremdenhaus und die Kammern und die Wasseranlagen für die (Pilger) aus der Fremde, die eine Herberge brauchen...« Gewiß nicht zufällig und wohl nicht nur aus zeitlichem Vorrang wird Crispus unter den von Paulus Getauften an erster Stelle genannt.

Neben Crispus gibt es den erst im Römerbrief genannten Erastos, der dort als Stadtkämmerer (Luther: »der Stadt Rentmeister«) grüßt. Aber daß ein hoher Beamter von Korinth zur paulinischen Gemeinde gehört haben soll, erscheint selbst den Forschern suspekt, die wie Theissen durchaus an gehobenen Status einiger Christusanhänger glauben. So differiert die Auslegung der Funktionsbezeichnung oikonomos tys póleos zwischen dem »Inhaber eines hohen städtischen Wahlamtes oder einem kleinen, in der Finanzverwaltung tätigen Mann, der vielleicht sogar Sklave oder Eigentum der Stadt war«. Die Vulgata-Übersetzung definiert das Amt des Erastos als »arcarius civitatis«, damit ist eher ein kleiner Funktionär, meist ein Sklave, gemeint. Eins also scheint gewiß: So etwas wie ein Finanzminister oder Schatzmeister von Korinth ist er nicht gewesen. Aber einen Mann zu haben, der, wie auch immer subaltern, mit städtischem Geld zu tun hatte, war gewiß auch dann vorteilhaft, wenn er darüber nicht im geringsten verfügen konnte.

Die ganz alltäglichen Dinge

Es wird in Korinth Probleme mit der Gemeinde geben, die auf einen höheren Sozialstatus der wichtigsten Mitglieder schließen lassen, auf Bildungsrang, Herrschaftswissen, Erkenntnisstolz – darauf ist in den wenigen Paulus-Sätzen schon angespielt. Denn es ist gerade die »Sophistication« der Oberen und Reicheren, die sie aufgeschlossen macht für die neue Lehre. »Der Erfolg der Erlösungskulte und der philosophischen Erlösungslehren« – zu denen auch das Christentum zu rechnen ist – »in den vornehmen Laienkreisen des Späthellenen- und des Römertums geht parallel der endgültigen Abwendung dieser Schichten von politischer Betätigung.« (Max Weber) Aber es ist auch eben diese »Abgehobenheit« von Politik und Realität, die dann in diesen Kreisen Korinths zu einem Überjauchzen der christlichen Botschaft, zu einem ekstatischen Individualismus und zum ganz großen Konflikt führen wird. Doch nicht davon soll jetzt schon die Rede sein, sondern von viel alltäglicheren Dingen: von Essensgewohnheiten und vom Umgang mit Geld.

Nur: So säuberlich lassen sich Alltag und Religion nicht trennen, und es ist eben die Verflochtenheit beider Sphären, die Paulus auf den Plan ruft. Die neuen Gläubigen haben z. B. Probleme mit dem Fleischverzehr. Der Rat des Apostels wird dringend erbeten. »Was nun das Essen von Götzenopferfleisch angeht, so wissen wir, daß es keinen Götzen gibt in der Welt und keinen Gott außer dem einen [. . .] Aber nicht alle haben diese Erkenntnis. Vielmehr sind einige noch an die Götzen gewöhnt und essen es als Götzenopfer; dadurch wird ihr Gewissen, weil es noch schwach ist, befleckt. Speise aber wird uns nicht vor Gottes Gericht bringen.« (1. Kor. 8,4 f.)

Die Argumentation ist klar genug: Die Verständigeren, Klügeren, Stärkeren in Korinth hatten begriffen, daß es, nach Annahme der Lehre von Christus, keine Götzen mehr geben konnte, daß also, wenn man Fleisch aß, es nicht darauf ankam, welcher Hokuspokus vorher mit ihm gemacht worden sein mochte. Welchem »Gott« das Tier auch immer geopfert worden war, von dem das Fleisch stammte: Es war rein, da die Opferhandlung, im neuen Glauben, keinen Wert oder Unwert mehr hatte. Kurz: Wenn es keine Götzen mehr gab, gab es auch kein Götzenopferfleisch. Also konnte man es unbedenklich essen.

Aber gerade weil der Gedankengang so klar ist, erscheint er Paulus nicht gut genug; er hat deshalb eine Art Versöhnung eingefügt, ein Gewißheitsbeben, das mit den Skrupeln der Schwachen sympathisiert: »Und obwohl es sogenannte Götter gibt, es sei im Himmel oder auf Erden, wie es ja wirklich viele Götter und Herren gibt, so haben wir doch nur einen Gott, den Vater, von dem alle Dinge sind und wir auf ihn hin; und einen Herrn, Jesus Christus, durch den alle Dinge sind und wir durch ihn.« (1. Kor. 8,5.6.)

Und eine ähnliche Haltung legt er nun den »Starken« nah; er ermahnt sie mit einer umsichtigen, liebevollen Überlegung: »Seht aber zu, daß eure Freiheit (Fleisch ohne Bedenken zu essen) den Schwachen nicht zum Anstoß wird. Denn wenn jemand dich, der du die Erkenntnis hast, im Götzentempel zu Tisch sitzen sieht, wird dann nicht sein Gewissen, da er doch schwach ist, verleitet, das Götzenopfer zu essen? Und so wird durch deine Erkenntnis der Schwache zugrundegehen, der Bruder, für den doch Christus gestorben ist. Wenn ihr euch aber so an den Brüdern versündigt und ihr schwaches Gewissen verletzt, so versündigt ihr euch an Christus. Darum, wenn Speise meinen Bruder zu Fall bringen kann, will ich lieber nie mehr Fleisch essen, um meinen Bruder nicht zu verführen.« (1. Kor. 8,9-13) Individuelle Freiheit soll sich also freiwillig einschränken zum Zeichen der Solidarität mit dem Nächsten. (Es gibt die simpelste Analogie aus unserem Verkehrsalltag: Ein Erwachsener mag auf gut Glück bei Rot eine Straße überqueren; auf keinen Fall aber darf er Kindern ein Beispiel geben, das für sie lebensgefährlich wäre.)

Die Starken und die Schwachen

Die Starken und die Schwachen in Korinth – das sind nun aber nicht etwa die Leute mit mehr oder weniger Charakter, mit mehr oder weniger (Aber-)Glauben, mit mehr oder weniger Intelligenz. Es sind auch die Leute mit mehr oder weniger Geld, Status, Lebensart. Die Starken sind nicht bloß die Einsichtigeren, sondern auch die Wohlhabenderen, für die Fleisch ein eher normales Lebensmittel ist. Ein Braten war für sie gewöhnlicher Bestandteil des Küchenzettels.

Die Schwachen dagegen, sofern sie Griechen sind, kennen Fleisch nur in Zusammenhang mit irgendwelchen Opfern. Die Tempel waren sozusagen die Schlachthäuser der Antike, das dort anfallende und gelegentlich auch an die Armen verteilte Fleisch war in jedem Fall geweiht, also »Götzenfleisch«. Es war aber in der Regel auch die einzige Möglichkeit für sie, dergleichen zu beißen zu bekommen. Dazu Gerd Theissen: »Der Übertritt zum Christentum brachte für Juden und Heidenchristen aus den unteren Schichten in gleicher Weise Schwierigkeiten mit sich: Den ehemaligen Heiden mußte es schwer fallen, Fleisch unabhängig von seinem rituellen Rahmen als etwas ganz Natürliches anzusehen, während sie zugleich in erhöhter Versuchung standen, sich wenigstens das bißchen Fleischgenuß nicht entgehen zu lassen, das ihnen heidnische Feste mit Stiftungen boten. Sie aßen also weiterhin Fleisch – taten es jedoch mit schlechtem Gewissen [...] Ehemalige Juden aber waren durch den Übertritt von den Einschränkungen des Judentums befreit. Aber es wird für sie nicht leicht gewesen sein, die negative Tabuisierung des Fleisches abzubauen...«

RECHERCHE: WAS ASS MAN IN DER ANTIKE? Die Pasta-Kultur im heutigen Italien zeugt im wesentlichen noch immer von der Ernährungsweise im Altertum. Mehlkost, zuerst als Brei, später als gebackenes Brot, war das Grundnahrungsmittel. Dazu aber gibt es, für Arm und Reich, die klassischen mediterranen Ergänzungen: Fisch, Olivenöl und Wein. Das Problem der Armut, gerade in den Städten, hatte dort aber schon früh zu einer öffentlichen Lebensmittelversorgung geführt, die jedoch nur Getreide, nie Fleisch umfaßte. Auch in Griechenland war die Mehlspeise Hauptgericht: Brei aus Gerstenmehl (alphita) und Brot aus Weizen (artos). Römische Soldaten bekamen nur im Ausnahmefall, wenn Getreide knapp wurde, Fleisch vorgesetzt. Die Rangfolge der Nahrungsmittel, wohl nicht nur bei den Juden, und damit auch den Zusammenhang von Wohlhabenheit und Konsumgewohnheit, belegt folgende Talmudstelle: »Wenn jemand eine Mine besitzt, soll er für seine Schüssel eine Litra Kräuter kaufen, wer 10 Minen besitzt, eine Litra Fische, wer 50 Minen besitzt, eine Litra Fleisch. Nur wenn er 100 Minen besitzt, soll er sich jeden Tag einen Topf aufsetzen lassen. – Wie oft jene? Von einem Vorabend des Sabbats bis zum andern (= einmal in der Woche).« Salat, Schnecken, Eier erwähnt Plinius der Jüngere als die Snacks, mit denen ihn ein ausgebliebener Gast hat sitzenlassen. Sardinen sind, damals wie heute, die einfachste Fischmahlzeit.

Fleisch für alle gab es nur bei besonderen Gelegenheiten: zu Siegesfeiern oder Leichenbegängnissen oder auch dann, wenn etwa der Bewerber um ein öffentliches Amt Stimmung (und satte Mägen) für sich machen wollte. Mitunter wurden auch öffentliche Opfermahle ohne besonderen Zweck gestiftet. In einer griechischen Stiftungsurkunde heißt es, nicht nur alle Bürger, sondern auch Randsiedler, Fremde, Römer und Frauen seien mit Fleisch zu bewirten. Und eben auch bei großen religiösen Festen fanden Fleischverteilungen statt: sei's durch den Staat, sei's durch Spenden reicher Bürger.

Dann aber gibt es jene antike Geselligkeitsform, bei der man, durch private Einladung, zu einem Gastmahl in einen Tempel gebeten wurde, um im Namen und unter spirituellem Vorsitz irgendeines Gottes höchst weltlich zu schlemmen. Der Tempel also als Schlachtbank und Vereinshaus, als Kultstätte und Tanzdiele; und der jeweilige Tempelgott als Gastgeber, dem man den besten Platz freihält. Solche »Partys der Antike« (Theissen) zogen, wie heute auch, die Verpflichtung zu Gegeneinladungen nach sich, die Tempel wechselten dann, und man durfte es mit den Göttern, deren Fleisch man aß, nicht allzu genau nehmen.

In eben dieser Situation befanden sich nun aber auch die Starken, die Aufgeklärten, die Reichen unter der jungen Christenschaft Korinths. Allzuviele Skrupel konnten sie sich gar nicht leisten, ohne sich aus dem öffentlichen Leben selber auszuschließen. Theissen demonstriert das am Beispiel des Erastos: »... der ›Stadtkämmerer‹ hätte sein öffentliches Amt gleich zur Verfügung stellen können, hätte er alle Einladungen ausgeschlagen, bei denen ›geweihtes Fleisch‹ zu erwarten war. Falls er mit dem inschriftlich bezeugten Ädilen Erastus identisch ist, also sich irgendwann einmal zum Aufseher über jene öffentlichen Plätze und Gebäude hat wählen lassen, wo Götzenopferfleisch verkauft wurde, so hat er wohl kaum eine reservierte Haltung gegenüber ›geweihtem Fleisch‹ demonstrieren können. Er wäre für ein Amt völlig untauglich gewesen.«

Immer wieder scheiden sich, scheidet Paulus am Fleisch die Geister in Korinth. Immer wieder muß der Apostel auf die Kluft im Verhalten von Starken und Schwachen eingehen, und diese Unterschiede bestimmen zugleich das Hin und Her seiner Antworten. Gerade wo es nicht schon Differenzen gibt, ist Paulus genötigt, zu differenzieren. Auch wo es sich nicht um Streitfälle handelt, muß er die Probleme von verschiedenen Seiten zu sehen versuchen. Das gibt seinen Ratschlägen oft einen Anschein von Wankelmut, Unsicherheit, Widerspruch. Aber er hat ja eben nicht nur *eine* Gemeinde mit Lebenshilfe zu versorgen, sondern mindestens zwei. Er muß die Starken ansprechen und den Schwachen Mut machen. Er muß den Starken ihre Stärke um die Ohren schlagen, aber doch so, daß sie ihre Vorbildfunktion nicht verlieren. Er muß »den Schwachen ein Schwacher« werden, aber doch so, daß die Macht seines Apostolats nicht darunter leidet.

Es ist nicht nur Liberalität, nicht nur Bekenntnis zur Freiheit eines Christenmenschen, sondern auch viel Jongliererei und ein Balanceakt, wenn Paulus schreibt: »Alles ist erlaubt, aber nicht alles dient zum Guten. Alles ist erlaubt, aber nicht alles baut auf. Niemand suche das Seine, sondern was dem andern dient.« Aber jene allgemeine Sprücheklopferei ist es nun wiederum auch nicht, die der Kursiv-Satz in unseren heutigen Bibeln vermuten läßt. Noch immer ist die Rede vom Fleisch: »Alles was auf dem Fleischmarkt verkauft wird, das dürft ihr essen; forscht nicht nach, damit ihr das Gewissen nicht beschwert.« Wer etwa nicht recht gehört haben mag, dem wiederholt er gleich noch einmal die sonderbare Mahnung: »Wenn euch einer von den Ungläubigen einlädt und ihr wollt hingehen, so eßt alles, was euch vorgesetzt wird und forscht nicht nach, damit ihr das Gewissen nicht beschwert. Wenn aber jemand zu euch sagt: Das ist Opferfleisch, so eßt nicht davon, mit Rücksicht auf den, der es euch gesagt hat, und mit Rücksicht auf das Gewissen. Ich rede aber nicht von deinem eigenen Gewissen, sondern von dem des anderen [...] Ob ihr nun eßt oder trinkt oder was ihr auch tut, das tut alles zu Gottes Ehre. Gebt keinen Anstoß, weder den Juden noch den Griechen, noch der Gemeinde Gottes, so wie auch ich jedermann in allem zu Gefallen lebe und nicht suche, was mir, sondern was vielen dient, damit sie gerettet werden.« (1. Kor. 10,23-33)

Am krassesten wohl machen sich der soziale Abstand, der ungleiche Lebensstandard bei jenen Zusammenkünften bemerkbar, die als frühe Form der Abendmahlsfeier anzusehen sind. Die sakramentale Bedeutung soll hier nicht interessieren, auch nicht die Frage, ob dieses Mahl »als Fortsetzung der Tischgemeinschaft Jesu mit den Jüngern begangen wurde« oder eher als ein Essen »im Gedächtnis an das *letzte* Mahl Jesu« (Conzelmann). Die Aufmerksamkeit gilt dem Umstand, daß gerade hier, wo die größte, frömmste, lauterste Vereinigung der verschiedensten Menschen sich ereignen sollte, wo nichts zählen konnte als der Glaube an Christus und die Liebe zu Gott, daß gerade hier die Starken sich stark gaben, die Reichen reich, die Mächtigen mächtig und daß sie alle übrigen besonders deutlich spüren ließen, wie arm dran sie waren. Als Versöhnungsfest der Gemeinde, als Egalitätfeier der Christen scheint dieses Korinther Abendmahl eine einzige Katastrophe gewesen zu sein. Paulus ist entsetzt und erhebt Einspruch: »Zum ersten höre ich, daß es Spaltung unter euch gibt, wenn ihr als Gemeinde zusammenkommt; und zum Teil glaube ich's. Wenn ihr nun zusammenkommt, so hält man da nicht das Abendmahl des Herrn. Denn jener nimmt beim gemeinsamen Essen sein eigenes Mahl vorweg, und so ist der eine hungrig, der andere betrunken. Habt ihr denn nicht Häuser, wo ihr essen und trinken könnt? Oder verachtet ihr die Gemeinde Gottes und beschämt die, die nichts haben? [...] Denn wer so ißt und trinkt, daß er den Leib des Herrn nicht achtet, der ißt und trinkt sich selber zum Gericht. Darum sind auch viele Schwache und Kranke unter euch [...] Darum, meine lieben Brüder, wenn ihr zusammenkommt, um zu essen, wartet aufeinander. Hat jemand Hunger, so esse er zu Hause, damit ihr nicht zum Gericht zusammenkommt. Das andere will ich ordnen, wenn ich komme.« (1. Kor. 11,18-34)

Ob man, angesichts solcher Zustände, solcher Konflikte, wirklich von einer »sozialen *Schichtung* in der korinthischen Gemeinde« sprechen sollte, wie es Theissen tut, und nicht eher von einer sozialen Zerrissenheit? Ein Großteil der paulinischen Ratschläge bezieht sich, wie zu sehen war, gar nicht auf die religiösen Fragen und Interpretationen, sondern auf den Ausgleich zwischen arm und reich, schwach und stark, unwissend und gebildet. Christlicher Umgang miteinander scheint schon in den Tagen des paulinischen Korinth so schwierig und selten gewesen zu sein, wie er es bis heute ist.

Eins bleibt noch festzuhalten: Paulus, wenn er schreibt, schreibt *für* die gesamte Gemeinde, aber er schreibt *an* die Starken, die Mächtigen, die Weisen, die Vornehmen.

Die anderen können nicht lesen.

18.
Maulkorb für die Frauen?
oder: Paulus und die feministische Theologie

> Ich habe wirklich nicht die Absicht, Paulus vor ein aus Exegeten des NT bestehendes Geschworenengericht zu stellen oder darüber zu streiten, ob er zu 30 Prozent, zu 75 Prozent oder 100 Prozent Feminist ist. Schließlich sind dies Kriterien, die sich aus unserer jetzigen Situation ergeben haben. Das Unterfangen, Paulus einfach an solchen Maßstäben zu messen, kommt mir als Anachronismus und Zeitverschwendung vor.
>
> Elaine Pagels

Ein peinliches Machtwort

»Das Weib schweige in der Gemeinde!« Mit diesem Machtwort aus dem 1. Korintherbrief (14,34) scheint ja alles gesagt. Nicht gegen die Frauen, sondern gegen Paulus, der da so frauenfeindlich und paschahaft für Ruhe sorgt. Dieses »mulier taceat in ecclesia« ist nicht nur einer seiner berühmt-berüchtigsten Sätze geworden, sondern auch Leitsatz einer (katholischen) Kirche, die bis heute ausschließlich Männersache ist. Kaum ein anderer Vers des Neuen Testaments hat so viel rigide Praxis nach sich gezogen wie dieser; kaum ein anderer so viel Lebendigkeit zum Verstummen und zum Ersticken gebracht; kaum ein anderer so viel antiken Patriarchalismus in unsere Gegenwart transportieren helfen; kaum ein anderer die neue Schöpfung des Christentums so sehr als Werk des alten Adam erscheinen lassen. »Das Weib schweige in der Gemeinde!« – da steht der Apostel der Freiheit auf einmal als bornierter Ordnungshüter da. Und es mag nicht wenige Leute geben, die auf die Frage, was sie denn von Paulus wissen, mit der Auskunft kommen, die Frauen hätten in der Kirche den Mund zu halten.

Aber es handelt sich nicht um das Schweigegebot allein: Paulus steht für die zweitausend Jahre lange Unterdrückung der Frau. Seine Aussagen, heißt es in einem heutigen feministischen Text, »haben das christliche Frauenbild und die christliche Familienpolitik geprägt. Die Vorstellung, daß der Mann das Oberhaupt der Familie sei, hat sich bis in die Gegenwart hinein erhalten. Das Schweigegebot für Frauen in der Gemeinde gilt in der katholischen Kirche noch heute. Erst die radikale Wandlung der Stellung der Frau in der modernen Gesellschaft und ihre in immer stärkerem Maße akzeptierte Forderung nach voller Gleichberechtigung mit dem Mann lassen die paulinischen Weisungen aus der Bibel als Relikte einer längst vergangenen Epoche erscheinen...«

Sehen wir zu, bemühen wir uns wieder in die längst vergangene Epoche hinein. Die Gemeinde in Korinth ist gegründet, die uneinheitliche »Sympathisantengruppe« (Theissen) sucht sich, unter dem neuen Vorzeichen, im alten Leben zurechtzufinden, und Paulus dient, immer wieder, als Anrufbeantworter. »Der tägliche Andrang zu mir« besteht aus Fragenden, Ratsuchenden, Unsicheren. Was gilt noch, was gilt neu? Wie halte ich's mit den täglichen Gewohnheiten, mit den nächtlichen Begierden? Warum, wenn ich doch nun in Christus bin, begehrt mein Körper, indem er weiterhin begehrt, dagegen auf? Was ist erlaubt, was ist geboten? Was tun, was lassen?

Paulus gibt sich zunächst grundsätzlich; eine ähnliche Wendung war schon zu hören: »Alles ist mir erlaubt, aber nicht alles dient zum Guten. Alles ist mir erlaubt, aber es darf mich nichts gefangennehmen.« (1. Kor. 6,12) Dann aber wird er konkret: »Nun komme ich zu dem, was ihr mir geschrieben habt: Es ist gut für den Mann, keine Frau zu berühren. Jedoch um Unzucht zu vermeiden, soll jeder seine eigene

Frau haben und jede Frau ihren eigenen Mann. Der Mann leiste der Frau die eheliche Pflicht, ebenso die Frau dem Mann. Die Frau verfügt nicht über ihren Leib, sondern der Mann. Ebenso verfügt der Mann nicht über seinen Leib, sondern die Frau. Entzieht euch einander nicht, es sei denn nach Übereinkunft für eine Zeitlang, damit ihr zum Beten Ruhe habt, und dann kommt wieder zusammen, damit euch der Satan nicht versucht, weil ihr euch nicht enthalten könnt.« (1. Kor. 7,1-5)

Kein Eheberater, kein Sexualtherapeut könnte vernünftiger sprechen. Aber Paulus fügt noch eine persönliche Bemerkung an: »Dies sage ich aber als Erlaubnis, nicht als Gebot. Ich wollte zwar lieber, alle Menschen wären wie ich; doch jeder hat seine eigene Gabe von Gott, der eine so, der andere so.« Und dann folgt noch der Rat: »Den Unverheirateten und Witwen aber sage ich: Es ist gut für sie, wenn sie bleiben wie ich. Wenn sie sich aber nicht enthalten können, sollen sie heiraten; denn es ist besser, zu heiraten als sich in Begierde zu verzehren.« (1. Kor. 7,7-9) Jedenfalls: verdruckst ist er nicht, er nennt die Sehnsüchte beim Namen.

Paulus gibt dann nähere Anweisungen für Scheidungsfälle und für die offenbar nicht seltene Situation, daß von zwei Eheleuten nur einer den neuen Glauben annimmt. Auch hier soll dann völlige Gleichberechtigung herrschen: »Denn der ungläubige Mann ist geheiligt durch die Frau, und die ungläubige Frau ist geheiligt durch den Mann.« Und beiden stellt er in Aussicht: »Denn was weißt du, Frau, ob du den Mann retten wirst? Oder du, Mann, was weißt du, ob du die Frau retten wirst?« (1. Kor. 7,14,16)

Und doch wird diese schöne Gleichheit, die Ebenbürtigkeit der Geschlechter, die erstaunliche Balance der Rettungsmöglichkeit gleich darauf in Frage gestellt. Bei späterer Gelegenheit sagt Paulus: »Ich lasse euch aber wissen, daß Christus das Haupt eines jeden Mannes ist; der Mann aber ist das Haupt der Frau; Gott aber ist das Haupt Christi. Ein jeder Mann, der betet oder prophetisch redet und dabei sein Haupt bedeckt hat, der schändet sein Haupt. Eine Frau aber, die mit unbedecktem Haupt betet oder prophetisch redet, die schändet ihr Haupt, denn es ist genau so, als wäre sie geschoren. Will sie sich nicht bedecken, so kann sie sich auch vollends das Haar abschneiden lassen. Wenn es aber für die Frau eine Schande ist, daß sie das Haar abgeschnitten hat oder geschoren ist, dann soll sie auch das Haupt bedecken. Der Mann aber soll das Haupt nicht bedecken, denn er ist Gottes Bild und Abglanz; die Frau aber ist des Mannes Abglanz. Denn der Mann stammt nicht von der Frau, sondern die Frau vom Mann. Und der Mann ist nicht um der Frau willen geschaffen, sondern die Frau um des Mannes willen. Darum soll die Frau eine Macht auf dem Haupt haben um der Engel willen. Doch im Herrn ist weder die Frau etwas ohne den Mann noch der Mann etwas ohne die Frau; denn wie die Frau vom Mann, so kommt auch der Mann durch die Frau; aber alles von Gott.« (1. Kor. 11,3–12)

Quodlibet der Argumente

Sollen wir uns im Ernst auf diesen wirren Text einlassen, auf diese tollen Wortspielereien mit dem »Haupt«, das einmal für die Hierarchie der Weltordnung steht und dann wieder ganz konkret geschoren werden oder bedeckt werden kann? Sollen wir uns hineinbegeben in eine Argumentation, die von so offenkundiger Unklarheit ist, daß man nicht weiß, ob Paulus von jüdischen oder korinthischen Sitten redet, in sophistischer oder biblischer Terminologie, sollen wir uns die vergebliche Mühe machen, diesem Text auf den Grund zu gehen?

Doch soviel sollte angedeutet werden: Die für uns zunächst unsinnige, für die Korinther gleichwohl praktische Passage hat eine Richtung, eine deutliche Tendenz: Paulus führt am Ende das ad absurdum, was er zu Beginn und auch noch auf halbem Wege für wichtig hält. Zuerst ist der Mann das Haupt der Frau (so wie Christus das Haupt des Mannes und Gott das Haupt Christi ist); später gerät Christus aus dem Spiel und der Mann wird *Gottes* Bild und Abglanz, so wie die Frau nun Abglanz (aber nicht Bild) des Mannes. Am Ende aber gilt eine ganz andere Ordnung: »Doch im Herrn ist weder die Frau etwas ohne den Mann noch der Mann etwas ohne die Frau.« Und seinem alttestamentarischen Urteil: »Denn der Mann stammt nicht von der Frau, sondern die Frau vom Mann« widerspricht Paulus ganz klar mit dem neutestamentarischen »Denn wie die Frau vom Mann, so kommt auch der Mann durch die Frau; alles aber von Gott.«

Soviel ist zu merken und anzumerken: Zwischen altem und neuem Äon kann man sehr schmerzhaft in die Klemme geraten, gerade dann, wenn man Frau und Mann gleich ernst nehmen will. Und dann muß selbst Paulus einmal so tun, als könne er überhaupt kein Wässerchen trüben: »Ist aber jemand unter euch, der Lust hat, darüber zu streiten, so soll er wissen, daß wir diese Sitte nicht haben, die Gemeinde Gottes auch nicht.« (1. Kor. 11,16) Da zeige sich, schreibt Hans Conzelmann, »daß Paulus keinem seiner Gründe recht traut.«

RECHERCHE: DIE MACHT DES HAARES. Die Sache mit der Kopfbedeckung für die Frau! Was hat nicht die Kirche daran herumgerätselt, 2000 Jahre lang, und heute braucht man, um vieles zu verstehen, sich nur umzusehen in unsern großen Städten, wo Türken und andere Orientalen heimisch geworden sind und ihren Frauen das strenge Tuch verordnen, das die Haare verbirgt. Oder vielmehr: das Haar, diese Frauenpracht schlechthin, Lockengewoge oder Madonnenglätte, Naturschleier oder ketzerische Krause, jedenfalls erotische Botschaft. Die strenge Frisur, die sich auflöst in eine wilde Mähne der Bereitschaft, die Strähne, die wie ein spielender Schleier vor die Augen gerät – ganz unverständlich können rituelle Regeln niemandem sein, der nur jemals eine Werbesendung mit dem Shampoo-Kult unserer Tage gesehen hat.

Nach alter und weitverbreiteter Anschauung ist das Haar

(neben den Nägeln) Träger des Seelenstoffes, Verkörperung von Lebenskraft. Bei verschiedenen primitiven Stämmen ist jegliches Haarschneiden verpönt, weil »Kopfgeister« beunruhigt werden könnten. Im Islam gilt das Verbot des Haarschneidens bei einer Pilgerfahrt; bei anderen Völkern für die Dauer eines Gelübdes. »Die Machthaltigkeit des Haares zeigt sich in der besonders im Arabischen üblichen Sitte, beim Bart zu schwören.« Vor allem aber das Haar der Frau gilt als kraftgeladen, daher die antike orientalische Forderung nach Verschleierung.

Die aufgelöste Frauenfrisur bedeutet also eine starke Sensation, ja Provokation, in gewissen Gottesdiensten aber auch Kommunion. Die Verehrinnen der Isis ließen während der Kulthandlung ihr Haar frei fallen. Von einer Freundin des Dichters Tibullus heißt es, sie habe bei der Anbetung der Isis zweimal am Tage ihr Haar aufgelöst, um Hymnen zu sprechen. Lange auf die Schultern fallende Locken, die tagsüber mit einem Stirnreif gehalten wurden, scheinen für die Isis-Jüngerinnen typisch gewesen zu sein. Wenn Paulus also die Bemerkung macht, Frauen, die ihr Haar auflösten, könnten es sich ebensogut scheren lassen, wehrt er sich also gegen das Eindringen solcher Mysterienspiele in seine junge Gemeinde.

Paulus steht auch in diesem Punkt ganz im Bann jüdischer Sitte. Aufgelöstes Haar galt auch zu seiner Zeit den Juden noch als unrein; im dritten Moses-Buch wurde es als Zeichen für Aussatz, im vierten als Makel für Ehebruch verordnet. Daraus erklärt sich der Frisurenkult der jüdischen Frau mit kunstvollem Flechtwerk und Auftürmungen in Form einer Tiara, die mit Gold und Edelsteinen, Silberbändern und anderem Zierat geschmückt war. Das gebändigte, geflochtene, aufgesteckte Haar war also in der Tat eine Art Schutz.

Frauen in vorderster Front

Doch gerade der feministischen Theologie unserer Tage ist es zu danken, daß das Bild des finsteren Hagestolzes, eines rigiden Frauenfeindes, des Patriarchen-Apostels zertrümmert worden ist. Den überlegteren unter den Theologinnen ist es gelungen, die Vorstellungen einer von Paulus geschaffenen Männerkirche zu korrigieren und eine (damalige) Missionsgesellschaft sichtbar zu machen, in der Frauen *und* Männer aktiv, nicht nur betend, sondern auch predigend und bekehrend, für den neuen Glauben gewirkt haben. »Nicht die patriarchalische Familie, sondern die egalitären Gemeinschaftsstrukturen von Collegien und Kultvereinen, die Frauen und Sklaven als gleichberechtigte Mitglieder der Gemeinde anerkannten, scheinen für die frühchristliche Missionsbewegung in der griechisch-römischen Welt das Modell abgegeben zu haben.« (Schüssler Fiorenza)

Denn im Bericht der Apostelgeschichte wie in den Paulusbriefen ist immer wieder, an entscheidender Stelle, von Frauen die Rede. Die Lydia in Philippi war nur das erste Beispiel. Auf die Chloe, deren »Leute« ihm Nachrichten überbracht haben, nimmt Paulus gleich zu Beginn des 1. Korintherbriefes Bezug; von Evodia und Syntyche in Philippi sagt er ausdrücklich, sie hätten mit ihm »für das Evangelium gekämpft«. Ganz besonders aber wird Phöbe zu Beginn des 16. Kapitels des Römerbriefs ins Bild gesetzt: »Ich empfehle euch unsere Schwester Phöbe, Dienerin der Gemeinde in Kenchreai, daß ihr sie aufnehmt im Herrn, wie es sich für Christen ziemt, und ihr beisteht in jeder Sache, in der ihr sie braucht; denn sie war vielen Beistand, auch mir selbst.« Hier weist schon die Häufung der Attribute (Schwester, Dienerin, Beistand) auf eine leitende Funktion in Korinth hin; und die Bezeichnung »Diakon« hat zwar den allgemeinen Sinn eines Dieners, aber sie legt auch den Rang eines Apostels nahe. Jedenfalls: Auch Frauen hatten in den paulinischen Gemeinden eine wichtige Stellung.

Wichtigste Mitarbeiterin des Paulus auf mehreren Stationen seines Weges aber ist Priscilla oder Priska gewesen, Ehefrau des Aquila, in deren Haus zu Korinth der Apostel Quartier gefunden hatte. Wenn von den Eheleuten die Rede ist, wird sogar in den ältesten Texten die Frau vor dem Mann genannt – eine ganz ungewöhnliche Hervorhebung, die auf die besondere Tatkraft dieser Priska hindeutet und auf ihre Wichtigkeit für die Strategien des Paulus. Selbst Adolf von Harnack wird nicht müde, diese Frau zu rühmen; ihm galt sie, im Vergleich zu ihrem Mann, als »die bedeutendere, ja wahrscheinlich die eigentlich bedeutende [...] Welches Vertrauen muß ihr Paulus geschenkt haben, wenn er sie in Ephesus installierte, ihr die Anfänge der Mission überließ und seine eigene Tätigkeit dort aufschob! Wie anerkannt und verbreitet muß aber endlich ihr Ansehen in den Kirchen gewesen sein, wenn Paulus ›Priska und Aquilas‹ schrieb und Lukas noch nach Jahren ›Priscilla und Aquilas‹!« Und es ist keine feministische Theologin, die die bisher kühnste Spekulation in bezug auf Priska vorgetragen hat, sondern wiederum Harnack: Er hielt es für möglich, daß sie die Verfasserin des Hebräerbriefes gewesen sei.

Harnack ist es auch, der den stark feministischen Charakter der frühchristlichen Gemeinden sehr dezidiert herausstellt: »Die späteren apokryphen Apostelgeschichten wimmeln geradezu von Berichten über Bekehrungen vornehmer und niederer Frauen in Rom und in den Provinzen. Die Berichte sind im einzelnen unglaubwürdig, aber im allgemeinen bringen sie die Tatsache richtig zum Ausdruck, daß die christliche Predigt vor allem von den Frauen ergriffen worden ist, und daß der Prozentsatz der christlichen Frauen [...] viel größer war als der der christlichen Männer.«

Greifbar wird diese Faszination durch den Apostel in der Thekla-Geschichte der »Paulus-Akten«; wie sehr eine solche Legende auch ausgesponnen sein mag: Intensiver und sehr viel anders kann man sich die Grundsituation kaum denken.

»Und während Paulus so sprach in der Gemeinde im Hause

des Onesiphorus, saß eine Jungfrau namens Thekla – ihre Mutter war Theoklia –, die mit einem Mann namens Thamyris verlobt war, an einem benachbarten Fenster und hörte Tag und Nacht das Wort vom jungfräulichen Leben, wie es von Paulus verkündet wurde. Und sie neigte sich nicht vom Fenster fort, sondern drängte sich im Glauben in unaussprechlicher Freude hinzu. Da sie aber auch noch viele Frauen und Jungfrauen zu Paulus hineingehen sah, hatte sie das Verlangen, auch sie möchte gewürdigt werden, vor dem Angesicht des Paulus zu stehen und das Wort Christi zu hören. [...] Da sie aber nicht vom Fenster wich, schickte ihre Mutter zu Thymaris. (Und die Mutter berichtete:) Eine neue Geschichte habe ich dir zu erzählen, Thymaris! Drei Tage und drei Nächte ist nämlich Thekla nicht vom Fenster aufgestanden, weder zum Essen noch zum Trinken, sondern als ob sie sich einer großen Freude zugewandt hat, so hängt sie an einem fremden Mann, der trügerische und schillernde Worte lehrt [...] dieser Mensch bringt die Stadt der Ikonier in Aufruhr und deine Thekla noch dazu. Denn alle Frauen und jungen Leute gehen zu ihm hinein und lassen sich belehren. Man muß, sagt er, einen einzigen Gott allein fürchten und enthaltsam leben. Es wird aber auch noch meine Tochter, die wie eine Spinne am Fenster klebt, durch seine Worte von einer nie gekannten Begierde und unheimlichen Leidenschaft ergriffen. Ist doch das Mädchen ganz auf seine Rede ausgerichtet und läßt sich davon gefangennehmen [...] Ein großes Durcheinander und Wehklagen herrschten im Hause. Und obwohl das alles geschah, wandte sich Thekla nicht ab, sondern war ganz dem Wort des Paulus zugewandt.« Thekla wird ihre Verlobung lösen, Paulus auf seiner Mission begleiten und schließlich als selbständige Apostelin wirken.

Das Schweigegebot – ein Nachtrag?

Erst aus solcher Macht und Übermacht der Frauen, aus einer feministischen Schwarmgeisterei, aus der Nachfolgewut gläubiger Fan-Trupps, aus überfallartigen Ekstasen im Gottesdienst erklärt sich dann, mit Harnack, die Tendenz des Jahrhunderts *nach* Paulus, daß »die Frauen immer mehr aus leitenden und lehrenden Stellen verdrängt« wurden. Und dieser späteren Tendenz entspricht dann die Einrede, die zu Beginn in iher kategorischsten Form zitiert wurde: »Wie in allen christlichen Gemeinden sollen die Frauen in der Gemeindeversammlung schweigen; denn es ist ihnen nicht gestattet zu reden, sondern sie sollen sich unterordnen, wie auch das Gesetz sagt. Wollen sie aber etwas wissen, so sollen sie daheim ihre Männer fragen. Es steht der Frau schlecht an, in der Gemeinde zu reden. Oder ist von euch Gottes Wort ausgegangen? Oder ist's allein zu euch gekommen?« (1. Kor. 14,34-36)

Wer aber vermag darin noch den Originalton Paulus zu hören? Ist es nicht die gleiche Tonlage, die aus dem nachpaulinischen 1. Timotheusbrief klingt: »Eine Frau soll sich still und in aller Unterordnung belehren lassen. Daß eine Frau lehrt, erlaube ich nicht, auch nicht, daß sie über ihren Mann herrscht; sie soll sich still verhalten.« (1. Tim. 2,12 f.) Zu der dann im Epheserbrief, der gleichfalls *nicht* von Paulus ist, die zweite Stimme laut wird: »Ihr Frauen ordnet euch euren Männern unter wie dem Herrn; denn der Mann ist das Haupt der Frau, wie auch Christus das Haupt der Kirche [!] ist [...]. Wie aber die Kirche sich Christus unterordnet, sollen sich auch die Frauen in allem ihren Männern unterordnen.« (Eph. 5,22-24)

Das Schweigegebot wäre dann ein späterer Einschub in den originalen 1. Korintherbrief, eine unbefugte Einfügung im Dienste der Kirchenraison, der Zusatz einer frauenfeindlicheren Zeit. Dafür spricht vieles, vor allem der Hinweis bei Timotheus auf das Gesetz. Denn Paulus kämpft doch gegen das Gesetz, er predigt Christus als den Aufheber des Gesetzes, das Kreuz als dessen Ende. Eine so unbefangene Berufung aufs Gesetz ist ihm, bei allem gelegentlichen Taktieren, nicht zuzutrauen. Also ist das »mulier taceat« nicht sein Wort, ist im Gegenteil gegen sein eigenes laissez faire gerichtet, gegen eine ungewöhnlich liberale Haltung, die den Frauen nicht nur Spielraum läßt, sondern wichtigste Missionsaufgaben, nicht nur Bewirtung und Kommunikation, zuweist? Dann aber wäre Paulus, in seinem eigenen Brief, nicht zu Wort gekommen, sondern an die kirchenpolitische, die gemeindedogmatische Kandare genommen worden?

Doch: Das ist wohl zu schön, um wahr zu sein. Das wäre, im Interesse eines postmodernen Paulusbildes, viel zu wünschenswert, als daß es plausibel sein könnte. Denn: niemandem kann man doch wirkungsvoll etwas nachsagen, das er nicht selbst vorgesagt, vorausgedacht hätte. Niemandem kann man täuschend etwas unterjubeln, worüber er nicht selbst schon einmal gejubelt hätte. Es wäre doch undiplomatisch, dem Paulus im zweiten Jahrhundert einen Rigorismus anzuhängen, gegen den er zu Lebzeiten immer nur gekämpft hatte. Und es wäre unsinnig, in seinem Namen auf einer Ordnung zu bestehen, die nicht die seine war.

»Das Weib schweige in der Gemeinde!« Wenn es nicht sein Satz war – Ansätze dazu lieferte er doch.

19.
»... nicht Sklave noch Freier« oder: Die gesprengten Fesseln

> Freiheit gehört zum Wesen der menschlichen Person. Sie ist frei, selbst wenn sie als Sklave geboren wäre. Diese Einsicht hat das unterdrückte Volk von seiner christlichen Evangelisierung als Erbteil erhalten.
> Leonardo und Clodovis Boff,
> Brief an Kardinal Ratzinger

Wie vergangen ist die Sklaverei?

Unter den Emanzipationsfragen, auf die der Ratgeber Paulus zu reagieren hat, ist keine so konkret und für die Befreiungstheologie aktuell wie die nach der Stellung der Sklaven. Obwohl doch die »Sklavenfrage« in der heutigen Welt de jure erledigt ist, wird die eher beiläufig in den korinthischen Fragenkatalog gemischte Auskunft unter der Last der sozialen Mißstände und Menschenunwürdigkeiten in Südamerika oder der Apartheid in Südafrika in unserer Gegenwart besonders beansprucht; denn daß die Sklaverei eine Sünde der Vergangenheit ist, entpuppt sich bei näherem Zusehen als eine »zu unserer Beruhigung gepflegte apologetische Situation« (Gollwitzer).

Da aber zumindest das Gewissen des modernen Menschen, wenn schon nicht dieser selbst, gegen sklavenartige Zustände rebelliert, findet sich Paulus in diesem Punkt nicht allein befragt, sondern einem hochnotpeinlichen Verhör ausgesetzt. Denn am Fall des Sklaven wird ja das Problem der Freiheit ganz und gar akut, hier müßte und muß sich doch erweisen, was die Freiheit eines Christenmenschen wirklich wert ist, wie sie verstanden, wie sie praktiziert wird. Denn eine Religion, die den Begriff der Freiheit wie eine kostbare Reliquie hochhält, muß sich doch auch gefallen lassen, nach den realen Konsequenzen befragt zu werden. Und wenn Luther sagen kann: »Daß wir gründlich erkennen sollen, was ein Christenmensch sei und wie es um die Freiheit bestellt sei, die ihm Christus erworben hat, davon schreibt Paulus viel« – so ist das eine Verführung mehr, diesen Paulus bei seinem Freiheitsbegriff auf frischer Tat zu ertappen. Oder gibt es diese frische Tat, die der Predigt zu folgen hätte, bei ihm gar nicht? Bleibt alles bloß Zuspruch, frommes Gerede, Vertröstung, Ablenkungsmanöver, Ausflucht aus dem Jammertal?

Dreimal kommt Paulus in seinen Briefen auf die Sklaverei zu sprechen. Ein viertes Mal, in seinem kürzesten und persönlichsten und gewinnendsten Brief, dem an Philemon, geht es gar allein um das Schicksal eines Sklaven, der seinem Herrn davongelaufen und vom Apostel zum Christentum bekehrt worden ist, der aber nun wieder heimgeschickt werden soll: Diese Epistel soll am Ende des Kapitels für sich stehen.

Nie, außer eben im Brief an Philemon, äußert sich Paulus unmittelbar humanitär, emanzipationspolitisch zur Sklavenfrage. Immer ist der primäre Gesichtspunkt der, wie der Mensch, also auch der Sklave, vor Gott und wie er zu Christus stehe; daraus folgt aber der zweite Aspekt, wie der Mensch mit seinen Mitmenschen umgehe; wie die Gläubigkeit zur Brüderlichkeit untereinander werden könne. So ausdrücklich sagt dies der Galaterbrief, daß man längst nicht mehr einen individuellen Exkurs des Apostels, sondern einen frühchristlichen Tauftext in folgenden Sätzen vermutet: »Denn durch den Glauben seid ihr alle Gottes Kinder in Christus Jesus. Denn ihr alle, die ihr auf Christus getauft seid, habt Christus angezogen. Hier ist nicht Jude noch Grieche, nicht Sklave noch Freier, hier ist nicht Mann noch Frau; denn ihr seid alle einer in Christus Jesus.« (Gal. 3,26–28) Ganz ähnlich heißt es im ersten Korintherbrief: »Denn wir sind durch *einen* Geist alle zu *einem* Leib getauft, wir seien Juden oder Griechen, Sklaven oder Freie, und sind alle mit einem

Geist getränkt.« (1. Kor. 12 f.) In beiden Fällen kann man nicht umhin, dem entschiedenen Urteil Albrecht Oepkes zuzustimmen: »Paulus redet rein religiös.«

Wie aber steht es mit der ausführlicheren Passage im 1. Korinther 7,17-23? Da schreibt Paulus: »Nun führe jeder sein Leben so, wie es der Herr ihm zugemessen, wie Gott einen jeden berufen hat. So ordne ich es in allen Gemeinden an. Ist jemand als Beschnittener berufen, der bleibe bei der Beschneidung. Ist jemand als Unbeschnittener berufen, der lasse sich nicht beschneiden. Beschnittensein ist nichts, und unbeschnitten sein ist nichts, sondern es gilt allein: Gottes Gebote halten. Jeder bleibe seiner Berufung treu, so wie er berufen wurde. Bist du als Sklave berufen worden, so laß es dich nicht bekümmern; *doch kannst du frei werden, so nutze die Möglichkeit*. Denn wer als Sklave berufen ist im Herrn, der ist ein Freigelassener des Herrn; ebenso wer als Freier berufen ist, der ist ein Sklave Christi. Ihr seid teuer erkauft; werdet nicht Sklaven der Menschen. Liebe Brüder, ein jeder bleibe vor Gott, worin er berufen worden ist.«

Hier doch, immerhin, finden wir die soziale Komponente. ». . . doch kannst du frei werden, so nutze die Möglichkeit.« Es ist die moderne Fassung des Lutherischen: »Bistu ein Knecht berufen / sorge dir nicht / Doch kannstu frei werden / so brauche des viel lieber.« Und in einer anderen Übersetzung: »Aber wenn du auch frei werden kannst, mache noch mehr Gebrauch davon.« Hier also rät Paulus dem Sklaven das Selbstverständliche: Wenn er die (seltene) Möglichkeit hat, freigelassen zu werden oder sich loszukaufen, so soll er natürlich davon Gebrauch machen; soll aber den erweiterten Spiel- und Freiraum dazu nutzen, seiner Berufung durch Christus desto mehr Geltung zu verschaffen. Denn der Sklave kann ja nicht über sich verfügen, kann den Christusglauben, zu dem er sich bekennt, nicht wirklich nach außen hin bekennen, nicht weitertragen, wie es doch nötig wäre, kann den Mund nicht überfließen lassen von dem, womit das Herz voll ist. Die irdische Freiheit, die er gewinnt, muß also eine Freiheit für Christus sein, für die verbreitende Wirkung des Glaubens, für dessen Ausstrahlungskraft und fortzeugende Glückseligkeit. Wie sollte der nicht frei werden wollen, sollen, ja müssen, der frei werden kann? Es ist so einleuchtend, daß man sich wundert, warum Paulus es überhaupt sagt. »In heutigem Deutsch« liest sich die Passage dann so: ». . . doch wenn sich dir Gelegenheit bietet freizuwerden, dann nutze sie um so mehr dazu, dem Herrn zu dienen.«

Widerspruch der Lesarten

Aber ist denn Paulus Garant für das Selbstverständliche? Hätten seine Briefe die Jahrtausende überdauert, wenn sie der kommunen Landläufigkeit und der guten Gesinnung immer das Wort geredet hätten? Und so kann es nicht wunder nehmen, wenn man auf eine ganz andere Version stößt, auf den völlig gegensätzlichen Rat: »Bist du als Sklave berufen, so soll es dich nicht bekümmern. Sondern auch wenn du frei werden kannst, so bleibe um so lieber dabei.« (Conzelmann) Und ähnlich an anderer Stelle: »Sondern auch wenn du frei werden kannst, bleibe erst recht dabei.« (Piper) Der Sklave, heißt das, soll also freiwillig Sklave bleiben. Auch für Albert Schweitzer steht die Deutung fest, »die Freiheit, auch wenn sie ihm (dem Sklaven) angeboten wird, nachher nicht anzunehmen«. Adolf von Harnack, immer noch einer der besten Kenner der alten Texte und Zusammenhänge, kommt zu dem ganz entschiedenen Urteil, »daß der Apostel rät, sogar die Möglichkeit der Freilassung nicht zu benutzen«. In diesem Fall ist sogar Franz Overbeck mit ihm einer Meinung, der die Stelle so interpretiert: »Der Sklave achte selbst eine Gelegenheit frei zu werden gering und lasse sich vielmehr den Nutzen nicht entgehen, welchen es für ihn haben kann, sich im weltlichen Sklavenstande für einen Freigelassen Christi zu achten.« Overbeck verallgemeinert seinen Befund: »Niemals also folgert das Neue Testament aus der von ihm gelehrten

Gleichheit der Menschen ihre politische Gleichheit, noch deutet es eine solche Folgerung auch nur von fern an.«

Wie aber erklärt sich solcher Widerspruch zweier Lesarten? Wie kann es angehen, daß Paulus dem Sklaven einmal zur irdischen Freiheit rät, das andere Mal ihm die äußere (und äußerste) Entsagung auferlegt? Was steht da wirklich im ersten Korintherbrief? Die Schwierigkeit kommt von der allerknappsten Formulierung im griechischen Text. Wollte man die Gedrungenheit ins Deutsche übertragen, hätte man etwa folgende Version: »Sklave, berufner Du, was soll's. Kannst du gar Freier werden, *gebrauchs mehr.*« Die einen Interpreten ziehen das *mallon krēsai* zum Freien, die anderen beziehen es auf den Sklaven. Doch die Diskrepanzen sind letztlich nicht Übersetzungsfragen, sondern sind Ausdruck des Paulusverständnisses selbst. Für Luther ist der Apostel in allen Punkten ein Befreier, also muß er es auch hier sein; für Albert Schweitzer ist Paulus ein Endzeitprediger. Also kann es auf kurzfristige Emanzipationen nicht mehr ankommen.

(Nur für einen Moment sei eine dritte Möglichkeit bedacht: Daß der Briefschreiber absichtlich und höchst kunstvoll die Doppeldeutigkeit, die sich in der Übersetzungsgeschichte spiegelt, ins Werk gesetzt hat. Zweck der Übung wäre gewesen: Mögen die Korinther es verstehen, wie sie's wollen. Lassen sie die Sklaven frei, um so besser; verwehren sie ihnen die Freiheit, auch gut. Paulus hätte einen Text für alle Mentalitäten und Eventualitäten geschaffen und einen vieldeutigen Rat gegeben, der vor allem dazu dienen sollte, nicht noch mehr Unruhe in die Gemeinde zu bringen.)

RECHERCHE: SKLAVEREI IM ALTERTUM. Bertolt Brecht hat mit seinen nun schon klassisch gewordenen Fragen das Thema bündig formuliert:

»Wer baute das siebentorige Theben?
In den Büchern stehen die Namen von Königen.
Haben die Könige die Felsbrocken herbeigeschleppt?

Und das mehrmals zerstörte Babylon –
Wer baute es so viele Male auf? In welchen Häuser
Des goldstrahlenden Lima wohnten die Bauleute?
Wohin gingen an dem Abend, wo die Chinesische Mauer
  fertig war,
Die Maurer? Das große Rom
Ist voll von Triumphbögen. Wer errichtete sie? Über wen
Triumphierten die Cäsaren? Hatte das vielbesungene
  Byzanz
Nur Paläste für seine Bewohner? Selbst in dem sagen-
  haften Atlantis
Brüllten in der Nacht, wo das Meer es verschlang
Die Ersaufenden nach ihren Sklaven...«

Die bewunderte Antike ist nicht das Werk von Königen und Philosophen, Tragikern und Feldherrn, Mathematikern und Ärzten, Astrologen und Bildhauern, sie ist die gewaltige Leistung von namenlosen Kreaturen, die bis zum Umfallen, bis zum Tod gearbeitet haben. Die grandiosen Schöpfungen der alten Welt sind ein Produkt aus millionenfachen Erschöpfungen. Die Ruinen sind vor allem Denkmäler der Ruinierung ungezählter Körper. Alle diese heute noch überwältigenden Monumente einstiger Baukunst und Urbanität – es sind Schlachtfelder der Menschenverachtung, Triumphe der Inhumanität, es sind steingewordene Aufschreie, Wehklagen, Flüche, Todesseufzer, es sind Friedhöfe des unvorstellbarsten menschlichen Elends. Jede dieser Stätten – ob Ephesus, Korinth, Knossos, Baalbek, Delphi – ist ein Vernichtungslager gewesen, ein Ort der Ausrottung durch übermenschliche Arbeit. Wir gehen, wenn wir heutzutage die klassische Studienreise machen, buchstäblich über Leichen.

Nur: Machen wir uns da nichts vor. Sklavenbefreiung hat nur wenig mit Humanität zu tun, kaum etwas mit christlicher Nächstenliebe, und nicht allzuviel mit aufklärerischem Impetus. Sie ist ein Nebenprodukt des technischen Fortschritts. Die Dampfmaschine hat mehr bewirkt als die edelste

Gesinnung, der Elektromotor mehr als der menschenfreundlichste Reformeifer, das Dynamit mehr als das Rote Kreuz. Gäbe es nicht die modernen Antriebsmittel – keine Gesinnung könnte uns die Galeere ersparen.

In der Tat ist der Sklave so etwas wie der Roboter der Antike: eher Werkzeug als Untermensch, eher Wirtschaftsgut als arme Kreatur. Auf dem Markt wurde er gehandelt wie ein Stück Vieh. Andrapodon hießen die Sklaven, tetrapodon die Tiere. Arbeitstiere: Das wäre vielleicht die richtige Funktionsbezeichnung. Seneca: »Willst du ein Pferd kaufen, so läßt du ihm die Decke abnehmen; den Sklaven, die zum Verkauf stehen, ziehst du die Kleider weg, damit körperliche Fehler nicht unendeckt bleiben.« Sklaven waren ein Besitztum wie Haus oder Schiff; aber sie waren doch nicht bloß eine Sache, denn sie konnten sich selbst reproduzieren. Manche reichen Großgrundbesitzer oder Bergwerksherren betrieben eine regelrechte Aufzucht von Sklaven, indem sie die Sklavinnen zum Kinderkriegen anhielten.

Das verbreitetste Mittel, sich Sklaven zu beschaffen, war der Krieg. Manche Kriege wurden nicht um Territorien geführt, sondern wegen der Gefangenen. Wer in einer eroberten Stadt nicht im Kampf fiel oder aus Rachsucht dahingemordet wurde, kam, mit Frauen und Kindern, in Gefangenschaft, und das hieß: in die Sklaverei. »Es ist ein ewiges Gesetz unter allen Menschen, daß, wenn im Krieg eine gegnerische Stadt erobert wird, die Einwohner selbst und ihr Eigentum dem Eroberer zur freien Verfügung stehen. Was ihr euch aneignet, werdet ihr also nicht zu Unrecht besitzen.« (Xenophon) Das Fürchterliche eines solchen Schicksals hatte schon Homer in Erwägung gezogen und mit einer seltsamen mythischen Schonung bedacht: »Die Hälfte der Tugend nimmt der weitblickende Zeus dem Manne weg, sobald ihn ereilt der Sklaverei Schicksal.« Womit ja wohl eine Art Empfindungsdefizit beschrieben ist, das die neue Lage leichter ertragen läßt, ein Handicap der Seele und des Leidens. Der Kappung der äußeren Existenz entspricht eine äußerste Ökonomie der Gefühlswelt.

Doch angesichts der berühmtesten Sklavin der Antike widerspricht Aischylos dem Homer: »Es bleibt die Gottheit auch im Sklavengeist.« Gemeint ist Kassandra.

Die Blütezeit des alten Griechenland ist gar nicht denkbar ohne die Sklavendienste, und was immer ein Plato und ein Aristoteles gedacht haben, einen Gedanken haben sie zeitlebens nicht gehabt: daß die Sklaverei als ein menschenunwürdiger Zustand aufgehoben werden müsse. Plato zumal erweist sich auch hier, wie in vielen Dingen, als ein hardliner: »Diejenigen aber, die sich in Unwissenheit und großer Gesinnungslosigkeit herumwälzen, unterjocht die Natur dadurch, daß ihr sie in den Stand der Sklaven einreiht.« Durch die Sklavenarbeit könnten die Menschen überhaupt erst in der »rechten Ordnung« leben. Nicht viel anders Aristoteles, der den Sklaven zu den »belebten Werkzeugen« rechnet, ihm physischen Mangel und eingeschränkten logos attestiert. »Denn wer von Natur nicht sich, sondern einem andren gehört, obwohl er Mensch ist, der ist Sklave von Natur.« Die Philosophie des aufgeklärtesten Griechentums lief auf eine merkwürdige Verschränkung von Bedarf und Ideologie hinaus: Einerseits brauchte die Polis Menschen, die für sie arbeiteten, andererseits gab es für sie Menschen, die einen Herrn haben mußten.

Die Roboter der Antike

Solche Gesinnung ist nicht nur antik. Der griechische Komponist Mikis Theodorakis entwarf kürzlich die für ihn revolutionäre Vision einer neuen Form von Freiheit dank alternativer Kulturkonzepte. Der neue Mensch mit seinem Übermaß an Freizeit müsse zu einer anderen Denkstruktur finden, »so daß die ganze Dynamik, die aus der Freizeit entstehen wird, hingetrieben wird zu einem geistigen Mitschöpfertum aller«. Das historische Modell dafür sieht Theodorakis in den fünfzig Jahren der antiken Athener Demokratie »Auf einem Raum von fünfzig Hektar haben die fünfzig größten Genies aller Zeiten gelebt. Warum: Weil sie ein freies Publikum hatten, für das die ›Roboter‹, die damaligen Sklaven, gearbeitet haben.«

Aber es wäre falsch zu behaupten, die Antike insgesamt hätte sich bei der Sklaverei »nichts gedacht«. Bezeichnenderweise sind es die großen Dramatiker – denn für Tragödie wie Komödie braucht man Psychologie –, die das Problem sehen:

>»Bei Sklaven ist oft nur der Name Schande;
>Der Geist ist freier als bei denen,
>Die nicht Sklaven sind.«

heißt es in einem Fragment des Euripides, und ähnlich bei Sophokles:

>»Ist auch der Leib versklavt, der Geist ist frei.«

Und der Lustspieldichter Menander gibt den Rat:

>»Sei Sklave als wärst du frei –
>Und du bist kein Sklav.«

Philemon, ebenfalls Komödienautor, wagt den Appell:

>»Herr, ist er auch ein Sklav, so ist er doch nicht minder
>Ein Mensch, sofern er wirklich Mensch ist.«

All dies kommt den Gedankengängen der stoischen Philosophie nahe, die sich mit dem Thema der Versklavung immer wieder auseinandergesetzt hat; nur eben nicht mit der Sklaverei als einem konkreten, sozialen, humanitären Problem, sondern als einer Metapher für innere Unfreiheit, äußere Begierden, selbstauferlegte Zwänge. »Hört auf, euch zu Sklaven zu machen, zuerst der Dinge und dann durch sie auch der Menschen, welche diese verschaffen oder wegnehmen können!« ruft Epiktet, selbst ehemaliger Sklave, in einer seiner zahlreichen »Dissertationen« seinen Zeitgenossen zu. Solche freiwillige Sklaverei nennt Seneca »die niedrigste Art, die es geben kann.« Gelegentlich findet sich bei Epiktet die Schärfe und Leidenschaft dessen, der nur zu wohl weiß, wovon er spricht; einen vornehmen Herrn, der über die Nachlässigkeit seines Sklaven klagt, fährt er an: »Sklavenseele, du willst deinen Bruder nicht ertragen, der den Zeus zum Ahnen hat wie du, sondern willst dich, nur weil du an einen solchen höheren Posten gestellt wurdest, gleich wie ein Tyrann aufführen.«

Äußert sich Epiktet mit der Erbitterung des ehemaligen Sklaven, so spricht Seneca aus der Erfahrung eines Mannes, der selber Sklaven hält. Selbstkritisch sagt er: »Wir sind in der Behandlung der Sklaven in hohem Maße übermütig, grausam und schmähsüchtig« und hält sich und anderen vor: »Gehe gütig, ja freundlich mit deinem Sklaven um; ziehe ihn zum Gespräch zu, zur Beratung, zu Tische.« Seneca macht einen Unterschied zwischen dem Dienst, den man von einem solchen Menschen normalerweise fordern kann (ministerium) und den freiwilligen Tätigkeiten (beneficium). Wo aber Freiwilligkeit herrscht, gibt es auch einen Ansatz von Freiheit. Und Seneca befürchtet: »Schon wird man mir nachsagen, ich wollte den Sklaven zur Freiheit verhelfen und die Herrn vom Thron stoßen, weil ich gesagt habe, die Sklaven sollten ihre Herrn lieber verehren als fürchten.« Bei seinen Überlegungen zum Thema hat Seneca nicht zuletzt den Gedanken an eine jähe Schicksalswende: »Du kannst den Sklaven ebensogut als freien Mann erleben, wie er dich als Sklaven.« Der Singular verrät aber, daß Seneca hier den Haussklaven, eine Art Kammerdiener, eher im Blick hat als die Zehntausende von Elenden, die sich auf den Äckern oder in den Bergwerken zugrunde richten.

Über das Los dieser anderen gibt der ältere Cato, auch er ein Stoiker, ein Jahrhundert vor Seneca, Auskunft. In seiner Schrift über die Landwirtschaft legt er fest, daß Sklaven in

Zeiten geringeren Arbeitsanfalls auch weniger zu essen bekommen, auch Kranken soll die Ration gekürzt werden. Wer wegen Invalidität oder aus Altersgründen überhaupt nicht mehr arbeiten kann, soll ausrangiert werden wie altersschwaches Vieh oder unbrauchbares Ackergerät. Sein Biograph Plutarch berichtet, daß Cato »viele Sklaven zu kaufen pflegte, und zwar vor allem ganz junge Kriegsgefangene, bei denen Zucht und Erziehung sich lohnten, wie bei jungen Hunden und Pferden.«

Schlimmer noch war die Lage der Sklaven in den spanischen Bergwerken des ersten vorchristlichen Jahrhunderts. Diodorus von Sizilien berichtet: »Diejenigen Sklaven, die in den Bergwerken arbeiten müssen, bringen ihren Herrn zwar unglaublich hohe Gewinne ein; von ihnen selbst, die unter der Erde in Gruben Tag und Nacht ihren Körper anstrengen, sterben viele infolge der unmäßigen Arbeit. Denn sie haben keine Erholung und Pause dabei, sondern sie werden durch Schläge der Aufseher gezwungen, das härteste Unrecht zu ertragen und sich totzuarbeiten. Einige, die genug Körperkraft und geduldigen Gleichmut haben, es auszuhalten, verlängern dadurch ihr Elend . . .«

Nur eine Gruppe von Menschen in der Antike lehnt die Sklaverei prinzipiell ab, aber aus Motiven, die nichts mit der Verwerflichkeit und Unmenschlichkeit der Einrichtung selbst, sondern mit Grundsätzen der eignen Lebensführung zu tun haben: die Kyniker. Für sie verträgt es sich schlecht mit den Idealen der Selbstgenügsamkeit und Selbstbeherrschung, wenn man sich von einem Sklaven bedienen lassen wollte. Diogenes spottet über einen Herrn, der sich von seinem Sklaven die Schuhe binden läßt und wünscht ihm, sarkastisch, gelähmte Hände, damit er sich auch noch die Nase putzen lassen muß. Seinen eigenen Sklaven läßt er laufen, denn »es wäre ja lächerlich, wenn Manes ohne Diogenes, Diogenes aber nicht ohne Manes leben könnte«. Antithenes widmet eine Schrift dem Thema »Über Freiheit und Sklaverei«, hebt den Unterschied zwischen Unfreiem und

Freiem scharf hervor, ohne doch gegen die rechtlich-sozialen Normen zu argumentieren: Die sind ihm einerlei. Nur der ist für ihn frei, dem alle materiellen und ideellen Güter, dem Vermögen, Ehre, Gesundheit, aber auch Familie, Polis und Staat, gleichgültig sind. Der Kyniker Bion, wie Epiktet freigelassener Sklave, nennt folgerichtig gute Sklaven frei, schlechte Freie jedoch Sklaven der Begierde. Von hier aus zur Vorstellungs- und Wertewelt des Paulus ist es nicht weit.

Die Gedanken des Apostels sind aber auch vor dem Hintergrund der jüdischen Tradition zu sehen. Für das Judentum kamen Sklaven nur als Angehörige fremder Völker in Betracht. Sie wurden entweder, wie bei den Griechen und Römern, im Krieg erbeutet, durch Kauf, Tausch und Erbschaft erworben, oder durch Geburt von einer Sklavin herangezogen. Dagegen war die Versklavung eines Volksgenossen mit der Todesstrafe bedroht. Wohl aber gab es eine auf sieben Jahre begrenzte, meist durch Verschuldung oder andere Notlage verursachte Form der Tagelöhnerei durch Hebräer selbst. Daß den Fremden gegenüber auch Schläge und Prügel üblich waren, geht aus den Sprüchen Salomos hervor: »Mit Worten läßt sich ein Sklave nicht zurechtbringen; denn er versteht sie zwar, richtet sich aber nicht danach.« (29,19) Und allzu milde Behandlung war eher verpönt: »Wenn einer seinen Sklaven von Jugend an verwöhnt, so wird er am Ende widerspenstig.« (19,21) Es ist Hiob, der das Problem der ursprünglichen Gleichheit reflektiert: »Wenn ich mißachtet meines Sklaven Recht und meiner Sklaven, was soll ich tun, wenn Gott nun aufsteht, was ihm erwidern, wenn er heimsucht. Schuf er nicht ihn wie mich im Mutterleib, hat nicht der eine uns im Mutterschoß gebildet?« (31,13 f.) Hier begegnet sich das Alte Testament mit den Naturrechtsvorstellungen der griechischen Sophisten; so hatte Antiphon geschrieben: ». . . denn von Natur sind wir alle in allen Beziehungen gleich geschaffen, Barbaren wie Hellenen [. . .] Atmen wir doch alle insgesamt durch Mund und Nase in die Luft aus und essen wir doch alle mit Hilfe der Hände.« Und noch deutlicher bei Alkidamas: »Gott hat alle Menschen freigelassen, keinen hat die Natur zum Sklaven gemacht.« Dennoch gilt: Die Institution der Sklavenhaltung war der gesamten Antike nicht problematisch. Vor allem: »Von den Sklaven wurde die Sklaverei nicht in Frage gestellt.« (Volkmann)

Ein Paulus-Brief aus dem Gefängnis

Den ausführlichsten und zugleich intimsten Einblick in seine Haltung zur Sklavenfrage gibt Paulus in dem schon erwähnten Brief an Philemon. Natürlich ist das keine Grundsatzepistel, sondern Erörterung eines Einzelschicksals; individuelle Bitte in einem besonderen Fall. Dennoch legt dieser Brief nicht nur für den entlaufenen Sklaven Onesimus bei seinem Herrn ein gutes Wort ein; auch Ehre für den Apostel.

»Paulus, Gefangener Christi Jesu, und Timotheus, der Bruder, an Philemon, unsern geliebten Mitarbeiter, und an Apphia, die Schwester, und Archippus, unsern Mitstreiter, und an die Gemeinde in deinem Hause: Gnade sei mit euch und Friede von Gott, unserm Vater, und dem Herrn Jesu Christus! Ich danke meinem Gott allezeit, wenn ich in meinen Gebeten an dich denke. Denn ich höre von deinem Glauben an den Herrn Jesus und von deiner Liebe zu allen Gläubigen. Ich bitte darum, daß der Glaube, den wir gemeinsam haben, in dir kräftig wird in der Erkenntnis all des Guten, das wir haben, zur Ehre Christi. Denn ich hatte viel Freude und Trost durch deine Liebe, weil die Herzen der Gläubigen durch dich, Bruder, erquickt worden sind. Darum will ich, obwohl ich in Christus volle Freiheit hätte, dir zu gebieten, was sich gebührt, um der Liebe willen doch nur bitten. So wie ich bin: Paulus, ein alter Mann, nun aber auch ein Gefangener für Jesus, bitte ich dich für meinen Sohn Onesimus, den ich in meiner Gefangenschaft gezeugt habe. Er war dir früher unnütz, jetzt aber ist er dir und mir sehr nützlich. Ihn sende ich dir wieder zurück und damit mein eigenes Herz. Ich wollte ihn gerne bei mir behalten, damit er mir in meiner Gefangenschaft dienen sollte an deiner Stelle um des Evangeliums willen. Aber ohne deinen Willen wollte ich nichts tun, damit deine gute Tat nicht aus Zwang, sondern freiwillig geschieht. Denn vielleicht ist er darum eine Zeitlang von dir getrennt worden, damit du ihn auf ewig wieder hättest, nun nicht mehr als Sklaven, sondern als einen, der mehr ist als ein Sklave: nämlich ein geliebter Bruder, vor allem für mich, wieviel mehr aber für dich, sowohl als Mensch wie auch im Herrn. Wenn du mich nun für deinen Freund hältst, so nimm ihn auf wie mich selber. Wenn er dich aber geschädigt hat oder dir etwas schuldig ist, das rechne mir an. Ich, Paulus, schreibe mit eigener Hand: Ich will's bezahlen. Ich rede gar nicht davon, daß du dich selbst mir schuldest. Ja, lieber Bruder, laß mich an dir eine Freude erleben im Herrn; erquicke mein Herz in Christus. Im Vertrauen auf deinen Gehorsam schreibe ich dir; und ich weiß, du wirst mehr tun, als ich sage. Zugleich bereite für mich eine Unterkunft vor; denn ich hoffe, daß ich euch durch eure Gebete wiedergeschenkt werde. Es grüßen dich Epaphras, mein Mitgefangener in Christus Jesus, Markus, Aristarch, Demas und Lukas, meine Mitarbeiter. Die Gnade des Herrn Jesus Christus sei mit eurem Geist.« (Phlm. 1-25)

Luther nennt diesen Brief »ein meisterlich lieblich Exempel christlicher Liebe«. In der Tat zieht sich die Agape, die Liebe, wie ein Leitmotiv durch den ganzen Text; sie ist nicht nur ein christlicher Appell, sondern gleichzeitig die von Paulus benutzte Argumentationsschlinge; denn Philemon wird mit diesem Wort gleichsam gefesselt wie Gulliver von den Liliputanern. Schon im Eingang wird er der Geliebte und Mitarbeiter genannt, zweimal wird seine Liebe gerühmt; diese »Liebe zu allen Gläubigen«, die zunächst nur wie eine fromme Floskel klingt, bekommt aber sogleich etwas Verpflichtendes, denn siehe: Nun ist auch der entlaufene Sklave Onesimus ein Gläubiger geworden und hat einen ganz neuen Anspruch an seinen Herrn; der soll ihn bei sich aufnehmen »nun nicht mehr als Sklave, sondern als einen, der mehr ist als ein Sklave, nämlich ein geliebter Bruder.« Luther verstärkt die Leitmotivik der Liebe in seiner Übersetzung noch dadurch, daß er dem Paulus die Anrede »lieber Bruder« für Philemon in den Mund legt (wo im Original nur das einfache »Bruder« steht).

Man hat, unter anderem, dem Brief an Philemon »Charme« nachgesagt. Das scheint aber die falscheste Charakteristik. Dieser kleine Brief ist in Wahrheit ein Stück subtilster Rhetorik, eine kunstvoll komponierte Fuge, in der Rechtsnormen und Verzicht, Ordnung und Nachsicht, Herrschaft und Väterlichkeit thematisch miteinander konkurrieren. Und viel eher als Charme spricht aus diesem privaten Schreiben eine fast erpresserische Herzlichkeit, die ganze Verschlagenheit der Güte. Paulus rührt den Philemon, daß der sich kaum noch rühren kann: »So wie ich bin, Paulus, ein alter Mann, nun aber auch ein Gefangener für Jesus, bitte ich dich für meinen Sohn Onesimus [...] Ich sende ihn dir wieder zurück und damit mein eigenes Herz [...] Wenn du mich nun für deinen Freund hältst, so nimm ihn auf wie mich selber.« (Phlm. 9-17) Was sollte Philemon da wohl anders tun? Kann man einen Mitmenschen existentieller unter Druck setzen?

Aber Paulus barmt und erbarmt sich nicht nur; er übt Zwang nicht allein durch Sanftheit aus; auch eine Unterströmung von kühlster Strenge kommt zum Vorschein: »Darum will ich, obwohl ich in Christus volle Freiheit hätte, dir zu gebieten, was sich gebührt, doch nur bitten« (Phil. 8 f.), sagt er an einer Stelle. Das heißt aber doch, daß er sich aufs Bitten nur verlegt, nachdem er sich vorher zu voller apostolischer Autorität aufgerichtet und die Machtverhältnisse klargestellt hat. Noch ein zweites Mal, gegen Ende des Briefes, kehrt er den starken Mann hervor: »Wenn er dich aber geschädigt hat oder dir etwas schuldig ist, das rechne mir an. Ich, Paulus, schreibe mit eigener Hand: Ich will's bezahlen. Ich rede gar nicht davon, daß du dich selbst mir schuldest« (Phlm. 18 f.) – aber mit eben diesen Worten redet er doch davon. Es ist dieser

Wechsel des Tons, der den Brief so elektrisiert: die Zornesader unter der Milde, der Befehlsklang hinter der Kreidestimme, die Unerbittlichkeit in der Bitte; ja, es ist sogar noch der Terror der Rücksichtnahme selbst, der dem andern den Schwarzen Peter zuschiebt: »Aber ohne deinen Willen wollte ich nichts tun, damit deine gute Tat nicht aus Zwang, sondern freiwillig geschieht.« (Phlm. 14)

Nur: Ist denn Paulus wirklich in der Machtposition, die er so durchscheinen läßt, aber nicht ausspielen will? Könnte er denn gebieten, wenn er wollte, Zwang ausüben, wenn ihm der Sinn danach stünde? Wir erleben ihn ja als Gefangenen, vermutlich in Ephesus, wieder einmal büßend eine jener »Kerkerstrafen«, die er »mehr als alle« zu erdulden hatte. Fünfmal erwähnt er in dem kurzen Brief seine Haft: »Paulus, Gefangener Christi Jesu« heißt es zu Beginn; »nun aber auch ein Gefangener für Christus Jesus«, »in meiner Gefangenschaft«, »damit er mir in meiner Gefangenschaft dienen sollte« und ein letztes Mal, wenn er von Epaphras als seinem »Mitgefangenen« spricht. Er verschweigt also seine ohnmächtige Lage keineswegs, sondern spielt sie regelrecht aus, rühmt sich also wieder einmal seiner Schwachheit. Aber obwohl er nichts tun kann, hat er doch den Onesimus bekehrt, ist also voll der Kraft des Heiligen Geistes. Und damit kommt er zur grandiosesten Schlinge seines Briefes; Nun will er doch sehen, wie es um die Christusliebe des Philemon und seiner Gemeinde steht, am ganz konkreten Beispiel: »Zugleich bereite für mich eine Unterkunft vor; denn ich hoffe, daß ich euch durch eure Gebete wiedergeschenkt werde.« (Phlm. 22) Das ist eine tolle Form telekinetischer Verschränkung: Wenn ihr wahre Christen seid und die Kraft des Gebets habt, dann komme ich frei; wenn ihr wahre Christen seid, dann nehmt ihr den Onesimus in meinem Sinne auf; an meinem eigenen Schicksal kann ich das des Onesimus kontrollieren.

Man hat darüber spekuliert, wie Paulus dem Onesimus begegnet sein könnte, da er selbst doch Gefangener gewesen sei. Da gibt es die Vermutung, Onesimus habe von sich aus den Apostel aufgesucht, um Christ zu werden und dem Sklavenjoch zu entrinnen, und die andere, er habe es aus Reue über seine Flucht getan, um in Paulus einen Mittler für die Rückkehr zu gewinnen; ja man hat es sogar für möglich gehalten, daß der Aufenthalt bei dem (eingekerkerten) Paulus eine Art Asylgewährung gewesen sei. (Gayer). Demgegenüber erscheint die von neueren Auslegern verworfene These Deissmanns aber viel plausibler: Nämlich daß Onesimus als Gefangener in dasselbe Gefängnis eingeliefert wurde, in dem auch Paulus festsaß. Der Einwand, er hätte ihn dann doch nicht von sich aus zurückschicken können, ist nicht so stichhaltig, wie er klingt: Es konnte ja sein, daß die Behörden den Sklaven zur Heimkehr genötigt hatten und daß Paulus diese Zwangsmaßnahme gewissermaßen als seine persönliche Entscheidung deklariert hat. (Dergleichen Realitätsveränderungen ihm zuzutrauen, gehört zum Paulusverständnis dieses Buches.) An eine Mitgefangenschaft des Onesimus zu denken, fällt jedenfalls leichter als sich einen Kerker auszumalen, in dem geflohene Sklaven ohne weiteres hätten ein- und ausgehen können.

Denn ein solcher »fugitivus« lebte gefährlich, war quasi vogelfrei. Untertauchen konnte er nur um den Preis, sich abermals als Sklave zu verdingen. Die rechtmäßigen Besitzer forschten einem Entflohenen nicht nur, sie *stellten* ihm regelrecht nach. So häufig waren solche Fluchten, daß es berufsmäßige Sklavenfänger (»fugitivarii«) gab; auch eine frühe Form des Steckbriefs wurde dabei eingesetzt. Von der Häufigkeit des Verschwindens zeugt auch der Umstand, daß zunehmend staatliche Stellen Hilfe leisteten. Als geringste Strafe für Sklavenflucht wurde die Züchtigung angesehen; aber auch die Kreuzigung wurde praktiziert. Der Brief, den Paulus da schreibt, ist also kein bloßes Seid-nett-zueinander, er will nicht Zorn oder Unwillen von Onesimus abwenden, sondern ihn vor jenen Mißhandlungen schützen, auf die der Herr durchaus ein Recht hat.

Dostojewski als Exeget

Wie sehr dieses Thema der Sklavenbehandlung und -freilassung auch eins der Neuzeit, wie sehr diese theologische Frage auch eine soziale, wie unbedingt dieses religiöse Problem auch eine revolutionäre Dimension hat, zeigt sich an einer Debatte, die vor gut hundert Jahren im zaristischen Rußland geführt wurde. Der linke Historiker Alexander Granowski polemisierte damals gegen Dostojewski, der die Ansicht vertreten hatte, man könne die schreienden Mißstände im Land nur durch persönliche Selbstvervollkommnung im Geiste der christlichen Liebe, nicht aber durch verordnete Reformen oder gar aufbegehrende Akte beseitigen. Die ganze Auseinandersetzung bezog sich auf Paulus. Granowski schreibt: »Der Apostel Paulus belehrt die Herren und die Knechte über ihre gegenseitigen Beziehungen. Die einen wie die anderen konnten den Worten des Apostels Gehör schenken, haben ihnen auch in den meisten Fällen Gehör geschenkt und waren *persönlich* gute Christen, aber die Sklaverei wurde dadurch dennoch nicht geheiligt und blieb eine unsittliche Einrichtung. So kannte auch Herr Dostojewski, genau wie ein jeder von uns, vorzügliche Christen unter den Gutsbesitzern wie auch unter den Bauern. Aber die Leibeigenschaft blieb dennoch ein Greuel vor dem Herrn. Die persönliche und die soziale Sittlichkeit ist nicht ein und dasselbe [...] Nehmen wir an, daß eine Reihe von Predigern der christlichen Liebe seit dem Jahr 1800 begonnen hätte, die Sittlichkeit der Korobotschkas und der Ssobaketwitschs zu vervollkommnen. Darf man annehmen, daß sie die Aufhebung der Leibeigenschaft erreicht hätten? [...] Im Gegenteil, die Korobotschka würde beweisen, daß sie eine wahre Christin und eine echte ›Mutter‹ ihrer Bauern sei...«

Die Entgegnung Dostojewskis klingt reaktionär; aber der große Romancier erfaßt die Idee des Paulus so präzise wie nur je ein Theologe vor ihm und nach ihm. »Ich aber antworte darauf: wenn die Korobotschka eine wahre, vollkommene

Christin werden könnte, so gäbe es auf ihrem Gut überhaupt keine Leibeigenschaft, so daß man sich gar nicht die Mühe zu geben brauchte, sie aufzuheben, selbst wenn alle Kaufverträge und sonstige Urkunden über den Besitz der Leibeigenen nach wie vor in ihrem Koffer lägen [...] Die frühere Herrin und der frühere Sklave wären verschwunden wie der Nebel vor der Sonne, und an ihre Stellen wären ganz neue Menschen, in ganz neuen, bisher unerhörten Verhältnissen zueinander getreten. Ich versichere Ihnen, Herr Granowskij, daß die Bauern dann selbst von ihr nicht weggehen würden, aus dem einfachen Grunde, weil jeder Mensch am liebsten dort bleibt, wo es ihm am besten geht. Ich wage Ihnen auch zu versichern, daß, wenn unter dem Apostel Paulus noch die Sklaverei bestand, so doch nur, weil die damals entstandenen Kirchen noch nicht vollkommen waren (was aus den Episteln des Apostels zu ersehen ist). Aber diejenigen Angehörigen der Kirche, die damals die persönliche Vollkommenheit erreicht hatten, besaßen schon keine Sklaven mehr und konnten keine haben, weil diese sich in ihre Brüder verwandelt hatten und ein Bruder seinen Bruder nicht als Sklaven halten kann.«

Der Psychologe des 19. Jahrhunderts reicht dem Psychologen des 1. verschwörerisch und verständnisinnig die Hand.

20.
Das Wort vom Kreuz
oder: Eine Hinrichtung als Aufrichtung

> Wenn es soviel Kreuzigung kostet, so ist es leichter, gegen eine Bresche zu marschieren als auf den Himmel zu.
> Georg Christoph Lichtenberg

> Der Mann tanzt!
> Ausruf einer Vierjährigen beim Anblick des Gekreuzigten in einem Kirchenfenster

Predigt als Torheit und Ärgernis

Paulus – ein Ratgeber in allen Lebenssorgen, ein wirklich hilfreicher Anrufbeantworter für die Alltagsfragen, der Helfer in den kleinen und großen Nöten, der Schiedsrichter in den vielfältigen Fehden einer sehr uneinheitlichen Gruppe von Menschen: Einige der zentralen Strategien des Gemeindegründers sind bisher vorgeführt worden, und es mag das Bild eines Praktikers und Pragmatikers entstanden sein, der mit Umsicht und Bedacht operiert, der zwischen Arm und Reich zu vermitteln versucht, der mit den Schwachen gegen die Starken paktiert, ohne allerdings die letzteren zu demotivieren; das Porträt eines Psychologen, der in Sexualfragen behutsam entscheidet und das Triebleben nicht beiseite predigt; die Gestalt eines Mannes, der die Unterdrückten zu einer Freiheit ermuntert, die das Zusammenleben nicht sprengt und nicht selbstzerstörerisch wirkt. Kurz: Da ist ein Mensch, der mitten im Leben steht.

Was aber – denn dies alles kann es ja nicht sein – ist die eigentliche Predigt des Paulus? Was verkündigt er, was ist seine Botschaft? Oder noch anders gefragt: Was glaubte das frühe, das erste städtische Christentum? Womit konnte man die Leute bekehren? Adolf von Harnack warnt da vor allzu hochgesinnten, einheitlichen Vorstellungen: »Endlich ist das Mißverständnis abzuwehren, als sei jeder, der zum Christentum übertritt, durch eine in den Grundzügen vollständige Missionspredigt gewonnen worden. In unzähligen Fällen war das, was die Entscheidung bewirkte, nur ein Strahl des Lichts: der eine wurde durch das Alte Testament gewonnen, der andere durch Dämonenbeschwörer, ein dritter durch die Reinheit des christlichen Lebens, wieder ein anderer durch den Monotheismus oder – vor allem – durch die Aussicht auf eine totale Entsühnung und auf das ewige Leben oder durch die Tiefe der Spekulation oder durch den sozialen Halt, den er gewann [...] Eine vollständige Darstellung der christlichen Lehre, die ja noch im 2. Jahrhundert wie weiches Wachs war, haben sich gewiß die wenigsten erworben...«

Wie weiches Wachs – das aber gilt nun für die Verkündigung des Paulus eben *nicht*. Wie weiches Wachs – davon setzt sich die Missionspredigt des Apostels als der brennende Docht ab. Wie weiches Wachs – so liest sich die entscheidende Stelle in seinem ersten Brief an die Korinther durchaus nicht. Paulus schreibt da: »Denn Christus hat mich nicht gesandt zu taufen, sondern zu predigen; aber nicht mit klugen Worten, damit nicht das Kreuz Christi zunichte werde. Denn das *Wort vom Kreuz* ist Torheit denen, die verloren gehen; uns aber, die wir gerettet werden, ist es Gottes Kraft. Denn es steht geschrieben (Jes. 29,14): ›Ich will die Weisheit der Weisen zunichte machen und den Verstand der Verständigen will ich verwerfen.‹ Wo sind nun die Klugen? Wo sind die Schriftgelehrten? Wo sind die Weisen dieser Welt? Hat nicht Gott die Weisheit der Welt zur Torheit gemacht? Denn weil die Welt, umgeben von der Weisheit Gottes, durch ihre Weisheit Gott nicht erkannte, gefiel es Gott, durch die Torheit der Predigt die zu retten, die glauben. Denn die Juden fordern Zeichen und die Griechen fragen nach Weisheit, wir aber predigen *den gekreuzigten Christus*, den Juden ein Ärgernis und den Griechen eine Torheit. Denen aber, die berufen sind, Juden wie Griechen, predigen wir Christus als Gottes Kraft und Gottes Weisheit.« (1. Kor. 1,17-24)

In diesen wenigen Bibelzeilen haben wir die Mitte des paulinischen Vermächtnisses. Das »Wort vom Kreuz« ist das Stenogramm seiner Botschaft, der harte Kern seiner Predigt: Knapper, gedrängter, notgedrungener kann man Christentum nicht definieren. O logos toū staurou – dies kann man noch in höchster Not herausrufen, in äußerster Bedrängnis weiterflüstern, unter der schlimmsten Folter stammeln, in der letzten Sekunde sich eingestehen. Das »Wort vom Kreuz« ist jene Vokabel, um die Paulus nicht nur seine Botschaft zentriert, sondern mit der er auch seine Biographie stabilisiert; es ist Rückhalt nicht nur seiner Mission, sondern das Rückgrat seiner eigenen Haltung und Ausdauer. Es ist die Formel, mit der er nicht nur die Heiden bekehrt, sondern seine eigene Bekehrung immer aufs neue bekräftigt. Es ist der Ruf, den er weiterträgt, wie auch der Anspruch, der ihn selbst weiterträgt. Es ist die Leitplanke seines apostolischen Weges und der Leitgedanke seiner Erlösungsvorstellung. O logos toū staurou – das ist die Zyankalikapsel des christlichen Glaubens.

Das Wort vom Kreuz: Wir befinden uns damit zugleich im Allerheiligsten der protestantischen Theologie, über dem Luthers zugespitztes Wort steht: »Crux sola est nostra theologia« – das Kreuz allein ist unsere Theologie. Die Theologie des Kreuzes, wie sie die avanciertesten Exegeten und Prediger unserer Tage verkünden und praktizieren, bedeutet die Rückbesinnung des Christentums auf sein Wesentliches, es bedeutet die Einkehr und Heimkehr zum redlichsten Paulinismus. »Denn hier stehen wir vor dem unverwechselbaren Proprium der Verkündigung des Paulus, ja vor der theologischen Mitte des Neuen Testaments überhaupt«, schreibt Martin Hengel; ganz ähnlich Eberhard Juengel: »Als Kurzformel für das, was evangelion ist, kann die paulinische Wendung lōgos toū staurou gelten.« In dieser Wertung treffen sich auch oft ganz auseinanderstrebende Exegeten: »Die

Stellvertretung am Kreuz – das ist der Zentralgedanke der paulinischen Verkündigung«, heißt es bei Joachim Jeremias, und so bei Peter von Osten-Sacken: »Von hier aus erklärt sich, warum ins Zentrum der paulinischen Theologie ›das Wort vom Kreuz‹ tritt [...] Die Gewißheit der Auferweckung ist der Erkenntnisgrund für die Bedeutung der Kreuzigung; – die Kreuzigung selbst aber ist der Realgrund der Rettung.« Und für den bedeutendsten Pauliner unserer Tage, Ernst Käsemann, steht fest: »Die paulinische Theologie kreist darum, in immer neuen Anläufen die Heilsbedeutung des Kreuzes herauszustellen.«

Die Quadratur der Absurdität

Was aber sagt, was besagt das Wort vom Kreuz? Ist es in dieser Kurzfassung, in dieser eingekapselten Begrifflichkeit überhaupt verständlich und zu gebrauchen? Erinnert es nicht an jene zusammengepreßten Klumpen Metall, die übrigbleiben, wenn alte Autos durch die Schrottpresse gegangen sind? Da muß man schon viel Phantasie haben, um angesichts eines solchen Blechpakets an Formschönheit und Fahrgelegenheit, an Lack und Lenkmöglichkeit zu denken. Da muß man schon einiges wissen von diesem Christusglauben, um beim »Wort vom Kreuz« das Karfreitagsgeschehen, die Passion Jesu, Golgatha, Pontius Pilatus, die zwei Schächer und das »Mein Gott, mein Gott, warum hast du mich verlassen?« assoziieren zu können. Und man wäre doch auch schon wieder auf einer falschen Erinnerungsspur, bei einem von der paulinischen Knappheit wegführenden Passionsspiel, bei einer jener theatralischen Prozessionen, wie sie in vielen katholischen Orten am Freitag vor Ostern üblich sind.

Man könnte es heute ja zunächst einmal ganz grob mißverstehen: Das Wort vom Kreuz könnte jenes Wort sein, das *auf* dem Kreuz in Golgatha gestanden haben soll, die höhnische Inschrift INRI, Iesus Nazarenus Rex Iudaeorum, die sarkastische Abbreviatur eines Scheiterns. Denn wenn es im konkreten Sinn ein Wort *vom* Kreuz gegeben hat, dann war es dieses Wort *am* Kreuz, das die Legende sich zusammenbuchstabiert hat in ungefährer Analogie zur römischen Gerichtspraxis, den Schuldtitel des Delinquenten mit ans Kreuz zu heften.

Aber damit hat der logos toū staurou nichts zu tun. Die Bibel »in heutigem Deutsch« übersetzt es (und liefert die Interpretation gleich mit) als »die Botschaft vom Kreuzestod«. Das Wort vom Kreuz ist die Predigt vom gekreuzigten Christus, der »für uns« diesen entsetzlichen Tod erlitten hat. Den gekreuzigten Christus predigen – die Zumutung für damalige Ohren und Geister ist heute kaum noch nachzuempfinden. Denn Christus ist ja nicht der Beiname Jesu, sondern sein Hoheitstitel: Das griechische Wort steht für das hebräische Messias (= der Gesalbte). Einen gekreuzigten Christus verkünden heißt, die Menschen gleich mit zwei Ärgernissen zu schockieren: Einen Gekreuzigten als Messias auszugeben und einen Messias auszurufen, der gekreuzigt worden ist. Das Wort vom Kreuz ist die Quadratur der Absurdität. Paulus weiß das, und er sagt es ja vorsorglich in seinen Appell hinein, gleich mehrfach, daß es Torheit und Ärgernis ist. Selbst wenn er es nicht aus seinem eigenen Saulus-Leben wüßte, aus dem Skandalon seiner früheren Existenz, dann hat es ihm die Reaktion seines Publikums doch immer wieder bewußt gemacht.

Doch außer Ärgernis und Torheit ist das Wort vom Kreuz auch politische Provokation. Denn mit dem Kreuz, von dem die Predigt handelt, ist ja eben sehr konkret das Hinrichtungsgerüst gemeint, das Liquidationsgerät niedrigster Art, der römische Galgen. (Noch im Gotischen heißt das Kreuz »Galga«.) Indem das Wort vom Kreuz den Messias verkündet, schreit es auch einen Justizmord aus, proklamiert es die Blindheit der Behörden, den Übermut der Ämter, die Ahnungslosigkeit des Imperiums. Wie hätte dem Mittelalter ein Wort vom Galgen geklungen, wie erschiene unserer Gegenwart eine frohe Botschaft vom elektrischen Stuhl?

In der römischen Rechtsprechung steht die Kreuzigung unter den Höchststrafen (summa supplicia) an erster Stelle vor der Verbrennung, der Enthauptung und der damnatio ad bestias (dem fürchterlichen Schauspiel der Zerfleischung durch Raubtiere in der Arena). Cicero spricht von der Kreuzigung als von »dieser Pest« und benutzt sie als Beispiel, um die stoische Behauptung zu widerlegen, der Schmerz sei kein wirkliches Übel, der ein immerwährendes Glück trüben könne. »In crucem qui agitur, beatus esse non potest.« Wer ans Kreuz geschlagen wird, der kann nicht glücklich sein. Die Abscheu vor dem Kreuz wird sogar zeichenhaft deutlich: Lukian spricht von der üblen Bedeutung des Buchstabens T (tau), weil er dem Kreuz so ähnlich sieht: Das tau selbst, schreibt er, müßte gekreuzigt werden.

Die Schmach des Kreuzes wird vom frühen Christentum nicht verschwiegen. Daß es eine »Schande« ist, weiß der Hebräerbrief. Origenes nennt die Kreuzigung den »allerschimpflichsten Tod« (mors turpissima crucis). Und Justinus nimmt das paulinische Stichwort »Torheit« nicht nur auf, er verschärft es noch, und gewiß nicht aus semantischer Variationslust, sondern aus der leidvollen Erfahrung seiner eigenen Mission: »Denn darin, erklären sie, bestehe unsere *Verrücktheit*, daß wir den zweiten Rang nach dem unwandelbaren und ewigen Gott, dem Weltschöpfer, einem *gekreuzigten Menschen* zusprechen.« Er hat also die »moria« durch »mania« ersetzt. Martin Hengel erläutert das sehr eindringlich: »Daß der *eine* präexistente Sohn des *einen* wahren Gottes, der Schöpfungsmittler und Welterlöser in jüngster Zeit im hinterwäldlerischen Galiläe und als Glied des obskuren Judenvolkes geboren worden, ja schlimmer noch, daß er den Tod des gemeinen Verbrechers am Kreuz gestorben war, das war ein Glaube, den man eigentlich nur Verrückten zumuten konnte. Die echten Götter Griechenlands und Roms unterschieden sich eben dadurch von den sterblichen Menschen, daß sie *unsterblich* waren...« Und es ist nicht weiter verwunderlich, daß in den ersten Jahrhunderten, so bei Laktanz, die Frage laut wird, warum Gott für Jesus nicht eine ehrenwertere Todesart als das Kreuz ausgesucht habe.

In den Paulus-Vorlesungen kurz vor seinem Tod hat auch Jacob Taubes sich diesem »kritischen« Thema zugewandt: »Das ist ein Tod der Verfemung. Der Sohn Davids hängt hier am Kreuz! Jetzt denken Sie mal vom Zentrum jüdisch her: ausgeschlossen aus der Gemeinde hängt er hier als ein Verfolgter und muß abgehängt werden am Abend, damit die Erde nicht verunreinigt wird. Das kehrt, in ungeheurer Weise, die Werte des römischen Denkens total um. Der Glaube an diesen verfemten Sohn Davids wird nun äquivalent allen – jetzt sprechen wir paulinisch – Werken. Wichtiger als alle Werke ist dieser Glaube. Diese messianische Konzentration auf das Paradoxale hat nichts mit dem schablonenhaften Griechentum, sondern mit der inneren Logik des Messianischen zu tun. Hier wird etwas gefordert, das die Seele des Menschen soviel kostet, daß alle Werke dagegen nichtig sind (wenn man's mal von der religionspsychologischen Seite nimmt und nicht von der theologischen).«

Das Kreuz eine Torheit, eine Verrücktheit, ein Ärgernis und eine Paradoxie. Ein fünfter Begriff sollte dazutreten: Kolportage. Die Passionsgeschichte ist ja auch eine gewaltig wirkende Schauerstory, ein aufwühlender Kriminalfall, ein verwegenes Melodram. Noch vor jeglichem Glauben wird da das Grauen geweckt, früher als alle Bekehrung setzt da ein Schock ein; ehe die Seele zu Gott sich aufschwingt, wird da ein entsetztes Mitgefühl mobilisiert. Noch die zahlreichen Stigmatisierungen der Heiligengeschichte sprechen dafür, wie sehr diese Geschichte »unter die Haut« geht.

Ein Wald von Kreuzen

Jeder von denen, zu denen Paulus mit dem »Wort vom Kreuz« kam, hatte solche Hinrichtungskreuze gesehen und gewiß mancher eine Kreuzigung miterlebt. Denn Jesu Kreuz hat ja nicht nur zwischen denen zweier Schächer gestanden, sondern inmitten eines ganzen Waldes von Kreuzen, mit denen die Antike ihre schlimmsten Verbrecher bestrafte, die hohen wie die ganz verächtlichen Übeltäter, die Staatsfeinde und die Sklaven, die Hochverräter und viele Kriegsgefangene. Kreuze reckten sich überall im römischen Imperium empor. Der Sklavenaufstand des Spartakus endete schließlich mit einem Massaker: Der Sieger Crassus ließ an der Via Appia zwischen Capua und Rom 6000 Gefangene ans Kreuz schlagen: Auch Augustus, als er noch nicht der Erhabene war, kreuzigte nach der Unterwerfung Siziliens herrenlose Sklaven aus den Truppen seines Gegners. Besonders zahlreich aber erhoben sich Kreuze auf den steinigen Hügeln Palästinas. Varus ließ in der Umgebung Jerusalems 2000 Gefangene kreuzigen, und ein ganzer Kreuzigungspogrom sollte mit der Zerstörung des Tempels im Jahre 70 einhergehen. Aber eben dieser drastische Einsatz des Kreuzes als römische Hinrichtungsmaschine bewirkte, daß es bei den Juden, die ursprünglich diese Todesstrafe ja auch gekannt und praktiziert hatten, verpönt war. Doch auch als Märtyrerzeichen wurde es nicht akzeptiert: »Dennoch wurde das Kreuz nie zum Symbol des jüdischen Leidens; der Einfluß von Dtn. 21.23 machte dies unmöglich. Auch ein gekreuzigter Messias konnte darum nicht akzeptiert werden.« (Hengel)

Die Stelle im 5. Buch Mose, auf die hier hingewiesen wird, lautet im Zusammenhang: »Wenn jemand eine Sünde getan hat, die des Todes würdig ist, und wird getötet, und man hängt ihn an ein Holz, so soll sein Leichnam nicht über Nacht an dem Holz bleiben, sondern du sollst ihn am selben Tage begraben – denn ein Aufgehängter ist verflucht bei Gott –, auf daß du dein Land nicht unrein machst, das dir der HERR, dein Gott, zur Erde gibt.«

Paulus hat diese Stelle nicht übersehen, und er verschweigt sie keineswegs. Dies ist der zentrale Punkt seines Ein- und Zugriffs in die Hebräische Bibel, seiner kamikazehaftesten Interpretation der »Schrift«, die er ja im hegelschen Doppelsinn fortwährend »aufhebt«, d. h. gleichzeitig zum Zeugen und zur Widerlegung aufruft. Paulus will den Fluch nicht leugnen, der über einem Gekreuzigten liegt, er will ihn im Gegenteil seinem Heilsverständnis, seinem Christusglauben, seiner Kreuzespredigt dienstbar machen. Nur darum, so Paulus, konnte das Kreuz als Sühneinstrument funktionieren, weil es der notorischste Fluch überhaupt war: »Christus aber«, sagt er im Galaterbrief, »hat uns von dem Fluch des Gesetzes erlöst, als er für uns zum Fluch wurde; denn es steht geschrieben: ›Verflucht ist jeder, der am Holz hängt.‹« (Gal. 3,13)

Man muß diese alte Schriftstelle im Ohr haben, um zu erkennen und zu verspüren, was Paulus mit dem »Ärgernis« meint, das das Wort vom Kreuz den Juden bedeutet. Das ist eben nicht bloß Irritation und flüchtiger Unmut, sondern rasende Skandalisierung, Aufruhr der gottesfürchtigen Gefühle, eine Tempelzerstörung in der innersten Glaubenswelt. Etwas von dem Tumult, der Paulus bei seiner Kreuzesverkündigung entgegengeschlagen sein muß, hat Franz Werfel in seiner dramatischen Legende »Paulus unter den Juden« widerhallen lassen; nicht nur den Zorn, sondern die letztlich liebende Unfähigkeit, diesen Paulus anders denn als einen Besessenen zu begreifen.

PAULUS: Wovor soll ich mich fürchten, da ich die Furcht des Todes nicht mehr fürchten muß?
RABBI BESCHWÖRER: Beliebet diese Redeweise zu vermerken. Alle Besessenen sprechen so. *(Zu Paulus)* Ich will dich heilen. Mir ist Macht gegeben über den Geist, der dich besitzt.
PAULUS: Wenn dir Macht gegeben ist über diesen Geist, wem

ist dann Macht gegeben über Messias, den Erstgeborenen Gottes?

RABBI MEIR: Törichter Mensch! Fühlst du denn nicht, daß die Güte der Väter einen Versuch macht, dich zu retten?

PAULUS *(leise)*: Ich bin gerettet.

RABBI ZADDOK: Das sagst du, Gesetzesleugner? Hier ist Isreal! Und Israel lebt durchs Gesetz wie ein Geschöpf durchs Wasser lebt, durch der Thora ewiges Wunder lebt Israel unter den knurrenden Völkern. [. . .] Es ist eine geringere Sünde, Gott zu leugnen als sein Wort. Was wissen wir vom Ewigen?! Aber die Thora ist der Stab, dessen oberes Ende Gott hält und dessen unteres Ende in Israels Hand liegt.

PAULUS: O Rabbi! Der Stab war unter uns in Menschengestalt. Ich habe sein Licht gesehen.

RABBI ZADDOK: Du! Du! Wer bist du? Ein Irrtum, der um sich nicht weiß. Bist du mehr als das heilige Volk Gottes. Was rühmst du dich?

PAULUS: Ich rühme mich nicht. Ich bin eine arme leere Hülse, die der Erreger verbraucht.

RABBI MEIR *(freudig)*: Schau! Geh in dich! Widerrufe! Das Tor des Gebets ist jetzt geschlossen, doch das Tor der Buße steht ewig offen.

PAULUS *(ruhig)*: Liebe Väter, ihr kennt mich. War ich nicht ein Muster der Schule, ein Jud des Ernstes? Seht mich an! [. . .] Bin ich schuldig geworden, weil die Wahrheit eingezogen ist?

RABBI HUNA: Wir haben vergebens die Nacht geopfert. Ich hab's vorausgesehen. Der Mann ist verloren und verfallen.

PAULUS: Mein Volk! Meine Väter! Kalt und mühsam ist euer Blick. Vor eurem Antlitz wird mein Wort immer stummer. Ach, warum seid ihr nicht wach? Warum ich?? Oh, wärest du wach, mein Israel, und nicht ich!!

RABBI HUNA: Genug!

PAULUS *(unter Tränen)*: Nun werden – nach der Verheißung – die Heiden den Segen haben.

RABBI MEIR: [. . .] So redest du selbst aus dir?

PAULUS: ›Ich selbst‹, der leere Mensch ist dahin. Der Christus redet aus mir. *(Mit einem verhaltenen Aufschrei)* Ihr Männer! Dies Holz lebt! Ach, hier, hier, hat der Blitz die Welt gespalten. Und sie steht so ruhig! Die Menschen treiben weiter das Ihre. Und keiner, keiner erstaunt!
RABBI BESCHWÖRER *(geht mit dem Schleier auf Paulus zu)*
PAULUS: Sieh mich an, Beschwörer! So wahr in dir Nichts ist als die Eitelkeit des Worts, tust du keinen Schritt mehr, sind deine Glieder gebunden, ist dein Leben gebannt!
RABBI BESCHWÖRER *(windet sich und bricht stumm in die Knie)*
PAULUS: Die Liebe, die auch zu dir gekommen ist, löst dich. Steh auf und geh von hier!
RABBI BESCHWÖRER *(Schwankt auf, stammelt, wirft die Arme empor und stürzt ab.)*
DIE SCHÜLER: Das ist zuviel! Bringt ihn um!

Zwischen Himmel und Erde

Die Juden, sagt Paulus, fordern Zeichen. Er weiß das, denn er ist ja selbst Jude. Und nie war er mehr Jude als in der besessenen Predigt vom gekreuzigten Christus. Denn: Gibt es ein gewaltigeres Zeichen als dieses Kreuz? Als diese brutale Gegenstrebigkeit, die zugleich menschliches Maß hat, ja wie eine pathetisch-gleichnishafte Abstraktion und Imitation des menschlichen Körpers erscheint, so wie bei Kindern, wenn sie ein Strichmännchen malen? Denn so schändlich und schmerzhaft und grausam der Tod am Kreuz auch war: Er erlaubte dem Delinquenten doch aufrechte Haltung, gereckte Gestalt, ausgreifende Körperlichkeit. Beim Gang zur Hinrichtungsstätte hatte er, unter der Last des Querbalkens (denn der senkrechte Kreuzpfahl war ja an Ort und Stelle eingegraben und festverankert), sich noch beugen und krümmen müssen, war vielleicht, wie Jesus, mehrmals zusammengebrochen nach der vorhergehenden obligatorischen Auspeitschung. Aber zur Vollstreckung selbst wird er in ganzer

Lebensgröße, Sterbensgröße ausgestellt, und ein Sitzpflock sorgt dafür, daß der Leib nicht zusammensackt.

Der Akt der Hinrichtung ist zugleich ein Akt der Aufrichtung. Die Stunde der Erniedrigung ist zugleich die Stunde der Erhöhung. Die ganze Situation – das aufragende Kreuz auf dem Hügel, die Schar der Augenzeugen darunter – gibt der Strafe auch etwas von einem hochgestellten Triumph. Der weithin sichtbare Missetäter überragt die Menschen, die gekommen sind, seinen Tod zu »erleben«. Das übermenschliche und langdauernde Leid entrückt ihn der schaudernden Neugier vollends und macht ihn zum unbegreiflichen Fremdling. Steht nicht das Kreuz auf Golgatha (und wo immer es sonst stand) weithin sichtbar zwischen Himmel und Erde?

Ist es ein Wunder, daß es gerade im frühen Christentum den Glauben an die unmittelbare »Erhöhung« des Herrn geben konnte, an eine Himmelfahrt, die vom Kreuz fort zu Gott führte? Paulus selbst zitiert im Philipperbrief einen (von der Exegese so genannten) Christushymnus, in dem es heißt: »Er erniedrigte sich selbst und wurde gehorsam bis zum Tode, ja zum Tode am Kreuz. Darum hat Gott ihn auch erhöht und ihm den Namen gegeben, der über alle Namen ist...« (Phil. 2,8.9) Auch im Johannesevangelium gibt es solche Stellen, die vom Kreuz in einer seltsamen Zweideutigkeit als von der Erhöhung sprechen: »Jetzt ergeht das Gericht über die Welt; nun wird der Fürst dieser Welt ausgestoßen werden. Ich aber, wenn ich erhöht werde von der Erde, so will ich alle zu mir ziehen. Das sagte er aber, um anzudeuten, welchen Tod er sterben würde.« (12,31) Aber die triumphalste Apotheose des Kreuzes findet sich bei Kyrill von Jerusalem, einem Bischof des 4. Jahrhunderts. »Ausgespannt hat Gott am Kreuz seine Hände, um die Grenzen des Erdkreises zu umspannen«, sagt er, und ruft aus: »O selig Holz, an dem Gott ausgespannt ward!«

Dennoch: Das ist das Kreuz des Paulus schon nicht mehr. Sein »Wort vom Kreuz« meint nicht irgendein weltumspannendes Symbol, nicht die wie auch immer triumphale Haltung, nicht die Grundgebärde einer theologia gloriae. Paulus ist, als Prediger des Gekreuzigten, auf das konkrete Kreuz Jesu aus, auf den fürchterlichen Fluch, den da einer, stellvertretend für »uns«, auf sich genommen hat, auf den Aberwitz, daß Gott seinen Sohn selbst geopfert hat, statt, wie es die Welt doch viel leichter begriffe, ihn in der Tat zu salben und zu krönen; auf die Absurdität, daß er ihn nicht nur dem Kreuzestod mit seinen langwierigen Torturen und ekelhaften Begleiterscheinungen aussetzt, sondern zugleich dem allermenschlichsten Mißverständnis: Dies könnte Gottes Sohn, dies könne der Messias nie und nimmer gewesen sein. Sein Leben – ja, das trug Spuren göttlicher Nähe; aber sein Tod – nein, der zeigte nichts anderes als die entsetzlichste, trostloseste Gottesferne.

Jesus selbst war ja solcher Anfechtung, solchem Selbstzweifel, solchem katastrophalen Warum ausgesetzt, und es gehört zu den verwegenen Partien der synoptischen Evangelien, daß sie diesem Risiko nicht ausgewichen sind. Oscar Cullmann hat das Ausgeliefertsein Jesu in den Stunden seiner Passion eindringlich bezeichnet: »›Meine Seele ist betrübt bis in den Tod‹, sagt er zu den Jüngern. Jesus ist so ganz und gar Mensch, daß er die natürliche Furcht vor dem Tode teilt, ja als der göttliche Menschensohn und Gottesknecht viel schrecklicher als andere empfinden muß. Er hat Angst [...] vor dem Tode selbst. Denn der Tod ist für ihn nichts Göttliches. Er ist etwas Schreckliches [...] Es hilft nichts, diese Angst Jesu mit allerhand künstlichen Erklärungen aus dem Evangelienbericht wegdeuten zu wollen [...] Jesus weiß, daß der Tod an und für sich, weil er der Feind Gottes ist, größte Verlassenheit bedeutet. Darum fleht er zu Gott, er will angesichts dieses Feindes Gottes nicht allein sein. Aber er sucht in diesem Augenblick nicht nur den Beistand Gottes, sondern sogar den der Jünger. Immer wieder unterbricht er sein Gebet und geht zu seinen intimsten Jüngern, die gegen den Schlaf zu kämpfen versuchen [...] Warum will er, daß sie wachen? Er will nicht allein sein. Sogar von den Jüngern, deren menschliche Schwäche er doch kennt, will er nicht verlassen sein, wenn der Tod, der schreckliche Feind Gottes, sich auf ihn stürzt. Er will vom *Leben* umgeben sein, vom Leben, das in seinen Jüngern ist.« Und Cullmann zitiert aus dem Hebräerbrief (5,7), wo es heißt, Jesus habe »mit großem Geschrei und mit Tränen« seine Bitten und sein Flehen vor den gebracht, der ihn retten konnte.

Kritischer noch betont Jürgen Moltmann diese Verlassenheit und Verlorenheit, das Scheitern Jesu am Kreuz. Die Flucht der Jünger bei der Kreuzigung »dokumentiert nicht Feigheit, sondern einen durch die Tatsache verwerflichen Sterbens widerlegten Glauben. Jesu schmachvolles Sterben war für die Jünger [...] nicht die Vollendung seines Gehorsams gegenüber Gott und auch kein Märtyrerbeweis für seine Wahrheit, sondern die Widerlegung seines Anspruchs [...] Die beiden Zeloten, die mit ihm gekreuzigt wurden, mögen ›zusammengebrochen‹ und ›gescheitert‹ sein, aber die Sache, für die sie gelebt und gekämpft hatten, war für sie unantastbar und durch keinen Tod zu töten. Sie konnten im Bewußtsein sterben, daß das kommende Weltgericht ihr Recht beweisen werde. Für Jesus aber hing [...] die Sache, für die er lebte und wirkte, mit seiner eigenen Person und seinem Leben so eng zusammen, daß sein Tod auch der Tod seiner Sache sein mußte [...] Erst wenn wir seine Verlassenheit von dem Gott und Vater begreifen, dessen Nähe er [...] verkündet hatte, verstehen wir die Besonderheit seines Sterbens.«

Paulus versteht Jesus erst und erstmals in seinem Tod. Für ihn eröffnet die »unmenschliche« Konkretheit des Kreuzes überhaupt erst die »göttliche« Dimension dieses Menschen. Insofern kann man Nietzsches bewunderndem Ingrimm recht geben: »Er [Paulus] schlug Christus an sein Kreuz.« Das alleräußerste Opfer war die Beglaubigung der alleräußersten Erwählung. Und nur diese extreme Selbstentäußerung dieses einen konnte auch das »Angeld« der Erlösung für alle sein. Nur wenn Gott sich selbst preisgab, konnte der Preis bezahlt werden für die Sündenspesen, die seine Menschheit hatte zusammenkommen lassen. Die Spareinlagen der Irdischen halfen nicht mehr, es war eine Frage des Koste-es-was-es-wolle.

Das klingt buchhalterisch oder harsardös, aber die Geldmetaphern liegen ja überall nahe, wo abgerechnet oder eine Schuld getilgt werden soll. Ernst Käsemann versucht deshalb, die Begriffe gewissermaßen vom Saulinischen ins Paulinische zu wenden: »Doch für ihn ist Heil nicht primär Ende vergangenen Unheils und der vergebende Schlußstrich unter ehemalige Schuld, sondern [...] Freiheit von der Macht der Sünde, des Todes und des göttlichen Zorns, nämlich die Möglichkeit neuen Lebens.«

Aber Käsemann wäre der letzte, der die Thematik ins Unverbindliche hinausformulierte; so wie er hat sich kein zweiter Theologe dieses Jahrhunderts (nicht Barth, nicht Bultmann, nicht Moltmann, nicht Jüngel) zur entschiedenen Theologie des Kreuzes bekannt. Käsemann verbindet paulinische und lutherische Unbedingtheit, wenn er schreibt: »Denn für uns ist Jesu Kreuz die wahrhaft kritische Macht der Erde und jedes einzelnen, weil es Existenz im Ganzen, nämlich mit Denken und Sprechen auch unsern Willen bestimmt.« Käsemann nennt die Kreuzestheologie Luthers einen »polemischen Begriff«, und er spricht vom »brutalen Zugriff der Christusbotschaft«. Für ihn gibt es keinen Zweifel: »In der Nachfolge steht der Christ nur, so lange er im Schatten des Kreuzes steht.« Paulus selbst hat es noch drastischer gesagt mit seiner Wendung vom »Mitgekreuzigtwerden«.

Und niemand hat wohl besser als Käsemann die Bedeutung des Wortes vom Kreuz aufgeschlüsselt: »Am Kreuze Jesu endet die Verzweiflung, weil dort zugleich der Stolz endet, die Verwegenheit des Rebellen zugleich mit dem Dünkel der Frommen, die Gottesferne zugleich mit den sakralen Bezirken, die Narrheit zugleich mit den Illusionen derer, die sich weise dünken. Vor dem sich selbst erniedrigenden Gott endet der sich selbst transzendierende Mensch, den sogar die christliche Maske nicht schützt. Der sterbende Gottessohn [...] entdämonisiert die Welt, indem er uns aus potentiellen Heroen und Göttern in menschliche Wirklichkeit zurückführt und damit in das Feld der Unbefangenheit, welche inmitten aller Verstrickungen Freiheit atmet. Das läßt sich auf einen Nenner bringen: Die Rechtfertigung des Gottlosen ist für Paulus die Frucht des Todes Jesu, nichts sonst. [So] versteht man, daß der Apostel [...] nur den Gekreuzigten predigen und nur von ihm wissen will, obgleich christliche Prediger und Gemeinden darin eine unerträgliche Reduktion und eine Schmälerung des Reichtums Christi erblicken. In aller zweifellos rhetorischen und polemischen Einseitigkeit ist hier doch das Zentrum der paulinischen Theologie fixiert...«

Und die Auferstehung?

Das, was Käsemann als »eine unerträgliche Reduktion und eine Schmälerung des Reichtums Christi« bezeichnet, muß als die Frage laut werden: Ist das Kreuz denn die ganze Wahrheit? Des Christentums wie der paulinischen Predigt? Hat Paulus wirklich nichts anderes zu verkünden als den *Gekreuzigten* Christus? Gehört zum Wort vom Kreuz nicht auch die Osterbotschaft vom *Auferstandenen*? Wir fragen so ein wenig mutwillig und naiv in die eigentliche Gletscherspalte der Kirchengemeinde hinein, in die katholisch-protestantische Dauerkluft, in die kritisch-optimistische Zerrissenheit des Christentums. Und wir gehen an ganzen Regalen von Literatur vorbei, an Abertausenden von Büchern, in denen diese Konflikte und Differenzen abgehandelt werden, und wagen die Behauptung: Auch für Paulus, der das Kreuz Christi begriffen und ergriffen hat wie keiner vor und keiner nach ihm, konnte es das Wort vom Kreuz nur geben kraft der Botschaft von der Auferstehung, mittels der Nachrichten vom leeren Grab und durch die »Erscheinungen« des Auferstandenen. Die Auferstehung war für ihn Missionselixier, Verkündigungsnotwendigkeit, der Boden unter den Füßen auf seinem zweiten Lebensweg.

Da ist Paulus genauso kompromißlos wie in der Predigt vom Kreuz: »Ist aber Christus nicht auferstanden, so ist unsere Predigt vergeblich, so ist auch euer Glaube vergeblich. Wir würden dann auch als falsche Zeugen Gottes dastehen, weil wir gegen Gott bezeugt hätten, er habe Christus auferweckt, den er nicht auferweckt hätte, wenn doch die Toten nicht auferstehen. Denn wenn die Toten nicht auferstehen, so ist auch Christus nicht auferstanden. Ist Christus aber nicht auferstanden, so ist euer Glaube nichtig...« (1. Kor. 15,16 f.)

Aber dennoch: Die Auferstehung war für Paulus nicht eine zweite Theologie neben der des Kreuzes, sie war nicht additive Frohbotschaft zur Passionsgeschichte, nicht die Siegesgewißheit zur Märtyrerergebenheit, sondern einfach jene Erhellung, die das Kreuz in das rechte Licht rückte, die dieses Kreuz unter all den andern hervorhob, und die diesen einzelnen Gekreuzigten als einzigen kenntlich machte. Die Auferstehung war auch Beleg ihrer selbst: Christus war nur der »Erstling« derer, die auferstehen würden. Aber für den Apostel bedeutete die Auferstehung doch zuerst und zuletzt ein Dokument der Wahrheit vom Kreuz. Sie erst machte das Wort vom Kreuz wahr; sie stellte aber kein zweites Wort daneben. Die Entschiedenheit, mit der Paulus das »Wort vom Kreuz« vertritt, weitertreibt, bis zur Besessenheit in die Welt ruft, hängt damit zusammen, daß hier der Ursprung und das Wesen seiner Damaskus-Vision zu suchen ist. Die intellektuelle, hermeneutische Aufgabe, die ihm damit überbracht wurde, nämlich den gekreuzigten Christus zugleich als das »Ende des Gesetzes« zu erklären, beschäftigt ihn ein Leben lang.

Es wird mehr als drei Jahrhunderte dauern, bis das Kreuz selbst sich als das Wahrzeichen des Christentums etabliert. In den frühen Zeiten erscheint die Christusgestalt als Herrscher, als Arzt, als Hirte, Gärtner, Fischer, Steuermann, Lehrer oder als Chorführer. Sinnbilder der Christengemeinde sind das Lamm, der Fisch, das A + O, Alpha und Omega. Bis zu Konstantin gibt es keine einzige Kreuzigungsszene, auch auf dem Katakombenbildern nicht. Erst mit diesem römischen Kaiser, der in diesem Zeichen gesiegt haben soll, »beginnt recht eigentlich der Siegeszug des Kreuzes« (Schneider). Aber diese frühen Kreuze haben vorwiegend Ornamentcharakter: als Anker, Mast, Segel, Schwert.

Das Kreuz kann Symbol werden, weil Konstantin die Strafe der Kreuzigung abschafft. Erst als die Gekreuzigten nicht mehr überall auf den Gerichtsstätten des Imperiums hängen, kann der Crucifixus zum Inbegriff der Anbetung werden.

21.
Das Hohelied der Liebe
oder: 1. Korinther 13
in fünf Variationen

> In Paulus sehe ich nicht so sehr den großen Propagandisten der christlichen Lehre wie den tief empfindenden Menschen, der die schönsten Zeilen niedergeschrieben hat, die je eine menschliche Hand zu Papier brachte: den großen Hymnus auf die transzendentale Liebe.
>
> Walter Rathenau

Martin Luther, 1545

Wenn ich mit Menschen vnd mit Engelzungen redet / vnd hette der Liebe nicht / So were ich ein donend Ertz oder eine klingende Schelle. ²Vnd wenn ich weissagen kündte / vnd wüste alle Geheimnis / vnd alle Erkenntnis / vnd hette allen Glauben / also / das ich Berge versetzte / vnd hette der Liebe nicht / So were ich nichts. ³Vnd wenn ich alle meine Habe den Armen gebe / vnd liesse meinen Leib brennen / vnd hette der Liebe nicht / So were mirs nichts nütze.

⁴DJe Liebe ist langmütig vnd freundlich / die Liebe eiuert nicht / die liebe treibt nicht mutwillen / sie blehet sich nicht / ⁵sie stellet sich nicht vngeberdig / sie süchet nicht das jre / sie lesset sich nicht erbittern / sie tracht nicht nach schaden / ⁶sie frewet sich nicht der vngerechtigkeit / sie frewet sich aber der warheit / ⁷Sie vertreget alles / sie gleubet alles / sie hoffet alles / sie duldet alles. ⁸Die Liebe wird nicht müde* / Es müssen auffhören die Weissagungen / vnd auffhören die Sprachen / vnd das Erkentnis wird auch auffhören.

---

* Die populärste, sprichwörtlichste Form »Die Liebe höret nimmer auf« findet sich weder im Luthertext des Jahres 1545 noch in der derzeit kursierenden revidierten Fassung. Erst in der Ausgabe von 1546 ändert Luther in

⁹DEnn vnser wissen ist stückwerck / vnd vnser Weissagen ist stückwerck. ¹⁰Wenn aber komen wird das volkomen / so wird das stückwerck auffhören. ¹¹Da ich ein Kind war / da redet ich wie ein kind / vnd war klug wie ein kind / vnd hatte kindische anschlege. Da ich aber ein Man ward / that ich abe was kindisch war. ¹²Wir sehen jtzt durch einen Spiegel in einem tunckeln wort / Denn aber von angesicht zu angesichte. Jtzt erkenne ichs stücksweise / Denn aber werde ich erkennen gleich wie ich erkennet bin. ¹³Nu aber bleibt Glaube / Hoffnung / Liebe / diese drey / Aber die Liebe ist die grössest vnter jnen.

Martin Luther, revidierter Text 1975

1. *Wenn ich mit Menschen- und mit Engelszungen redete und hätte die Liebe nicht, so wäre ich ein tönendes Erz oder eine klingende Schelle.*
2. *Und wenn ich prophetisch reden könnte und wüßte alle Geheimnisse und alle Erkenntnisse und hätte allen Glauben, so daß ich Berge versetzen könnte, und hätte die Liebe nicht, so wäre ich nichts.*
3. *Und wenn ich alle meine Habe den Armen schenkte und wenn ich meinen Leib hingeben würde, um Ruhm zu gewinnen, und hätte die Liebe nicht, so würde mir's nichts nützen.*
4. *Die Liebe ist langmütig und freundlich, die Liebe ist nicht eifersüchtig, die Liebe treibt nicht Mutwillen, sie bläht sich nicht auf,*
5. *sie verletzt nicht den Anstand, sie sucht nicht das Ihre, sie läßt sich nicht erbittern, sie trägt das Böse nicht nach,*
6. *sie freut sich nicht über das Unrecht, sie freut sich vielmehr an der Wahrheit;*
7. *sie erträgt alles, sie glaubt alles, sie hofft alles, sie duldet alles.*
8. *Die Liebe hört niemals auf, während doch das prophetische Reden aufhören wird und das Zungenreden aufhören wird und die Erkenntnis aufhören wird.*
9. *Denn unser Wissen ist Stückwerk, und unsere Prophetie ist Stückwerk.*
10. *Wenn aber kommen wird das Vollkommene, so wird das Stückwerk aufhören.*
11. *Als ich ein Kind war, da redete ich wie ein Kind und dachte wie ein Kind und urteilte wie ein Kind; als ich aber ein Mann wurde, tat ich ab, was kindlich war.*

»Die Liebe höret nimmermehr auf«, das dann später zu der proverbialen Lesart verkürzt wird, wie sie sich etwa noch in der Lutherbibel von 1912 findet. Es bleibt festzuhalten, daß die gängigste und eindringlichste Version dieses schönsten Satzes aus dem »Hohelied« von den heutigen Bibelrevisoren einfach preisgegeben worden ist.

12. *Wir sehen jetzt nur undeutlich wie in einem trüben Spiegel; dann aber von Angesicht zu Angesicht. Jetzt erkenne ich stückweise; dann aber werde ich erkennen, wie ich erkannt bin.*
13. *Nun aber bleiben Glaube, Hoffnung, Liebe, diese drei; aber die Liebe ist die größte unter ihnen.«*

Jesuitenpater Augustin Arndt, um 1900*

1. *Wenn ich mit den Zungen der Menschen rede, aber die Liebe nicht habe, so bin ich wie ein tönendes Erz oder eine klingende Schelle geworden.*
2. *Und wenn ich die Gabe der Weissagung habe und kenne alle Geheimnisse und alle Wissenschaft, und wenn ich allen Glauben habe, so daß ich Berge versetzen könnte, die Liebe aber nicht habe, so bin ich nichts.*
3. *Und wenn ich alle meine Habe zur Speisung der Armen austeile, und wenn ich meinen Leib dahingebe, daß ich verbrannt werde, die Liebe aber nicht habe, so nützt es mir nichts.*
4. *Die Liebe ist langmütig, ist gütig; die Liebe eifert nicht, sie handelt nicht unbescheiden, sie bläht sich nicht auf,*
5. *sie ist nicht ehrsüchtig, sucht nicht das Ihre, sie läßt sich nicht erbittern, sie rechnet das Böse nicht an,*
6. *sie freut sich nicht der Ungerechtigkeit, sie freut sich aber mit der Wahrheit;*
7. *alles erträgt sie, alles glaubt sie, alles hofft sie, alles übersteht sie.*
8. *Die Liebe hört nie auf, wenn auch die Weissagungen abgetan werden, oder die Sprachen ein Ende nehmen und die Erkenntnis vergehen wird.*
9. *Denn unser Erkennen ist Stückwerk und unser Weissagen ist Stückwerk.*
10. *Wenn aber das Vollkommene kommt, dann wird das, was Stückwerk ist, abgetan werden.*
11. *Als ich ein Kind war, redete ich wie ein Kind, dachte wie ein Kind, urteilte wie ein Kind; als ich aber Mann ward, legte ich ab, was des Kindes war.*
12. *Jetzt sehen wir durch einen Spiegel im Rätsel, alsdann aber von Angesicht zu Angesicht. Jetzt ist mein Erkennen Stückwerk, dann aber werde ich erkennen, so wie auch ich erkannt bin.*
13. *Nun aber bleiben Glaube, Hoffnung, Liebe, diese drei, das Größte aber unter diesen ist die Liebe.*

* Im Grußwort zu dieser Ausgabe schreibt Papst Pius X. unter dem Datum des 6. Mai 1904: »Unser lebhaftester Wunsch geht dahin, es möge dieses Unternehmen, durch welches dem Heil und dem Nutzen der Seelen in einer so hochwichtigen Sache ein vortrefflicher Dienst erwiesen wird, eifrige Förderung finden; zumal hierdurch verhindert wird, daß Unerfahrene durch das Lesen von Bibeln, wie sie von Andersgläubigen verbreitet zu werden pflegen, statt des Heiles das Verderbnis finden.«

Die »Bibel in heutigem Deutsch«, 1982

1. *Wenn ich die Sprache aller Menschen spräche*
   und sogar die Sprache der Engel kennte,
   aber ich hätte keine Liebe –,
   dann wäre ich doch nur ein dröhnender Gong,
   nicht mehr als eine lärmende Pauke.
2. *Auch wenn ich göttliche Eingebungen hätte*
   und alle Geheimnisse Gottes wüßte
   und hätte den Glauben, der Berge versetzt,
   aber ich wäre ohne Liebe –,
   dann hätte das alles keinen Wert.
3. *Und wenn ich all meinen Besitz verteilte*
   und nähme den Tod in den Flammen auf mich,
   aber ich hätte keine Liebe –,
   dann wäre alles umsonst.
4. *Wer liebt, ist geduldig und gütig.*
   Wer liebt, der eifert sich nicht,
   er prahlt nicht und spielt sich nicht auf.
5. *Wer liebt, der verhält sich nicht taktlos,*
   er sucht nicht den eigenen Vorteil
   und läßt sich nicht zum Zorn erregen.
   Wer liebt, der trägt keinem etwas nach;
6. *es freut ihn nicht, wenn einer Fehler macht,*
   sondern wenn er das Rechte tut.
7. *Wer liebt, der gibt niemals jemand auf,*
   in allem vertraut er und hofft er für ihn;
   alles erträgt er mit großer Geduld.
8. *Niemals wird die Liebe vergehen.*
   Prophetische Weisung hört einmal auf,
   das Reden in Sprachen des Geistes verstummt,
   auch das Wissen um die Geheimnisse Gottes
   wird einmal ein Ende nehmen.
9. *Denn unser Wissen von Gott ist Stückwerk,*
   und unser prophetisches Reden ist Stückwerk.
10. *Doch wenn sich die ganze Wahrheit zeigt,*
    dann ist es mit dem Stückwerk vorbei.
11. *Anfangs, als ich noch ein Kind war,*
    da redete ich wie ein Kind,
    ich fühlte und dachte wie ein Kind.
    Dann aber wurde ich ein Mann
    und legte die kindlichen Vorstellungen ab.
12. *Jetzt sehen wir nur ein unklares Bild*

wie in einem trüben Spiegel;
dann aber stehen wir Gott gegenüber.
Jetzt kennen wir ihn nur unvollkommen;
dann aber werden wir ihn völlig kennen,
so wie er uns jetzt schon kennt.
13. *Auch wenn alles einmal aufhört –*
Glaube, Hoffnung und Liebe nicht.
Diese drei werden immer bleiben;
doch am höchsten steht die Liebe.

Stimme der Wissenschaft (Rudolf Pesch), 1986

1. *Wenn ich mit den Zungen von Menschen rede*
und von Engeln, habe aber die Agape nicht,
bin ich ein tönendes Erz oder eine lärmende Pauke.
2. *Und wenn ich die Prophetie habe*
und alle Geheimnisse kenne und die ganze Erkenntnis,
und wenn ich allen Glauben habe,
so daß ich Berge versetzen kann,
habe aber die Agape nicht,
bin ich nichts!
3. *Und wenn ich meine ganze Habe verschenke,*
und wenn ich meinen Leib zum Verbrennen übergebe,
habe aber die Liebe nicht,
schaffe ich keinen Nutzen.
4. *Die Agape ist großmütig,*
gütig ist die Agape,
sie eifert nicht,
sie prahlt nicht,
sie bläht sich nicht auf,
5. *sie handelt nicht ungehörig,*
sie sucht nicht ihren Vorteil,
sie zürnt nicht,
sie rechnet das Böse nicht an,
6. *sie freut sich nicht über das Unrecht,*
sie freut sich aber mit an der Wahrheit.
7. *Alles erträgt sie,*
alles glaubt sie,
alles hofft sie,
alles erduldet sie.
8. *Die Agape kommt niemals zu Fall.*
Sei es aber prophetische Rede, sie wird vergehen.

Seien es Zungenreden, sie werden aufhören.
Sei es Erkenntnis, sie wird vergehen.
9. *Denn bruchstückhaft erkennen wir*
und bruchstückhaft prophezeien wir.
10. *Wenn aber das Ganze-Vollendete kommt,*
wird das Bruchstückhafte vergehen.
11. *Als ich unmündig war,*
redete ich wie ein Unmündiger,
dachte ich wie ein Unmündiger,
urteilte ich wie ein Unmündiger.
Als ich aber ein Mann geworden war,
verging das, was den Unmündigen ausmachte.
12. *Wir sehen nämlich jetzt durch einen Spiegel in Rätselgestalt,*
dann aber von Angesicht zu Angesicht.
Jetzt erkenne ich bruchstückhaft,
dann werde ich erkennen, wie ich erkannt bin.
13. *Jetzt aber bleibt: Glaube, Hoffnung, Agape,*
diese drei.
Am größten von diesen aber ist die Agape.

V.
POLEMIKER ZWISCHEN DEN PARTEIEN

22.
Vorsicht: Nachbeter!
oder: Die Handicaps des Apostels

> Demnach wäre das Predigen ein heiliges Spiel mit Worten, nicht ein Sakralspiel, eher ein Kinderspiel [...] Vergißt der Prediger, daß er ein homo ludens ist, wird er leicht zum Tragiker auf der Kanzel in der Drapierung des Propheten, oder aber, was fast noch schlimmer ist, zum Langweiler.
>
> Bohren, Predigtlehre

Das Hohelied – eine Gardinenpredigt?

»Nehmt euch in acht vor den Hunden, nehmt euch in acht vor den falschen Predigern. Nehmt euch in acht vor der Zerschneidung!« Auch das ist die Sprache des Paulus. Welch ein Kontrast! Welch ein Absturz vom Hohelied zur Verhöhnung, vom Lobpreis der Liebe zum Ausbruch des wildesten Hasses, von der Agape zum Geifer. Welche Wendung vom Prediger der Sanftmut zum rabiatesten Polemiker, vom Heilsboten zum Wüterich. Welch erschreckendes Dementi der herrlichen Liebesbotschaft durch ihren Autor. Glaube, Liebe, Hoffnung? Nichts da, sondern rasendste Wut, bitterste Zurechtweisung, schneidendste Empörung. Da sitzt dieser Paulus in Ephesus und fühlt sich auf einmal umgeben von Gegnern, Rivalen, Spitzeln, Intriganten, von Abweichlern und Mißgünstigen, von Revisoren und Renegaten, sieht sich beinah konzentrisch umstellt, eingekreist von einer vielköpfigen, vielfältigen Verschwörung, sieht Widersacher überall mißgünstig am Werk, an jenem Werk, das doch das seine ist, sieht sie sich einschleichen und breitmachen in den Gemeinden, die allein seine Gründungen sind. Er glaubt seine Lebensarbeit in Gefahr, nun wirklich »an allen Orten«: in Philippi, in Korinth und in den galatischen Kleinstädten. Und so wie ihn die Gegner eingekesselt zu haben scheinen, so beginnt er nun, mit einem Rundumschlag sich zu wehren: Ein Tiefgetroffener, der tief treffen will.

Nehmen wir nur ein paar Kernstücke heraus, Sätze in verschiedene Richtungen: »Ich habe es vorausgesagt und sage noch einmal voraus [...] wenn ich wiederkomme, dann kenne ich keine Schonung.« Oder: »O ihr Unverständigen. Wer hat euch behext [...] Wie wendet ihr euch wieder den schwachen und armseligen Mächten zu ...?!« (2. Kor. 11,5,13-15) Oder: »Ich meine doch, ich bin nicht weniger als eure Überapostel [...] Denn diese Leute sind falsche Apostel, unehrliche Arbeiter, und verkleiden sich als Apostel Christi. Und das ist auch kein Wunder, denn der Satan selbst verkleidet sich als Engel des Lichts. Darum ist es nichts Besonderes, wenn sich auch seine Diener als Prediger der Gerechtigkeit verkleiden. Ihr Ende wird ihren Taten entsprechen.« (Phil. 3,2) Und als Klimax und Klammer des Furiosos eben der Wutschrei in Richtung Philippi: »Nehmt euch in acht vor den Hunden, nehmt euch in acht vor den falschen Predigern!«

Und das von dem Mann, der die Liebe als langmütig und freundlich, als nicht eifernd, als nicht mutwillig (v)erklärt hat, der ihr zuschreibt, sie lasse sich nicht erbittern, trachte nicht nach Schaden und freue sich nicht der Ungerechtigkeit; der ihr nachgerühmt hat, sie ertrage, glaube, hoffe, ja sie erdulde alles? Die Liebe wird nicht müde? Die Liebe höret nimmer auf? Bei Paulus scheint sie gerade in jenen Jahren ständig aufzuhören.

Aber die zornigen Sätze (und viele andere mehr) fallen ja dem hehren Text nicht nur in den Rücken, sie tauchen ihn in ein anderes Licht, das ihn böser, schärfer erscheinen läßt. Sie wecken tückische Echos, irritierende Nebengeräusche. Handelt das 13. Kapitel des 1. Korintherbriefes tatsächlich so überwältigend von der Agape, von der mitmenschlichen Liebe, der caritas, wie es zunächst den Anschein hat? Ist die Liebe wirklich das beherrschende Thema? Oder nicht vielmehr das Anherrschende? Hat Helmut Gollwitzer wirklich recht, wenn er schreibt: »Die Agape aber wie Paulus sie 1. Kor. 13 beschrieben hat, ist nie gefährlich; sie kann uns in die größten Gefahren bringen, nie aber ist sie selbst eine Gefährdung unseres Lebens. Darum kann auf sie als auf das eindeutig undialektisch Göttlich-Gute ein Loblied gesungen werden, wie es der Eros wegen seiner Dialektik nie erhalten kann«?

Hat nicht doch die Art, wie Paulus da die Agape beschwört, etwas seltsam Zuchtmeisterliches, etwas peinlich Rigides, das die Assoziation des terroristischen Satzes aufkommen läßt: »Und willst du nicht mein Bruder sein, so schlag ich dir den Schädel ein!«? Ist nicht genau dies der Grundgestus des Hohenliedes? Liebe ist Maßstab, Fessel, Vergleichstortur, Verhaltensfessel? Ist nicht, rundheraus gefragt, auch das Hohelied der Liebe, in Wahrheit und im Kern, ein Stück Polemik? Ist es nicht so etwas wie der Einsatz des paulinischen Furors, nur noch eben zum Hymnus sublimiert, nur noch knapp von der Selbstverpflichtung auf die Agape gebändigt?

Schon diese vielen Wenns und Aber! Schon diese vielen Konditionalschlingen! Schon die vielen Bedingungen, mit denen die Unbedingtheit der Liebe proklamiert wird! Schon diese vielen nicht nur syntaktischen Fußangeln! »Wenn ich mit Mensch- und mit Engel-Zungen redete / und hätte der Liebe nicht / So wäre ich ein tönend Erz oder eine klingende Schelle.« Schon dieser fürchterlich negative Blick, im Namen der Liebe, auf den Mitmenschen oder auf sich selbst. Wenn der Nachbar nur eine klingende Schelle ist (also leeres Wortgeklingel von sich gibt, Phrasengeschepper, Sprechblasengepuste), warum muß der liebe Nächste ihm das so lieblos sagen, so ohne Umschweife und Sympathie? Nein, irgendwie ist zumindest der erste Teil dieses Textes selbst durchwaltet von einem tiefen Ressentiment, von einem noch leisen, verhaltenen aber doch schon deutlich spürbaren Murren; man kann den Eindruck haben von einem Vulkan, aus dessen

Krater noch nicht die Lava geschleudert wird, aber doch schon unheilverkündender Rauch dringt.

Und alle jene seltsamen Vokabeln, die uns heute so fremd und sakral anmuten, sind ja für Paulus aktuelle und akute Stichworte in seinem Verhältnis zu den Korinthern: Die Engelszungen und das Zungenreden, das prophetische Reden (Luthers »Weissagungen«) und die Erkenntnis sind für ihn ärgerliche oder doch nervös machende Vorkommnisse in einer ihm entgleitenden Gemeinde. Das ist nicht ins Ungefähre formuliert, sondern in die Gefährdung hinein; der Hymnus ist also zumindest auch eine höchst angespannte Rede zur Sache; das Hohelied eine außerordentlich subtile Gardinenpredigt.

Die ersten christlichen »Schismata«

Denn es rumort in Korinth. Kaum war die christliche Gemeinde in der Stadt gegründet, gab es schon Streit, so heftig, daß man die Wendung gleich wieder zurückziehen müßte, es sei dort *eine* christliche Gemeinde gegründet worden. Das ist nicht mehr nur die soziale Kluft, der Verhaltenskonflikt zwischen Starken und Schwachen. Längst geht es an die Substanz der paulinischen Mission: Dem konsternierten Blick des Apostels zeigen sich Fraktionen, Parteienstreit. Kaum ist ein Vierteljahrhundert seit der Kreuzigung Christi vergangen, da taucht im Leben der jungen »Kirche« jenes verheerende Wort auf, das den Lauf ihrer Geschichte immer wieder so katastrophal bestimmen und den Sinn ihrer Botschaft so monströs hintertreiben wird: Schismata, Spaltungen. Das Sich-Zersplittern scheint dieser neuen Religion angeboren, von Anfang an. Gleich in seinem ersten Brief kommt Paulus deutlich zur Sache: »Ich ermahne euch aber, liebe Brüder, im Namen unseres Herrn Jesus Christus, daß ihr alle einmütig seid und keine *Spaltungen* unter euch aufkommen laßt; vielmehr haltet fest zusammen in *einem* Sinn und *einer* Meinung.

Denn über euch, liebe Brüder, ist mir durch die Leute der Chloe berichtet worden, daß Streit unter euch herrscht. Ich verstehe das so, daß unter euch einer sagt: Ich gehöre zu Paulus, der andere: Ich zu Apollos, der dritte: Ich zu Kephas, der vierte: Ich zu Christus. Wie? Ist Christus etwa zerteilt? Ist denn Paulus für euch gekreuzigt? Oder seid ihr auf den Namen des Paulus getauft? Ich danke Gott, daß ich niemanden unter euch getauft habe außer Krispus und Gajus, damit nicht jemand sagen kann, ihr wäret auf meinen Namen getauft worden. Ich habe aber auch das Haus des Stephanus getauft; sonst wüßte ich nicht, ob ich noch jemanden getauft habe. Denn Christus hat mich nicht gesandt zu taufen, sondern das Evangelium zu predigen, aber nicht mit klugen Worten, damit nicht das Kreuz Christi zunichte werde.« (1. Kor. 1,10-17)

Was steckt hinter dieser Beschwerde? Diese Passage hat besonders viele Spekulationen, Recherchen, Hypothesen und Gegenhypothesen herausgefordert. Für die beiden korinthischen Briefe gilt ja insgesamt: Hier verbinden sich permanent Gottesnähe und Geschäftswelt, Glaubensfragen und Alltagskram, Christuspredigt und Lebensregel, Bagatelle und Basileia. Hier muß Exegese zugleich Theologie und Psychologie, aber auch Altertumskunde und Sprachwissenschaft, dazu Soziologie und Philosophiegeschichte treiben. Später, im Römerbrief, wird Paulus sich an eine Gemeinde wenden, die ihm unbekannt ist, zu einer »Stadt« reden, in der er nicht war. Hier aber, in Korinth, kennt er sich aus, da weiß er Bescheid, hier macht ihm keiner was vor, allenfalls er selbst sich noch, wenn er glaubt, die Korinther hätten seine Mission nicht nur begriffen, sondern ein für allemal beherzigt.

Alle die Verlockungen, alle die Schwierigkeiten einer nuancenreichen Spurensuche summieren sich nun in diesem einen Unmuts-Satz: »Einer sagt: Ich gehöre zu Paulus, der andere: Ich zu Apollos, der dritte: Ich zu Kephas, der vierte: Ich zu Christus.« (1. Kor. 1,12) Dies ist, zunächst, ein Kriminalfall mit zweitausendjährigen Recherchen. Die konzentrieren sich zu allererst auf die simple arithmetische Frage, wieviele Gruppen da nun wirklich im Spiel sind. Doch wie kann gerade das rätselhaft sein, da doch Paulus ausdrücklich schreibt: der eine, der andere, der dritte, der vierte? Wie soll man das anders verstehen, als daß es vier »christliche« Parteien gegeben habe in Korinth?

Heute gehört dergleichen ja zum einfachsten Rüstzeug bei Quizfragen oder Testbögen: Nennen Sie den Namen, der nicht zu den übrigen paßt. Paulus, Apollos, Kephas (= Petrus), das sind ja Apostel, Missionare oder Jünger. Aber Christus ist doch der, in dessen Namen alle drei missionieren. Die vierte Partei unterschiede sich von den übrigen schon dadurch, daß sie sich nicht um einen lebenden, leibhaftigen Apostel gruppiert hätte. Schon Chrysostomus (354-407) hat das Quiz bestanden, hat an der Aufzählung Anstoß genommen. Paulus habe die vierte Position nur hinzugefügt, um die drei übrigen ad absurdum zu führen. (Conzelmann) Oder das »Ich bin des Christus« sei gar nicht eine vierte Parole, sondern eine eigene Erklärung des Paulus. Oder, auch das wird in der Auslegungsgeschichte vorgebracht, es handele sich um die Randglosse eines Abschreibers, der über die Parteibildung konsterniert gewesen sei. Passieren wir aber das Dickicht dieser Mutmaßungen und gehen wir weiter.

Wenig später kommt Paulus abermals auf Gruppierungen zu sprechen, aber diesmal heißt es nur: »Einer sagt, ich gehöre zu Paulus, ein anderer aber: Ich gehöre zu Apollos. Was ist denn Apollos? Und was ist Paulus? Diener, durch die ihr gläubig geworden seid, und zwar jeder, wie es ihm der Herr gegeben hat: Ich habe gepflanzt, Apollos hat begossen, aber Gott hat es wachsen lassen.« (1. Kor. 3,4 f.)

Ein seltsamer Heiliger

Von Kephas wird später ausführlich die Rede sein. Wer aber ist Apollos? Die Apostelgeschichte stellt ihn zunächst in Ephesus vor, auf der Durchreise von Alexandrien nach Griechenland. Lukas nennt ihn einen Juden und schreibt von ihm: »Dieser war in der Lehre des Herrn unterwiesen worden und redete brennend im Geist und lehrte zutreffend von Jesus, kannte aber nur die Taufe des Johannes. Er fing an, frei und offen in der Synagoge zu predigen. Als ihn Aquila und Priszilla hörten, nahmen sie ihn zu sich und legten ihm die Lehre Gottes noch genauer aus. Als er aber nach Achaja reisen wollte, schrieben die Brüder an die Jünger dort und redeten ihnen zu, ihn aufzunehmen. Und als er dahingekommen war, half er durch seine Gnadengabe denen sehr, die gläubig geworden waren...« (Apg. 18,25-27) Zwei Verse weiter heißt es: »Während Apollos in Korinth war, durchzog Paulus das Hochland und kam dann nach Ephesus und fand dort einige Jünger« – nicht aber mehr Apollos. Das knappe Nacheinander der wenigen Zeilen ist gleichsam graphischer Ausdruck für ein missionarisches Aneinandervorbei, eine entscheidende Divergenz, einen latenten Konflikt. Diesem Apollos braucht Paulus nicht einmal über den Weg zu trauen, der geht ohnehin seinen eigenen.

Ein seltsamer Heiliger ohnehin: Die eben zitierten Auskünfte der Apostelgeschichte schwitzen vor Verlegenheit. Ein Jude, der aber zutreffend von Jesus lehrte, dabei nur die Taufe des Johannes kannte, in der Lehre des Herrn unterwiesen war, doch nicht so, daß die Eheleute Aquila und Priszilla ihm die nicht noch genauer hätten auslegen müssen. Aber wie meist, wenn bei Lukas sich etwas nicht zusammenreimt, kann man davon ausgehen, daß es sich auch in der Realität nicht gereimt hat. Dieser Apollos ist offenbar eine schillernde Gestalt, von vager Herkunft und undeutlichem Hintergrund. Ernst Käsemann nennt ihn einen »Freibeuter«.

Aber eine Gabe scheint er zuverlässig besessen zu haben, und sie allein wird wichtig für den ersten Konflikt in Korinth. Er »redete brennend im Geist« (Apg. 18,25) Und weit davon entfernt, in Korinth sich in die Schar der paulinischen Gemeinde hilfreich einzureihen, nimmt er sie nur als Ausgangsbasis für seine eigenen ekstatischen Darbietungen. Ja, der kann reden. Ja, der spricht mit Engelszungen. Ja, der hat das rechte Pneuma, den Geist der Verzückung, die Kraft der Entrückung. Apollos erst lehrt die Korinther, wie schön das Christentum ist. Oder, um es mit Adolf Schlatter in der Sprache der Gelehrsamkeit zu sagen: »Wenn aber in Korinth die Meinung mächtig wurde, das Wesentliche am Christenstande sei die Erkenntnis, und die von Jesus gebrachte Erkenntnis erhebe den Menschen in eine Vollkommenheit, die ihn hoch über die Welt stelle und ihm die Vollmacht zur autonomen Gestaltung seines Lebens gebe«, so sei Apollos viel eher als Paulus der rechte Mann gewesen, ihren Glaubens- und Lebensanspruch zu befriedigen.

Es heißt ja, daß wir heute antike Vorgänge und gar Konflikte nicht eigentlich verstehen könnten. Von dieser merkwürdigen Situation in Korinth gilt insofern das Gegenteil, als erst unser heutiges Deutsch die erhellende Vokabel erlaubt, weil erst die heutige Technik dem Vorgang die Anschaulichkeit gibt: das Wort heißt *abheben*. Ein Teil der von Paulus zu seinem strengen Kreuzeschristentum bekehrten Menschen begann allmählich abzuheben; abzuheben von Realität und Alltag, abzuheben von Tagesverantwortlichkeit und Nächstenpflicht. Auch gegen diese Erscheinung hatte sich das Hohelied gewandt; der Protest war verschlüsselt in dem Begriff der »Erkenntnis«, in dem griechischen Wort gnosis. Die Gnosis – das beschreibt eine große, aber ganz diffuse Bewegung solchen Abhebens.

RECHERCHE: Die Gnosis. Die Gnosis ist eines der faszinierendsten und rätselhaftesten Phänomene eben jener Jahrhunderte, in denen auch das Christentum sich ausbreitete, seine Heilsbotschaft formulierte, seine Erlösungslehre entfaltete. Diese Gnosis ist, anders als eben das paulinisch-strikte »Wort vom Kreuz«, ein ganzes Geflecht von religiösen Motiven, von weltlich-himmlischen Gegensätzen, von mystischen Vorstellungen und Erkenntnis-Enthusiasmus. Über Herkunft und Entstehung der Gnosis gibt es verwirrend viele Theorien: Da ist sie einmal eine Entartung der griechischen Philosophie, zum andern eine Hellenisierung der altorientalischen Religionen, da wird sie aber auch als Orientalisierung des Christentums interpretiert oder umgekehrt als die Umdeutung des Christentums in hellenistische Denkformen, aber man sieht in ihr auch »eine die ganze Mittelmeerwelt beeinflußende, in einem Erlösungsmysterium zentrierte Form altiranischer Religion«. Hans Jonas hat 1934 in seinem Buch »Die Gnosis« mit solchem Synkretismus aufzuräumen versucht und dargelegt, daß sie sich aus der bloßen Summierung von Mysterienmotiven nicht hinreichend erklären lasse. Walter Schmithals interpretiert ihn so: »Das Besondere der Gnosis ist ein besonderes Verständnis von Gott, Mensch und Welt, eben die gnostische Religion, die als solche in gewisser Weise früher ist als das religionsgeschichtliche faßbare Phänomen Gnosis. Die einheitliche Grundhaltung, wie sie Jonas beschreibt, ist die Empfindung des Menschen, in einer ihm fremden Welt zu leben, in der er sich fürchten muß. Das wahre Leben ist jenseitig. Darum sehnt sich der Gnostiker nach einer Erlösung, die ihn von der Welt und dem Leibe befreit. Typisch gnostische Begriffe sind demzufolge z. B.: Angst, Irren, Heimweh; Betäubung, Schlaf, Trunkenheit; Fall, Sinken, Gefängnis; Finsternis, Fremde, Mischung.«

Fast kann man sagen: Die Gnosis ist ein Existentialismus mit umgekehrtem Vorzeichen; ein Daseinsempfinden, das das Dasein fortwährend zu transzendieren sucht. Wollte man dieses Gnosis-Geflecht in seinem Verhältnis zum frühen Christentum in ein Bild fassen, so ließe sich sagen: Es ist wie ein wildwachsender, lichtgieriger Efeu, der sich am Kreuzstab hochrankt und das Kreuz schließlich mit dickem Blattwerk überwuchert und wie einen seltsamen grünen Lebensbaum erscheinen läßt. Aber auch darin hätte dieses Bild seine Stimmigkeit, daß erst die Stabilität des Kreuzes, die Dauerhaftigkeit dieses Erlösungszeichens, dem Efeu des Gnosis-Geflechts jenen Halt und jene Überlebensdauer gibt, die ihn sichtbar macht bis heute.

Von solchem gnostisch-apollonischen Geist weiß sich Paulus weit entfernt. Er ruft seiner Gemeinde im 1. Korintherbrief in Erinnerung, wie er anfangs um sie geworben habe: »Nicht mit hohen Worten und hoher Weisheit.« Und auch mit seiner äußeren Erscheinung sei es ja nicht weit her gewesen: »So kam ich zu euch in Schwachheit und in Furcht und mit großem Zittern; und meine Predigt geschah nicht mit überredenden Worten menschlicher Weisheit.« (2,1-4) Von der ekstatischen Verkündigung im Stil des Apollos hält er nicht viel: »Denn wer in Zungen redet, der redet nicht für Menschen, sondern für Gott; denn niemand versteht ihn, vielmehr redet er im Geist geheimnisvolle Dinge. Wer aber prophetisch redet [= predigt], der redet für die Menschen zur Erbauung und zur Tröstung. Wer in Zungen redet, der erbaut sich selbst; wer aber prophetisch redet, der baut die Gemeinde auf.

Wenn ich nun zu euch käme, liebe Brüder, und in Zungen redete, was würde ich euch nützen, wenn ich nicht verständlich mit euch redete in Worten der Offenbarung oder der Erkenntnis, der Prophetie oder der Lehre? Verhält es sich doch auch so mit leblosen Dingen, die Töne hervorbringen, wie Flöte und Harfe: wenn sie nicht deutlich unterschiedliche Töne von sich geben, wie kann man erkennen, was geflötet oder auf der Harfe gespielt wird? Und wenn die Posaune einen undeutlichen Ton gibt, wer wird sich zum Kampf rüsten?

So ist es auch mit euch: Wenn ihr in Zungen redet und nicht mit deutlichen Worten, wie kann man wissen, was gemeint ist? Ihr werdet in den Wind reden [...] Ich danke Gott, daß ich mehr in Zungen rede, als ihr alle. Aber ich will in der Gemeinde lieber fünf Worte mit dem Verstand reden, damit ich auch andere unterweise, als zehntausend Worte in Zungen.« (1. Kor. 14,2-19)

Der Fenstersturz des Eutychos

Dieses Buch liebt ja die unorthodoxen Zeugen: Paulus ist in puncto Predigt von einem der größten Satiriker der Weltliteratur in Schutz genommen worden, von Jonathan Swift, dem Verfasser der Reisen Gullivers. Allerdings hat er sich nicht als Schriftsteller, sondern als der Geistliche geäußert, der er auch war, doch auch der redete manches satirische Wörtchen. Und seine Gemeinde von St. Patricks in Dublin schockierte der Dekan einmal mit dem ungewöhnlichsten Predigtthema aller Zeiten, nämlich »Über den Schlaf in der Kirche«, und schreckte damit aus eben diesem auf. Swift hat durchaus immer seine Zeitgenossen im Blick: »Redet einem Wucherer von Wohltätigkeit, Mitleid und Nachlaß und ihr werdet zu einem Tauben reden: Sein Herz und seine Seele und all seine Sinne sind unter seine Geldsäcke geraten, oder er schläft tief und träumt von einer Hypothek. Sagt einem geschäftigen Mann, daß die Sorgen dieser Welt die gute Saat ersticken, daß wir uns nicht mit zuviel Geschäften belasten dürfen, daß die Rettung seiner Seele das einzig Notwendige sei, und ihr seht dann zwar die Gestalt eines Menschen vor euch, aber seine Geistesgaben sind völlig verschüttet unter Kunden und Papieren...«

Solche Nickerchen in der Kirche werden ja gemeinhin dem Prediger oder der Institution des Predigens zur Last gelegt. Und da nun kommt Swift auf Paulus zu sprechen: »Schließlich ist auch der Vorwurf gegenüber den Predigern nicht gerechtfertigt, daß sie es vernachlässigen, die menschliche Beredsamkeit für die Erregung der Leidenschaften zu verwenden, denn dies ist nicht Aufgabe eines christlichen Redners [...] Daher schlug Paulus einen ganz anderen Weg ein: er kam ›nicht mit hohen Worten noch verlockenden Reden menschlicher Weisheit, sondern in Beweisung des Geistes und der Kraft‹.«

Wie aber kommt Swift dazu, gerade Paulus zum Kronzeugen für den Kirchenschlaf zu machen? Warum hält er sich in der Frage der Predigtmüdigkeit just an unseren Apostel? Der Dekan von St. Patricks bezieht sich auf eine der kuriosesten Paulus-Episoden der Apostelgeschichte, auf den Fenstersturz des Eutychus. Da heißt es im 20. Kapitel: »Am ersten Tag der Woche aber, als wir versammelt waren, um das Brot zu brechen, lehrte Paulus, und da er am nächsten Tag weiterreisen wollte, zog er die Rede hin bis Mitternacht. Und es waren viele Lampen in dem Obergemach, wo wir versammelt waren. Ein junger Mann aber saß in einem Fenster und sank in einen tiefen Schlaf, weil Paulus so lange redete; und vom Schlaf überwältigt fiel er hinunter vom dritten Stockwerk und wurde tot aufgehoben. Paulus ging hinab, und warf sich über ihn, umfing ihn und sagte: Macht keinen Lärm, denn er lebt. Dann ging er wieder hinauf; brach das Brot und aß und redete noch viel mit ihnen, bis der Tag anbrach; dann reiste er ab. Sie brachten aber den jungen Mann lebend herein und wurden über die Maßen getröstet.« (Apg. 20,7-12)

Natürlich ist das »eine dumme Geschichte« (um abermals mit Dostojewski zu reden), aber sie ist doch nicht bloß profan, wie die heutigen Ausleger im Chor rufen, sondern sie ist zuallererst polemisch. In wenigen Zeilen enthält sie eben jene fatale Kritik, die man nicht nur bis zu Swifts Zeit dem Prediger vorhalten wird: Erstens, daß er nicht reden kann, und zweitens, daß er kein Ende findet. Sie stellt den Mann, dessen missionarische Leidenschaft bis heute die Welt aufwühlt, als einen wahrhaft fatalen Langweiler hin. Daß Paulus die Leute (nahezu) zu Tode predigt – das sollte nur eine geläufige Anekdote sein, die man mal so eben auf Paulus übertragen hätte (so selbst der einfühlsame Dibelius)? Nein, wenn es nicht schlechterdings Infamie ist (vor der sich Lukas gewiß gehütet hätte), so ist es doch ein gewisses hämisches Bescheidwissen; ein abfälliges Aha, das sich in dieser Episode ausspricht: Das sieht dem Paulus ähnlich! – Satiriker lieben es, ungewöhnliche Zusammenhänge herzustellen; daß sie sie auch erkennen können, beweist Swift, wenn er den Bogen von dieser Geschichte zur Verkündigungsapologetik des 1. Korintherbriefs schlägt. Übrigens fügt er noch die behäbige Pointe an: »Doch da die Prediger unserer Tage, so sehr sie auch den Apostel in der Kunst des Einschläferns übertreffen mögen, bei weitem nicht so gute Wunder tun können wie er, sind die Menschen so vorsichtig geworden, gesicherte und bequemere Plätze für ihre Ruhe zu wählen.«

Es geht aber längst, zwischen Paulus und den Korinthern, nicht mehr nur um die Form des Predigens; es geht um die ganze Art und Aura des Auftretens. Paulus selbst zitiert den Vorwurf, er sei in Gegenwart der Korinther anpasserisch, »aber mutig, wenn ich fern von euch bin«. Doch er wehrt sich: »Ich bitte aber, daß ihr mich nicht zwingt, wenn ich bei euch bin mutig zu sein und mit der Kühnheit aufzutreten, mit der ich gegen einige vorzugehen gedenke, die unser Auftreten für schwächlich halten.« Aber auch das schon hat er erfahren müssen, daß solche brieflichen Drohparolen bei der Gemeinde eher spöttische Reaktionen hervorrufen, unwilliges Abwinken: »Denn seine Briefe, sagen sie, sind gewichtig und voll Kraft; aber wenn er selbst anwesend ist, ist er schwach und seine Rede kläglich.« Und er reckt sich auf: »So kraftvoll, wie wir aus der Ferne in den Worten unserer Briefe sind, werden wir, wenn wir anwesend sind, auch mit der Tat sein.« (2. Kor. 10,1 f.)

Er muß spüren: Wer erst so etwas zu schreiben genötigt ist, braucht es eigentlich gar nicht mehr zu schreiben.

23.
Das Rollenspiel des Missionars
oder: Wie legitimiert sich ein Apostel?

> Allen Menschen recht getan, ist eine Kunst, die niemand kann.
>
> Sprichwort

Freiheit als Geldfrage

Paulus hat, noch während seines Aufenthaltes in Korinth, einen Fehler gemacht, der bizarr klingt, aber unverzeihlich scheint: Er hat sich von den Korinthern nicht aushalten, nicht subventionieren lassen. Er hat auf Sponsoren verzichtet, wollte für sich sein und für sich selber sorgen. Krasser noch: Er hat ein großes Geschenk, das wohlhabende Gemeindemitglieder ihm machen wollten, rundweg ausgeschlagen. Daß er kein Geld genommen hat, muß er nun teuer bezahlen: in der Münze apostolischer Glaubwürdigkeit. Der Spruch gilt ja bis heute: Was nichts kostet, kann auch nichts taugen. Ein Apostel, der sich von seiner Gemeinde nicht versorgen läßt, der hat vielleicht ein schlechtes Gewissen, oder ist er am Ende gar kein Apostel. Ein Missionar, der partout von seiner Hände Arbeit leben will, der hat einen merkwürdig eigensinnigen Stolz, der sich mit dem Inhalt seiner Mission nicht vertragen will. Jedenfalls hat es schon recht bald nach seiner Abreise aus Korinth, zur Zeit des 1. Briefes, dort eine Invasion von Zweifeln gegeben; oder einen Zuzug von Leuten, die diese Zweifel zu wecken, zu schüren, zu schärfen wußten. Paulus mußte sich alsbald erklären, und er begann mit einer jener Fanfaren, die einer abgeklärten Nachwelt schöner in den Ohren klingen als den ohnehin vor den Kopf gestoßenen Zeitgenossen.

»Bin ich nicht frei? Bin ich nicht Apostel?« Die beiden Fragen sind schon sein halbes Programm: Auch als Apostel der Freiheit wird Paulus ja in die Geschichte der christlichen Kirche eingehen; als Verkünder der Gesetzesfreiheit hat er überhaupt erst die Loslösung der jesuanischen Sekte aus dem Judentum bewirkt.

Aber hier, an die Adresse der unwilligen Korinther, wirkt die Frage gar nicht religiös, hier muß sie den Leuten ganz griechisch vorkommen, geradezu attisch. Daß dem Paulus der Faltenwurf des griechischen Rednermantels etwas ungeschickt um die Schultern sitze, hat Rudolf Bultmann einmal gesagt; hier aber paßt er sich ihn ziemlich keck und genau an: Ouk eimi eleutheros? Bin ich nicht frei? So hatte schon Plato im Blick auf seine Athener gesagt: »Sind Sie nicht frei? Und hat nicht jedermann das Recht, zu tun, was er will?« Eben dies war im klassischen Athen die populäre Formel gewesen: zu leben wie man wollte; das »Alles ist mir erlaubt« kennzeichnete den freien Bürger der Demokratie. Die ist seit vierhundert Jahren versunken, aber die Begriffe exousia (Privilegien, Vollmacht) und eleutheria (Freiheit) haben eine wenn auch nicht mehr politische, so doch private Wertigkeit behalten.

Paulus fragt also nicht so obenhin, er begibt sich in den Schutz eines Argumentationszeltes, das die Frage ohne weiteres in einen Anspruch verwandelt: Ich bin frei, also Herr meiner Entschlüsse.

Aber das »Bin ich nicht frei?« begegnet uns auch in anderem Zusammenhang, nämlich im Umkreis der kynischen Wanderprediger, die das eigentliche Modell bilden für die Missionare aller Religionen jener Zeit. Epiktet, der schon im Kapitel über die Sklaverei herbeizitiert wurde, diskutiert in einer seiner »Dissertationen« die Frage, ob man eine ganz besitz- und planlose Lebensweise auf sich nehmen könne und sagt emphatisch: »Seht da, Gott hat euch den gesandt, der es euch durch die Tat beweisen kann, daß es möglich ist! Alles jenes habe ich nicht, ich liege auf der Erde, ich habe kein Weib, keine Kinder, keinen kleinen Palast, sondern nur Erde und

Himmel und ein einziges großes Mäntelchen. Und doch: was fehlt mir? Bin ich nicht frei von Sorgen, ohne Furcht, bin ich nicht frei?« Es war nicht nur Sitte, nein, es war sogar Erweis des eigentlichen Charisma, daß so ein Wanderprediger, ein Gesandter welches Gottes auch immer, nicht für den eigenen Unterhalt besorgt war, daß er sich irgendwie, das heißt auf Kosten anderer, durchschlug. Die Korinther, die von Paulus' Eigenbrötelei irritiert waren, hatten sich bei früheren Gelegenheiten gewiß nicht lumpen lassen.

Sie würden aber den Apostel vielleicht verstehen, wenn er nach dem »Bin ich nicht frei? Bin ich nicht Apostel?« so weiterredete: Darum, liebe Korinther, so wert mir eure angebotene Unterstützung ist, so lieb mir die pekuniäre Versicherung eurer Zuneigung ist, überlaßt es bitte mir, ob ich euer Geld annehme. Denn ich habe vielleicht Gründe, es nicht zu tun. Die sind schwierig auseinanderzusetzen, und ihr würdet sie vielleicht nicht ganz ernst nehmen. – Paulus tut aber wieder einmal nicht das Folgerichtige; er argumentiert sich in die Gegenposition hinein. Er stellt dar und stellt klar, warum ein Apostel das Recht hat, von seiner Gemeinde versorgt zu werden.

Ein Basar von Beweisen

»Bin ich nicht frei? Bin ich nicht Apostel? Habe ich nicht unseren Herrn Jesus gesehen? Seid nicht ihr mein Werk im Herrn? Bin ich für andere kein Apostel, so bin ich's doch für euch; denn das Siegel meines Apostelamtes seid ihr im Herrn. Denen, die über mich zu Gericht sitzen, antworte ich so: Haben wir nicht das Recht, mit Essen und Trinken versorgt zu werden? Haben wir nicht auch das Recht, eine Schwester als Ehefrau mit uns zu führen wie die anderen Apostel und die Brüder des Herrn und Kephas? Oder haben allein ich und Barnabas nicht das Recht, nicht zu arbeiten? Wer zieht denn in den Krieg und zahlt sich seinen Sold selbst? Wer pflanzt einen Weinberg und ißt nicht von seiner Frucht? Oder wer weidet seine Herde und nährt sich nicht von der Milch der Herde? Sage ich das nur nach menschlichem Gutdünken? Sagt das nicht auch das Gesetz? Denn im Gesetz des Mose steht geschrieben (5. Mose 25,4): Du sollst dem Ochsen, der da drischt, nicht das Maul verbinden. Sorgt sich Gott etwa um die Ochsen? Oder redet er nicht überall um unseretwillen? Ja, um unseretwillen ist es geschrieben: Wer pflügt, soll auf Hoffnung pflügen; und wer drischt, soll in der Hoffnung dreschen, daß er seinen Anteil bekommen wird. Wenn wir unter euch Gaben des Geistes säen, ist es dann zuviel verlangt, wenn wir irdische Gaben von euch ernten? Wenn andere dies Recht bei euch haben, haben wir es dann nicht viel mehr?« (1. Kor. 9,1–12)

Die Gesichter der Korinther an diesem Punkt hätte man sehen mögen: Will Paulus ihnen nun auf einmal recht geben oder will er sie verhöhnen? Will er ihnen etwa Geiz in die Schuhe schieben oder hat er selbst die ganze Angelegenheit falsch verstanden? Sie wollten ihn doch unterstützen, und da kommt er ihnen mit einem ganzen Basar von Beweisen, daß ein Apostel Unterstützung verdient habe. Was soll ihnen der Ochs, dem man beim Dreschen nicht das Maul verbinden darf? Was soll ihnen der Soldat, der seinen Sold wert ist? Sie, die Korinther, bedürfen doch all dieser Sprüche nicht, sie selbst sind es doch, die so argumentieren. Wenn überhaupt einer diese Fragen stellen dürfte, wäre es doch nicht der Apostel, sondern seine Gemeinde.

Aber es kommt noch absurder: Paulus fügt seinen Argumenten, mit denen er offene Türen einrennt, zwei weitere hinzu: »Wißt ihr nicht, daß die, die den Dienst am Tempel versehen, vom Tempel leben, und die am Altar dienen, von den Opfergaben genießen? So hat auch der Herr befohlen, daß die, die das Evangelium verkünden, sich vom Evangelium nähren sollen.« (9,13.14) Warum tut er es dann nicht?

Was Paulus hier als Leitidee und gegen seine eigene Praxis zitiert, ist die Aussendungsrede Jesu, wie sie den synoptischen

Evangelien gemeinsam ist. »Geht hin; siehe, ich sende euch wie Lämmer mitten unter die Wölfe. Nehmt keinen Geldbeutel, keine Tasche und keine Schuhe mit und begrüßt niemanden unterwegs [...] Wenn ihr in ein Haus kommt, sagt zuerst: Friede diesem Haus! [...] In demselben Haus aber bleibt, eßt und trinkt, was man euch gibt; denn dem Arbeiter steht sein Lohn zu.« (Luk. 10,3 f.) Fast wortgleich bei Matthäus (10,9 f.): »Ihr sollt weder Gold noch Silber noch Kupfer in euren Gürteln haben, auch keine Reisetasche, auch nicht zwei Hemden, keine Schuhe, auch keinen Wanderstock. Denn dem Arbeiter steht sein Lohn zu ...«

Natürlich sind alle Hinweise auf solche Evangelien-Stellen insofern absurd, als es die, während Paulus mit den Korinthern zu tun hatte, noch gar nicht gegeben hat. Daß aber eine gleichlautende Information vorgelegen haben muß, bezeugt gerade Paulus, der sich auf sie beruft. Wenn Paulus also weiß, daß er mit seinem Verhalten einem Wort des Herrn, den er verkündigt, zuwiderhandelt, wie kann er das begründen? Er tut es bedenklich und rätselhaft.

»Ich aber habe von alldem keinen Gebrauch gemacht: Ich schreibe auch nicht deshalb davon, damit es in Zukunft mit mir so gehalten werden soll. Lieber würde ich sterben, als daß mir jemand meinen Ruhm zunichtemacht. Denn daß ich das Evangelium predige, dessen darf ich mich nicht rühmen, denn ich muß es tun. Und wehe mir, wenn ich das Evangelium nicht predige! Wen ich's aus freien Stücken predigte, würde ich belohnt. Ich tue es aber nicht aus freien Stücken, sondern ich bin mit einem Amt betraut. Was ist denn nun mein Lohn? Daß ich das Evangelium unentgeltlich [Luther: »frei umb sonst«] predige und so von meinem Recht am Evangelium Gebrauch mache.« (1. Kor. 9,15-18)

Wer kann da noch folgen? Die Korinther konnten es offenbar nicht, nicht dem Gedankengang, noch dem Apostel. Dieses Pingpong der Begriffe, dieses Jonglieren mit frei und unfrei, Belohnung und Verzicht, dieses Mäandrieren der Argumentation mußte sie nicht bloß verwirren, sondern erst recht verdrießen. (Warum nahm er nicht das Geld und hielt die Klappe?) Und da sie seine Einzigkeits-Apotheose nicht verstanden, konnten sie sie wohl nur als Wortzauberei verstehen, als Ausrede, Scheingefecht, wenn nicht als verklausulierten Rückzug.

»Allen alles geworden«

Und als wolle Paulus selbst in alle Messer eines schon gewetzten Verdachts laufen, als fordere er die Korinther zum Argwohn förmlich heraus, kommt er ihnen mit einer Offenbarung, die nicht die seines Gottes, sondern eine höchst eigene ist. Denen, die doch den Gedanken an einen Scharlatan vielleicht nur noch mühsam abwehren, stellt er sich plötzlich als eine Art Verwandlungskünstler vor: »Denn obwohl ich allen gegenüber frei bin, habe ich doch mich selbst zum Knecht aller gemacht, damit ich möglichst viele gewinne. Den Juden bin ich wie ein Jude geworden, damit ich die Juden gewinne. Denen, die unter dem Gesetz stehen, bin ich wie einer unter dem Gesetz geworden – obwohl ich selbst nicht unter dem Gesetz stehe –, damit ich die, die unter dem Gesetz sind, gewinne. Denen, die ohne Gesetz sind, bin ich wie einer ohne Gesetz geworden – obwohl ich doch vor Gott nicht ohne Gesetz bin, sondern im Gesetz Christi lebe –, damit ich die, die ohne Gesetz sind, gewinne. Den Schwachen bin ich ein Schwacher geworden, damit ich die Schwachen gewinne. Ich bin allen alles geworden, damit ich auf jeden Fall einige rette. Alles aber tue ich um des Evangeliums willen, um an ihm teilzunehmen.« (1. Kor. 9,19-23) (Natürlich fällt einem da der Schauspieldirektor aus dem »Faust« ein: »Wer vieles bringt, wird manchem etwas bringen.«) Man versteht ja, was an Selbstentäußerung Paulus da formulieren will; dennoch war es nicht nur für die Korinther ein tief verdächtiges Bekenntnis, sondern ist es durch die Jahrhunderte geblieben.

Die Attribute, die heutige Ausleger dem Paulus bei dieser radikalen Selbstbeschreibung beilegen, reichen von »flexibel« (Bornkamm) über »widersprüchlich« (Barton) bis zu »chamäleonhaft« (Ellison). Nach klassischer Lesart käme das Verhalten des Apostels dem des Schmeichlers nahe, wie ihn Plutarch definiert: »Indem er sich allen möglichen Leuten angleicht und sein Benehmen dem ihren anpaßt, versucht er, sie für sich einzunehmen und ihre Gunst zu gewinnen.«

Aber nicht die antike Definition, sondern der zeitgenössischen Prototyp eines von den Ideologien zerrissenen oder mit ihnen jonglierenden Menschen zeigt die wahre Entsprechung und zugleich wieder einmal die »Modernität« dieses Mannes an. Den konkreten Vergleich liefert Arthur Koestler. In ihrem Buch »Der Verrat im XX. Jahrhundert« schreibt Margret Boveri, fast analog zur Paulus-Stelle: »Die verschiedenen Bekehrungen seines Lebens gaben Koestler die Möglichkeit, mehrere Rollen überzeugend zu spielen, und es ist begreiflich, daß er sich in der Virtuosität gefiel, mit der er sie getrennt nebeneinander durchführte. Die große desillusionierende Reise in die Sowjetunion machte er mit doppelten Ausweisen, als Vertreter der Komintern und als Reporter für bürgerliche Zeitungen [...] Im Spanienkrieg dagegen spielte er drei Rollen, die sich ausschlossen. Er war überzeugter Kommunist und handelte im Auftrag der Komintern. Er reiste als Korrespondent für die angesehene englische Zeitung New Chronicle. Und da er auch für den Pester Lloyd berichtete, führte er sich auf der Franco-Seite des Bürgerkriegs als Bundesgenossen ein, indem er behauptete, ungarischer Faschist zu sein [..] In der dritten [Rolle] war er so erfolgreich, daß der ungarische Honorar-Konsul in Lissabon ihn den dort versammelten Spitzen der Franco-Anhänger vorstellte und er es heimlich genießen konnte, aus seinen Kominterngeldern [...] einen Beitrag für General Francos ›Spitäler‹ zu leisten.«

Und Margret Boveri kommt zu einer Überlegung, die auch Einsicht in die Psyche des Apostels ist: »Vielleicht ist das

Bewußtsein der Zweideutigkeit und der Opportunitätsmöglichkeiten, die aus der Fähigkeit zum Spiel mit mehreren Rollen erwachsen können, ein Grund für die Schroffheit, mit der Koestler immer wieder das unbedingte Entweder-Oder fordert, den schmerzenden Schnitt anstelle der behutsamen Unterscheidung...«

Wenn Paulus sich zu solchem Rollenspiel, zu solcher Kaleidoskop-Existenz berechtigt fühlt – im Blick auf seinen Christus –, so mag er sein Gewissen benutzen als die Requisitenkammer, in der er die Rollen ablegt und die Masken aufhängt und die Worte hütet. Dies gilt, solange er sein Verfahren für sich behält. Aber wenn er sich nun zum öffentlichen Bekennerschreiben genötigt sieht, wenn er nicht umhin kann, solche Praxis vor den Leuten einzugestehen, dann ist das eine völlig andere Sache. Das ist nicht »das stolze Selbstlob eines Peregrinus in Verfolg eines halb triumphalen, halb verzweifelten Suchens nach Apotheose« (Dungan), sondern die Notwehrstrategie eines Missionars, den die Widersprüche seiner Mission einholen. So etwas schreibt man nicht aus Mutwillen, schon gar nicht aus verquerem Selbstruhm, sondern nur dann, wenn die Glaubwürdigkeit – und es geht für Paulus um die Glaubwürdigkeit seines Glaubens – auf dem Spiel steht. Er muß von der inneren Motivation seines je verschiedenen Auftretens reden, weil die Korinther längst nur noch Verstellung, Hinterlist, Unredlichkeit, Wankelmut wittern. Allen alles geworden, mein lieber Mann, wer bist du denn da in Wahrheit?

Die Brüskierung der Gemeinde

»Aber bin ich vielleicht heimtückisch gewesen und habe euch mit List gefangen?« Die Frage stellt endlich – fast am Schluß des 2. Korintherbriefes – Paulus selbst; sie liegt wohl so deutlich in der Luft, daß er sie gleichsam nur abrufen und aussprechen muß. Bemerkenswert, daß es wiederum eigentlich eine Geldfrage ist, daß sie eingeklammert wird in pekuniären Zusammenhang; der liest sich so: »Also gut, ich bin euch nicht zur Last gefallen. Aber ich bin vielleicht heimtückisch gewesen und habe euch mit List gefangen? Habe ich euch etwa übervorteilt durch einen von denen, die ich zu euch gesandt habe? Hat euch etwa Titus übervorteilt? Haben wir nicht beide im selben Geist gewirkt? Sind wir nicht in denselben Fußstapfen gegangen?« (2. Kor. 12,16-18)

Eben dieses Nicht-zur-Last-Fallen ist es aber, was die Korinther bedrückt, irritiert, verstört. Es ist ein Motiv, das hart am Rande des Mißtrauens siedelt, das sich, von seiten des Paulus, kompensatorisch mit dem Anspruch seiner Apostolizität verknüpft. Er kommt ja immer wieder darauf zurück, wird nicht müde, den heiklen Punkt zu erörtern, die Sache hin und her zu wenden und sie dadurch erst recht in die Fragwürdigkeit zu treiben: »Oder habe ich eine Sünde begangen, als ich mich erniedrigt habe, um euch zu erhöhen? Denn ich habe euch das Evangelium Gottes unentgeltlich verkündigt. Andere Gemeinden habe ich beraubt und Geld von ihnen genommen, um euch dienen zu können. Als ich bei euch war und Mangel litt, fiel ich niemandem zur Last. Denn was mir fehlte, brachten mir die Brüder, die aus Mazedonien kamen. So bin ich euch in keiner Weise zur Last gefallen und will es auch ferner so halten. So gewiß die Wahrheit Christi in mir ist, so soll mir dieser Ruhm im Gebiet Achaia nicht genommen werden.« (2. Kor. 11,7-10)

Man lasse sich durch die religiöse Rahmung nicht täuschen: Dies ist ein unerhörter Passus, ein Stück unverhohlener Brüskierung, und je gutwilliger die Korinther sind, um so mehr muß Paulus sie verprellen. Wenn er partout kein Geld nehmen will – das können sie verstehen, schwer genug. Wenn er seine Freiheit bis zur persönlichen Misere treiben will – nun gut, irgendwie können sie diesen masochistischen Stolz doch noch nachempfinden. Aber daß er nun sagt: Von euch nichts – statt dessen von den Mazedoniern –, das macht aus dem Verhalten des Apostels einen persönlichen Affront, eine beleidigende Zurückweisung des guten Willens. Wie erbitternd müssen den korinthischen Ohren diese Sätze klingen: »Als ich bei euch war und Mangel litt, fiel ich niemandem zur Last. Denn was mir fehlte, brachten mir die Brüder, die aus Mazedonien kamen . . .« Er läßt sich ja unterstützen – nur von uns nicht. Er braucht ja Hilfe – nur die unsere nimmt er nicht an. Als wenn man den Mangel nicht bemerkt hätte, als wäre der elende Zustand nicht ins Auge gesprungen, als wenn man ihn nicht förmlich bekniet hätte, sich doch versorgen zu lassen! (Ob es den Korinthern ein Trost gewesen wäre, wenn sie jenes Argument gekannt hätten, das der Wissenschaft heute als ein paulinisches Prinzip wahrscheinlich ist: »Paulus nahm nie Geld von Gemeinden, bei denen er sich gerade aufhielt«?)

Paulus weiß, daß er den Korinthern eine Erklärung schuldig ist: »Warum das? Weil ich euch nicht lieb habe? Gott weiß es. Was ich aber tue, das will ich auch ferner tun und dadurch denen den Anlaß nehmen, die einen Anlaß suchen, sich zu rühmen, sie seien wie wir. Denn diese Leute sind falsche Apostel, unehrliche Arbeiter und verkleiden sich als Apostel Christi. Und das ist auch kein Wunder; denn der Satan selbst verkleidet sich als Engel des Lichts. Darum ist es nichts Besonderes, wenn sich auch seine Diener als Prediger der Gerechtigkeit verkleiden. Ihr Ende wird ihren Taten entsprechen.« (2. Kor. 11,11-15)

Nur: sein Problem ist seit längerem und immer mehr, daß er selbst für einen falschen Apostel, zumindest für einen Missionar ohne ausreichende Legitimation gehalten wird. Von solchen Außenzweifeln war ja schon der Eingangstext dieses Kapitels zermürbt wie ein Haus von Termiten: »Bin ich nicht frei? Bin ich nicht ein Apostel? Habe ich nicht unsern Herrn Jesus gesehen? Seid nicht ihr mein Werk im Herrn? Bin ich für andere kein Apostel, so bin ich's doch für euch; denn das Siegel meines Apostelamtes seid ihr im Herrn.« (1. Kor. 9,1 f.) Aber alle die Fragen stellen sich ja, weil das Siegel zu bröckeln beginnt; und mit der Stabilität der korinthischen Gemeinde steht und fällt alle andere Gewißheit. Ihr Zusammenhalt beglaubigte die Tatsache, daß Paulus Apostel und frei war und daß er Christus gesehen hatte. Aber hatte er ihn denn wirklich gesehen?

Die liebe Legendenlust

Denn so mußte es ja kommen: Es trug sich herum im mediterranen Glaubensraum des sich vergewissernden Christentums, daß Paulus den Christus, den er verkündete, gar nicht selbst gesehen hatte. Daß er ihn nicht »nach dem Fleisch«, also bei Lebzeiten, gekannt hatte, waren seine eigenen Worte. Das aber muß ein tief eingewurzeltes Bedürfnis des Menschen sein: diese Gier nach Augenzeugenschaft, nach Dabei-gewesen-sein, nach Anfassen und Authentizität, nach dem Bericht zumindest aus erster Hand und detailgenauem Zeugnis. Solche Realtiätsversessenheit muß über die Korinther gekommen sein wie ein zweites Glaubensverlangen. Paulus hatte sie zu Christus bekehrt, hatte ihnen den Sinn seines Kreuzestodes klarzumachen versucht, aber nun wollten sie doch, mehr und mehr, auch von des Messias Erdenwallen, seinem Aussehen, seinem Herkommen wissen. Gerade weil sein Tod sie bewegte, wollten sie sein Leben kennenlernen. Gerade weil er für sie gestorben war, wollten sie doch erfahren, wie er eigentlich »dazu kam«. Was war da vorgegangen, vorhergegangen? Wenn Gott sich schon auf die Welt einließ, war es doch nötig zu fragen, wie diese Einlassung konkret ausgesehen hatte. Warum schwieg Paulus sich da so verdächtig aus? Warum bediente er nicht wenigstens die uralte Geschichtensehnsucht der Menschen? – Vielleicht war dies die wichtigste Waffe seiner nun immer häufiger und heftiger auftretenden Gegner, daß sie solche Geschichten mitbrachten, daß sie die Legendenlust befriedigten, der Vorstellungskraft etwas zu imaginieren gaben, daß sie diesen Christus plötzlich übers Wasser wandeln oder Steine in Brot verwandeln ließen, daß sie ihn mit einer Landschaft umgaben und mit richtigen, vorstellbaren Menschen, daß sie ihm menschliche Züge zugestanden und sogar komische Pointen. Wußte denn Paulus nichts von alledem? Und wenn er nichts davon wußte, was verband ihn denn überhaupt mit Jesus Christus? Zumindest die Judenchristen in Korinth (und andernorts) mußten sich doch zu dem alten Jesaja-Satz versucht fühlen: »Erzähle, damit du dein Recht erweist!« (Jes. 43,26) Oder in der Übersetzung von Buber-Rosenzweig: »Erzähle du, damit du bewahrheitet wirst!« Warum hatte Paulus nie etwas erzählt?

Und in der Gegenwehr gegen solche Legitimationskrise bedient sich Paulus einer gewaltigen Stretta, läßt er die Auferstehungsereignisse auf engstem Raum Revue passieren, eine Revue, in der er selber auch eine Rolle spielt, eben jene, an der die Korinther zu zweifeln begonnen haben. Paulus schreibt: »Ich erinnere euch aber, liebe Brüder, an das Evangelium, das ich euch verkündigt habe, das ihr angenommen habt und in dem ihr feststeht. Durch dies Evangelium werde ich auch gerettet, wenn ihr's festhaltet in der Gestalt, in der ich es euch verkündigt habe; sonst wärt ihr ja vergeblich zum Glauben gekommen. Denn als erstes habe ich euch weitergegeben, was ich selbst empfangen habe: Daß Christus gestorben ist für unsere Sünden nach der Schrift; und daß er begraben worden ist; und daß er auferstanden ist am dritten Tag nach der Schrift; und daß er erschienen ist dem Kephas, danach den Zwölfen. Danach ist er erschienen mehr als fünfhundert Brüdern auf einmal, von denen die meisten heute noch leben, einige aber sind entschlafen. Danach ist er dem Jakobus erschienen, danach allen Aposteln.« Und dann kommt Paulus zum Ziel: »Zuletzt von allen ist er auch mir erschienen als einer unzeitigen Geburt. Denn ich bin der geringste unter den Aposteln und nicht wert, daß ich ein Apostel heiße, weil ich die Gemeinde Gottes verfolgt habe. Aber durch Gottes Gnade bin ich, was ich bin. Und seine Gnade an mir ist nicht vergeblich gewesen, sondern ich habe viel mehr gearbeitet als sie alle; nicht aber ich, sondern Gottes

Gnade, die mit mir ist. Ob nun ich es bin oder jene: so predigen wir, und so habt ihr geglaubt.« (1. Kor. 15,1-11)

Das älteste Auferstehungszeugnis des Christentums gewiß; und wiederum sich berufend auf einen noch älteren Bericht (»weitergegeben, was ich selbst empfangen habe«); eine der meistberätselten Stellen des Neuen Testaments dazu. Aber doch auch eine merkwürdige angestrengte Beweispassage, eine allzu bemühte Zeugenreihe, ein multiplikatorisches Erscheinungswesen. Ganz fremd kann einem da das Befremden Rudolf Bultmanns nicht sein, der die Argumentation der Verse 3 bis 5 »fatal« fand, weil Paulus »das Wunder der Auferstehung durch Aufzählung der Augenzeugen als historisches Ereignis sicherstellen will«.

Aber eine neuere exegetische Tendenz geht dahin – und in diesem Sinne wird hier der Text angeführt –, daß es Paulus gar nicht um die Wahrheit oder Konkretheit der »Erscheinungen« Christi zu tun ist, sondern um die Reihenfolge der Berufung zur Predigt von Christus, um eine Art Hierarchie in der Verbreitung des Osterereignisses, um die Beglaubigung in der Weitergabe des Glaubens. In der Sprache der Religionswissenschaft: Nicht als Glaubensformel ist das Stück zu lesen, sondern als Legitimations-, ja als Funktionsformel. »Denn in dem Ereignetsein der Erscheinungen gründet der Führungsanspruch.« (Wilckens) Das bleibt aber eine äußerst delikate Balance, denn es bedeutet: Nicht, ob man an die Erscheinung Christi selbst glaubte, war entscheidend, sondern ob man denen glaubte, die behaupteten, sie erlebt zu haben; und wiederum das Vertrauen zu denen, die davon kündeten, legitimierte nicht nur sie selbst, sondern auch die Erscheinungen des Auferstandenen. »Aber warum«, fragt der Exeget Bussmann, »zitiert Paulus so viele Zeugen? Meint er etwa, 500 Zeugen könnten glaubwürdiger sein als Kephas und die Zwölf allein?«

Es soll doch wohl bedeuten: Solche Erscheinungen sind so exklusiv, so sensationell nicht, wie sie einem zunächst vorkommen wollen. Gäbe es nur Petrus und die Zwölf (eigentlich Petrus noch einmal im Kreis der übrigen Elf), dann könnte es so aussehen, als sei Christus nur denen erschienen, die bei seinen Lebzeiten zu seinem vertrautesten Kreis gehört hatten und die ihn nun, als Auferstandenen, wiedergesehen haben. Denn wie, so mögen sich die Korinther mit unserem heutigen Laienverstand gefragt haben, soll uns jemand erscheinen können, wenn wir diesen Jemand nie gekannt haben und nicht wissen, wie er aussieht? Aber wenn es heißt: »Danach ist er erschienen mehr als fünfhundert Brüdern auf einmal...«, dann ist das sensationelle Ereignis im wahrsten Sinne des Wortes eingemeindet und dient nur noch, mit Karl Barth zu reden, »zur Bestätigung dafür, daß die Begründung der Gemeinde, soweit das Auge reicht, auf nichts anderes zurückgeht als eben auf die Erscheinung des auferstandenen Christus.« Und jetzt erst tritt die spätere Führungsriege hinzu: »Danach ist er dem Jakobus erschienen, danach allen Aposteln.« Man vermutet, daß alle diese einzelnen Sätze sich der Kernaussage nach und nach angelagert haben wie Eisenspäne an einen Magneten. Und nun erst, als der Vorgang gleichsam abgeschlossen ist, nachdem »alle Apostel« Christus gesehen haben, tritt auch Paulus hinzu, nicht nur als der Späteste, sondern auch als der Fremdeste, als das, was man heute Seiteneinsteiger nennt. »Zuletzt von allen ist er auch mir erschienen als einer unzeitigen Geburt.« Das meint nichts anderes als: Fehlgeburt. Paulus selbst legt eine gewaltige Distanz zwischen sich und die übrigen Jünger und Apostel und Brüder, um dann aber in dieses Vakuum die volle Gnade Gottes (und mit ihr im Bunde die eigene Anstrengung) einschießen zu lassen: »Aber durch Gottes Gnade bin ich was ich bin. Und seine Größe an mir ist nicht vergeblich gewesen, sondern ich habe viel mehr gearbeitet als sie alle.« (Ein Reflex dieser Gesinnung taucht noch in der Werbung unserer Tage auf: Ein Autoverleih, der der Konkurrenz beharrlich hinterherhinkte, warb mit dem Slogan: »Wir sind nur die Nummer 2. Wir geben uns mehr Mühe.«)

Und jetzt erst, auf dem Umweg über die Auferstehungsgeschichte, über die Zeugenliste zur Bekräftigung des Osterereignisses, wird ganz deutlich, was Paulus zu Beginn den Korinthern hatte erklären wollen: Sein Verzicht auf Unterhalt, die Einzigartigkeit seiner Außenseiterposition, die Singularität seines Einsatzes, die Superiorität seiner Bescheidenheit, die Rabiatheit seines verqueren Ruhms: »Lieber würde ich sterben, als daß mir jemand meinen Ruhm zunichte macht. Denn daß ich das Evangelium predige, dessen darf ich mich nicht rühmen, denn ich muß es tun. Und wehe mir, wenn ich das Evangelium nicht predige! Wenn ich's aus freien Stücken predige, würde ich belohnt. Ich tue es aber nicht aus freien Stücken, sondern ich bin mit einem Amt betraut...« (1. Kor. 9,156-17)

Paulus versucht mit aller Macht, seinen Individualstolz unter die Gnade Gottes und das Kreuz Christi zu ducken; aber dieser Stolz ist wie eine starke Baumwurzel, die einen festen Bau aus den Fugen zu brechen droht. Paulus, indem er seine Ausnahme-Erscheinung gehabt hat, empfindet sich selber als solche. Und es ist diese Paradoxie, die den Korinthern Angst zu machen beginnt; Angst, Zweifel, Widerwillen.

24.
»Ihr unverständigen Galater!«
oder: Streitschrift wider den Wankelmut

> Das ist meine Epistel; ich habe mich ihr verlobt; sie ist meine Käthe von Bora.
> Luther über den Galaterbrief.

Der Zorn geht über Land

»Ich wundere mich, daß ihr euch so bald von dem abbringen laßt, der euch in die Gnade Christi berufen hat, und euch einem anderen Evangelium zuwendet, obwohl es doch kein anderes gibt; nur daß einige da sind, die euch verwirren und das Evangelium Christi verdrehen wollen. Aber selbst wenn wir oder ein Engel vom Himmel euch ein Evangelium predigen würden, das anders ist, als wir es euch gepredigt haben, der sei verflucht. Wie wir eben gesagt haben, so sage ich noch einmal: Wenn jemand euch ein Evangelium predigt, das anders ist, als ihr es empfangen habt, der sei verflucht.« (Gal. 1,6-9)

Die Erregung des Paulus hat hier eine andere Richtung, eine neue Adresse. Der Brief geht von Ephesus aus nicht übers Meer nach Westen, sondern nach Osten über Land. Der Zorn des Apostels trifft »die Galater«. Die Adressierung ist insofern etwas Besonderes, als sie nicht, wie bei den übrigen erhaltenen Gemeindebriefen, sich an Menschen wendet, die durch eine Stadt geortet oder identifiziert werden können, sondern an Leute, deren genaue Herkunft man bis heute nicht hat feststellen können. Es gab damals eine Landschaft Galatien, deren Zentrum Ankyra war, dort, wo heute die türkische Hauptstadt Ankara liegt, also weit im Nordosten

Kleinasiens. Aber weder weiß man etwas von einer Mission des Apostels in dieser Gegend, noch wäre zu verstehen, warum er seine Botschaft dann nicht »an die Ankyrer« gerichtet hat. Plausibler erscheint die Briefanschrift, wenn man sie sich an jene Gegend gerichtet denkt, die Paulus schon auf seinen ersten Missionsreisen berührt hatte: also etwa Lystra, Derbe, Ikonium und das pisidische Antiochien. Den Bewohnern hier kam der Name Galater insofern zu, als die Römer bei einer großen Verwaltungsreform in jener Zeit eine *Provinz* Galatien geschaffen hatten, die auch Pisidien und Lykaonien umfaßte. Und da Paulus sich weitgehend an römische Provinzbezeichnungen hält (Achaia, Mazedonien), wäre ein solches Briefziel durchaus erklärlich. Dies um so mehr, als er ganz offenbar die Galater schon zweimal besucht hat, denn an einer Stelle seines Briefes spricht er so dezidiert von einem *ersten* Besuch, daß ein weiterer daraus gefolgert werden muß. Und daß er in den erwähnten Orten öfter war, haben wir schon aus der Apostelgeschichte erfahren.

Gleichviel – ob nun fünfhundert Kilometer weiter nördlich oder südlich: Die Sorgen des Paulus beruhten auf handfesten Informationen, und sie bezogen sich auf eine überschaubare Situation; allerdings muß man bezweifeln, ob seine Vorhaltungen in dieser Deutlichkeit für mehrere kleine Städte gleichermaßen und gleichzeitig hätten gelten können. Vermutlich hatte er doch wieder eine besondere Stadt im Blick, wenn er an die Galater schreibt, und als wahrscheinlichste Adresse denken wir uns das pisidische Antiochien (das mit dem syrischen nicht zu verwechseln ist).

Ob Nord, ob Süd, ob Großstadt oder Kleinstadt, ob Ankyra oder Antiochien: Paulus redet den Gemeindemitgliedern drastisch ins Gewissen; er ist nicht nur aufgebracht, er ist auch tief enttäuscht. Denn: »Ihr lieft so gut. Wer hat euch aufgehalten, daß ihr der Wahrheit nicht mehr gehorcht? Dies Überreden kommt nicht von dem, der euch berufen hat. Ein wenig Sauerteig durchsäuert den ganzen Teig. Ich habe das Vertrauen zu euch im Herrn, ihr werdet nicht anders gesinnt sein. Der euch aber verwirrt, der wird sein Urteil tragen, er sei, wer er wolle.« (Gal. 5,7-10)

Eins schon zeigen diese knappen Zitate: So wie in Korinth ist man auch in Galatien dabei, dem Paulus ins apostolische Handwerk zu pfuschen. So wie in Korinth hat er das Nachsehen gegenüber Evangelisatoren, die seine Gemeinden ihm abspenstig zu machen versuchen, und offenbar mit Erfolg. So wie in Korinth gibt er sich Mühe, noch den Ton zu wahren vor den Menschen, die er zum Glauben gebracht hat, aber seinen Unmut nicht zu verhehlen über die, die diesen Glauben nun mit Bedingungen, Barrieren und Ballast befrachten und damit entstellen, ja gänzlich entwerten. So wie in den Briefen an die Korinther nennt er keine Namen, wenn es um seine Widersacher geht; selbst seine Flüche noch bewahren das Incognito. Aber so wie in Korinth entreißen ihm die Nachbeter und Revisoren nicht nur das Vertrauen der Gemeinde; sie zerstören ihm auch die eigene Legitimation. Wieder einmal steht er mit dem Rücken zur Wand und muß um sein Apostolat kämpfen.

Paulus über sich selbst

Er tut es in diesem Brief so präzise und persönlich wie in keinem andern. Er versteht sich zu biographischen Angaben über seine Herkunft und die Umstände seiner Bekehrung. Was wir von ihm selbst wissen über die Zeit vor und nach der Vision, über den dreijährigen Aufenthalt in der Wüste, über den so lange hinausgezögerten Kontakt mit den Jerusalemer Jüngern, über das Apostelkonzil und die Spannungen dort, über die Aufteilung der Mission in eine Zielgruppe Juden und eine Zielgruppe Heiden – das alles steht in dieser Epistel. Nur im Galaterbrief berichtet Paulus unmißverständlich über den Fanatismus des Saulus, nur hier bekennt er sich ausdrücklich zu seinen einstigen Nachstellungen: »Ihr habt ja von meinem früheren Leben im Judentum gehört, wie ich die Gemeinde Gottes bis zum äußersten verfolgte und sie zu vernichten suchte und im Judentum viele meiner Altersgenossen in meinem Volk weit übertraf und noch leidenschaftlicher als alle für die Satzungen der Väter eintrat.« (Gal. 1,13.14) Nur im Galaterbrief erzählt er so deutlich von seinem Doppelleben.

Tut er es vielleicht nur notgedrungen? Hat man die Gemeinde abspenstig gemacht, indem man ihr von den »Schandtaten« Sauls berichtete, von seinen Hetzjagden auf die ersten Jesuaner, von seiner pharisäischen Rigidität? Hat man den Galatern die Ohren vollgeredet mit solchen alten Geschichten, so daß Paulus nun darauf eingehen muß, ob er will oder nicht? Hat man Gerüchte über ihn ausgestreut, die ihn wie ein Dickicht umgeben, so daß er nun, die knappen Sätze des ersten Galater-Kapitels wie eine Machete benutzend, sich Freiraum und der Gemeinde Übersicht verschaffen will? Hat man gar seine Vision ins Zwielicht getaucht, mit einer Aura von Argwohn umgeben, als obskure Angelegenheit verteufelt? Auch von solcher Reserve ist im Umgang mit Paulus immer etwas dabei (wie das nächste Kapitel zeigen wird); immer trägt er für die anderen das Merkmal und den Makel der »unzeitigen Geburt«, der Fehlgeburt, ja der Mißgeburt.

Aber der dezidierte Hinweis auf seinen jugendlichen Fanatismus hat im Galaterbrief eine andere psychologisch-dramaturgische Funktion: Paulus benutzt die Wucht seiner Bekehrung, um die durch Christus von Grund auf geänderte Situation glaubhaft zu machen. Er führt die Geschichte seiner Wandlung an, um den Wandel der Glaubensgeschichte einzuschärfen. Er exerziert den Galatern sein Damaskus argumentativ vor: Seine Vision war ja nicht nur ein momentaner Verzückungszustand, an dem dann ein neues Leben ausgerichtet wurde; sie erforderte auch eine intellektuelle, spirituelle Verarbeitung von allerhöchstem Schwierigkeitsgrad (dem die Jerusalemer Christen nie gewachsen gewesen sind). Er, Paulus, konnte diesen Jesus, der nach dem Gesetz schuldig und gekreuzigt worden war, der unter dem Fluch der Schrift am Holz hing, nur dann als Christus glauben, wenn gleichzeitig das Gesetz ad absurdum geführt worden war. Er konnte, das lag in der Schroffheit seiner Bekehrung, nicht beides vereinbaren: den Messias und das Gebot, dem er geopfert worden war. So überwältigend die Erscheinung von Damaskus gewesen sein muß, sie konnte nur mit dem kategorischen Imperativ erkauft werden: Verabschiede das Gesetz! Nur wenn das Gesetz nichts mehr galt, konnte Jesus auch der Christus sein. Dies ist das große Entweder-Oder in der Psyche, in der Existenz, in der Mission des Paulus. Das ist die wahre Saulus-Paulus-Spannung.

Und von dieser Spannung handelt der Galaterbrief und davon, daß die Galater sie nicht nachvollziehen können und lieber den Einflüsterungen derer Gehör schenken, die das nicht so »eng«, so kategorisch sehen und Christus sehr wohl vereinbaren können mit der Geltung der mosaischen Gesetze, mehr noch: die diese Gesetze doch immer noch als die Grundbedingung des Christusglaubens ansehen.

Paulus versucht es den Galatern, die von dem Widerstreit der Missionare eher verwirrt gewesen sein dürften, mit einem Bild klarzumachen: »Ehe aber der Glaube kam, standen wir unter dem Gesetz, verwahrt und verschlossen auf den Glauben hin, der dann offenbar werden sollte. So ist das Gesetz unser Aufseher gewesen, bis Christus kam, damit wir durch den Glauben gerecht würden. Nachdem nun aber der Glaube gekommen ist, stehen wir nicht mehr unter dem Aufseher. Denn durch den Glauben seid ihr alle Gottes Kinder in Christus Jesus.« (Gal. 3,23-26) Der frühere Aufseher des Gesetzes spricht nun vom Gesetz als Aufseher. Denn er hat mit dem Umstand zu tun, daß die Galater sich dem Aufseher ohne Not unterwerfen (erstmals, sofern sie Heiden waren, erneut, wenn es sich um Judenchristen handelt). Paulus sieht da einen schlimmen Rückfall, eine katastrophale Degradierung: »Wenn ich nämlich das, was ich niedergerissen habe, wieder aufbaue, dann mache ich mich selbst zu einem Übertreter. Denn ich bin durchs Gesetz dem Gesetz gestorben, damit ich Gott lebe. Ich bin mit Christus gekreuzigt. Nun lebe nicht mehr ich, sondern Christus lebt in mir. Solange ich aber in diesem Leib lebe, lebe ich im Glauben an den Sohn Gottes, der mich geliebt und sich selbst für mich dahingegeben hat. Ich werfe die Gnade Gottes nicht weg; denn wenn die Gerechtigkeit durch das Gesetz kommt, dann ist Christus vergeblich gestorben.« (Gal. 2,15-21)

Hier wird das Wort vom Kreuz ganz persönlich, ganz panisch: Wenn Christus vergeblich gestorben ist, dann bin ich, Paulus, auf falscher Fährte; dann ist mein Damaskus nichts als ein Hirngespinst, dann ist mein zweites Leben eine Irrfahrt, ein Höllensturz. Das darf nicht wahr sein. Deshalb die schrille Eindringlichkeit: »O Ihr unverständigen Galater! Wer hat euch behext? Euch ist doch Jesus Christus als der Gekreuzigte vor die Augen gemalt worden! Das allein will ich von euch erfahren: Habt ihr den Geist durch die Werke des Gesetzes empfangen oder durch die Predigt vom Glauben? Seid ihr so unverständig? Mit Gottes Geist habt ihr angefangen, wollt ihr's denn nun durch eigene Kraft vollenden? Habt ihr denn so vieles vergeblich erfahren? Wenn es wirklich vergeblich gewesen sein kann!« (Gal. 3,1-4) Nicht auszudenken! Nicht zu ertragen! Kaum zu überleben! Eine Art Rückführung des Paulus zum Saulus!

Aber nie und nimmer könnten sie ihn quälen wollen! Er ruft sich und der Gemeinde in Erinnerung, wie sorgsam sie ihn seinerzeit gepflegt hat: »Ihr habt mir kein Leid angetan. Ihr wißt doch, daß ich krank war, als ich euch das erstemal das Evangelium gepredigt habe. Und obwohl meine Krankheit euch Anstoß bereitete, habt ihr mich nicht verachtet oder vor mir ausgespuckt, sondern wie einen Engel Gottes nahmt ihr mich auf, ja wie Christus Jesus: Wo ist nun eure Begeisterung? Ich kann euch bezeugen: wenn es möglich gewesen wäre, hättet ihr eure Augen ausgerissen und sie mir gegeben.« (Gal. 4,12b-15)

RECHERCHE: DIE KRANKHEIT DES PAULUS Seit zweitausend Jahren wird über die Diagnose des Leidens gerätselt, von dem Paulus auch im zweiten Korintherbrief spricht, wenn er den »Pfahl im Fleisch« beklagt und den Engel des Satans, der ihn mit Fäusten schlägt. Aus dem oben zitierten Kontext hat man geschlossen, daß es sich um eine Augenkrankheit gehandelt haben müsse. Das scheint aber für die Anstößigkeit, die der Apostel hervorhebt, kein angemessener Befund, zudem auch im Orient keine Seltenheit. Andererseits gibt es die in neuerer Zeit wieder vom amerikanischen Paulusforscher A. D. Nock vertretene These, Paulus habe sich mit seinen Hinweisen als eine Art Triebtäter bekannt: »Die Schwierigkeit für ihn lag vielleicht in der sexuellen Begierde.« Aber auch diese Vermutung hat wenig für sich: widerspricht sie doch allen Äußerungen des Paulus vor den Gemeinden (die ihn in diesem Punkt gewiß hätten kontrollieren können) und zugleich dem sehr drastischen Erscheinungsbild einer ekelhaften, anstoßerregenden Krankheit. Das Ausspeien war üblich gegenüber Menschen, die mit rätselhaften Leiden behaftet waren; es galt als ein Schutz gegen die Dämonen, denen man die Plage zuschrieb. Zu solchen Anstößigkeiten gehörten Geisteskrankheiten und Epilepsie. »Die natürlichste Annahme ist also die, daß Paulus an epileptoformen Anfällen litt, womit in keiner Weise gesagt ist, daß er ein wirklicher Epileptiker war. Damit würde stimmen, daß er vor Damaskus in einem Anfall Stimmen hört und eine vorübergehende Sehstörung davonträgt, wenn das Bekehrungserlebnis wirklich in einem solchen Anfall vor sich gegangen ist.« Es ist Albert Schweitzer, der diese sehr alte Version erneuert hat; er ist selbst schon Arzt, also sachkundig, als er das in seinem Paulusbuch vorträgt. Aber dennoch will auch das Anfallartige, Kurzzeitige der Epilepsie nicht zu jenem Bild des Widerwärtigen passen, das man aus der oben zitierten Galater-Stelle gewinnt. Auch die Malaria kommt unter den Diagnose-Spekulationen vor. Daß Paulus allein schon durch die vielen Mißhandlungen kein besonders gewinnender Anblick war und deshalb dem

Bild der Zeitgenossen von einem strahlenden Charismatiker und erscheinungsstolzen Verkünder widersprochen haben muß, davon war schon die Rede. Aber die Striemen der jüdischen Geißelungen und die Narben der römischen Rutenbündel und die Verkrüppelungen durch die einmalige Steinigung können doch nicht mit jenem entstellenden Leiden in eins gebracht werden, von dem Paulus im Brief an die Galater spricht. Noch unerforschlicher (im genauen Sinn) wird die Krankheit dadurch, daß sie ihm dennoch die ungeheure Energieleistung seiner Mission, die Ausdauer in allen Strapazen erlaubte. Wie auch immer: Paulus war nicht nur ein geschlagener, sondern auch ein kranker Mann.

Die Fanfare der Freiheit

Und jetzt, im Brief an die Galater, ist Paulus ein tief Deprimierter: »Ich fürchte für euch, daß ich vielleicht vergeblich an euch gearbeitet habe [...] Bin ich denn damit euer Feind geworden, daß ich euch die Wahrheit vorhalte? Es ist nicht recht, wie sie euch umwerben; sie wollen euch von mir abwendig machen, damit ihr sie umwerben sollt. Umworben zu werden ist gut, wenn's im Guten geschieht, und zwar immer und nicht nur dann, wenn ich bei euch bin. Meine lieben Kinder, ich leide noch einmal Geburtswehen um euch, bis Christus in euch Gestalt gewinnt! Ich wollte, daß ich jetzt bei euch wäre und auf ganz andere Weise mit euch reden könnte; denn ich weiß nicht mehr weiter mit euch.« (Gal. 4,11 f.)

Und dann kommt (nach einem hermeneutischen Exkurs über das Alte Testament) eine jener berühmten Paulusstellen, die unseren Ohren wie eine frisch gestimmte Fanfare klingen, die aber dennoch auch das Echo einer sehr fernen Zeit, einer sehr antiken Diskussion, einer konkret-religiösen Sachfrage sind: »Zur Freiheit hat uns Christus befreit! So steht nun fest und laßt euch nicht wieder unter das Joch der Knechtschaft zwingen!« Das ist wieder der hochmoderne Apostel der Emanzipation, Wortführer der Freiheit eines Christenmenschen, Mitverfasser aller Unabhängigkeitserklärungen, Aufbegehrer gegen alle Pressionen und Repressionen, Propagandist wider Entfremdung und Duckmäuserei, Miturheber abendländischen Stolzes – doch wie kleinkrämerisch fährt er an dieser hochgemuten Stelle fort: »Seht, ich, Paulus, sage euch: Wenn ihr euch beschneiden laßt, so wird euch Christus nichts nützen. Noch einmal bezeuge ich jedem, der sich beschneiden läßt, daß er verpflichtet ist, das ganze Gesetz zu halten. Ihr habt Christus verloren, die ihr durch das Gesetz gerecht werden wollt, und seid aus der Gnade herausgefallen [...] Denn in Christus Jesus gilt weder Beschneidung noch Unbeschnittensein etwas, sondern der Glaube, der durch die Liebe tätig ist.« (Gal. 5,1-6)

Paulus reduziert hier, wieder einmal, das Gesetz auf eine einzige, elementare Maßnahme: auf die peritomē, die Beschneidung. Es handelt sich um jenen Punkt der 613 jüdischen Gebote, der am meisten Eingriff in die physische Unversehrtheit darstellt und eine Angstprozedur bis heute sein kann. (Davon war schon ausführlicher beim Apostelkonzil, S. 111, die Rede). Eben weil sie so operativ, so medizinisch konkret ist, wird die Beschneidung für Paulus zum allerärgsten Anstoß des Gesetzes: für den, der mit Christus gekreuzigt ist (was für den Apostel eben keine Redensart, sondern stigmatisierendes Erlebnis ist), wird die Beschneidung geradezu zum Schandmal. Und daß man ihm offenbar nachsagt, auch er selber predige ja durchaus noch die Peritome-Praxis, läßt ihn fast neurotisch reagieren: »Wenn ich aber, liebe Brüder, die Beschneidung noch predige, warum leide ich dann Verfolgung? Dann wäre ja der Anstoß, den das Kreuz erregt, beseitigt. Sie sollten sich doch lieber gleich verschneiden [= kastrieren] lassen, die euch aufhetzen.« Und nur scheinbar beruhigt er sich an dieser Stelle: »Ihr aber, liebe Brüder, seid zur Freiheit berufen. Nur seht zu, daß ihr durch die Freiheit nicht eurer Selbstsucht Raum gebt; vielmehr diene einer dem andern in Liebe! Denn das ganze Gesetz findet seine Erfüllung in dem *einen* Gebot: Liebe deinen Nächsten wie dich selbst.« Doch nach diesem Moseszitat geht es gleich weiter im Zorn: »Wenn ihr euch aber gegenseitig beißt und freßt, dann seht zu, daß ihr nicht voneinander verzehrt werdet.« (Gal. 5,11-15)

Welch ein Wechselbad der Gefühle! Welche Mischung aus Väterlichkeit und Sarkasmus, aus Sorge und Zynismus, aus Behutsamkeit und Blindwütigkeit! Wie rasch wird ein Liebesgebot wieder vom Furor überjagt! Wie wenig Chancen hat es, sich zu entfalten, auszuwirken, einzuwirken! Wie muß es um die Nerven des Missionars stehen, wenn er sich so gehenläßt! Es ist aber nicht die Aufgebrachtheit, die seinen Zustand am meisten kennzeichnet, es ist ein Seufzer wie dieser: »Ihr lieft so gut!«

Ein Seufzer, von Luther interpretiert

Luther hat, in einer seiner Auslegungen des Galaterbriefes, in diesen Seufzer hineingehört und ihn für seine Zeit so gedolmetscht, daß er auch uns verständlich wird. Er schreibt: »Nach dem Wortgebrauch der Schrift wird unter ›gehen‹, ›wandeln‹, ›einhergehen‹ [...] verstanden: ›einen Lebenswandel führen‹, ja sogar ›glauben‹ und ›lieben‹. Denn Gott naht man sich, wie Augustin sagt, nicht äußerlich-räumlich, sondern durch Zuneigung und Liebe. [...] Obwohl dieser Sprachgebrauch in der Schrift sich ganz allgemein und sehr häufig findet, muß man es dennoch erwähnen, weil zur Zeit landauf, landab ein sehr verbreiteter Irrtum herrscht: da laufen die Leute um der Frömmigkeit willen und doch entgegen alle Frömmigkeit um die Wette nach Rom und Jerusalem und nach St. Jakob [= Compostela in Spanien] und an tausend andere Plätze, gleich als wäre nicht ›das Reich Gottes mitten unter ihnen‹. Solch gottlosem Treiben leisten die großtuerischen und unverschämten Vorspiegelungen der

Ablässe fleißig Vorschub. Durch sie wird das ungelehrte Volk, das ja kein Unterscheidungsvermögen hat, zum Narren gehalten, so daß es dies Geläufe bei weitem den Betätigungen der Liebe vorzieht. Und doch läuft man allein durch die Liebe zu Gott; und diese könnten sie auch, jeder an seinem eigenen Ort, reichlich üben. Der Apostel sagt aber nicht: ›ihr wandeltet‹, sondern: ›ihr liefet‹. Dadurch zeichnet er sie mit besonderer Anerkennung aus und spendet ihnen nach Vaterart gewinnendes Lob. Denn das *Laufen* ist eine Sache der Vollkommenen, wie es z. B. in Psalm 19,6 heißt: ›Die Sonne freut sich wie ein Held, zu laufen ihre Bahn.‹ [. . .] Somit ist ›laufen in Christus‹ soviel wie eilen, brennen, vollkommen sein im Glauben und in der Liebe Christi.«

Aber die Galater laufen ja nicht mehr gut, und Paulus hat schlimme Zustände zu beklagen. Er nennt sie, nach dem Muster antiker Lasterkataloge, einzeln beim Namen: Unzucht, Unreinheit, Ausschweifung, Götzendienst, Zauberei, Feindschaft, Streit, Eifersucht, Zorn, Zank, Zwietracht, Spaltungen, Neid, Saufen, Fressen »und dergleichen«. Aber in allen diesen Fällen ist sein Rat eher milde: »Liebe Brüder, wenn einmal jemand bei einer Verfehlung ertappt wird, so helft ihr, die ihr im Geist lebt, ihm wieder zurecht im Geist der Sanftmut, und achte auf dich selbst, daß du nicht auch versucht wirst.« Und dann wieder einer der großen paulinischen Sätze, gewissermaßen eingeschrieben ins abendländische Gewissen: »Einer trage des anderen Last, so werdet ihr das Gesetz Christi erfüllen.« (Gal. 6,2)

Das Gesetz Christi! Das allein soll gelten von nun an. Und alle die menschlichen Laster bringen den Apostel nicht so auf wie der Wankelmut im Glauben an Christus. Und darum fügt er seinem Brief, den er ja diktiert hat, noch eine eigenhändige Nachschrift an, mit der er sein Thema noch einmal pointiert: »Seht, mit wie großen Buchstaben ich euch mit eigener Hand schreibe! Die vor Menschen etwas gelten wollen, die zwingen euch zur Beschneidung, nur damit sie nicht um des Kreuzes Christi willen verfolgt werden. Denn auch sie selbst, die sich beschneiden lassen, halten das Gesetz nicht, sondern wollen nur, daß ihr euch beschneiden laßt, damit sie sich dessen rühmen können. Von mir aber sei fern, mich einer andern Sache zu rühmen, als allein des Kreuzes unseres Herrn Jesus Christus, durch den mir die Welt gekreuzigt ist und ich der Welt. Denn in Christus Jesus gilt weder Beschneidung etwas noch Unbeschnittensein etwas, *sondern nur die neue Schöpfung.*« (Gal. 6,11-15)

Paulus sagt immer nur »die«, wenn er seine Gegner meint. »Die« die Galater von ihm abwendig machen wollen, »die« sie umwerben, aber nicht im Guten, »die« sie verhexen, »die« vor Menschen etwas gelten wollen, »die« das Gesetz, obwohl sie es predigen, selbst nicht halten. »Die« so sich verhalten, daß ihnen ein Urteil gesprochen wird, sie bleiben anonym. Mit einer einzigen provokanten Ausnahme. An einer Stelle des Galaterbriefs wird ein Name genannt im Zusammenhang mit solcher Verstörung und Verwirrung außerhalb Jerusalems: Da erscheint als Prototyp solch skandalösen Wankelmuts und so schlimmer Heuchelei niemand anders als Petrus, Kephas, der Doyen unter den Jüngern. In ihm schienen sich die Ressentiments zu summieren, die Paulus im Galaterbrief ausspricht, wenn er auch nicht der Anführer derer sein muß, gegen die dieser Brief wütet.

Paulus beschwört, als Exempel für die Galater, eine zurückliegende Episode im syrischen Antiochien; auch diese Passage hat zu intensiven exegetischen Debatten, von Hieronymus bis heute, geführt; dabei spricht sie weitgehend für sich selbst: »Als aber Kephas nach Antiochia kam, trat ich ihm Auge in Auge entgegen, denn er war schuldig geworden. Denn bevor einige von Jakobus kamen, zog er sich zurück und sonderte sich ab, weil er die aus dem Judentum fürchtete. Und mit ihm heuchelten auch die übrigen Juden(christen), so daß selbst Barnabas verführt wurde, mit ihnen zu heucheln. Als ich aber sah, daß sie nicht richtig nach der Wahrheit des Evangeliums handelten, sagte ich zu Kephas öffentlich vor allen: Wenn du, der du doch ein Jude bist, heidnisch lebst und nicht jüdisch, warum zwingst du dann die Heiden, jüdisch zu leben?« (Gal. 2,11-14)

Paulus nimmt damit jenen Mann ins Visier, der ihm offenbar zeitlebens die Mission verstellt, verwirrt und verwackelt hat, der es aber in den neunzehnhundert Jahren Christentum seither erst recht tun wird. Paulus, »Auge in Auge« dem Petrus entgegentretend, das ist nur die Voranzeige einer Konfrontation, die Kirchengeschichte macht, bis in die Gegenwart hinein.

Nur daß das gestrenge Visavis im Laufe der Jahrhunderte umgekehrt wird, bis in die Architektur hinein: Da gibt es, in Rom, die steingewordene Machtdemonstration des Petersdomes, und da gibt es die Kirche Sto. Paolo fuori le mura: Die Paulskirche *außerhalb* der Mauern.

25.
Paulus und Petrus
oder: Die Handschellen
der Kirchengeschichte

> ESTRAGON: Ich frage mich, ob wir nicht besser allein geblieben wären, jeder für sich. Wir waren nicht für denselben Weg gemacht.
> WLADIMIR (*ohne böse zu werden*): Das ist nicht sicher.
> ESTRAGON: Nein, nichts ist sicher.
> WLADIMIR: Wir können noch auseinander gehen, wenn du meinst, daß es besser wäre.
> ESTRAGON: Jetzt lohnt es sich nicht mehr.
> WLADIMIR: Nein, jetzt lohnt es sich nicht mehr.
> ESTRAGON: Also, wir gehen?
> WLADIMIR: Gehen wir!
> (*Sie gehen nicht von der Stelle.*)
> Beckett, Warten auf Godot

Der Fischer aus Bethsaida

Wo immer Petrus und Paulus in einem Atemzug genannt werden, geschieht es, um Paulus zu ersticken. Wo immer Peter und Paul am selben Tag gefeiert werden, wird das Jubiläum einer Geiselhaft begangen. Peter und Paul: Das sagt nicht, daß beide zusammen Märtyrer waren in Rom, sondern daß der eine des anderen Märtyrer geworden ist, durch Rom. Wo Peter und Paul programmatisch zusammengekettet werden, hat Paulus so wenig zu sagen, wie Petrus zeitlebens zu sagen wußte. Was für Paulus Christus war (von dem er nichts zu wissen brauchte, um alles über ihn zu wissen), ist für die frühe hierarchische Kirche Petrus gewesen, von dem ihr konkrete Festlegungen erspart blieben. Was für Paulus das »Wort vom Kreuz«, war für die Kirche der »Satz vom Felsen«. Ein Fels ist praktischer als das Kreuz.

Wer ist dieser Petrus? Eigentlich heißt er Simon oder hebräisch Simeon und hat den Beinamen Barjona, das bedeutet: Sohn des Jona (oder Johannes). Aber das Barjona könnte auch mit der aramäischen Bezeichnung für Terrorist zu tun haben. Geboren ist er in Bethsaida, einer Fischerstadt am Ostufer des Jordan, unweit der Mündung in den See Genezareth. Die genaue Lage des Ortes ist unbekannt, damals aber muß die Gegend lebhaft, betriebsam, handelsrege gewesen sein. Der Theologe G. Dalman behauptet: »Wer in Bethsaida aufgewachsen war, wird nicht nur griechisch verstanden haben, sondern auch durch den Verkehr mit Fremden abgeschliffen und an griechische Kultur gewöhnt sein.« Ob diese Vermutung viel für sich hat, mag zweifelhaft sein. Die Apostelgeschichte nennt Petrus ohne weiteres »ungebildet« (agrammatos). Wie sein Bruder Andreas stammt auch ein weiterer Jünger, Philippus, aus diesem Ort. Später ist Petrus, zusammen mit den Brüdern Zebedäus, als Fischer in Kapernaum tätig. Er ist verheiratet und wird auf seinen Missionsreisen, in kommenden Jahren, mit einer (seiner?) Frau unterwegs sein.

Petrus ist der erste der Jünger, und hat auch, in den drei synoptischen Evangelien, den Rang des ersten unter gleichen. Eine Formulierung wie »Petrus und die Seinen« steht für viele ähnliche. Oscar Cullmann hat in seiner Petrus-Monographie herausgearbeitet, daß er zwar, zu Lebzeiten Jesu, der Sprecher, Stichwortgeber, Repräsentant der übrigen gewesen sei, nicht aber eine eigentliche Führerrolle gespielt oder sich angemaßt habe. »Er erscheint nur als der repräsentativste unter den Jüngern: was alle darstellen, tun und denken, kommt in seiner Person besonders zum Ausdruck.« Das heißt aber auch, daß er zum Muster vielfacher Ratlosigkeit, Beschränktheit, Ohnmacht und Nachahmungsverlegenheiten wird. Die Jünger folgen Jesus ja nach, aber sie kommen meist nicht mit ihm mit. An Petrus wird das exemplifiziert. Dem Menschensohn gegenüber muß einer sich ja als Muttersöhnchen erweisen.

Cullmann sieht ihn so: »Die Szene am See Genezareth illustriert in der Tat den Charakter des Petrus: er ist impulsiv, enthusiastisch, zögert nicht, sich in der ersten Begeisterung ins Meer zu werfen, als Jesus ihn ruft, aber bald erschlafft sein Mut, und Furcht ergreift ihn. So bekennt er auch laut als erster seine Treue zum Meister, aber er ist der erste, der ihn in der Stunde der Gefahr verleugnen wird.« Indem er sich also hervorwagt, wird er eher bloßgestellt, indem er die anderen überragt, zieht er bloß den kürzeren, und in seinem Übereifer macht er fortwährend schlapp. Hat ihn nicht, längst ehe er seinen legendären Märtyrertod sterben konnte, die Lächerlichkeit getötet? Hat er nicht schon bei Lebzeiten das Zeug zu jener Witzfigur, als die er bis auf den heutigen Tag in den unzähligen Geschichten vom Petrus an der Himmelstür erscheint? Der Großtuer als Kleinbeigeber, der Beherzte als Hasenherz, das ist doch das Bild, das ziemlich ungeniert und ganz einheitlich die Evangelien zeichnen (wobei hier die Nuancen der gelehrten Interpretation außer acht bleiben sollen, ob er nun bei Markus schlechter wegkommt als bei Lukas, und bei diesem längst nicht so positiv erscheint wie bei Matthäus).

Und nun wird just dieser Simon zum Petrus! Das ist nicht etwa ein Namenswechsel, das ist ein Umkehrvorgang allerextremster Art, das ist eine Wendung, die nahezu dem Wandel vom Saulus zum Paulus gleichkommt. Denn Kephas = Petrus ist kein Name, sondern eine Verpflichtung, keine Benennung, sondern eine Funktion, kein Ehrentitel, sondern beinah ein Auftrag. Wie anders steht dieser wankelmütige Mann jetzt da? Denn Kepha ist aramäisch und bedeutet Fels, und Petros (eigentlich Petra) ist die griechische Entsprechung. Dieser Simon wird nicht eigentlich umgetauft, sondern einem Härtetest unterworfen: Der Weichling soll Fels werden. Und es ist Jesus, der das von ihm verlangt, der es ihm zusagt.

Die Sätze vom Felsen

Das früheste, das Markusevangelium, stellt die Sache so dar, daß sie gleich mit der ursprünglichen Berufung der Zwölf zusammenhängt: »Und er ging auf einen Berg und rief zu sich, wen er wollte, und die gingen zu ihm hin. Und er setzte zwölf ein, die er auch Apostel nannte; die sollten bei ihm sein, und er wollte sie aussenden, damit sie predigen und Vollmacht haben sollten, die bösen Geister auszutreiben. Und er setzte die Zwölf ein und gab Simon den Namen Petrus; weiter setzte er Jakobus, den Sohn des Zebedäus, und Johannes, den Bruder des Jakobus, ein und gab ihnen den Namen Boanerges, das heißt: Donnersöhne...« (Mark. 3,13-17). Zumindest also zwei weitere Jünger erhalten von Jesus einen Beinamen gleich bei der Berufung. Auffällig jedoch ist, daß Simon von Jesus dann doch nie mit diesem Beinamen angeredet wird, ebensowenig wie in den übrigen Evangelien. Für Markus gilt ganz pointiert: Wenn Jesus dem Simon den Namen Petrus gegeben hat, dann hat er ihn nur dieses eine Mal so genannt.

Als etwa hundert Jahre nach Markus das Johannesevangelium verfaßt wird, mit deutlicher Distanzierung des Petrus (denn neben diesem wird jetzt ein ungenannter »Lieblingsjünger« Jesu eingeführt), wird die Namensgebung mehr abgetan als vorgeführt: »Und er führte ihn (Simon) zu Jesus. Als Jesus ihn sah, sprach er: Du bist Simon, der Sohn des Johannes, du sollst (wirst) Kephas heißen. – Das bedeutet: Fels.« (Joh. 1,42)

Festzuhalten ist: Beide Evangelien, das älteste wie das jüngste, haben diese Namensgebung gleichsam als Initiationsritus, aus Anlaß der ersten Begegnung. Das wäre ja nicht weiter verwunderlich, wenn der Name nicht so viel an Programm, Bedeutung, Anspruch enthielte und wenn Jesus nun eben von diesem Namen auch Gebrauch machte. Wenn irgend die Predigtjahre Jesu konkret, lebensnah gedacht werden sollen, dann bleibt das ein merkwürdiger Vorgang: Er trifft einen Fremden und nennt ihn, völlig ins Blaue, den Felsen, beläßt es dann aber bei dieser einmaligen Benennung. Klar wird also zumindest dies: Beide Evangelisten gehorchen schon einer Tradition, und sie wollen diese Traditionsverpflichtung bei ehester Gelegenheit hinter sich bringen.

Erst wenn man diese Verlegenheit, diese Motivationslücke bedenkt, kann man die Klugheit ermessen, mit der Matthäus den gleichen Vorgang, die Ernennung zum Petrus, schildert. Er tut es, indem er sie auf ein besonderes Ereignis bezieht (das auch Markus berichtet und das fast gleichlautend Lukas nachgeschrieben hat), nämlich das sogenannte Messiasbekenntnis: Jesus wird als der Christus, der Messias erkannt. Jesus wird, für die Jünger, zum Christus. In der Fassung des Matthäus liest sich das so: »Da kam Jesus in die Gegend von Cäsarea Philippi und fragte seine Jünger: Für wen halten die Leute den Menschensohn? Sie antworteten: Einige für Johannes den Täufer, andere für Elia, wieder andere für Jeremia oder einen der Propheten. Er fragte sie: Für wen haltet denn ihr mich? Da antwortete Petrus: Du bist Christus, der Sohn des lebendigen Gottes!« Bis hierher lesen sich Markus und Lukas fast wortgleich; nun aber folgt das in der Tat sensationelle Sondergut des Matthäus: »Und Jesus antwortete ihm: Selig bist du, Simon, Jonas Sohn; denn Fleisch und Blut haben dir das nicht offenbart, sondern mein Vater im Himmel. Und ich sage dir: Du bist Petrus, und auf diesen Felsen will ich meine Gemeinde [Kirche] bauen, und die Pforten der Hölle sollen sie nicht überwältigen. Ich will dir die Schlüssel des Himmelreichs geben, und alles, was du auf Erden binden wirst, soll auch im Himmel gebunden sein, und alles, was du auf Erden lösen wirst, soll auch im Himmel gelöst sein.« Und dann geht es wieder im nahezu perfekten Unisono mit Markus und Lukas weiter im Text: »Dann gebot er seinen Jüngern streng, niemand zu sagen, daß er der Christus sei.« (Matth. 16,13-20)

In solchem Zusammenhang bekommt der Akt der Namensgebung eine fast geschäftsmäßige Stimmigkeit: Jesus wird zuvor von Simon als Christus erkannt, und daraufhin erkennt Jesus-Christus ihm den Namen Petrus zu, als Chiffre für das Fundamentalbegreifen seiner irdischen Mission und seiner göttlichen Sendung. Der eine Name bürgt für den andern.

Der Anspruch aufs Machtmonopol

»Du bist der Fels, und auf diesen Felsen will ich meine Kirche bauen.« (Matt. 16,18) Man kann diesen Satz gar nicht genau genug lesen: Denn dieses Wortspiel aus dem Munde Jesu ist der folgenreichste Text der christlichen Bibel, zumindest der Satz, mit dem am meisten Politik gemacht worden ist, Dogmenpolitik, Kirchenpolitik, Machtpolitik. Aus dem Zuspruch ist erst eine Primatsverheißung, dann ein Jurisdiktionsprimat und schließlich eine Satzung gemacht worden, mit dem die katholische Kirche 1800 Jahre lang den Alleinvertretungsanspruch der rechten Lehre behauptet hat. Früh schon stülpte sich ein ideeller Petersdom wie eine Glasglocke rigider Frömmigkeit über die Christenheit Europas. Um Begründungen war die Kirche nie verlegen: »Nach den Zeugnissen des Evangeliums hat Christus der Herr den Vorrang der Rechtsbefugnis (primatum iurisdictionis) über die gesamte Kirche unmittelbar und direkt dem seligen Apostel Petrus verheißen und verliehen [...] In offenem Widerspruch zu dieser so klaren Lehre der Heiligen Schrift, wie sie die Kirche stets verstand, stehen die verderblichen Ansichten derer, die die von Christus, dem Herrn, in seiner Kirche eingesetzte Regierungsform verkehren und leugnen, daß Petrus allein, vor den übrigen Aposteln – sowohl vor den einzelnen, wie vor dem gesamten Apostelkollegium – von Christus den wahren und eigentlichen Jurisdiktionsprimat erhalten hat.« (Konzilstext des Vatikanum I)

Die Sprache des Dokuments widerlegt den Anspruch, von dem es redet. So mag eine rücksichtslose Machtinstitution sich begründen, nicht aber auch nur die entfernteste Idee vom Christentum. Der Philosoph Fritz Leist hat das Nötige dazu gesagt: »Wie denn? Ist durch das Wort vom Felsen Symeon zu einem Regenten irgendwelcher Art gemacht? Hat Jesus oder die Urgemeinde in diesem oder in anderen Worten eine bestimmte Form der Regierung in der ecclesia vorgeschrieben? Das Konzil spricht von Herrschen, Jesus spricht vom Kreuz. Auch die Urgemeinde kennt Gemeindestrukturen; diese sind aber sehr unterschiedlich gestaltet. Die leitende Stellung des Petrus ist nicht unbestritten. Soll mit einem vagen Hinweis auf Jesus auch noch die Regierungsform des römischen Bischofs gerechtfertigt werden? Sollen die Zeugnisse des Evangelisten auch noch das Priesterkönigtum des Bischofs von Rom, seine Stilisierung zur Heilsgestalt rechtfertigen?

Inwiefern hat Jesus etwas ›angeordnet‹? Jesus hat zu Symeon gesprochen und zu sonst niemand. Wo ist ein Hinweis zu finden, daß er bei der Nennung und Beauftragung des Symeon an Nachfolger gedacht hat? Die Vorstellung, Jesus habe in Cäsarea Philippi an die Primatsverfassung einer künftigen Kirche mit Sitz in Rom gedacht, ist geradezu absurd!«

Doch *daß* Simon den Beinamen Kephas geführt hat, dafür ist gerade Paulus der beste und erste Gewährsmann, denn seine Briefe bieten die frühesten Belege dafür. Allerdings benutzt Paulus – der doch Griechisch schreibt – nicht die gräzisierte Form Petros, sondern sagt beharrlich Kephas (mit Ausnahme der quasi dokumentarischen Verse Gal. 2,7 f.), als wolle er seinen Gemeinden den Sinn der Bezeichnung vorenthalten und ihnen den Kephas als Eigennamen suggerieren. Niemand von den bekehrten Griechen konnte wohl bei diesem Namen an einen Felsen denken.

Wann immer »Kephas« von Paulus erwähnt wird, geschieht es in einer Mißstimmung, geschieht es im Hinblick auf eine nicht eben erfreuliche Situation. Vom Zusammenstoß in Antiochien, der ja Jahre zurückliegt, ist schon die Rede gewesen. Aber auch bei den Irritationen in Korinth taucht immer wieder, in wechselndem Zusammenhang, dieser Kephas auf: Er wird nicht gerade als Störenfried bezeichnet, aber er ist stets dabei, wenn eine Störung zu erörtern ist. Ob bei der frühen Erwähnung der schismata, an denen auch eine Kephas-Partei beteiligt ist, oder ob, in ganz ähnlicher Tonlage, im 1. Kor. 3,2 f.: »Darum rühme sich niemand eines Menschen; denn alles ist euer: es sei Paulus oder Apollos oder Kephas, es sei Welt oder Leben oder Tod, es sei Gegenwärtiges oder Zukünftiges, alles ist euer, ihr aber seid Christi, Christus aber ist Gottes.« Oder sehr konkret in der »Bin-ich-nicht-frei?«-Passage, wenn Paulus die Korinther fragt: »Haben wir nicht auch das Recht, eine Schwester als Ehefrau mit uns zu führen wie die anderen Apostel und die Brüder des Herrn und *Kephas*?« (1. Kor. 9,5)

Predigt und Parteinahme mögen noch kein schlüssiges Indiz sein: Man kann ja einem Kephas im Glauben anhängen, von dem man nur hat reden hören. Aber etwas so Konkretes wie die Erwähnung einer Frau (Schwester, Eheweib) wird doch nur dann zum anschaulichen Argument, wenn so einer wirklich in Frauenbegleitung durch die Straßen jener Stadt gegangen ist, deren Bewohner man anspricht, hat nur dann Plausibilität, wenn die Leute dort den Auftritt Seite an Seite, Arm in Arm, Hand in Hand erlebt haben. Und sage niemand, ein solches Thema sei nicht bibelwürdig, nicht glaubensadäquat, sei nur Klatsch. Welche eminente politische, ja ideologiekritische, gar entspannende Bedeutung hat zum Beispiel für die jüngsten Jahre der bloße Umstand gehabt, daß ein Gorbatschow bei seinen Staatsbesuchen im Westen mit seiner Frau auftrat! Und wenn in einer Zeit wie der unseren, da Politfeminismus nichts wirklich Sensationelles ist, solcher Dameneskorte soviel Wichtigkeit beigemessen wird, wie dann nicht im antiken Korinth, wo man doch eher die wandernden kynischen Einzelgänger gewohnt war?

Will heißen: Petrus war *auch* in Korinth, auch *Petrus* war in Korinth. Er war zur Inspektion nicht nur in Antiochien. Er hat auch in Achaia Nachschau gehalten. Es kann keinem

Zweifel unterliegen, daß er, der die Führungsrolle in Jerusalem längst an Jakobus hatte abtreten müssen, zu einer Art Visitator geworden war.

Diese Behauptung kann sich auf einige Forscher berufen. Philipp Vielhauer hält den Aufenthalt des Petrus in Korinth für »wahrscheinlich«, der englische Theologe K. C. Barrett für »sehr wahrscheinlich«, und der Althistoriker Eduard Meyer urteilt mit aller Entschiedenheit: »Wie man hat bezweifeln können, daß Petrus (Kephas) selbst nach Korinth gekommen ist, gehört zu jenen Dingen, die mir unbegreiflich sind. Er steht mit Paulus und Apollos durchaus auf gleicher Linie.«

Diese Behauptung ist aber auch nicht neu. Der erste, der ein Wirken des Petrus auch in Korinth behauptet hat, war Dionysius von Korinth um das Jahr 170; in einem von Eusebius zitierten Brief an die Römer schreibt er: »Durch diese Ermahnung habt ihr den Baum der Korinther und den der Römer eng miteinander verbunden, die von Petrus und Paulus gepflanzt worden sind. Denn beide haben, indem sie so in unserem Korinth gepflanzt haben, in gleicher Weise gelehrt, und nachdem sie zusammen in Italien gelehrt haben, haben sie zusammen das Martyrium erlitten.« So sehr die Ortsansässigkeit des Dionysius für die Zuverlässigkeit der Nachricht sprechen könnte, so sehr zeugt sie aber auch schon von der apologetischen Tendenz der frühen Kirche, die Rivalität beider Apostel zu überspielen, die Handschellen der Kirchengeschichte zuschnappen zu lassen.

Petrus war in Korinth. Aber »gepflanzt« hat er dort nicht. Wem dort dieser Anspruch zukam, sagt Paulus zweimal, im 1. Korintherbrief 3,6 mit eben diesem Wort: »Ich habe gepflanzt, Apollos hat begossen, aber Gott hat es wachsen lassen.« Und etwas später benutzt er eine andere Metaphorik für sein Vorrecht: »Nicht um euch zu beschämen schreibe ich dies, sondern ich ermahne euch als meine lieben Kinder. Denn wenn ihr auch zehntausend Aufseher hättet in Christus, so habt ihr doch nicht viele Väter; denn ich habe euch gezeugt in Christus Jesus durchs Evangelium. Darum ermahne ich euch: Seid meine Nachfolger!« (1. Kor. 4,14–16)

Der Widerstreit zwischen Paulus und Petrus wird ja vom Neuen Testament im übrigen eher ausgeblendet. Es ist aber gewiß nicht ganz zufällig, daß gerade im zweiten der Petrus zugeschriebenen Briefe (der gewiß nicht von ihm stammt) ein Echo seiner Vorbehalte laut wird: »und erkennt, daß in der Geduld unsres Herrn eure Rettung liegt, wie auch unser lieber Bruder Paulus nach der Weisheit, die ihm gegeben worden ist, euch geschrieben hat. Davon spricht er in allen seinen Briefen, *wenn auch manches in ihnen schwer zu verstehen ist. Dies verdrehen die Unwissenden und Ungefestigten*, wie sie das auch bei den anderen Schriften zu ihrem eigenen Verderben tun.« (2. Petr. 3,15)

Es ist zu vermuten, daß die sogenannten Pseudo-Clementinen da der wahren Heftigkeit zwischen Petrus und Paulus viel näher kommen. Unter dem Namen des 1. Clemens kursierte im frühen Christentum ein Apostelroman über die Missionsreisen des Petrus durch Palästina und Syrien (wo der Text offenbar auch entstanden ist), in dem Paulus, unter der kaum verhüllenden Maske des Simon Magus, scharf angegriffen wird. Hier, wie sonst nirgends, werden der Verdacht gegen die Gültigkeit seiner Vision, der Argwohn gegenüber seiner Einzelgängerei und der tiefgehende Zweifel an seiner Legitimation ausgesprochen. Wir zitieren aus diesem Dokument deshalb ausführlich, weil hier, außerhalb der Briefe, ein legendärer Klartext geredet wird, der das Verhältnis des Petrus zu Paulus mit größerer Authentizität wiedergibt als alle »Peter-und-Paul«-Beschönigungen.

Paulus im Verhör

»Du behauptest, es könne einer durch eine Vision mehr vernehmen, als durch eine reelle Einwirkung. Deswegen glaubst du über Jesus besser unterrichtet zu sein als ich [...]

Wer aber einer Vision oder einem Gesicht oder einem Traum glaubt, hat keine Sicherheit und weiß nicht, wem er glaubt. Denn es kann ja wohl ein böser Dämon oder ein täuschender Geist vorspiegeln, was nicht ist, und wenn er fragt, wer der Erschienene sei« – wie Paulus in der Damaskuserscheinung gefragt hatte – »kann er ihm sagen, was er will.« Und die fleischlose Gestalt Gottes oder seines Sohnes könne das Auge des Sterblichen ohnehin nicht sehen, »weil sie im reinsten Lichte glänzt«.

Dann belehrt Petrus seinen Widersacher darüber, wie eine wirklich göttliche Offenbarung vor sich gehe: »So wurde auch mir vom Vater der Sohn geoffenbaret, daher weiß ich, welche Bedeutung die Offenbarung hat, aus eigener Erfahrung. Denn sobald der Herr mich fragte, stieg es mir auf in meinem Herzen, und ich weiß selbst nicht, wie mir geschah, denn ich sagte: du bist der Sohn des lebendigen Gottes. Der, welcher mich deshalb selig pries, sagte es mir erst, daß es der Vater war, der mir dies geoffenbaret hatte. Seitdem sah ich ein, was Offenbarung sei, ohne äußern Unterricht, ohne Visionen und Träume etwas inne werden [...] Von außen aber durch Visionen und Träume Mitteilungen zu erhalten, ist nicht der Charakter der Offenbarung, sondern ein Beweis des göttlichen Zorns...«

Und dann geht dieser Petrus zum Generalangriff auf diese Vision vor, und daß es sich dabei um niemanden als um Paulus handelt, ergibt sich daraus, wie heftig die abfälligen Passagen aus dem Galaterbrief apostrophiert werden: »Wenn nun aber auch dir unser Jesus erschien, sich dir zu erkennen gab und mit dir redete, so hat er, gleichsam zürnend gegen einen Widersacher, eben deswegen nur durch Gesicht und Träume und durch äußere Offenbarungen mit dir gesprochen. Kann aber einer durch eine Vision zur Befähigung fürs Lehramt unterrichtet werden? [...] Wie kann er denn dir erschienen sein, da du gar nicht übereinstimmend mit seiner Lehre denkst? Bist du wirklich, wenn auch nur eine Stunde, durch Umgang und Unterricht zum Apostel gebildet worden, so verkündige seine Reden, erkläre, was er sagte und tat, liebe seine Apostel und streite nicht mit mir, der ich mit ihm zusammen war, denn mir, einem *festen Felsen*, dem Grundpfeiler der Kirche, hast du dich als Widersacher entgegengestellt. Wärest du nicht ein Widersacher, du hättest mich nicht verleumdet und meine Predigt geschmäht, so daß man mir nicht glaubt, was ich selbst vom Herrn, als ich bei ihm war, gehört habe, wie wenn ich schuldig wäre, da ich doch gepriesen zu werden verdiene. Ja vielmehr, wenn du mich schuldig nennst (Gal. 2,11), so klagst du Gott an, der mir Christus offenbart hat, du greifst den an, der mich wegen dieser Offenbarung selig pries. Willst du in der Tat und Wahrheit ein Mitarbeiter an der Sache der Wahrheit werden, so lerne zuvor von uns, wie wir von jenen gelernt haben, und wenn du ein Schüler der Wahrheit geworden bist, werde dann unser Mitarbeiter.«

Ein verirrter Scharfmacher, ein Verwirrung stiftender Ketzer, der sich so etwas hat einfallen lassen? Dem hat schon der eigentliche Begründer der paulinischen Forschung, Ferdinand Christian Baur, vor 150 Jahren widersprochen: »Daß wir hierin nicht etwa bloß eine extrem häretische Stimme der späteren Zeit vernehmen, bezeugen uns die Briefe des Apostels selbst, in welchen sich uns schon dieselbe Ansicht über ihn zu erkennen gibt.«

Erst aus solchen Stimmen ergibt sich die ganze Schärfe des Konflikts, in dem Paulus sich auf dem Höhepunkt seiner Mission befand. Und wenn solche Opponenten ihm auch jegliche Legitimation absprechen, so legitimieren sie mit ihrer frommen Feindseligkeit doch eins: seinen alleräußersten Zorn.

26.
Der Ausbruch des Narren
oder: Zwischen Rhetorik
und Raserei

> LEAR: Nennst du mich Narr, Junge?
> NARR: Alle deine andern Titel hast du
> weggeschenkt, mit diesem bist du
> geboren.
>
> William Shakespeare

»Ich sage noch einmal: niemand halte mich für töricht; wenn aber doch, so laßt euch meine Torheit gefallen, damit auch ich mich ein wenig rühme. Was ich jetzt sage, das ist nicht im Sinn des Herrn geredet, sondern in Torheit, weil wir nun einmal ins Rühmen gekommen sind. Da viele sich nach menschlicher Weise rühmen, will ich mich auch rühmen. Denn ihr ertragt gerne die Narren, ihr, die ihr klug seid! Ihr ertragt es, wenn euch jemand zu Sklaven macht, wenn euch jemand ausbeutet, wenn euch jemand einfängt, wenn euch jemand ins Gesicht schlägt. Zu meiner Schande muß ich sagen, dazu waren wir freilich zu schwach!

Womit aber einer prahlt – ich rede in Torheit –, damit kann ich auch prahlen. Sie sind Hebräer – ich auch! Sie sind Israeliten – ich auch! Sie sind Abrahams Kinder – ich auch! Sie sind Diener Christi – ich rede töricht: ich bin's weit mehr. Ich habe mehr gearbeitet, ich bin öfter gefangen gewesen, ich habe mehr Schläge erlitten, ich bin oft in Todesnöten gewesen. Fünfmal habe ich von den Juden vierzig Geißelhiebe weniger einen erhalten; dreimal bin ich mit Stöcken geschlagen und einmal gesteinigt worden; dreimal habe ich Schiffbruch erlitten, einen Tag und eine Nacht trieb ich auf hoher See. Ich habe weite Strecken zurückgelegt, ich bin in Gefahr gewesen durch Flüsse, in Gefahr unter Räubern, in Gefahr unter Juden, in Gefahr unter Heiden, in Gefahr in Städten, in

Gefahr in Wüsten, in Gefahr auf dem Meer, in Gefahr unter falschen Brüdern; in Mühe und Arbeit, in viel Wachen, in Hunger und Durst, in viel Fasten, in Frost und Blöße; und außer allem andern noch das, was täglich auf mich einstürmt, und die Sorge für alle Gemeinden. Wer ist schwach, und ich werde nicht schwach? Wer kommt zu Fall, und ich brenne nicht?

Wenn ich mich also rühmen will, will ich mich meiner Schwachheit rühmen. Gott, der Vater des Herrn Jesus, der gelobt sei in Ewigkeit, weiß, daß ich nicht lüge. In Damaskus bewachte der Statthalter des Königs Aretas die Stadt der Damaszener und wollte mich gefangennehmen, aber ich wurde in einem Korb durch ein Fenster die Mauer hinuntergelassen und entrann seinen Händen.

Ihr wollt ja, daß ich mich rühme. Wenn es auch nichts nützt, so will ich doch von Erscheinungen und Offenbarungen sprechen, die der Herr gibt. Ich kenne einen Menschen in Christus; es war vor vierzehn Jahren – ist er im Leib gewesen? ich weiß es nicht; oder ist er außer dem Leib gewesen? ich weiß es auch nicht; Gott weiß es –, da wurde er entrückt bis in den dritten Himmel. Und ich kenne diesen Menschen – ob er im Leib oder außer dem Leib gewesen ist, weiß ich nicht; Gott weiß es –, der wurde entrückt in das Paradies und hörte unaussprechliche Worte, die kein Mensch sagen kann. Dieses Menschen will ich mich rühmen; meiner selbst will ich mich nicht rühmen, nur meiner Schwachheit. Wenn ich mich dennoch rühmen wollte, wäre ich nicht töricht; denn ich würde die Wahrheit sagen. Ich will aber darauf verzichten, damit nicht jemand höher von mir denkt, als er an mir sieht oder von mir hört. Und damit ich mich wegen der hohen Offenbarungen nicht überhebe, ist mir ein Pfahl ins Fleisch gegeben, nämlich der Engel des Satans, der mich mit Fäusten schlagen soll, damit ich mich nicht überhebe. Seinetwegen habe ich dreimal zum Herrn gefleht, daß er von mir ablassen möge. Aber er hat zu mir gesagt: Laß dir an meiner Gnade genügen; denn meine Kraft ist in den Schwachen mächtig.

Darum will ich mich am allerliebsten meiner Schwachheit rühmen, damit die Kraft Christi in mir wohnt. Darum bin ich guten Mutes in Schwachheit, in Mißhandlungen, in Nöten, in Verfolgungen und Ängsten, um Christi willen; denn wenn ich schwach bin, dann bin ich stark.

Ich bin ein Narr geworden! Dazu habt ihr mich gezwungen. Denn ich sollte von euch gelobt werden, da ich doch nicht weniger bin als die Superapostel, obwohl ich nichts bin . . .« (2. Kor. 11,16-12,1)

27.
Aufruhr in Ephesus
oder: Artemis und Maria

> Jungfrau, Mutter, Königin,
> Göttin, bleibe gnädig!
> Goethe, Faust II

Der Devotionalienhandel protestiert

Auflösungserscheinungen in Korinth, Schwierigkeiten in Philippi, Wankelmut und Widerstand in Galatien – und nun offener Tumult in Ephesus, Aufruhr an der paulinischen Operationsbasis. Es hätte uns auch gewundert.

Denn wenn es an allen Orten, wo der Apostel missioniert, rumort, wie dann nicht auch da, wo er es am längsten aushält, wie dann nicht auch in der ephesinischen Einwohnerschaft? Wie dann nicht auch in dieser glanzvollen, reichen, marmornen Großstadt an der kleinasiatischen Ägäisküste, in dieser Metropole, die an Ausdehnung, Handelsbedeutung und Konfliktpotential dem wirbeligen Korinth doch kaum nachstand. Hier sollte Paulus zweieinhalb Jahre lang gepredigt, sein Wort vom Kreuz verkündet, Boten ausgesandt und Boten empfangen haben, ohne daß es die Einsprüche »Torheit« und »Ärgernis«, ohne daß es Verstörung und Proteste gegeben hätte? Aber es sind gar nicht »die aus der Beschneidung«, die ihn heimsuchen, es sind nicht die superseligen Gnostiker, die seine präzise Predigt weglallen. Zu berichten ist von einer ganz anderen Art von Unruhe, von einer stürmischen Protestaktion des lokalen Devotionalienhandels. Jedenfalls stellt die Apostelgeschichte es so dar: »Um diese Zeit kam es zu einem großen Aufruhr wegen der neuen Lehre. Denn ein Goldschmied mit Namen Demetrius machte silberne Tempel der Artemis und verschaffte den Handwerkern nicht geringen Gewinn. Diese und ihre Arbeiter versammelte er und sprach: Liebe Männer, ihr wißt, daß wir großen Gewinn von diesem Gewerbe haben; und ihr seht und hört, daß nicht nur in Ephesus, sondern auch fast in der ganzen Provinz Asien dieser Paulus viele Leute abspenstig macht und sie überredet, wenn er behauptet: Was mit Händen gemacht ist, das sind keine Götter. Aber nicht nur unser Gewerbe droht in Verruf zu geraten, sondern auch der Tempel der großen Göttin Artemis wird mißachtet werden, und sogar ihre göttliche Majestät wird untergehen, der doch die ganze Provinz Asien und der Erdkreis Verehrung erweist...« (Apg. 19,23-27)

»Als sie das hörten, wurden sie wütend und schrien: Groß ist die Artemis der Epheser! Und die ganze Stadt geriet in Aufruhr; sie stürmten alle zum Theater und ergriffen Gajus und Aristarch aus Mazedonien, die Gefährten des Paulus. Als Paulus aber unter das Volk gehen wollte, ließen es die Jünger nicht zu. Auch einige angesehene Männer aus der Provinz Asien, die ihm freundlich gesinnt waren, sandten zu ihm und ermahnten ihn, sich nicht zum Theater zu begeben. Dort schrien die einen dies, die andern das, denn die Versammlung war in völliger Verwirrung, und die meisten wußten nicht, warum sie zusammengekommen waren.« (Apg. 19,28-32)

Es scheint aber, daß vor allem Lukas die Übersicht und Paulus nebst Begleitern ganz aus den Augen verloren hat; er führt jedenfalls seine Geschichte mit neuem Personal weiter: »Einige aus der Menge unterrichteten den Alexander, den die Juden vorschickten, Alexander aber winkte mit der Hand und wollte vor dem Volk eine Verteidigungsrede halten. Als sie aber merkten, daß er ein Jude war, schrie alles wie aus einem Munde fast zwei Stunden lang: Groß ist die Artemis der Epheser! Danach beruhigte der Kanzler das Volk und sprach: Ihr Männer von Ephesus, wo gibt es denn einen Menschen, der nicht weiß, daß die Stadt Ephesus die Tempelhüterin der großen Artemis und ihres vom Himmel gefallenen Bildes ist? Weil das nun unbestritten ist, sollt ihr euch ruhig verhalten und nichts Unbedachtes tun...« (Apg. 19,33-36) Und mit weiteren warnenden, auch abwiegelnden Worten gelingt es dem Kanzler dann, die Menge zu zerstreuen.

Groß ist die Artemis der Epheser! Daß das nicht bloß Emphase und Redensart gewesen ist, kann man erkennen, wenn man heutzutage im Museum zu Ephesus die erhaltenen Statuen der Göttin sieht. Da ist eine, die mit einer Höhe von fast drei Metern dem Ruf der Menge ohne weiteres recht gibt. Da ist aber eine andere, »die schöne Artemis«, die zwar zierlicher ist, aber dem Nimbus der Größe durch eine tolle Überfrachtung mit Symbolen der Sinnlichkeit gerecht wird: Marmor als reife Frucht, der Mensch als Schwellkörper, ein Fruchtbarkeitsgehänge von monströser Pracht. Ein Prospekt aus unseren Tagen erläutert die prallen Rundungen zwischen den vorgestreckten Armen so: »Im unteren Teil ihres Brustkorbes sind vierreihige ovale Gebilde zu sehen. Anfangs glaubte man, daß es sich hierbei um ihre zahlreichen Brüste handeln würde, und später nahm man an, daß es nur irgendwelche Eier seien. Heute vermutet man, daß diese Gebilde die Stierhoden darstellen, die einst ihr zu Ehren geopfert wurden. So unterschiedlich diese Deutungen auch sein mögen, sie symbolisieren zweifellos die Fruchtbarkeit der Göttin. Obgleich die Artemis als Jungfrau galt, so war sie doch auch gleichzeitig die Beschützerin der Schwangeren.«

Und man hat ja nicht nur die großen Statuen gefunden, sondern viele andere Zeugnisse des Artemiskultes. Zwar keine silbernen Tempelrepliken, aber doch Tonfigürchen der Göttin, Verehrungsnippes, Anbetungszierrat, religiösen Puppenkram. Selbst wenn dieser eine Vorfall der Apostelgeschichte – weil er so merkwürdig changiert – bloß Legende ist oder aus mehreren Devotionalien-Demos zusammengefügt sein sollte, so wird sich dergleichen doch immer wieder ereignet haben in Ephesus. So nämlich spielt sich Religion ab, wenn sie der individuellen Besitzgier und Souvenirlust, wenn sie der Kunstfertigkeit der Handwerker in die Fänge gerät. So schrill, so kitschig, so silbrig, so tönern, so zierlich leicht zum Nachhausenehmen.

Und natürlich hat Paulus sich da eingemischt, natürlich war ihm dieser Andenkenhandel ein Greuel, natürlich hat er sich mit den Händlern angelegt. Nie und nimmer konnte er zweieinhalb Jahre durch die Straßen von Ephesus gegangen sein, noch dazu in jener aufbrandenden Erregung, die die Briefe verraten, ohne aus der Haut zu fahren. Diese Demetriusse konnte er nicht auf Dauer passieren, ohne daß etwas passierte, und nichts liegt näher als die Vorstellung, daß er ihnen sogar die Tische mit dem Silberzeug umgekippt, eine Tempelzerstörung en miniature betrieben hätte.

Freilich: Mag Paulus den Schmieden für einen Augenblick das Handwerk gelegt, den Händlern das Versilbern der Gottheit gestört haben – die Artemis wird ihm diese Aktion heimzahlen, sie wird, wenig später, zu einem gigantischen Gegenfeldzug gegen diesen Prediger des Wortes, diesen Verkünder des Kreuzes übergehen und dem Wirken des Apostels seine größte und nachhaltigste Niederlage bereiten. Denn Göttinnen, sicherer als der Messias, stehen wieder auf. Sie kennen vielleicht die Rache nicht, aber sie sind Meisterinnen der Renaissance. Sie haben ihren Sitz in den Hirnen der Männer, kraft ihrer doppelten Unerreichbarkeit: als Jungfrau und als Gottheit. Und eines Tages lebt die Artemis von Ephesus wieder auf und heißt Jungfrau Maria, Gottesgebärerin und gar: Muttergottes. Wenige hundert Jahre nach dem Vorfall mit Paulus und Demetrius wird das Christentum den Artemiskult als Marienverehrung neu definieren und dekretieren.

Nicht ohne grandiose geographische Pointe. Die heißt: Ephesus. Denn es geschieht nirgendwo anders als hier, daß, auf einem Konzil im Jahre 431, Maria, die Mutter Jesu, zur theotokos, zur Gottesgebärerin, erklärt und verklärt wird. So wie die Artemis aus vielen orientalischen Gottheiten der noch älteren Religionen herausgewachsen war, so vermacht sie jetzt der christlichen Maria zwei ihrer wichtigsten Charakteristika: die Jungfräulichkeit und die Mütterlichkeit. Selbst noch die strotzenden Rundungen der orientalischen Artemis tauchen in vielen Mariendarstellungen auf: als die prallen Brüste der madonna lactans, der stillenden Wöchnerin. Das Hinzutreten einer Frau zur Trinität hat der Tiefenpsychologe C. G. Jung so gedeutet: »Die Gleichberechtigung verlangt aber ihre metaphysische Verankerung in der Gestalt einer ›göttlichen‹ Frau, der Braut Christi ... Das Weibliche verlangt eine ebenso personhafte Verankerung wie das Männliche.« Und erst die Vierzahl einer Gottheit – Gott, Sohn, Heiliger Geist, Maria – entspreche dem Urtrieb der menschlichen Seele. Nur kann wohl niemand behaupten wollen, daß dies auch noch das geringste mit Monotheismus zu tun hat.

Als das Konzil in Ephesus zusammentrat (oder vielmehr: in eine tumultuarische Auseinandersetzung geriet), konnte es sich schon in einer Marienkirche versammeln, die auf den Fundamenten und mit den Resten eines Museion, einer Art Ausbildungsstätte für Ärzte und Priester, erbaut war. Denn längst hatte hier die Marienverehrung den Kult der alten Göttin abgelöst, gefördert durch die Angaben des Johannesevangeliums, daß Johannes nach der Kreuzigung, auf Geheiß Jesu, Maria zu sich genommen habe; des näheren ortsbestimmt durch die Legende, Johannes habe daraufhin Ephesus als Zuflucht und Aufenthalt gewählt. Dem Touristen heute wird bei Ephesus auch ein Sterbehaus der Maria gezeigt, Reste einer alten Kirche, die im vergangenen Jahrhundert »entdeckt« worden waren, als man nach den Angaben der Visionärin Katharina Emmerich (die durch Clemens von Brentano überliefert sind) in der Umgebung des antiken Ortes ein Marienhaus zu suchen begann.

Der in Ephesus sanktionierte Marienkult ist gewissermaßen die letzte Hand, die der alte Orient an das neue Christentum legt. Der Chor »Groß ist die Artemis der Epheser!« verschafft sich ein spätes Recht als christliches Dogma, das auf dem Vatikanum II solche Formulierungen hervorbringen wird: »Da sie [Maria] zuinnerst in die Heilsgeschichte eingegangen ist, vereinigt sie gewissermaßen die größten Glaubensgeheimnisse in sich und strahlt sie wieder. Daher ruft ihre Verkündigung und Verehrung die Gläubigen hin zu ihrem Sohn.«

Was an Gewaltsamkeit und Wirrnis bei dieser Artemis-(Isis-Kybele-)Nachfolge entstand, zeigt sich allein schon an den vielen Bezeichnungen, die der Maria im Laufe der Jahrhunderte zugesprochen worden sind: Sie ist Jungfrau *und* Mutter, sie ist auch zugleich Mutter *und* Braut, sie ist der Inbegriff der Kirche *und* die neue Eva, die nicht, wie die alte, zum Tode, sondern zum Leben führt. (Auch darin wieder scheint das Modell der alten Fruchtbarkeitsgöttin durch.) Aber was muß, um dieser seltsamen Verehrung willen, nun alles an den Evangelien herumgedeutet werden, zumal an der abweisenden Art, mit der Jesus nach fast allen synoptischen Zeugnissen seine Mutter selbst behandelt hat. Auch ganz konkrete Angaben müssen nun weginterpretiert, ins Hanebüchene umgedeutet werden. Wenn von den Brüdern und Schwestern Jesu die Rede ist, so werden die nun zu Stiefgeschwistern, zu Kindern Josefs aus einer früheren Ehe oder, nach irgendeinem angeblichen jüdischen Sprachgebrauch, zu fernen Vettern und Verwandten erklärt. Denn: Maria soll nicht nur Jesus als Jungfrau empfangen und unverletzt geboren, sie soll ihre Virginität auch zeitlebens bewahrt haben. Katholische Theologie umschreibt solche Interpretationen gern mit Sätzen wie: »Erst als man sein Auge gleichsam an den Glanz der Christusgestalt gewöhnt hatte, suchte man auch die Konturen der Mariengestalt näher herauszuarbeiten.«

Dabei stimmt allenfalls das Gegenteil: Der Marienkult, im Sinn eines christlichen Dogmas, entstand dadurch, daß die Christusgestalt nicht glanzvoller, sondern immer problematischer wurde. Die Fragen nach dem Wesen des Messias nahmen, als seine Wiederkunft ausblieb, immer dringlichere, immer spekulativere Formen an: War er Gott oder Mensch, war er Gottessohn oder Menschensohn, hatte er wirklich leibhaftig auf der Erde gelebt und gelitten, oder existierte er, als göttliches Wesen, nur in einem irdischen Scheinleib? Zu schlüssigen Antworten haben diese Fragen nie geführt, wohl zu einem Dickicht von Kompromißformeln, vor allem aber, ein halbes Jahrtausend lang, zu Machtkämpfen zwischen Rom, Konstantinopel und Alexandrien, schließlich sogar zum Zerbrechen des Reiches und der Kirche. Ausgangspunkt aber aller Diskussionen über Jesus war: Wie wurde er gezeugt, und wer hat ihn geboren? Wenn er der Sohn Gottes war, was war dann seine Mutter? Wie soll man, wie muß man die Frau nennen, die ein göttliches Wesen zur Welt bringt?

Ein tumultuarisches Konzil

Paulus selbst hatte solche Fragen noch aufs beiläufigste, nüchternste mehr übergangen als behandelt: »Da sandte Gott seinen Sohn, geboren von einer Frau . . .« Sachlich urteilte auch Ignatius von Antiochien um das Jahr 100: »Jesus Christus, der aus Maria war, ist wahrhaft geboren.« Aber früh schon hatte sich in der Theologenschule von Alexandrien (wo noch der Isis-Kult als spiritueller Horizont sich emporwölbte und die christlichen Patriarchen gern als neue Pharaonen auftraten) die Auffassung gebildet, Christus sei, ganz und gar, göttliches Wesen und seine Mutter daher als eine »Gottesgebärerin« zu verehren. Der Ausdruck theotokos erwies sich als suggestiv; er entsprach nicht nur der Verehrungshysterie der Massen, sondern drang auch in den Sprachgebrauch der römischen Kirche ein. Und im Spannungsdreieck Rom – Konstantinopel – Alexandria wurde er alsbald zum machtpolitischen Schlagwort, mit dem man Widersacher nicht bloß mundtot machte.

Der die »Gottesgebärerin« gleichsam auf seine Fahne geschrieben hatte, war Cyrill, Patriarch von Alexandrien, einer jener Männer, die in die Unheilsgeschichte der christlichen Kirche gehören. Judenpogrome, Mordaufträge zählten zu seiner kirchenväterlichen Praxis. Zum Konzil in Ephesus brachte er jene Trupps fanatisierter Mönche mit, die sich in den Straßen Alexandriens Routine im rechtgläubigen Prügeln erworben hatten. Er eröffnete das Konzil auf eigene Faust, ohne das Eintreffen der Delegation aus Konstantinopel abzuwarten und erklärte deren Patriarchen, Nestorius, für abgesetzt.

Was hat das alles mit Paulus zu tun? Nun, er selbst ist es, der den entscheidenden Einspruch erhebt, in seinem Ephesus, im alten Hauptquartier seines Zorns, auf den Überresten seiner Christuspredigt. Denn in seinem Namen meldet sich Nestorius zu Wort, in seinem Namen sucht er die »Gottesgebärerin« als lästerlich darzustellen, in seinem Namen bäumt er sich auf gegen den neuen Artemiskult: »Hat denn Gott eine Mutter? Dann sind die heidnischen Hellenen nicht zu tadeln, wenn sie den Göttern Mütter geben. Dann ist Paulus ein Lügner, wenn er von Christi Gottheit sagt: ›ohne Vater, ohne Mutter, ohne Geschlecht‹. Maria hat nicht die Gottheit geboren, nicht das Geschöpf den Unerschaffenen, nicht gebar die Kreatur ihren Schöpfer, nicht kann der, der vor allen Ewigkeiten geboren wurde, ein anderes Mal geboren werden. Welche Torheit zu sagen, daß der Gott Logos im Mutterleib erzeugt sei.« Wenige Jahre später wird Nestorius verbannt und in jene Wüste geschickt, die keine Redensart ist.

Seltsamerweise berufen auch die (vorläufigen) Sieger sich auf Paulus. Als die Mehrheit der Versammelten Nestorius als Konzilspräsiden für abgesetzt erklärt hatte, schrien die frommen Bischöfe: »Ein gerechtes Urteil! Heil dem neuen Paulus Coelestin! Heil dem neuen Paulus Cyrill! *Ein* Coelestin, *ein* Cyrill, *ein* Glaube der ganzen Welt!«

Als das Konzil zu Ende und Maria zur Gottesgebärerin erklärt war, gab es Tumulte der Ekstase in Ephesus, gegen die der Aufstand der Silberschmiede ein kleiner Krawall war. Die Menschen griffen sich alte Artemisfiguren und tanzten mit ihnen, zu Ehren der himmlischen Jungfrau begann eine höchst unjungfräuliche Orgie, und das seltsame Fest der Begegnung einer alten Göttin mit einer neuen Gottesmutter dauerte offenbar tagelang.

»Groß ist die Artemis der Epheser«, hatten sie einst dem Paulus in die Ohren geschrien. Und so schrien sie jetzt: »Der Feind der Heiligen Jungfrau ist besiegt! Ehre der großen erhabenen ruhmreichen Gottesmutter!«

Maria hatte Christus auf den Arm genommen.

»Ich sterbe täglich«

Der Aufenthalt in Ephesus mündet für Paulus in die ganz große Krise, in die alleräußerste Tortur, in eine Existenz am Rande des Todes. »Und wozu stehen wir denn jede Stunde in Gefahr?« fragt er die Korinther, um ihnen die Kraft der Auferstehungshoffnung deutlich zu machen. Ja, er begreift das Wunder seines Überlebens wohl schon als Zeichen solcher Auferstehung selbst: »So wahr ihr, liebe Brüder, mein Ruhm seid in Christus Jesus, unserm Herrn: Ich sterbe täglich.« (1. Kor. 15,30.31) Was ist es anders als Auferstehungsmission, die er jeden Tag aufs neue beginnt?

Und noch ein denkwürdiger Satz aus Ephesus, eine Äußerung, die höchst rätselhaft ist: »Hätte ich nur für dieses Leben mit wilden Tieren gekämpft, was würde es mir helfen?« Man kann sie aber auch so interpretieren: »Wenn ich nach Menschenweise in Ephesus mit Tieren kämpfte, was nützte es mir?« Oder ist gar der Bestienkampf nur bildlich gemeint und wäre so zu deuten: »In Ephesus habe ich mich in einen Kampf auf Leben und Tod eingelassen. Wenn ich keine Hoffnung hätte, hätte ich mir das ersparen können.« (1. Kor. 15,32) Die Bandbreite der Deutungen ist also groß: 1. Paulus hat in Ephesus mit wilden Tieren in die Arena gehen müssen; 2. er stellt es als denkbaren Fall dar, mit dieser römischen Strafe (damnatio ad bestias) belegt zu werden; 3. er meint das Ganze nur als sensationelle Metapher für dauernde Lebensgefahr.

Dieser letzteren Lesart wird hier widersprochen. Zur Ehre des Schriftstellers Paulus sei gesagt: So reißerische Klischees hatte er nicht nötig. Er mußte auch seine Qualen nicht unnütz inszenieren. Seine Worte waren konkret wie seine Wunden. Hätte er je so melodramatische Sätze geschrieben, wie jener Übersetzer sie ihm nachsagt, es gäbe längst nichts mehr von ihm zu übersetzen.

»Er aber blieb noch eine Weile in der Provinz Asien«, berichtet ominös undeutlich Lukas in bezug auf Ephesus (Apg. 19,22) Man vermutet, wohl zu Recht, daß Paulus eine seiner Kerkerstrafen absitzen mußte. Vielleicht aber war er auch bloß für etliche Wochen transportunfähig, zwischen Tigers Zahn und Auferstehung.

VI.
MITTLER ZWISCHEN DEN REICHEN

28.
Botschaft ins Ungewisse
oder: Der Römerbrief als Religionsentwurf und Schutzschrift

> Mein Rom? Nicht einmal Nero konnte sich diese Redewendung erlauben. Rom kann man nicht besitzen, man kann dazugehören, aber nicht einmal das, denn Rom ist wie das Gericht Kafkas, es läßt einen herein, wenn man kommt, und wieder hinaus, wenn man will, ohne Trauer und ohne Erinnerung.
>
> Federico Fellini

Der hochtrabende Titel

Vom Römerbrief des Paulus weiß man nur eins genau: daß er nicht an »die Römer« gerichtet ist, pros Romaious, ad Romanos, wie seine Überschrift geltend macht. Daß er sich nicht an die stolzen und alteingesessenen Bürger der Stadt wendet, die ihren Stolz aus der Alteingesessenheit in ebendieser Stadt bezogen. Daß er nicht jenen kühnen Männern galt, mit denen man die Vorstellung eines alten wahren Römers verbindet, jenen Männern, von denen der französische Aphoristiker Chamfort spricht: »Um den Namen Römer nicht zu entwürdigen, sagte Duclos, wenn er von den modernen Römern sprach: Ein Italiener aus Rom.«

Der Römerbrief ist nicht an einen einzigen jener Römer gerichtet, die im kaiserlichen Rom den Ton angeben, das Sagen haben, Befehle austeilen, Reichtum horten, Verrat üben, Intrigen spinnen, Selbstmord begehen aus Hochmut, politische Fäden ziehen oder Literatur treiben. Der Römerbrief ist, allein durch seinen Titel, einer der größten literarischen Bluffs der Weltgeschichte. Denn seinen Ruhm, retrospektiv, verdankt er nicht zuletzt der Verwegenheit des Klangs: *Brief an die Römer*.

Das Rom zur Zeit des Augustus, des Tiberius, des Caius, des Claudius und des Nero ist ein hochmodernes Ballungsgebiet, eine Millionenmetropole. Es ist die Regierungszentrale des Imperium Romanum, Amtssitz der ersten ganz und gar verwalteten Welt, Schaltpult einer globalen Kommunikation, Hochburg der Staatsgläubigkeit und Modellfall jeglichen Personenkults: Vom Caesar werden alle späteren Kaiser und Zaren ihren Titel beziehen. Rom – das ist der kalkulierte und kalkulierende Machtwille, der das Universum durchstrukturiert. Rom – das ist der Zivilisationsherd, an dem jegliche Zukunft ihr Süppchen kochen muß, wenn sie denn bestehen will. Rom – das ist die magische Berufungsinstanz, die Gefängnistüren aufsperrt und den Auspeitschern in die Arme fällt. Rom – das ist der Inbegriff einer ins Ungeheure gesteigerten Urbanität, und keine der Riesenstädte unserer Tage – nicht New York, nicht Kalkutta, nicht Singapur, nicht Los Angeles oder London – kommt dieser Ausstrahlungskraft, dieser Sogwirkung gleich. Denn Rom damals ist nicht nur die größte Stadt der Erde. Rom ist der Mittelpunkt der Welt.

Der Doppelcharakter als Dauerrätsel

Brief an die Römer. Mehr als alle anderen Paulus-Adressen wölbt sich also dieser Titel über dem Brief und seiner Geschichte. Ja, es sind Glanz und Klang und Weite des Anspruchs, aus dem sich Leuchtkraft und Dauerhaftigkeit der Botschaft herleiten, es ist das Firmament dieser höchst säkularen Hochstapelei, zu dem sich, über Jahrtausende hinweg, die Gedanken derer, die das zu lesen bekommen, aufschwingen dürfen. Es scheint, als wäre es zuerst und zuletzt diese Überschrift, die den Brief an die Römer dem Christentum zur Über-Schrift hat werden lassen.

Aber an wen schreibt Paulus wirklich, wenn er seinen Brief so verwegen adressiert? Man rätselt darüber, bis heute. Und weil man die Adresse nicht weiß, ist man sich über den Text nicht im klaren. Vor rund hundert Jahren hatte der Theologe Carl Holsten bekannt: »Wenn das Verständnis einer Schrift bedingt ist durch die Erkenntnis ihres Gedankeninhalts und Gedankenganges: so scheint auch die protestantische Kirche trotz dreihundertjähriger mühsamer und mühseliger Arbeit das Verständnis des Römerbriefes bis jetzt nicht gewonnen zu haben.« Diesem Befund stimmt für die Gegenwart Walter Schmithals zu: »Dies Urteil hat 100 Jahre später fast unverändert Gültigkeit.« Vielleicht aber wäre zu modifizieren: Wenn das Verständnis eines Briefes bedingt wird durch eine Vorstellung vom Adressaten, dann ist die Epistel an die Römer besonders rätselhaft.

Das Problem des Römerbriefs besteht zunächst einmal »in dem Doppelcharakter dieses Sendschreibens« (Feine), in der janusköpfigen Anrede. Es gibt, innerhalb des Briefes, zwei verschiedene Adressatengruppen, aber nicht so, als spräche Paulus zwei Parteien gemeinsam an, sondern als wende er sich jeweils und ausschließlich nur an die eine oder die andere. Er spricht hauptsächlich zu den »Heiden« und handelt doch weitgehend und sehr eingehend von jüdisch-gesetzlicher Problematik. Diese Epistel ist scheinbar an Laien in Glaubensfragen geschrieben und erörtert doch schwierigste exegetische Probleme, die noch über den Horizont der orthodoxen Judenchristen hinausgehen und das Pharisäertum betreffen, dem Paulus entstammt. Wem also gilt der Brief?

Zunächst einmal sieht es so aus, als könne es gar keine Zweifel geben, denn Paulus stellt sich gleich zu Beginn als Apostel für die Heidenvölker vor, »zu denen auch ihr gehört als Berufene Jesu Christi« (1,5). Und auch, wenn er sein Besuchsprogramm ankündigt, klingt es eindeutig: ». . . damit ich auch bei euch einige Frucht gewinne wie auch bei den übrigen Heidenvölkern« (1,13 f.). Im 11. Kapitel wird diese Adresse noch einmal verdeutlicht: »Zu euch aber, den Heiden, sage ich...« (11,13). Und wenn er denn, nach dem Apostedekret, Missionar unter den Heiden sein soll, versteht es sich von selbst, daß er sich die Römer als Heidenchristen denkt. Oder zumindest denken sollte.

Aber dann wieder gibt es Indizien, die auf eine ganz andere Leserschaft schließen lassen. Auf Leute, die mit dem jüdischen Gesetz vertraut sind, »denn ich rede mit Leuten, die das Gesetz kennen« (7,1). Das können nur (ehemalige) Juden sein, die wenige Zeilen später wieder angeredet sind: »Daher, meine Brüder, seid auch ihr dem Gesetz gestorben.« (7,4) »Wenn du dich aber einen Juden nennst«, heißt es an anderer Stelle (2,17) und auch damit sind Juden gemeint: »Abraham, unser Vorvater nach dem Fleisch.«

Man könnte sich mit der Doppeladresse, mit dem Januscharakter des Briefes beruhigen. Paulus wendet sich an ein ihm unbekanntes Auditorium, dessen Zusammensetzung er nicht kennt, von dem er aber vermuten muß, daß es zusammengesetzt, zusammengewürfelt ist. Selbst wenn Paulus die von der historischen Forschung erhobenen Zahlen nicht nennen konnte – daß es vier bis sieben Millionen Juden im ganzen Imperium und etwa 40 000 in Rom gegeben hat –, wird er sich das Kräfteverhältnis unter denen, die ihm allenfalls zuhören mochten, ungefähr haben ausrechnen können.

Aber wenn (zumal protestantische) Theologie eins nicht verträgt, so sind es Rätsel. Und so hat schon 1876 der Theologe Carl Weizsäcker die labyrinthische Situation mit Entschiedenheit durchmessen: »Der Römerbrief ist eine Streitschrift gegen judaistische Lehren nicht nur, sondern ohne Zweifel auch gegen judaistisches Treiben [...] Die beiden Tatsachen, daß die Gemeinde heidenchristlich ist einerseits, und daß Paulus für sie den Judaismus zu widerlegen hat anderseits, fordern die Annahme, daß judaistische Lehrer sich ihrer zu bemächtigen im Begriffe sind, und daß Paulus hie[r]von Nachricht erhalten hat [...] Paulus hatte längst Rom ins Auge gefaßt [...] Aber auch die Judaisten haben dieses Ziel als eine Beute für sich ins Auge gefaßt. Und sie sind ihm nicht nur zuvorgekommen, sie haben dort den Boden gleich so besetzt, daß sie ihm den Eingang abzuschneiden gedachten. Das ist die Lage.«

Das ist die Lage. Mit solch apodiktischem Fazit ziehen Theologen und Kirchenhistoriker sich besonders gern aus der Affäre, wenn die Lage absolut unklar ist. Ein neueres Beispiel solcher Basta-Entschiedenheit bietet Walter Schmithals in seiner Studie »Der Römerbrief als historisches Problem«: »Gehörten zur römischen Christenheit aber vor allem ehemalige Gottesfürchtige, so kann an dem Zweck des Römerbriefs kein Zweifel bestehen: Paulus will die Christenheit Roms als eine ekklesia konstituieren und damit für sein Evangelium gewinnen. Oder umgekehrt, aber mit demselben Sinn: Paulus möchte die Christen in Rom ganz für sein gesetzesfreies Verständnis des Evangeliums gewinnen und muß sie darum neben der Synagoge in einer ekklesia vereinigen [...] Diese Zweckbestimmung des Römerbriefes stellt keine Vermutung dar.«

Das kann nur einer als der Weisheit letzten Schluß behaupten, der aus der zweitausendjährigen Geschichte exegetischer Irrtümer nicht einmal soviel gelernt hat, daß die jeweils jüngsten Zweifelsfreiheiten höchstens fünfzig Jahre währen. Das kann wirklich nur jemand schreiben, dem nicht nur antike, sondern auch heutige Wirklichkeit völlig abhanden gekommen ist. Das kann nur einer feststellen, dem paulinische Predigt-Paradoxie so fern liegt, daß er ungeniert von ihrer »Zweckbestimmung« redet (als ob es sich beim Römerbrief um ein Planfeststellungsverfahren handelte).

Paulus selbst läßt ja sein Schreiben oszillieren, will möglichst keine falsche Anrede, keinen falschen Tonfall aufkommen lassen. In der angelsächsischen Korrespondenz heißt noch heute eine solche Anschrift: To whom it may concern. An alle, die es möglicherweise angeht. Und nicht einmal darüber scheint er sich ganz einig zu sein, ob es denn wirklich, auch im weitesten Sinn, schon Christen sind, die seinen Brief zu lesen bekommen werden. Wie könnte er sonst schreiben:

»Denn ich schäme mich des Evangeliums nicht; denn es ist die Kraft Gottes, die alle rettet, die daran glauben, die Juden zuerst und ebenso auch die Griechen. Denn darin wird die Gerechtigkeit offenbart, die vor Gott gilt, welche kommt aus Glauben in Glauben; wie geschrieben steht: Der Gerechte wird aus Glauben leben.« (Röm. 1,16.17)

Die langersehnte Reise

Allerdings hat Paulus einen konkreten Wunsch, den er am Anfang und gegen Ende ausführlich vorträgt, mit dem er sozusagen den ganzen langen Brief umrahmt, ja umklammert: Er möchte nach Rom kommen, und dieser Besuch liegt ihm schon lange am Herzen: »Zuerst danke ich meinem Gott durch Jesus Christus für euch alle, weil man von eurem Glauben in der ganzen Welt spricht. Denn Gott ist mein Zeuge [...], daß ich fast unablässig an euch denke, immer wenn ich bete, und daß ich zu ihm flehe, ob es mir einmal gelingen möchte, durch Gottes Willen zu euch zu kommen. Denn ich sehne mich danach, euch zu sehen, damit ich euch noch etwas an geistlicher Gabe mitteilen kann, um euch zu stärken, das heißt, damit ich mit euch zusammen getröstet werde durch euren und meinen Glauben, wie wir ihn gemeinsam haben. Ich will euch aber nicht verschweigen, liebe Brüder, daß ich mir oft vorgenommen habe, zu euch zu kommen – ich bin aber bisher daran gehindert worden –, damit ich auch unter euch Frucht schaffe, wie unter den übrigen Heiden. Denn Griechen und Nichtgriechen, Weisen und Nichtweisen bin ich verpflichtet; darum, so weit es an mir liegt, bin ich bereit, auch euch in Rom das Evangelium zu predigen.« (1,8-15)

Den Grund, warum er so oft verhindert gewesen sei, nennt er dann im 15. Kapitel des Briefes: »So habe ich von Jerusalem aus ringsumher bis nach Illyrien das Evangelium von Christus überall ausgerichtet. Dabei habe ich meine Ehre darein gesetzt, das Evangelium nur dort zu predigen, wo der Name Christi noch nicht bekannt war, damit ich nicht auf einen fremden Grund baue, sondern ich habe getan, wie geschrieben steht (Jesaja 52,15): Denen nichts von ihm verkündigt ist, die sollen sehen, und die nichts gehört haben, sollen verstehen [...] Da ich nun aber meine Aufgabe in diesen Ländern erfüllt habe und auch seit vielen Jahren das Verlangen habe, zu euch zu kommen, will ich euch besuchen wenn ich nach Spanien reisen werde. Denn ich hoffe, daß ich bei euch durchreisen und euch sehen kann und von euch dorthin geleitet werde, doch so, daß ich mich zuvor ein wenig an euch erquicke.« (15,19 f.)

Diese Sätze sind ein kleines Innehalten wert: Es tut wohl, Paulus wieder einmal anders reden zu hören als mit Schaum vor dem Mund, Galle im Blut, Bitterkeit in den Wörtern. Es ist, noch nach zwei Jahrtausenden, eine Erleichterung, ihn nicht immer nur giftend zu erleben, sondern auch gelassen und gefaßt und vor allem: pläneschmiedend. Man spürt, mit Paulus selbst, sich nahezu körperlich entspannt, wenn einem diese Zeilen begegnen. Da ist ein neuer Impetus am Werk, da spricht sich ein frischer Missionsgeist aus: Paulus macht einen neuen Lebensplan.

Zunächst einmal sei die Situation festgehalten: Der Apostel sitzt, zum drittenmal in seiner »Lauf«-bahn, in Korinth. Das allein ist ja schon eine positive Nachricht für sich. Er traut sich noch, man läßt ihn noch in seine alte Gemeinde. Über Schimpf und Schande hinweg, die sie ihm angetan haben, die er ihnen zugerufen hat, ergibt sich ein Brückenschlag, ein Wiedersehen, eine Kommunion der Solidarität. Die letzten bösen Wörter haben nicht das letzte Wort behalten, der Narr ist wieder Apostel, der Misanthrop wieder Missionar. Der Polemiker ist wieder als Organisator bei der Sache.

Denn: Paulus hat es nicht auf eine von wem auch immer zu gewährende Versöhnung ankommen lassen. Er hat ein ganz anderes Medium ins Spiel gebracht: das Geld, und einen völlig überraschenden Adressaten: die Jerusalemer. Er hat die

Korinther bei ihrer vielbeteuerten Freigebigkeit, bei ihrem pekuniären Stolz gepackt, und er konnte ihnen wieder einmal mit dem Vorbild der Philipper kommen, auf das sie ebenso allergisch wie übertrumpfend reagierten. So kann er nun in seinem Brief nach Rom nicht ohne Stolz vermelden: »Denn die Christen in Mazedonien und Achaia haben willig eine gemeinsame Gabe zusammengelegt für die Armen unter den Heiligen in Jerusalem. Sie habens willig getan und sind ja auch ihre Schuldner.« (15,26-27) Wie viele Jahre sind es her, seit Paulus, wie er im Galaterbrief erklärt, die Verpflichtung auf sich genommen hatte, »daß wir an die Armen denken sollten, worum ich mich eifrig bemüht habe«. (Gal. 2,10) Von Jerusalem aus wurde dies offenbar als eine Tempelsteuer nach jüdischem Muster angesehen, als eine selbstverständlich zu entrichtende Kontribution; von Paulus wohl eher als ein Akt gläubiger Solidarität; daher auch hier seine zweimalige Betonung der (Frei-)Willigkeit.

Er sammelt Geld für die Jünger in Jerusalem; aber will er denn nicht nach Rom? Er macht sich für die Kollekte stark, aber muß er sich denn nicht für die Spanienmission stärken? Er wendet den Blick nach Osten, aber visiert er denn nicht den Horizont im Westen an? In der Spannung auch solcher Fragen steht der Römerbrief. Paulus möchte sich mit der Romreise einen langgehegten Wunsch erfüllen, aber erfüllen muß und will er vorher seine Pflicht. Das fernere Missionsziel Spanien ist für ihn vorerst nur auf dem Umweg über Palästina zu erreichen. Er muß den Römern schreiben: »Wenn ich das nun ausgerichtet und ihnen den Ertrag der Sammlung gewissenhaft überbracht habe, will ich von euch aus nach Spanien ziehen. Ich weiß aber, daß ich, wenn ich zu euch komme, mit dem vollen Segen Christi kommen werde.« Und er muß ihnen auch schreiben, daß er nicht einmal sicher sein kann, ob das von ihm gesammelte Geld auch willkommen ist: »Ich ermahne euch aber, liebe Brüder, durch unsern Herrn Jesus Christus und durch die Liebe, die der Geist schenkt, daß ihr mir kämpfen helft durch eure Fürbitte vor

Gott, damit ich vor den Ungläubigen in Judäa errettet werde und mein Dienst, den ich für Jerusalem tue, den Heiligen willkommen ist, damit ich mit Freuden – so Gott will – zu euch komme und mich bei euch ausruhe. Der Gott des Friedens aber sei mit euch allen! Amen.« (Röm. 15,28-33)

Warum aber, wenn die Armen wirklich arm sind, sollte ihnen der »Dienst«, die Kollekte, nicht passen? Warum denn, wenn die Heiligen das Unterpfand solidarischer Liebe empfangen, sollten sie Bedenken haben, das freudig entgegenzunehmen? Warum, simpler gefragt, kann einer, der mit einem Geschenk kommt, nicht sicher sein, daß man es akzeptiert? (Paulus selbst zwar, dieser Ausbund an Heimlichkeit, könnte eine Antwort geben: Er hat die Korinther ja einiges an Bedenken und Irrationalität bei der Abwehr von Gutgemeintem gelehrt.) Es ist eine jener Fragen, die von der christlichen Theologie so sehr ins Salbadernde aufgelöst worden sind, daß man nicht einmal mehr versteht, warum überhaupt gefragt wird. Es ist eine jener Fragen, in der ein Jude heute dem einstigen Juden Paulus näher ist als die scharfsinnigste Exegese. Jacob Taubes hat die Sache auf den Punkt gebracht: »Meine Antwort ist eine sehr fundamentale, aber einfache. Das ist ein vergiftetes Geschäft. [...] Wer das Geld annimmt, nimmt das Geld an von Heidenchristen. Für die judenchristlichen Gemeinden der Diaspora waren die Paulus-Gemeinden der leibhaftige Teufel! Für die Judenchristen, nicht für die Juden. (Für die Juden war er ein trouble-maker.) Er hat den Frieden der Gemeinden und den Frieden in der Stadt gestört. Er hat die prekäre Balance von Juden gestört, die den Kaiserkult umgehen konnten, ohne daß ihnen dauernd Revolution nachgesagt wurde. [...] Sie wollten keinen trouble. Das versteht sich, ist notabel, so wie heute. Nichts hat sich geändert. Der Zentralrat genauso. Nur Ruhe, nicht auffallen und so weiter.«

Und dann schreibt Taubes: »Über Jahrhunderte haben Juden in Palästina gelebt, kamen, um zu beten und zu sterben. Es handelt sich darum, daß in Jerusalem eine betende

Gemeinde assembliert ist, die ökonomisch erhalten wird von den großen Zentren – also sagen wir: Russisch-Polen, Galizien, Deutschland, Ungarn. Es gehört zu den heiligen Pflichten der Gemeinde, eine Steuer abzuzweigen für die Jerusalemer Gemeinden. Noch heute kann man unterscheiden in den verschiedenen Assemblees (»Kolledin«, wie sie sich nennen): ungarische, russische, polnische Gruppen. Selbst wenn die Leute ausgewandert sind, bleiben sie noch in solchen Unterstützungsgemeinschaften. Und wenn dann, sagen wir, Leute kämen, die das unterstützen, aber nicht zu den Rechtgläubigen gehören, dann drehen die Rechtgläubigen den Hahn ab. Und dann hat man zwar jetzt eine Million Dollar, aber à la longue hat man das Kapital verspielt.« Das gilt noch bis heute: wenn Geld aus falscher Quelle kam, so war das vergiftet.

Rom via Jerusalem

Die Skrupel des Paulus in der Frage der Kollekte enthüllen die wahre Dimension seiner Zerstrittenheit mit der Urgemeinde. Mag er sich mit den Philippern versöhnt und mit den Korinthern verständigt haben: Der Konflikt mit Jerusalem ist krasser, prinzipieller denn je; deshalb, nur deshalb reist er ja dorthin; deshalb, nur deshalb bricht er nicht gleich nach Rom auf: in spätestens vier Wochen könnte er ja dort sein. Nur: er hätte vorerst absolut nichts zu bestellen, hätte keinen Rückhalt, keine Empfehlungen, keine Legitimation. Nein, er muß erst einmal den Rückzug antreten und dann einen neuen Anlauf nehmen; er muß die Distanz zu den Jerusalemern zu überwinden suchen, indem er die Entfernung überwindet; er muß mit den »Heiligen« wieder in ein Gespräch kommen, ehe er das mit den Römern führen kann.

Natürlich kann man das alles mit dem Mantel christlicher Nächstenliebe umkleiden, mit der Attrappe einer brüderlichen Gemeinschaft versehen und daraus ein Weihfestspiel des apostolischen Zeitalters machen. Aber selbst ein redlich gemeinter Liebesdienst hätte es schwer, wo soviel Mißtrauen herrscht, soviel Rivalität und Einmischung. Da sind ja in den letzten Jahren nicht nur schlimme Dinge geschehen; die lassen sich womöglich vergessen. Aber es sind böseste Worte gefallen: die »Überapostel«, die »Hunde«, die »Engel des Satans«, Wörter, vom Zorn eingegeben, aber vom Papyrus aufgesogen und festgeschrieben, Wörter, die schließlich bis heute nicht aus der Welt geschafft sind. Die Briefe selbst, knappe Kommunikationsmittel, mühevoll genug zugestellt und weitergeleitet, bekommen, binnen kurzer Zeit, eine andere Funktion: Sie werden zu Konserven des Furors, zu Dauerbrennern momentanen Mißmuts, sie halten die Ressentiments fest und erzeugen damit neue. Paulus hat, soweit wir wissen, nie direkt nach Jerusalem geschrieben, aber Abschriften seiner Episteln, Echos seiner Aufgeregtheit müssen dorthin gelangt sein: In der Zentrale jedenfalls, weiß man Bescheid.

Paulus hat nicht nur Bedenken, er hat auch Angst. Er fürchtet nicht nur die Abweisung des Geldes, er fürchtet sogar um sein Leben. Er bittet ja um den Beistand des Gebets, »damit ich vor den Ungläubigen in Judäa errettet werde«. Er tritt die Fahrt nach Jerusalem mit den schlimmsten Ahnungen an, nicht ohne Grund. Die Angst vor den Ungläubigen in Judäa hat ein Echo in der Apostelgeschichte, wo es im Blick auf diese Reise heißt: »Da ihm aber die Juden nachstellten, als er zu Schiff nach Syrien fahren wollte, beschloß er, durch Mazedonien zurückzukehren. Es zogen aber mit ihm Sopater aus Beröa, der Sohn des Pyrrhus, Aristarch und Sekundus aus Thessalonich, Gajus aus Derbe und Timotheus, sowie Tychikus und Trophimus aus der Provinz Asien.« (Apg. 20,3-5)

So sehr trägt diese Reise die Vorzeichen des Verderbens, daß die theologische Interpretation darin eine Nachbildung des Kreuzwegs Jesu gesehen hat: Paulus geht, wissentlich, seinem Ende entgegen, indem er, wie Jesus vor der Passion, sich auf den Weg nach Jerusalem macht. Der Rang dieses Unternehmens liegt geradezu in dem Vorwissen, daß es nicht gutgehen kann. Noch die Beiläufigkeiten des Lukas verraten die gespannte Situation: »Von dort (Mitylene) fuhren wir weiter und kamen am nächsten Tag auf die Höhe von Chios; am folgenden Tag fuhren wir nach Samos hinüber und kamen am nächsten Tag nach Milet. Denn Paulus hatte beschlossen, an Ephesus vorüberzufahren, um in der Provinz Asien keine Zeit zu verlieren; denn er beeilte sich, um am Pfingsttag in Jerusalem zu sein, wenn es ihm möglich wäre.« (Apg. 20,15-16) Soll doch wohl aber auch heißen: In Ephesus ist ihm das Pflaster zu heiß.

Denn in Milet hat er es auf einmal gar nicht mehr so eilig, sondern schickt von dort aus Boten nach Ephesus und läßt die Ältesten der Gemeinde zu sich kommen; ihnen nun hält er eine todesahnungsvolle große Rede. Aus dem historischen Wissen des Lukas wird der Paulus der Apostelgeschichte mit Prophetie versorgt: »Und nun siehe, als Gefangener des Heiligen Geistes reise ich nach Jerusalem, und ich weiß nicht, was mir dort begegnen wird, nur daß der Heilige Geist in allen Städten mir bezeugt, daß Gefangenschaft und Bedrängnisse auf mich warten. Aber nach meinem Leben frage ich nichts, wenn ich nur meinen Lauf vollende und den Dienst tue, der mir von dem Herrn Jesus anvertraut wurde, nämlich das Evangelium von der Gnade Gottes zu bezeugen. Und nun siehe, ich weiß, daß ihr mein Angesicht nicht mehr sehen werdet, ihr alle, zu denen ich hingekommen bin und das Reich gepredigt habe.« (Apg. 20,22-25)

So, immer ein wenig großspurig, redet Paulus in der Apostelgeschichte. In seinem Brief an die Römer klingt dies panische Gefühl ganz anders, dichter, stärker, schauriger und ergreifender. In einer eindringlichen Ausführung der Nöte und Bedrängnisse hat Paulus gleichsam zu erkunden versucht, wie weit seine Kraft des Glaubens noch reichen werde in den Gefahren, die ihn abermals erwarten. Er hatte die Adressaten, vor allem aber sich selbst gefragt: »Wer will uns scheiden von der Liebe Gottes? Trübsal oder Angst oder Verfolgung oder Hunger oder Entbehrung oder Gefahr oder Schwert? Wie geschrieben steht (Psalm 44,23): ›Um deinetwillen werden wir getötet den ganzen Tag; wir sind geachtet wie Schlachtschafe.‹ Aber in allem überwinden wir weit durch den, der uns geliebt hat. Denn ich bin gewiß, daß weder Tod noch Leben, weder Engel noch Mächte noch Gewalten, weder Gegenwärtiges noch Zukünftiges, weder Hohes noch Tiefes noch irgendein Geschöpf uns scheiden kann von der Liebe Gottes, die in Christus ist.« (Röm. 8,35-39) Da sei »eine ungeheure Angst, die diesem Jubelruf unterliegt«, hat Jacob Taubes herausgespürt.

Die wahren Adressaten dieses rätselhaften Briefes sitzen wohl nicht als arme Gläubige, Halbgläubige, Viertelgläubige, Nochnichtgläubige, als Judenchristen oder Christenjuden oder Pendler, als Gottesfürchtige oder Christusverstörte in den Slums der Megalopolis Rom, sondern sie sind die (spirituellen oder höchst konkreten) Wegelagerer auf der Reise, die Paulus antritt, sie sind die Heckenschützen aus all den Religionsnischen, denen er zu nahe getreten ist, sie sind jene Instanzen, denen er auf der denkwürdigen Heimkehr nach Jerusalem abermals in die Quere kommen wird. Der Römerbrief (und das eigentlich macht seinen Janus-Charakter aus) ist der Versuch einer verwegenen Vorwärtswendung (Richtung Westen, Rom, Spanien) und einer noch kühneren Rückkoppelung (Jerusalem, Jakobus, aber auch alte Judenschaft). Er ist der Versuch, mit einer einzigen Papyrusrolle alle einzuwickeln. Nichts gibt es, was für den Römerbrief sich nicht sagen ließe: Er ist Schutzschrift und Religionsentwurf, Kampfansage und Vermittlungsversuch, Glaubensbekenntnis und Revolutionslosung, Rundumverteidigung und Werbedossier. Auf der heiklen Reise nach Jerusalem ist er vor allem ein geniales Passepartout.

Jerusalem, die andere Adresse. Hier hat vor allem Günter Bornkamm mit umsichtiger Argumentation die Richtung gewiesen, wenn er schreibt, der Römerbrief kreise »genau um die Fragen und Intentionen der Theologie des Apostels, für die er bald danach sich in Jerusalem verantworten und einsetzen mußte und die zugleich das Fundament seiner künftigen Mission unter den Heiden bleiben und werden sollte.« Das sei kein zeitloser theologischer Traktat, sondern auch dieses Schreiben habe eine Unterströmung von Polemik. »Er hat sein Profil und seine Besonderheit nicht aus der speziellen Situation der römischen Gemeinde, die Paulus *vor* sich hat und anspricht, sondern aus der Geschichte, die er und seine Gemeinden *hinter* sich haben – in Ausrichtung jedoch auf die vor dem Apostel liegende bedeutsame Begegnung mit der Jerusalemer Urgemeinde und die Vollendung seines apostolischen Auftrags.«

Das Rätseln über die Adresse und den Anlaß des Römerbriefs hat seinen guten Grund: Die Ungewißheit rührt daher, daß er eben selbst ein Brief ins Ungewisse ist, auch in die Ungewißheit der Zukunft des Apostels. Aber es kann doch nicht bloß Zufall sein, daß diese Epistel vor allem und in extenso auf jene Frage antwortet, die dem glücklich doch noch nach Jerusalem gelangenden Paulus als erste von den dortigen »Brüdern« vorgelegt wird: »Bruder, du siehst, wieviele Tausende von Juden zum Glauben gekommen sind, und alle sind Eiferer für das Gesetz. Ihnen ist aber über dich berichtet worden, daß du alle Juden, die unter den Heiden wohnen, den Abfall von Mose lehrst und sagst, sie sollten ihre Kinder nicht beschneiden und auch nicht nach den jüdischen Ordnungen leben. Was nun?« (Apg. 21,20 f.)

Was nun? Was tun? Was bekennen? Was erkennen? Paulus hat sich für alle Fälle, für alle Fragen, gerüstet. Er antwortet mit dem Römerbrief.

29.
»Wir haben ein Gesetz!«
oder: Paulus als Outlaw?

> Wer nicht den Versuch gemacht hat, sein Leben unter das Gesetz Israels zu stellen, die Bräuche und Vorschriften der rabbinischen Tradition einzuhalten und zu praktizieren, der wird Paulus nie verstehen können. Christliche Theologen von Augustinus über Luther bis zu Karl Barth und weiter haben diese Situation nie erlebt.
>
> Schalom Ben-Chorin

Ein Gebirge aus Interpretation

Theologisch gesehen, religionsgeschichtlich, kirchenpolitisch ist der Römerbrief ein gewaltiges Gebirge, ein fürchterlich unwegsames Gipfelmassiv, in das sich Tausende und Abertausende unter Lebensgefahr hineingewagt haben, aus Abgründen, in denen mancher verschollen ist und viele andere mit Blessuren an Leib und Seele in keine Wirklichkeit mehr zurückgekehrt sind; ein Gelände aber auch aus Hängen mit beglückender Aussicht, auf denen sich Siedler niedergelassen haben, die dann eines Tages (oder über Nacht) weggerissen wurden von einem Erdrutsch, verschüttet von einer Lawine oder abgeschnitten in plötzlicher Enge; eine Bergwelt mit engen Canyons, in die sich nur einzelne hineingewagt haben, deren ekstatische Ausrufe plötzlich in Notschreie übergegangen sind; mit drohenden Steilwänden, deren Schroffheit jedes Ersteigen unmöglich macht; mit Flüßchen, die ein Weilchen lang schiffbar scheinen, um dann den Bootsmann ins Bodenlose zu stürzen. Aber das schrecklichste an diesem Wolkenkratzergebirge sind jene ausgeweideten und ausgebohrten Stellen, an denen man Gold gesucht (und auch gefunden) hat, Claims abgesteckt, Minen aufgespürt und rücksichtslos ausgebeutet. Da ist seit zwei Jahrtausenden ein mörderisches Gewimmel am Werk, ein beinah katastrophales Nebeneinander im Gang, eine kopfscheue Betriebsamkeit zu beobachten – da werden Wörter geklaubt wie Nuggets. Die größte Gefahr des Römerbriefs aber ist, daß er ein Zauberberg wird, aus dem man – wie in unserem Jahrhundert Karl Barth – ein Leben lang nicht mehr zurückfindet, nicht einmal heimkehren will. Es ist also, unter anderem, ein Gebot achtungsvoller Vorsicht, wenn er hier aus gebührendem Abstand, gleichsam nur ansatzweise, erkundet wird. Vielleicht lassen sich, inmitten der Zacken und Schründe, doch, wenn nicht Paßstraßen, einige Einstiege ausprobieren.

Christus – Ende des Gesetzes?

Wollte man den Inhalt des Römerbriefs auf eine einzige Aussage reduzieren, so fände man sie im vierten Vers des 10. Kapitels: »Denn Christus ist das Ende des Gesetzes; wer an ihn glaubt, der ist gerecht.« Man kann sie verstehen als den Sprengsatz, mit dem Paulus das Christentum aus dem Judentum herausbricht, mit allem Ach und Krach und Weh; es ist aber auch die schneidende Distanzierung gegenüber der Jerusalemer Christenschaft, die den Radikalismus des paulinischen Glaubensverständnisses nicht nachvollziehen können und im Begriff sind, eine unter vielen jüdischen Bewegungen zu bleiben, »wirkungslos, lebensunfähig, erstarrend und versteinernd« (Dobschütz). Und es ist nicht zuletzt auch ein Spiel mit dem Feuer: Denn wer, in einem so vom Gesetz bestimmten Gemeinwesen wie dem Imperium Romanum, vom Ende des Gesetzes spricht, setzt sich dem Odium der Anarchie aus. Der hehre Satz des Römerbriefs ist also in Wahrheit eine dreifache Provokation: gegen die Juden, gegen die Judenchristen und gegen Rom.

Nehmen wir zunächst nur den äußerlichsten Aspekt: den Verdacht des Anarchismus. Viele Male (wie schon im Galaterbrief) redet Paulus im Römerbrief vom Gesetz und stellt es in Frage, sagt, daß es in die Sünde, ja zum Tode führe, daß es den Menschen in die Verderbnis statt zur Gerechtigkeit führe: Der Römerbrief ist unter anderem eine großangelegte Abrechnung, Auseinandersetzung mit dem Gesetz. Fast ausschließlich *meint* Paulus das jüdische Gesetz, die 613 Gebote der Tora, fast immer redet er von den Weisungen des Mose (denen ja auch Stephanus zum Opfer gefallen war) – aber kaum einmal wird das genau erklärt. Daß er fast nur vom Gesetz seiner Religion spricht, spricht er nur selten einmal aus. Wäre ein Code-Computer unserer Tage auf den subversiven Gebrauch des Wortes »Gesetz« programmiert, auf dessen Verdächtigung und Infragestellung, so würde er auf den Römerbrief vermutlich reagieren wie auf ein anarchistisches Manifest, ein terroristisches Kommunique. Und er hätte ihn nicht einmal mißverstanden.

Diese Sicht auf die mögliche Interpretation (wenn nicht Intention) des Römerbriefs hat wie niemand vorher Jacob Taubes eröffnet: »Ich möchte hier einmal die These aufstellen, daß der Gesetzesbegriff eine Kompromißformel war für das Imperium Romanum [...] Es gab eine Aura, eine allgemeine hellenistische Aura, eine Apotheose des Nomos. Die konnte man heidnisch singen, also griechisch-hellenistisch, man konnte sie jüdisch singen. Jeder verstand das seine unter dem Gesetz [...] So leicht ist das gar nicht, bei Paulus auseinanderzubuddeln, was er meint, wenn er ›Gesetz‹ sagt. Meint er die Tora, meint er das Weltgesetz, meint er das Naturgesetz? Es ist alles in allem. Aber das ist nicht Paulus' Fehler, das liegt an der Aura.«

Aber Taubes sieht den Apostel ausdrücklich abgehoben von der Universalität dieser Aura, sieht ihn als Ausbrecher aus einem griechisch-jüdisch-hellenistischen Konsens: »Paulus ist ein Fanatiker! Paulus ist ein Zelot, ein Judenzelot, und für den ist dieser Schritt ein ungeheuerlicher. Die seelischen Kosten, die er aufzuwenden hat, macht er nicht für irgendein Blabla in dieser großen Nomos-Liberalität. Er ist ganz illiberal [...] Sondern er ist jemand, der dasselbe ganz anders, nämlich mit einem Protest, mit einer Umwertung der Werte beantwortet: Nicht der Nomos, sondern der ans Kreuz geschlagene durch den Nomos ist der Imperator [...] Diese Umwertung stellt jüdisch-hellenistische Oberschicht-Theologie auf den Kopf, den ganzen Mischmasch des Hellenismus.«

Solchen politisch-provokatorischen Aplomb sieht der jüdische Gelehrte bereits in der Einleitung des Römerbriefs gegeben, in jenem Präskript, dem schon Calvin eine besonders eingehende Exegese gewidmet hat. Da schreibt Paulus: »Paulus, Knecht Jesu Christi, zum Apostel berufen, ausgesondert, das Evangelium Gottes zu predigen, das er im voraus durch seine Propheten in der Heiligen Schrift verheißen hat, nämlich das Evangelium von seinem Sohn Jesus Christus, unserm Herrn, der seiner irdischen Herkunft nach aus dem Geschlecht Davids stammt, der durch die Kraft des heiligen Geistes eingesetzt ist als Sohn Gottes in Macht aufgrund der Auferstehung von den Toten. Durch ihn haben wir Gnade und Apostelamt empfangen, um zur Ehre seines Namens den Gehorsam des Glaubens aufzurichten unter allen Heiden, zu denen auch ihr gehört, die ihr von Jesus Christus berufen seid.« (Röm. 1,1-6)

Schon von diesen Sätzen her (die der Schlüssel zum ganzen Brief seien) sieht Taubes den Römerbrief als eine politische Theologie, eine politische Kampfansage an den Cäsaren. Denn nirgendwo sonst finde sich bei Paulus eine solche Betonung der dynastisch-königlichen Abstammung Jesu, zum Beispiel mit dem Wort »eingesetzt« als einem Zeichen der Inthronisation. »Also handelt es sich um eine bewußte Betonung derjenigen Attribute, die imperatorisch sind, die königlich sind, die kaiserlich sind. Sie werden betont gegenüber der Gemeinde in Rom, wo der Imperator selber präsent ist [...] Deshalb ist das politische Ladung, allerhöchster Explosivstoff.«

Das ist eine kühne Vision: Paulus, den Imperator herausfordernd, den Cäsar direkt anvisierend, dem Theokraten die Stirn bietend, indem er Jesus Christus als einen gegen ihn inthronisierten göttlichen Herrscher bezeichnet. Denn gerade für den römischen Glauben war ja der irdische Machthaber auch der wahre Gott, nichts lag dieser Religion näher, als himmlische Herrlichkeit und weltliche Herrschaft in eins zu denken. Und wenn Paulus hier zum erstenmal in einem seiner Briefe von der irdischen Herkunft Jesu spricht, so trifft das in der Tat einen sehr römischen Glaubensnerv: Denn das In-die-Welt-Gesandtwerden als Heiland und Retter gehörte durchaus zu den Motiven cäsarischer Verehrung, wie ein Rundschreiben aus der Zeit des Augustus belegt: »Die göttliche Vorsehung, die unser gesamtes Leben durchwaltet, hat als höchsten Schmuck für das Leben den Augustus hervorgebracht [...] als den, den sie für uns und unsere Nachkommen als Heiland [Soter] gesandt hat [...] Die erste der mit ihm in der Welt erklungenen Botschaften aber ist die Kunde von der Geburt dieses Gottes.« Solche und ähnliche Texte sind dann die Kindheitsmuster der christlichen Überlieferung geworden.

Dennoch – eine Kampfansage an den Cäsar war der Römerbrief, war auch sein Präskript sicher nicht: vielleicht kann man sich Paulus so provokativ denken, aber doch so ziellos nicht. Eine so direkte politische Theologie vertrüge sich auch schlecht mit jener dezidierten Argumentation, die er zu Beginn des 13. Kapitels vorträgt (und die den Revolutionstheologen unserer Tage ein solcher Dorn im Auge ist): »Jedermann soll sich denen unterordnen, die die Regierungsgewalt ausüben. Denn es gibt keine staatliche Gewalt, die nicht von Gott kommt; die bestehenden Gewalten sind von Gott eingesetzt. Wer sich also der staatlichen Gewalt widersetzt, der widerstrebt der Anordnung Gottes [...] Darum ist es notwendig, sich unterzuordnen, nicht nur um der Strafe, sondern auch um des Gewissens willen. Deshalb zahlt ihr ja auch Steuer; denn sie sind Gottes Diener, indem sie diesen Auftrag wahrnehmen. So gebt nun jedem, was ihr schuldig seid: Steuer, dem Steuer zusteht; Zoll, dem Zoll zusteht; Achtung, dem Achtung gebührt; Ehre, dem Ehre gebührt.« (Röm. 13,1-2, 5-7) Mag dies auch weitgehend Taktik sein, so gilt doch: ein Taktiker war er immer noch eher als ein blinder Provokateur.

Nein, nicht als politischer Anführer erscheint uns Paulus in den Anfängen des Römerbriefes, sondern eher in der Gestalt eines alttestamentarischen Propheten, eines neuen Elias, eines Predigers der Umkehr und der Warnung. So kosmopolitische Unheilsrufe haben wir von ihm noch nie vernommen: »Denn Gottes Zorn offenbart sich vom Himmel her über alle Gottlosigkeit und Ungerechtigkeit der Menschen, die die Wahrheit durch ihre Ungerechtigkeit niederhalten. Denn was man von Gott erkennen kann, ist unter ihnen offenbar; Gott hat es ihnen offenbart. Denn Gottes unsichtbares Wesen, nämlich seine ewige Kraft und Gottheit, wird seit der Schöpfung der Welt an seinen Werken mit der Vernunft wahrgenommen, so daß sie keine Entschuldigung haben [. . .] Während sie sich für weise hielten, sind sie zu Narren geworden und haben die Herrlichkeit des unvergänglichen Gottes ausgetauscht gegen Bilder von vergänglichen Menschen und Vögeln und vierfüßigen und kriechenden Tieren.« (Röm. 1, 18 f.)

Aber wir erkennen in dem Bußprediger Paulus auch das Urbild jenes Missionars, den Lukas auf den Areopag zu Athen versetzt hat und der den Griechen ihre Götzenbilder auszureden versucht. Wir erkennen in der Rede von Gottes Zorn auch gegenüber den Heiden jene prinzipielle Wendung zum Guten, die da heißt: das ist auch euer Gott, ihr hättet ihn längst erkennen können: »Weißt du nicht, daß Gottes Güte dich zur Umkehr treibt?« (Röm. 2, 4b)

Doch Paulus predigt keinen x-beliebigen Gott, nicht einmal, wie auf dem Areopag, den unbekannten. Paulus predigt den Judengott, von dem auch die Heiden so viel wissen, daß er der Gott des Gesetzes ist, der Gott sehr kurioser, exklusiver, anstrengender, aufsehenerregender, an manchen Tagen zu skurriler Passivität verführender Gebote. Ein Gott, der jedoch bisher nur kraft dieser Gesetze zu erreichen und zu verehren war. Und da nun kommt Paulus mit seiner wahren Revolutionsverkündigung: Dieser Gott der Juden ist für alle da, denn er ist nicht der Gott eines einzelnen Volks, sondern der für alle Menschen. Provokatorischer noch: Er ist nicht der Gott der Frommen, sondern der für die Sünder, und das heißt nun erst recht: für alle.

»Denn vor Gott gilt kein Ansehen der Person. Alle, die ohne Gesetz gesündigt haben, die werden auch ohne Gesetz verloren gehen; und alle, die unter dem Gesetz gesündigt haben, die werden durchs Gesetz verurteilt werden. Denn vor Gott sind nicht die gerecht, die das Gesetz hören, sondern die werden von ihm für gerecht erklärt, die das Gesetz tun. Denn wenn Heiden, die das Gesetz nicht haben, doch von Natur tun, was das Gesetz fordert, so sind sie, obwohl sie das Gesetz nicht haben, sich selbst Gesetz.« (Röm. 2,11–14)

Aber die neue Situation durch Jesus Christus: »Denn es gibt hier keinen Unterschied: Alle haben gesündigt und die Herrlichkeit verloren, die Gott ihnen zugedacht hatte, und werden ohne Verdienst gerecht aus seiner Gnade durch die Erlösung, die durch Christus Jesus geschehen ist. Den hat Gott für den Glauben hingestellt in seinem Blut zum Erweis seiner Gerechtigkeit, indem er die Sünden vergibt, die früher, in der Zeit seiner Geduld, begangen wurden, um nun in dieser Zeit seine Gerechtigkeit zu erweisen, daß er selbst gerecht ist und den gerecht macht, der aus dem Glauben an Jesus lebt.« (Röm. 3,23–26)

Dies ist schon Gefahrenzone, jene Stelle des Römerbriefgebirges, wo es vor 470 Jahren zum gewaltigsten Vulkanausbruch gekommen ist, zu einer Explosion von Spiritualität, die auch die irdische Welt radikal verändert hat. Dies ist jener Alarmbereich, wo das Massiv auf einmal zerbarst, granitene Verkrustung beiseite schleuderte, dogmatische Brocken wegwütete und ganze kathedralenprächtige Quader zermalmte. Ein Aufflammen inneren Feuers gegen das erstarrte Äußere, Lavaglut wie eine Fontäne der Befreiung, ein Inferno katastrophalen Begreifens, ein seismisches »Aus der Tiefe rufe ich Herr zu dir!« Mag es heute mehr nach Besichtigungsgelände und Nebenkrater aussehen: Hier geschah dem Römerbrief seine größte Eruption: »Wo bleibt nun das Rühmen? Es ist ausgeschlossen. Durch welches Gesetz? Durch das Gesetz der Werke? Nein, durch das Gesetz des Glaubens. *Denn wir sind überzeugt, daß der Mensch gerecht wird, ohne die Werke des Gesetzes, allein durch den Glauben.*« (3,27-28) Das Ereignis trat ein, weil ein einzelner nach anderthalb Jahrtausenden diesen Text wieder einmal genau las und vor allem: peinlich genau nahm. Für Luther wurde er zum revolutionären Programm:

»So halten wir es nu /

Daß der Mensch gerecht werde /

Ohn des Gesetzes Werk /

Alleine durch den Glauben.«

Allein durch den Glauben: dieser kategorische Satz wird zum Losungswort der Reformation, diese Standarte weht den Glaubenskriegen des folgenden Jahrhunderts voran, dieses Allein ist das Schwert, mit dem nun die Alte Welt wie mit einem Streich zerteilt wird. Dieses Allein wird zum Inbegriff des von Luther neu entdeckten und erweckten, eines antikatholischen radikalen Paulinismus. Nur: dieses Allein findet sich bei Paulus gar nicht. Dieses absolute Entweder-Oder entspricht nicht seinem griechischen Text, auch dem lateinischen nicht, den Luther als Vorlage für seine Übersetzung benutzte: »Arbitramur enim iustificari hominem per fidem sine operibus legis.«

Man hat ihm diesen Allein-Gang (zu dem auch noch das solus Christus und das sola scriptura gehören) als Schwindel vorgeworfen. Luther – der Fälscher des Paulus, der Entsteller, der terrible simplificateur. Der Reformator hat sich alsbald in seinem »Sendbrief vom Dolmetschen« zu verteidigen versucht. Da schreibt er, und er sei in seinem urwüchsigen alten

Deutsch zitiert, in jenen Formulierungen, die entstanden sind, weil er dem Volk aufs Maul geschaut hat: »Also habe ich hier Roma. 3 fast wol gewist, das ym Lateinischen und krigischen [= griechischen] das Wort ›solum‹ nicht stehet, und hetten mich solchs die papisten nicht dürffen leren. War ists. Diese vier buchstaben sola stehen nicht drinnen, welche buchstaben die Eselsköpff ansehen, wie die kue ein new thor. Sehen aber nicht, das gleichwol die meinung des text ynn sich hat, und wo mans wil klar und gewaltiglich verteutschen, so gehoret es hinein, denn ich habe deutsch, nicht lateinisch noch krigisch reden wöllen, da ich teutsch zu reden ym dolmetzschen furgenommen hatte. Das ist aber die art unserer deutschen sprache, wenn sie ein rede begibt, von zweyen dingen, der man eins bekennet, und das andere verneinet, so braucht man des worts ›solum‹ [allein] neben dem wort ›nicht‹ oder ›kein‹. Als wenn man sagt: Der Baur bringt allein korn und kein geldt, Nein ich hab warlich ytzt nicht geldt, sondern allein korn. Ich hab allein gegessen und noch nicht getruncken. Hastu allein geschrieben und nicht überlesen? Und der gleichen unzelige weise yn teglichen brauch.«

Daß aber Luther so leidenschaftlich gegen die »Werkgerechtigkeit« angehen konnte und mit solcher furiosen Entschiedenheit auf den Glauben setzte, hängt mit der perfiden Praxis der Kirche seiner Zeit zusammen, die mit dem Ablaßhandel die Seligkeit käuflich gemacht hatte, die Sünden bezahlbar, den Himmel erschwinglich. »Wenn das Geld im Kasten klingt, die Seele in den Himmel springt«, so lautete einer der frech-frommen Sprüche, mit denen den kleinen, höllenfürchtigen Leuten das bißchen Ersparte aus der Tasche gezogen wurde: eine Perversion der guten Werke, der Liebestaten, auf die der Mensch, auch der frömmste, so schwer verzichten mag. Es zeigt sich nämlich an Luthers Protest auch, wie wenig die christliche Kirche in den anderthalb Jahrtausenden bis zur Reformation dieses paulinische Aufbegehren begriffen, beherzigt oder gar praktiziert hatte: Nie hatte sie ihre Sache wirklich und allein auf den Glauben gestellt, nie hatte sie sich auf die Rechtfertigung des Gottlosen, die Gnade für den Sünder verlassen, nie war ihr der gewaltige Offenbarungseid des Paulus geheuer gewesen, daß der Mensch nichts, aber auch nicht das geringste, von sich aus tun könne, um vor Gott »gerecht« zu werden; nie fand sie sich damit ab, daß der Apostel das Leistungsprinzip Frömmigkeit so kategorisch vernichtet oder zumindest verneint hatte, daß er die guten Werke auf die Müllkippe verbannt, die beflissene Demut als insgeheimen Hochmut enttarnt, die Hilfsbereitschaft als ein »Schaut-her-ich-bins« kenntlich gemacht und alles zusammen als die Unfähigkeit des Menschen gekennzeichnet hatte, sich bei Gott lieb Kind zu machen. Der bloße Glaube an Jesus als den Christus, an den Gekreuzigten als den Überwinder war dem jungen Christentum, schon in den Jahrzehnten nach Paulus, zu riskant, zu ungreifbar, zu unsicher; und schon früh hat man dagegengesteuert.

Ein nahezu sensationelles Beispiel dafür ist der Hebräerbrief: Er enthält, sicherlich im Geist des Paulus, eine gewaltige Apotheose des Glaubens (11 f.). Aber es heißt auch schon, in völliger Umkehrung des hier abgehandelten Römerbrief-Verses: »Laßt uns am Bekenntnis der Hoffnung festhalten und nicht wanken; denn treu ist der, der die Verheißung gegeben hat; und laßt uns aufeinander acht geben und uns anspornen zur Liebe *und zu guten Werken*.« (Hebr. 10,23-24)

Verstörend an der von Luther so zugespitzten Formel des Paulus ist aber noch etwas anderes: der Begriff »gerecht« und »Gerechtigkeit«. Wenn Christus der Erlöser ist, wenn der Glaube an ihn die Gnade bedeutet, was sollen dann noch die alttestamentarischen Rechtsbegriffe? Ernst von Dobschütz hat das Problem so beschrieben: »Paulus behielt auch als Christ bei, was er als Jude gelernt hatte, die juristischen Denkformen für die Religion. Seine Rechtfertigungslehre ist darum für uns heutige Menschen so schwer verständlich, weil sie die Gedanken des Evangeliums in einer aus dem rabbinischen Judentum stammenden Denkform darbietet.

Statt zu sagen: da im Evangelium die Gesetzesordnung, d. h. Anerkennung der Leistung des Menschen mit darauffolgender Belohnung, aufgehoben ist, so gibt es den Begriff der Rechtfertigung nicht mehr, sondern der Gedanke der von Gott frei dargebotenen Gnade [. . .] ist an die Stelle getreten, prägt Paulus die Formel einer Rechtfertigung nicht aus Werken des Gesetzes, sondern aus Glauben, und vergebens quält sich durch Jahrhunderte hindurch die Theologie ab, diese Formel richtig zu verstehen, während die Sache für jedes schlichte christliche Gemüt klar und eindeutig ist.«

Nur ist eben Paulus kein schlichtes christliches Gemüt, sondern ein jüdischer Exeget, für den die »Gerechtigkeit Gottes« oberste Formel, einziges Begreifen, äußerstes Heilverständnis darstellt. Diese dikaiosyne theou war über Jahrtausende durch das Gesetz eingeschrieben in das Leben des jüdischen Volkes; jetzt ist sie neu definiert und entgrenzt für »alle« durch die Ankunft des Messias und die Zukunft des mit seiner Auferstehung angebrochenen neuen Zeitalters; das eben bezeichnet Paulus mit seinem kühnen Satz: »Denn Christus ist das Ende des Gesetzes; wer an ihn glaubt, der ist gerecht.« (Röm. 10,4) Nur, daß auch die Härte, der Schnitt dieser deutschen Übersetzung »Ende« so eigentlich nicht gelten darf: Denn das griechische telos hat auch die Bedeutung »Ziel« und »Vollendung«, so daß die wahre Lesart des Satzes nicht lauten kann, Christus habe mit dem Gesetz Schluß gemacht, sondern so, daß das Gesetz auf Christus hinausgelaufen sei, immerzu auf ihn schon vorausgewiesen habe.

In diesem Sinne nämlich ist Paulus keineswegs gesetzesfeindlich. Unentwegt beruft er sich auf das Gesetz, das mit der »Schrift« identisch ist, indem er unentwegt daraus zitiert und seine Mission und Argumentation absichert. Manchmal kommt er seinen Adressaten mit ganzen Kanonaden von Psalmenzitaten: »Da ist keiner, der Gutes tut, auch nicht einer. (Psalm 14,1-3) Ihr Rachen ist ein offenes Grab; mit ihren Zungen betrügen sie. (Psalm 5,10) Otterngift ist unter ihren Lippen (Psalm 140,4); ihr Mund ist voll von Flüchen und bitteren Worten (Psalm 10,7). Ihre Füße eilen, Blut zu vergießen; auf ihren Wegen ist lauter Schaden und Jammer, und den Weg des Friedens kennen sie nicht (Jesaja 59,7-8). Es ist keine Gottesfurcht bei ihnen (Psalm 36,2).« Diese sechsstimmige Anklage steht so brutal ebenfalls im 3. Kapitel des Römerbriefs, eine Zitaten-Züchtigung, und schon hier folgt das schneidende Resümee: »Wir wissen aber, was das Gesetz sagt, das sagt es denen, die unter dem Gesetz sind, damit allen der Mund gestopft wird und alle Welt vor Gott schuldig dasteht, weil kein Mensch durch die Werke des Gesetzes vor ihm gerecht sein kann.« (Röm. 3,19-20)

Aber kaum glaubt man, die Argumentationsrichtung des Apostels erkannt zu haben, so berennt er uns schon aus der entgegengesetzten Ecke: »Wie? Heben wir denn das Gesetz durch den Glauben auf? Keineswegs! Sondern wir richten das Gesetz auf.« (Röm. 3,31) Hier müßte doch wenigstens Luther in Verlegenheit sein? Er kommentiert diese Stelle ganz knapp: »Der Glaube erfüllet alle Gesetze / die Werk erfüllen kein Titel des Gesetzes.«

Und nun folgt die berühmteste Stelle paulinischen »Schriftbeweises«, um den Vorrang des Glaubens vor dem Gesetz zu erweisen, das Modell Abraham. »Was sagen wir denn nun von Abraham, unserm Stammvater? Was hat er erlangt? Wenn Abraham durch Werke gerecht geworden ist, so kann er sich zwar rühmen, aber nicht vor Gott. Denn was sagt die Schrift? Abraham hat Gott geglaubt, und das ist ihm als Gerechtigkeit angerechnet worden. (1. Mose 15,6) . . .« Und nun die provokatorische Recherche: »Abraham ist sein Glaube als Gerechtigkeit angerechnet worden. Wann wurde er ihm denn angerechnet? Als er beschnitten oder als er noch unbeschnitten war? Ohne Zweifel: nicht als er beschnitten, sondern als er noch unbeschnitten war.« Und erst als Lohn für den Glauben folgt: »Das Zeichen der Beschneidung aber empfing er als Siegel der Gerechtigkeit des Glaubens, die ihm zuteil geworden war, als er noch nicht beschnitten war. So sollte er ein Vater aller werden, die glauben, ohne beschnitten zu sein, damit auch ihnen der Glaube als Gerechtigkeit angerechnet wird; und ebenso ein Vater der Beschnittenen, wenn sie nicht nur beschnitten sind, sondern auch in den Fußstapfen des Glaubens gehen, den unser Vater Abraham hatte, als er noch nicht beschnitten war. Denn die Verheißung, Erbe der Welt zu sein, ist Abraham oder seinen Nachkommen nicht durchs Gesetz zuteil geworden, sondern durch die Gerechtigkeit des Glaubens.« (Röm. 4,1 ff.)

Rückzug aus dem Gebirge Römerbrief, eilig, vorläufig, erschreckt, überwältigt. Drei Markierungen vielleicht: »Am Grunde des begründeten Glaubens liegt der unbegründete Glaube.« (Ludwig Wittgenstein) Und: »Glauben heißt: Das Unzerstörbare in sich befreien, oder richtiger: sich befreien, oder richtiger: unzerstörbar sein, oder richtiger: sein.« (Franz Kafka) Aber nicht zuletzt diese: »Was wissen wir im Tun? [...] in diesem Augenblick wissen wir gar nichts anderes als eben diesen Augenblick, ihn aber in der ganzen gottmenschlichen Wirklichkeit des Gebotes, aus der wir sagen dürfen: Gelobt seiest du. Nur so, in dieser Unmittelbarkeit, ist Gott im einzelnen Gebot – nicht aus-, sondern anzusprechen. Wer ihn aussprechen möchte, dem wird der Unaussprechliche zum Unauffindbaren. Die Stimme des Gebieters vernimmt man nur im Gebot.« (Franz Rosenzweig)

Der Glaube gegen das Gesetz? Die Gnade gegen das Werk? Der Gekreuzigte gegen die Erwählung? Der ewige Protestantismus gegen die ewige Katholizität, die Bußpredigt der Propheten gegen das lebensnotwendige Pharisäertum? Das Neue gegen das Alte Testament, aber wie könnte es sich dann je auf das Alte berufen? Der Gott der Liebe gegen den eifernden Gott? Die neue Schöpfung gegen den Schöpfergott? Paulus, nach zweitausend Jahren noch, gegen Saulus?

30.
Das geraubte Ego
oder: Der Streit um Römer 7

> Wer Paulus begegnet, begegnet einer Möglichkeit des Sich-selbst-Verstehens, die es vor Paulus nicht gab, die aber durch Paulus zugänglich geworden ist. In der Begegnung mit ihm kann man lernen, sich selbst zu begegnen, weil Paulus seinerseits ein Mensch war, der in ungewöhnlicher Weise sich selbst begegnete.«
> — Christian Dietzfelbinger

Ein Blick in die Seele?

Nie sagt Paulus so oft »Ich« wie im siebenten Kapitel des Römerbriefs. Hier endlich redet er unumwunden und ausführlich von sich selbst. Hier läßt er sich in die Seele sehen. Hier gibt er Auskunft über sein inneres Leben. Hier kommt er uns, endlich einmal, nicht als der Apostel, sondern als Mensch mit seinem Widerspruch. Hier legt er sich, salopp gesprochen, auf die Couch des Psychoanalytikers. Hier sehen wir ihn ganz von nahe, und wir erkennen den Gewandelten als einen ausdauernd Zerrissenen. Hier erscheint die Mission als eine fortwährende Gratwanderung am Abgrund der eigenen Existenz. Wir erfahren: Im Herzen des Ideenträgers pocht die Verstörung. Paulus schreibt:

»Was sollen wir denn nun sagen? Ist das Gesetz Sünde? Gewiß nicht! Aber erst durchs Gesetz lernte ich die Sünde kennen. Denn ich hätte nichts von der Begierde gewußt, wenn das Gesetz nicht gesagt hätte (2. Mos. 20,17): Du sollst nicht begehren! Die Sünde aber nahm das Gebot zum Anlaß und erregte in mir Begierden aller Art; denn ohne das Gesetz ist die Sünde tot.

Ich lebte einst ohne Gesetz; als aber das Gebot kam, wurde die Sünde lebendig, ich aber starb. So kam es, daß das Gebot, das doch zum Leben gegeben war, mir den Tod brachte. Denn die Sünde nahm das Gebot zum Anlaß und betrog mich und tötete mich durch das Gebot. So ist also das Gesetz heilig, gerecht und gut. Hat denn das, was doch gut ist, mich zum Tod geführt? Keineswegs! Vielmehr war es die Sünde, die mir durch das Gute den Tod gebracht hat, damit sie deutlich als Sünde sichtbar wurde und sich durchs Gebot über alle Maßen als Sünde auswirke.« (Röm. 7,7-13)

Und dann fährt Paulus fort: »Denn wir wissen, daß das Gesetz aus Gottes Geist kommt; ich aber bin nur ein Mensch, unter die Macht der Sünde verkauft. Denn ich weiß nicht, was ich tue. Denn ich tue nicht, was ich will; sondern was ich hasse, das tue ich. Wenn ich aber das tue, was ich nicht will, so gebe ich zu, daß das Gesetz gut ist. So tue nun nicht ich es, sondern die Sünde, die in mir wohnt. Denn ich weiß, daß in mir, so wie ich von Natur bin, nichts Gutes wohnt. Das Wollen habe ich wohl, aber das Gute vollbringen kann ich nicht. Denn das Gute, das ich will, das tue ich nicht; sondern das Böse, das ich nicht will, das tue ich. Wenn ich aber tue, was ich nicht will, so tue nicht ich es, sondern die Sünde, die in mir wohnt. So finde ich nun folgendes Gesetz: Ich will zwar das Gute tun, bringe aber nur das Böse zustande. Denn in meinem Innern habe ich Gefallen an Gottes Gesetz; aber in meinen Gliedern sehe ich ein anderes Gesetz, das mit dem Gesetz meiner Vernunft im Streit liegt und mich im Gesetz der Sünde gefangen hält, das in meinen Gliedern liegt. Ich elender Mensch! Wer wird mich erlösen von diesem todverfallenen Leib?« (Röm. 7,14-24)

Dieser Text spricht uns unmittelbar an: das Hin und Her der Gedanken hat etwas von dem verzweiflungsvoll Gebändigten Auf und Ab eines Raubtiers im Zookäfig. Wenn nirgendwo sonst: Hier begreifen wir den Apostel, hier wird er »unser« Paulus. Und wir tun gut daran, diesen allerersten Eindruck der Lektüre festzuhalten: den Eindruck einer herzzerrissenen Rechenschaft, eines tiefzerknirschten Plädoyers, einer grauenvollen Verstrickung. Wir tun gut daran, uns den Rausch von Nähe, Sympathie, Durchschautsein, Komplicentum zu bewahren, in den uns diese Passage versetzt. Denn das zieht uns in Bann: das Erschrecken eines von sich und in sich selbst gefesselten Menschen, dieses Aufbegehren wider das Begehren, die Fassungslosigkeit einer Kreatur, die sich auskennt, aber dennoch nicht ein noch aus weiß. Das sind Sätze für unsere schwärzesten Stunden und ehrlichsten Momente, für wache Nächte und einsame Tage. Da spricht der Apostel, indem er so heftig in eigener Sache spricht, uns allen aus der Seele.

Diese in Mitleidenschaft ziehende Wucht des Textes hat eine solche Wirkung, daß in jüngster Zeit prominente Bibelübersetzer daraus die Legitimation zu schlichter, aber schlimmer Falschmünzerei hergeleitet haben. Man hat gewissermaßen dem ersten Eindruck das letzte Wort verschafft und das Gefühl des »Wir-sind-betroffen« gleich in die Paulus-Stelle hineingemengt, und zwar auf die brutalste denkbare Art: indem man das paulinische »Ego« liquidiert und unser aller »Wir« an dessen Stelle gesetzt hat. So ist nun zu lesen: »Einst kannten *wir* noch kein Gesetz. Damals lebten *wir*; als aber das Gebot kam, lebte die Sünde auf, und *wir* mußten sterben. Das Gebot, das uns Leben schenken sollte, brachte uns den Tod. Denn die Sünde benutzte es, um uns zu überlisten und zu töten [...] Aber *wir* sind schwache Menschen, als Sklaven an die Sünde verkauft. Deshalb sind *wir* in unserm Handeln nicht frei; *wir* tun nämlich nicht, was *wir* eigentlich wollen, sondern was *wir* verabscheuen...« Etwa fünfundzwanzigmal ist da aus einem Ich (oder mich oder mir) ein Wir (oder uns) gemacht worden. Und das nicht etwa in einer obskuren sektiererischen Übersetzung, sondern in einer Ausgabe der Deutschen Bibelgesellschaft (»Die Bibel in heutigem Deutsch«), und man sollte in diesem eklatanten Fall schon einmal die Institutionen nennen, die sich da zusammengetan haben, um Paulus das Wort im Munde herumzudrehen:

Evangelisches und Katholisches Bibelwerk, Österreichische Bibelgesellschaft, Österreichisches Katholisches Bibelwerk, Schweizerische Bibelgesellschaft, Schweizerisches Katholisches Bibelwerk, Bibelwerk in der Deutschen Demokratischen Republik und die Biblisch-Pastorale Arbeitsstelle der Berliner Bischofskonferenz. Eine Allianz von Experten, die am Ende auch noch die Stirn hat, den Entsetzensruf des elenden einzelnen zum Gemeinplatz zu machen: »Wir unglückseligen Menschen! Wer rettet uns aus dieser entsetzlichen Verstrickung? Wer entreißt uns dem sicheren Tod?«

Die ganze Absurdität solcher Entstellung wird sichtbar, wenn man eine Deutung wie die von Karl Barth dagegen liest, eine Interpretation, die nun gerade vom andern Ufer herkommt: Nicht ein anbiederndes, ausgleichendes Wir ist ihm das richtige Subjekt, sondern ein hochpointiertes Ego, ein Ego, auf das mit spitzen Fingern gezeigt wird, ein Ego am Pranger: »Man bemerke, wie die beiden Abschnitte, aber auch der Rückblick auf das Ganze in Vers 24-25 von dem Worte ›ich‹ beherrscht sind. Es gibt keinen mit diesem Worte beginnenden Satz, in welchem die Befreiung des Menschen darzustellen wäre. Auch und gerade das christliche ›Ich‹ muß und wird sich zu seiner eigenen Gefangenschaft, zu jener Zerrissenheit in aller Form bekennen. Gerade wer sich zu Christus bekennt, wird das wissen: *Ich* werde die Sünde, *ich* werde die Verfälschung des Gesetzes durch die Sünde, *ich* werde die Existenz des wunderlichen Heiligen, der sein möchte wie Gott und der eben daran bei lebendigem Leibe sterben muß, von mir aus nie hinter mir lassen. *Ich* bin und lebe im Fleische und bin und bleibe in diesem Sein und Leben dem Gesetz der Sünde und des Todes unterworfen. Es gibt keine Linie, die mit Ich anfängt, um dann irgendwo mit Erlösung und Freiheit zu endigen...«

Das Ego, das in der griechischen Bibel steht und in der lateinischen seine wortwörtliche Entsprechung hat, ist ja kein Fremdwort, auch im Deutschen nicht. Es steckt in lauter eher negativ besetzten Begriffen: im Egoismus wie in der Egozentrik, in der Egomanie wie im Egotismus (in der Neigung, immer nur von sich selbst zu sprechen), es steckt im alter ego, dem Wunschtraum eines besseren Ichs. Es muß die schlechte Reputation des Ego sein (vor aller Exegese), die den Theologen Barth in seinem späten Kommentar zum Römerbrief zum Strafgericht gegen das Ich bewogen hat; und dazu verführt, aus dem grammatischen Fall der ersten Person singular den Sündenfall schlechthin zu machen.

Aber der Fall dieses Ich liegt anders, als es die strikte Abkanzelung (durch Barth) oder die chorische Verstärkung (durch neue Übersetzung) wahrhaben will. Zumindest nehmen sich solche Interpretationen als Resümees all der Deutungsversuche aus zweitausend Jahren eher kläglich aus: als dogmatische Zuspitzung die eine, als unverbindlicher Gemeindegesang die andere.

Sehen wir die Sache zunächst einmal nicht theologisch, sondern einfach postalisch an: Mitten in einem langen Brief an Leute, die Paulus nicht kennt, von deren Zusammensetzung er nur eine vage Vorstellung hat, deren Gedankengänge er mit immer neuen Argumentationsansätzen aufzuspüren versucht, sagt er plötzlich an einer wichtigen Stelle »Ich«. Und wer immer diese Römer sein mögen, sie lesen dieses Ich, und da sie vorher schon »Ihr« und »Wir« und »Euch« und »Uns« gelesen haben, müssen sie vermuten, daß dieser Paulus, der da an sie schreibt, beim Ich Ich meint und folglich von sich selbst spricht. Paulus würde ihnen nicht schreiben, wenn er nicht sicher wäre, daß sie mit seinem Namen schon eine gewisse Vorstellung verbinden, und er hat Anlaß zu vermuten, daß diese Vorstellung kein Idealbild ist, sondern Sprünge, Kratzer und Brüche enthält. Er reist ja nicht als der Heilige Paulus, St. Paul, Sao Paolo, Saint Paul, sondern als der Agitator Christi, er ist immerhin der Mann, über den noch nach zweitausend Jahren Streitgespräche unter dem Titel »Apostat oder Apostel?« möglich sind. Wenn je eines Menschen Bild »von der Parteien Haß und Gunst« verzerrt war, schon bei Lebzeiten, dann ist es dieser Paulus, der den

Brief an die Römer schreibt. Und was immer Paulus von den Römern nicht weiß, dies weiß er: daß sie soviel von ihm wissen. Und bei allem, was wir von den in diesem Brief angeredeten Römern nicht wissen, soviel müssen wir einsehen: Sie mußten sein »Ego« als ihn selbst verstehen. Und sogar noch, wenn Paulus überhaupt nicht von sich selbst reden wollte: Er mußte sich sagen, daß diese Stelle nur so gelesen werden konnte, als spräche er von sich.

Und dennoch hat gerade dieses Kapitel seit fast 2000 Jahren die widersprüchlichsten Auslegungen erfahren. Dieses sich »von selbst« erschließende Bekenntnis ist kaum einmal so direkt gelesen worden, wie es dazustehen scheint, sondern mit immer neuem Scharfsinn hinterfragt, ja hintergangen worden, so daß Christoph Türcke mit Recht von einem »Wirrwarr der Interpretationen« sprechen kann. Schon früh in der Kirchengeschichte hat man von Paulus absehen wollen und hat das redende Ich einmal auf das jüdische Volk, dann wieder auf die ganze Menschheit, wie sie durch Adam verkörpert ist, gedeutet. Man sah Adam beschrieben, der im Paradies ohne Sünde war, bis ihn das Gebot, *nicht* von den Früchten des Baumes der Erkenntnis zu essen, zu eben dieser Sünde verführte.

Aber ebenfalls früh hat man die paulinische Passage schon in die Ecke der Rhetorik abdrängen wollen, hat man das »Ich« als ein bloßes Stilmittel erklärt. »Unter seiner Person redet Paulus quasi allgemein«, sagt schon der Ambrosiaster, der älteste lateinische Paulus-Kommentar (um 370). Daß die Schwierigkeit der Interpretation aber nicht allein exegetischer, sondern existentieller Natur ist, zeigt sich am Beispiel Augustins.

Für ihn war dieses Römerbrief-Kapitel Gegenstand fast lebenslanger Beschäftigung. In seinen frühen Schriften vertrat er die Meinung, Paulus könne mit diesem zerrissenen, geplagten, aufseufzenden Ich nur den Menschen unter dem Gesetz meinen, jenen Menschen, den er selbst in sich überwunden habe. Ein Wort wie »Ich bin fleischlich« schien sich als Aussage des gewandelten Saulus, des wandelnden Paulus zu verbieten.

In seinen Spätschriften, wo Augustinus mehrfach auf diese Stelle zu sprechen kommt, urteilt er ganz anders: Paulus spreche weder von der Menschheit allgemein, noch von seinem früheren Leben als Pharisäer. Er rede im Präsens, und zwar als Christ. Wenn er sich fleischlich nenne, so deshalb, weil er noch keinen »geistigen« Leib habe. Also sei er, bei aller Gläubigkeit, immer noch der Begierde unterworfen. Die Gnade, unter der er steht, befreie ihn nur von der Zustimmung zur Begierde, nicht schon von dieser selbst. Aber auch von der Begierde möchte er frei sein, und deshalb der verzweifelte Ausruf: »Ich elender Mensch! Wer wird mich erlösen von diesem todverfallenen Leib?« Für den späten Augustinus steht also fest, daß Paulus von sich selbst spricht, stellvertretend aber auch für andere, die gleich ihm schon Christen sind.

Gerade die Neubesinnung des Augustinus an diesem Punkt zeigt, wie sehr die Deutung des Textes nicht allein Glaubenseinsicht, sondern persönliches Bekenntnis ist. Mehr als alle dogmatische Gewißheit ist hier die Redlichkeit des persönlichen Zweifels gefordert. Wenn es jemanden gab, der, wie der Apostel und durch sein Beispiel eine neue Kreatur geworden war, dann Augustinus. Und wenn der an einer so entscheidenden Stelle die fromme Ansicht wegwischt, ein wahrer Christ könne so bestürzt nicht mehr von sich reden, dann weiß er, wovon er spricht. Wenn der alte Augustinus sich selbst revidiert und auf einmal sicher ist, daß Paulus hier in eigener Sache und keineswegs rhetorisch spricht, hat er dessen Erfahrungen auch gemacht, und zwar am eigenen Leibe. Und wenn er auch seine neue Auslegung auf die Lektüre verständigerer Exegeten zurückführt, »deren Autorität mich bewog, die Frage neu zu durchdenken«, so senkt er doch nur einen Schleier von Diskretion vor den besten Interpreten, den es gibt: die eigene Anfechtung.

Für Luther, in der Nachfolge Augustins, ist die Sache vollends klar: »Und daher ist es unbegreiflich, daß jemand auf den Gedanken verfallen konnte, der Apostel spreche diese Worte in der Rolle des alten und fleischlichen Menschen –, als habe der Apostel nur Gutes über sich denken und sagen dürfen, wie ein Heuchler, das heißt, als habe er sich selbst nur preisen dürfen und den Sünder in sich leugnen müssen...«

»Es ist nun die nächstliegende und darum auch am häufigsten ausgesprochene Erklärung, daß man dieses Ich als das persönliche Ich des Paulus faßt«, schreibt Werner G. Kümmel in seiner 1929 erschienenen Dissertation über »Römer 7 und die Bekehrung des Paulus«. Er resümiert darin eine Reihe von Interpretationen zu Beginn des Jahrhunderts, die dieses Römerbrief-Kapitel weitgehend als Analogie zum Bekehrungserlebnis verstanden wissen wollten. Paulus beschreibe da, wie er aus dem »Unschuldsparadies seiner Kindheit« herausgeschreckt worden sei durch das Auftreten und Eintreten des Gesetzes (mitsamt seinen Geboten) in sein jugendliches Bewußtsein. Gleichzeitig sei die Lust auf das Verbotene wach geworden, ebenso die Einsicht, daß aller Vorsatz nichts nütze, um der Sünde zu widerstehen. Fazit solcher Deutungen: »So folgte auf die kindliche Unschuld der geistige Tod des jungen Saulus.«

Kümmel verwirft diese biographische Deutung mit aller Entschiedenheit, und er kommt wieder auf den alten Befund des Ambrosiaster zurück: Das Ich sei eine bloße Stilform, durch die Paulus einen allgemeinen Gedanken lebendig ausdrücken wollte, den Gedanken nämlich, »daß das Gesetz, weil es der Sünde zur Handhabe dienen muß, nur zum Tode führen kann.« Das Modell für diese Redeweise liefere die stoische Diatribe, die oft einen Ich-Sprecher für generalisierende Sentenzen einsetze.

Man möchte die Römer beneiden, die die Sätze des Paulus ohne die Last des Überbaus als reines Bekenntnis lesen konnten: »Ich lebte einst ohne Gesetz; aber als das Gebot kam, wurde die Sünde lebendig, ich aber starb. So kam es, daß das Gebot, das doch zum Leben gegeben war, mir den Tod brachte.« Oder dieses: »Denn in meinem Innern habe ich

Gefallen an Gottes Gesetz; aber in meinen Gliedern sehe ich ein anderes Gesetz, das mit dem Gesetz der Vernunft im Streit liegt und mich im Gesetz der Sünde gefangenhält, das in meinen Gliedern herrscht. Ich elender Mensch! Wer wird mich erlösen von diesem todverfallenen Leibe? Dank sei Gott durch Jesus Christus, unsern Herrn! So diene ich nun mit der Vernunft dem Gesetz Gottes, aber mit meinem Tun dem Gesetz der Sünde.« (Röm. 7,9-11; 22-25)

Muß sich die Paulus-Theologie unserer Tage nicht gerade an dieser Stelle fragen lassen, wohin sie geraten ist, wenn sie ihrem eigenen Turmbau mehr vertraut als der allerklarsten abendländischen Grammatik: Bis zu einem gewissen Punkt schreibt ein Autor »Wir«; an einer entscheidenden Wende schreibt er »Ich«; und da will er sich nicht bekennen? Und da soll er nicht wollen, daß dies als Bekenntnis gelesen wird? Oder zumindest riskieren, daß man ihn beim Wort und beim individuellen Geständnis nimmt?

Wenn es für diese Passage eine »übertragene« Deutung geben mag, dann vielleicht diese: Römer 7 ist der verzweifelte Dialog des Paulus mit dem Saulus.

31.
Komplotte, Kerker, Katastrophen
oder: Das Finale des Lukas

> Auch fiel ihm auf, daß die Menschen durch alle Zeiten hindurch immer wieder zwei Geschichten wiederholt haben: die eines verirrten Schiffes, das auf dem mittelländischen Meer eine ersehnte Insel sucht, und die eines Gottes, der sich auf Golgatha kreuzigen läßt.
>
> Jorge Luis Borges

Sechs Akte aus einem antiken Szenario

Dabei gibt es so viel zu erzählen. Dabei gibt es so viel Aufruhr um Paulus, wie selbst er ihn noch nie erleben mußte. Denn während die Christen von Rom seinen Brief entziffern, bedenken, beratschlagen, verwünschen oder einfach beiseite legen mögen, während sie vom Reich Gottes träumen oder um den rechten Glauben ringen, während sie noch rätseln, wie Paulus es wirklich mit den Juden meint und ihrem heilsgeschichtlichen Vorrecht und ob Christus nun das Ende des Gesetzes bedeutet oder nur sein Ziel oder seine Erfüllung, ist ja in Palästina der Teufel los und hinter dem Apostel her, hat sich nun wirklich alle Welt wider ihn verschworen, und alle die Parteien, die unsere Religionswissenschaft so mühsam auseinanderzuhalten versucht, stellen ihm nach: in Denunziation und Provokation, in Tumult und Verschwörungsplänen, in Verleumdung und Verhör, mit religiösen Fallstricken und römischen Ruten, mit Schutzhaft und mit allen Schikanen. Was da in Jerusalem und Caesarea vor sich geht, ist gleichsam die heillose Aktion im Hintergrund der heilverkündenden Argumentation des Römerbriefs, ist das Szenario einer Phantasie, die vermutet oder gar weiß, was eigentlich dahintersteckt. Wir haben Lukas, von dem hier wieder einmal die Rede ist, ja nicht nur viel Imagination, sondern auch manche verblüffende Detailkenntnis zu danken, und irgendwas, so war die Lektion, die zu lernen war, ist an seinen Geschichten ja immer »dran«. Das große Intrigen-Spektakel sei hier also kurz referiert.

ERSTER AKT: Paulus (so weit waren wir ihm schon gefolgt) kam nach Jerusalem, wurde dort nicht eben mit offenen Armen von den Seinen empfangen. Kein Wort zunächst von irgendeiner Kollekte, keine Erleichterung über die sichere Aushändigung, kein Dank und kein Hinweis, wie nötig und wofür das Geld gebraucht werde. Statt dessen die kritische Nachfrage: Wie hältst du es mit dem Gesetz, bitte erkläre dich. Und zugleich die Unterwerfung unter ein jüdisches Ritual: »So tu nun, was wir dir raten. Wir haben vier Männer, die haben ein Gelübde auf sich genommen. Nimm dich ihrer an und weihe dich mit ihnen und trage für sie die Kosten, daß sie ihr Haupt scheren können; so werden alle erkennen, daß es nicht so ist, wie man ihnen über dich berichtet hat, sondern daß du selbst auch nach dem Gesetz lebst und es hältst. [...] Da nahm sich Paulus der Männer an und weihte sich am nächsten Tag mit ihnen und ging in den Tempel und zeigte an, daß die Tage der Reinigung beendet sein sollten, sobald man für jeden von ihnen ein Opfer dargebracht hätte.« (Apg. 21,23 f.) Soviel dürfte klar sein, daß nicht Paulus sich der vier Männer, sondern sie sich seiner angenommen haben: eine diskrete kleine Eskorte.

ZWEITER AKT: Nun kommen die »Juden« ins Spiel. Paulus im Tempel – das erregt ihren Zorn, zumal er auch den Griechen Trophimus aus Ephesus (seinen Reisebegleiter) dorthin mitgenommen haben soll. Er wird ergriffen und aus dem Tempel geworfen. Lukas sieht ihn sofort in Lebensgefahr, vermutlich wird er verprügelt. Das Gerücht eines Aufruhrs verbreitet sich, die römische Stadtkommandantur greift ein: ein Oberst, Hauptleute, Soldaten. Immerhin so viel Tumult, daß ein erstes Verhör auf offener Straße nicht möglich scheint und er in die Burg gebracht wird; hier ist der Bericht konkret wie Reportage: »Und als er an die Stufen kam, mußten ihn die Soldaten tragen, weil die Menge anstürmte; denn es folgten viele Leute und schrien: Weg mit ihm«; es stellt sich beim ersten Verhör heraus, daß der Oberst Paulus mit einem ägyptischen Aufrührer verwechselt hat, der viertausend Aufständische in die Wüste geführt habe. In der Tat: dergleichen Widerstandskämpfer machten den römischen Behörden gerade in jener Zeit heftig zu schaffen. Und in dieser Situation auf der Burg geschieht es, daß sich Paulus als »ein jüdischer Mann aus Tarsus, als Bürger einer namhaften Stadt« vorstellt. Und in dieser Situation erwirkt er vom Obersten die Erlaubnis, sich an die Volksmenge zu wenden und sie zu beruhigen. Und in dieser Situation läßt Lukas den Paulus zum erstenmal »selbst« von seiner Vision vor Damaskus berichten. Und das Volk bleibt lange still bis zu seiner Behauptung, daß Gott ihn »weit hinaus zu den Heiden« gesendet habe. Jetzt fordern die Leute offen seinen Tod.

DRITTER AKT: Abermals Schutzhaft in der Burg, nun aber Geißelung und Verhör und die Frage des Paulus: »Dürft ihr denn einen römischen Bürger ohne Urteil geißeln?« (22,25) Dann eine Vorführung vor den Hohenrat unter Vorsitz des Hohenpriesters Hananias. Der befiehlt einigen, dem Gefangenen auf den Mund zu schlagen. Paulus beschimpft ihn, sagt dann aber, in bester Römerbrief-Dialektik: »Sitzt du da, um mich zu richten nach dem Gesetz, und läßt mich schlagen gegen das Gesetz?« (23, 3b) Als nun Paulus einen Streit zwischen Sadduzäern und Pharisäern über das Thema Auferstehung anzettelt, gerät er selbst zwischen die Fronten: »Als aber der Streit heftig wurde, befürchtete der Oberst, sie könnten Paulus zerreißen, und ließ Soldaten hinabgehen und ihn aus ihrer Mitte herausholen und in die Burg führen. In der folgenden Nacht aber trat der Herr zu ihm und sprach: Sei getrost! Denn wie du in Jerusalem für mich Zeuge warst, so mußt du auch in Rom Zeuge sein.« (Apg. 23,10.11) Zum zweitenmal nennt Lukas das Reiseziel Rom, zum erstenmal gibt er seinen Lesern die tröstliche Versicherung, hier, in Palästina werde dem Apostel kein Martyrium widerfahren, trotz aller Gefahr. So sehr er alle diese Aktionen nach dem Vorbild der Passionsgeschichte Jesu ordnet und stilisiert: Auf Golgatha soll Paulus nicht sterben.

VIERTER AKT: Ein Mordplan »einiger Juden«. Der kann aber nicht gelingen: ein Mitwisser verrät den Anschlag. Aber auch Gott und der Geist der Erzählung haben sich ja schon verraten. Paulus wird am nächsten Tag unter starker Bewachung nach Caesarea zum römischen Statthalter Felix gebracht. Abermals jüdische Ankläger. Unter den Rechtfertigungen des Paulus ein großer Satz: »Dabei bemühe ich mich, jederzeit ein unverletztes Gewissen zu haben vor Gott und den Menschen.« (24,16) Und zur Sache selbst: »Es müßte denn dies *eine* Wort sein, das ich rief, als ich vor ihnen stand: Wegen der Auferstehung der Toten werde ich von euch heute angeklagt.« (24,21) Der Statthalter Felix ist historisch, wie Pilatus, und in der antiken Geschichtsschreibung, etwa bei Tacitus, hat er keinen guten Ruf. Auch Lukas bestätigt dieses Charakterbild; denn erst einmal »vertagte Felix die Sache«: »Er hofft aber dabei, daß ihm von Paulus Geld gegeben würde; deshalb ließ er ihn auch oft kommen und unterhielt sich mit ihm.« (24,26) Welches Geld? Hatte Paulus, wie Hyam Maccoby vermutet, noch immer ein Teil des Kollektengeldes bei sich? Wie sonst könnte ein römischer Statthalter von einem Gefangenen Zuwendungen erwarten? Oder konnte man ihn, nach all den Streitereien, noch immer für einen reichen Juden halten?

ZWISCHENAKT: Wie lange hat Paulus im Gefängnis zu Caesarea gesessen? Der Bibelleser wird diese Nachfrage kaum verstehen, denn der Text lautet: »Als aber zwei Jahre um waren, kam Porcius Festus als Nachfolger des Felix. Felix aber wollte den Juden eine Gunst erweisen und ließ Paulus gefangen zurück.« (24,27). Demnach hätte Paulus zwei Jahre im Kerker verbracht, gelegentlich dem Felix und seiner Frau Drusilla von Christus erzählend, oft sich gegen die Geldschneiderei des Prokurators wehrend? Und der hätte in all dieser langen Zeit den Zorn der Widersacher hingehalten, überspielt und abgewehrt? Aber dieser Zorn war doch, jedenfalls im dramaturgischen Konzept des Lukas, anbrandend, gefährlich, höchst akut. Was bisher passiert ist, sind ja die sich überstürzenden Ereignisse von nicht einmal zwei Wochen, wie Paulus selbst bei der ersten Anhörung durch Felix gesagt hat: »Du kannst feststellen, daß nicht mehr als zwölf Tage vergangen sind, seit ich nach Jerusalem hinaufzog, um anzubeten.« (24,11) Das ist gedrängteste Aktion, rascheste Aufeinanderfolge von Haß und Heftigkeit, die Sache läßt niemandem Ruhe, und an Vertagung einer Entscheidung mag allenfalls im engsten Wortsinn zu denken sein. Und dennoch ließe der Prokurator den Apostel zwei Jahre lang schmachten (und die Gelegenheit zu weiteren Episteln benutzen, wie die frömmste Auslegung sich's vorstellt)? Und da beließe er ihn, auch als sein Nachfolger auftritt, weiter in der Zelle, um »den Juden eine Gunst zu erweisen«? Wie mag er wohl dem Festus diesen Dauerhäftling ohne Prozeß und Urteil erklärt haben: Der plaudert so schön und erläutert mir den Römerbrief? Der ist eine so gute Geldquelle, den kannst du weiter anzapfen? Oder: Ich habe ihn glatt vergessen? Selbst wenn man sich diesen Felix als einen Finsterling, als einen Pisarro vorstellt, der seinen Florestan aus infamster Rachsucht gefangenhält (und wenn er entgegen aller römischen Rechtlichkeit sich Privatsadismus leisten könnte): Eine solche lebende Leiche würde er doch nie und nimmer seinem Nachfolger überlassen; die würde er, wie eine verschlampte Akte, dann doch wenigstens im letzten Augenblick »erledigen«.

Nein, die Sache muß sich anders verhalten. Ein Blick ins

griechische Original ergibt, daß eine viel plausiblere Lesart möglich ist: »Dietias«, die Zeit von zwei Jahren, kann sich auch auf die Amtsperiode des Felix beziehen, auf seine Stellung als Prokurator, und damit wird auch sofort klar, warum gleich im Anschluß daran vom Nachfolger die Rede ist. Der Satz (24,27) wäre also so zu verstehen: »Als die Zweijahresfrist sich erfüllt hatte (= abgelaufen war), bekam Felix den Porcius Festus zum Nachfolger.« Die historischen Unterlagen taugen alle nicht so weit, das Jahr dieses Amtswechsels und daraus die genaue Prokuratorenzeit für Felix zu ermitteln; aber nur bei dieser Interpretation werden die Situation und der fernere Gang der Dinge verständlich: Felix steht bei der Verhaftung des Paulus kurz vor der Ablösung; er hat in Rom Ärger zu erwarten, er will sich mit diesem leidigen Fall, den er nicht durchschaut, nicht auch noch die Finger verbrennen, den überläßt er in der Tat seinem Nachfolger: Soll der doch sehen, wie er damit zurechtkommt. Damit bleiben auch die folgenden Ereignisse im Kontext einer auf wenige Wochen konzentrierten Aktion, einer Stretta von Ereignissen, die wahrhaft zur Entscheidung drängen. Wie sehr, das betont nun Lukas wieder selbst:

FÜNFTER AKT: »Als nun Festus ins Land gekommen war, zog er schon nach drei Tagen von Caesarea nach Jerusalem hinauf« (25,1) (wo sich die Anklage der Juden wiederholt, wo auch das Mordkomplott repetiert wird). Immer wieder die betonte Eile: »Festus hielt sich bei ihnen nicht mehr als acht bis zehn Tage auf und zog dann wieder nach Caesarea hinab. Und am nächsten Tag setzte er sich auf den Richtstuhl und ließ Paulus holen.« (25,6) Paulus beteuert, er habe sich weder gegen das Gesetz der Juden noch gegen den Tempel, noch gegen den Kaiser vergangen. Der Kaiser wird jetzt zum großen Stichwort, Jerusalem zum Ort der Verweigerung: Dorthin, vor das Gericht der Juden, will sich der Apostel nicht mehr bringen lassen. Und es folgt sein kühner Appell: »Ich stehe vor dem Gericht des Kaisers; da muß ich auch gerichtet werden [...] Ich lege Berufung an den Kaiser ein. Da besprach sich Festus mit seinen Ratgebern und antwortete: Auf den Kaiser hast du dich berufen, vor den Kaiser sollst du kommen.« (25,10 f.) Doch das war wohl ein etwas zu schnelles Wort: Der Prokurator weiß nicht einmal, was er zur Begründung schreiben könnte. »Denn es scheint mir sinnlos, einen Gefangenen zu schicken, und keine Beschuldigung gegen ihn anzugeben.« (25,27)

SECHSTER AKT: Der Satz fällt aber schon beim nächsten Auftritt vor dem jüdischen König Agrippa und seiner Frau Berenike. Die beiden – und alles hat hier seine protokollarische Wahrscheinlichkeit – sind gekommen, den neuen Mann Festus »nach einigen Tagen« zu begrüßen. Man hat viel zu bereden, zu feiern, Komplimente hin und her, die Sorgen nicht zu vergessen. Und dann kommt Festus auf Paulus zu sprechen und rückt mit seiner Verlegenheit heraus: Er versteht von der ganzen Geschichte nichts. Er rekapituliert sie, so gut er kann: »Sie [die Juden] hatten aber Streit mit ihm über einige Fragen ihres Glaubens und über einen verstorbenen Jesus, von dem Paulus behauptete, er lebe.« (25,19) Er bittet seine hohen jüdischen Gäste, sich den Mann doch einmal selbst vorzunehmen, »damit ich nach diesem Verhör etwas habe, was ich schreiben kann«. (25,26) Paulus wird vorgeführt und darf reden; und mit des Lukas Eloquenz redet er nun abermals von seiner Vision und Bekehrung, zuvor aber deutlich von seinem Leben als Pharisäer, von seinem Fanatismus als Verfolger. Und er endet mit den Sätzen: »Aber bis heute hat mir Gott geholfen, und ich stehe hier und bin sein Zeuge bei groß und klein und sage nur das, was schon die Propheten und Mose vorausgesagt haben: der Christus müsse leiden und werde als erster, der von den Toten auferstanden ist, seinem Volk und den Heiden das Licht verkündigen.« (26,22-23) Und dann beginnt Paulus, den König selbst zu missionieren, bis dieser sagt: »Es fehlt nicht viel, so wirst du mich noch dazu überreden, als Christ aufzutreten.« (26,28)

Die Szene ist großartig, aber eine Begründung für die Überstellung an den Kaiser fehlt nun erst recht, denn auch Agrippa findet Paulus schuldlos. Wie aber kommt aus dieser mißlich triumphalen Situation Paulus doch noch vor den Kaiser? Nicht Festus ist natürlich in Verlegenheit (denn was gilt schließlich ein Prokuratorenwort gegenüber einem Gefangenen?), und auch nicht Agrippa, sondern unser treuer Gewährsmann Lukas: Er muß Paulus auf die große Reise schicken, denn er will ihn in Rom haben, wie der Geist Gottes es verheißen hat. In Rom, nur in Rom, darf sich und kann sich die Mission des Völkerapostels vollenden. Jetzt gilt es, mit wenigen Worten für den richtigen Gang der Heilsgeschichte zu sorgen: »Agrippa aber sagte zu Festus: Dieser Mensch könnte freigelassen werden, wenn er nicht Berufung an den Kaiser eingelegt hätte.« (26,32) Was fällt dem Lukas ein!

Die »Odyssee« des Paulus

Und alsbald geht es aufs Schiff; ehe wir dessen höchst riskantem Kurs aber folgen, sei noch einmal der Zeitraum ausgemessen: Wenn das abenteuerliche Szenario des Lukas irgendeinen Bodensatz von Realität hat, dann muß es sich binnen kurzer, wenn nicht kürzester Frist abgespielt haben, in einem knappen halben Jahr. Zu Pfingsten wollte Paulus in Jerusalem sein, der Prokuratorenwechsel erfolgte jeweils zum 1. Juli, und da die Schiffahrt gegen Ende Oktober eingestellt wurde, muß das Schiff, mit dem auch der Gefangene transportiert wurde, etwa Mitte September flott gemacht worden sein: zu spät im Jahr, wie sich sogleich zeigen wird. Dem Bericht über Seefahrt und Schiffbruch – er gehört zu den dramatischsten Episoden der Apostelgeschichte – wollen wir zunächst umso weniger ins Wort fallen, als er wieder von jenem geheimnisvollen Augenzeugen stammt, den man schon von einer früheren Seereise (Troas nach Neapolis) kennt, jenem Mann, der so selbstverständlich »wir« sagt, daß er dabei gewesen sein muß, jedenfalls auf irgendeinem der Tausenden von Schiffen in den Tausenden von Stürmen des Mittelmeers. Es ist wieder wie Anhauch einer unheimlichen Realität, wenn dieses Wir plötzlich einsetzt: »Als es aber beschlossen war, daß wir nach Italien fahren sollten, übergaben sie Paulus und einige andre Gefangene einem Hauptmann mit Namen Julius von einer kaiserlichen Truppe. Wir bestiegen ein Schiff aus Adramyttium, das die Küstenstädte der Provinz Asien anlaufen sollte, und fuhren ab; bei uns war auch Aristarch, ein Mazedonier aus Thessalonich. Am nächsten Tag kamen wir in Sidon an; und Julius verhielt sich freundlich gegenüber Paulus und erlaubte ihm, zu seinen Freunden zu gehen und sich verpflegen zu lassen. Von dort setzten wir die Reise fort und segelten im Schutz von Zypern, weil uns die Winde entgegenstanden. Wir fuhren über das Meer längs der Küste von Zilizien und Pamphylien [= Südküste Kleinasiens] nach Myra in Lyzien. Dort fand der Hauptmann ein Schiff aus Alexandria, das nach Italien ging, und ließ uns darauf übersteigen. Wir kamen aber viele Tage nur langsam vorwärts und gelangten mit Mühe bis auf die Höhe von Knidos, weil uns der Wind nicht weiterkommen ließ; daher segelten wir im Schutz von Kreta bis auf die Höhe von Salmone und kamen an einen Ort, der Kalos Limenas heißt; nahe bei ihm lag die Stadt Lasäa.

Da inzwischen viel Zeit vergangen war und die Schiffahrt bereits gefährlich wurde, weil auch die Fastenzeit schon vorüber war, ermahnte sie Paulus und sagte zu ihnen: Liebe Männer, ich sehe, daß diese Fahrt nur mit Gefahr und großem Schaden vor sich gehen wird, nicht nur für die Ladung und das Schiff, sondern auch für unser Leben. Aber der Hauptmann glaubte dem Steuermann und dem Schiffsherrn mehr als dem, was Paulus sagte. Da der Hafen zum Überwintern ungeeignet war, bestanden die meisten von ihnen darauf, weiterzufahren und zu versuchen, ob sie zum Überwintern bis nach Phönix kommen könnten, einem Hafen auf Kreta, der gegen Südwest und Nordwest offen ist.

Als nun ein leichter Südwind aufkam, meinten sie, ihr Vorhaben ausführen zu können, lichteten die Anker und fuhren ganz nahe an der Küste von Kreta entlang. Nicht lange danach aber brach von der Insel her ein Sturmwind los, den man Euraklyon nennt. Und da das Schiff mitgerissen wurde und nicht mehr gegen den Wind gedreht werden konnte, gaben wir auf und ließen uns treiben. Wir fuhren dann im Schutz einer kleinen Insel, die Kauda heißt, dahin; da konnten wir nur mit Mühe das Beiboot in unsere Gewalt bekommen. Sie zogen es herauf und umspannten zum Schutz das Schiff mit Seilen. Da sie aber fürchteten, in die Syrte zu geraten, ließen sie den Treibanker herunter und trieben so dahin. Als nun aber der Sturm hart zusetzte, warfen sie am nächsten Tag einen Teil der Ladung ins Meer. Und am dritten Tag warfen sie mit eigenen Händen das Schiffsgerät über Bord. Da sich viele Tage lang weder Sonne noch Sterne zeigten und ein gewaltiger Sturm uns bedrängte, schwand uns schließlich alle Hoffnung auf Rettung dahin.« (Apg. 27,1-20)

Man spürt: Das ist kein Seemannsgarn, da kennt sich einer aus, behält auch im wildesten Sturm die Übersicht, verfolgt die Notmaßnahmen genau, kann ihren Sinn erkennen. Nun aber haben die Nautiker ausgedient, denn jetzt soll Paulus als der Retter hervortreten: »Liebe Männer, man hätte auf mich hören und nicht von Kreta aufbrechen sollen; dann wäre uns diese Gefahr und der Schaden erspart geblieben. Doch nun ermahne ich euch, unverzagt zu sein; denn keiner von euch wird umkommen, nur das Schiff geht verloren. Denn diese Nacht trat der Engel des Gottes, dem ich gehöre und dem ich diene, zu mir und sprach: Fürchte dich nicht, Paulus, du mußt vor dem Kaiser erscheinen; und siehe, Gott hat dir alle geschenkt, die mit dir fahren [...] Wir werden also auf eine Insel stoßen.« (27,21 f.)

Sie sind in der Tat auf eine Insel gestoßen, konnten sich retten, überwintern und später die Fahrt mit einem anderen Schiff fortsetzen. Anderthalb Jahrtausende später stieß die

Insel auf sie, denn ihr Name im griechischen Text heißt Melite und wird mit Malta übersetzt. Und um die Mitte des 16. Jahrhunderts begann in Malta ein florierender Paulus-Kult, der heute Zweig der Touristen-Industrie ist. Doch die tausend Kilometer Drift von Kreta nach Malta unter den Katastrophenbedingungen des lukanischen Berichts kann kein Schiff (auch wenn Paulus an Bord war) überstanden, kein Passagier überlebt haben. Malta war nie mehr als fromme Legende und führte den ganzen Gefangenentransport nicht nach Rom, sondern ad absurdum.

Recherche: Wo liegt die rettende Insel? Deshalb hat es immer wieder Spurensucher gegeben, die den Satz »Wir werden auf eine Insel stoßen« als Forschungsauftrag ansahen. Jüngst erst ist eine detektivisch genaue Studie erschienen, die den Kurs des Schiffes neu bestimmt und den Weg nach Rom wahrscheinlicher machen will. In einer Untersuchung vor allem der Wind- und Wetterverhältnisse im westlichen Mittelmeer hat Heinz Warnecke »Die tatsächliche Romfahrt des Apostels Paulus« zu rekonstruieren versucht.

Der Autor stellt zunächst einmal fest, daß es beim Ablegen vom südkretischen Limenas in Richtung Phönix gar nicht darum gegangen sei, einen Hafen im Norden der Insel Kreta zu erreichen, sondern vielmehr Phönikos an der Südwestspitze des Peloponnes, das ohnehin auf der Route des Schiffes gelegen hätte. Erst bei einem so weitentfernten Ziel wird auch die Warnung des Paulus vor der Weiterfahrt verständlich, die beim bloßen Manövrieren um die Insel herum doch übertrieben erscheinen könnte. Wenn nun das Schiff noch im Süden Kretas manövrierunfähig wurde, so kann es nach der Beweisführung der Studie nie und nimmer in Richtung Malta gedriftet sein: Es gibt in jener Region (auch heute noch) einen gewaltigen herbstlichen Zyklon, der wie ein riesiges Karussell zwischen Sizilien und Kreta, zwischen Nordafrika und dem Peloponnes kreist, und zwar entgegen der Uhrzeiger-Richtung. Von diesem Karussell nun wird das

Paulus-Schiff erfaßt, und die Drehbewegung reißt es durchaus in die intendierte Richtung Nordwest, aber in der vierzehntägigen Drift kräftig über das Ziel hinaus: nach Kephallonia im Westen Griechenlands; den Namen Melite verknüpft Warnecke auf dem Umweg über die Argonautensage mit einer Landzunge auf eben dieser Insel.

Die Studie bietet auch eine verblüffende Erklärung für die berühmte Nattern-Biß-Episode, die von der Apostelgeschichte so erzählt wird: »Die Leute [auf der Insel] erwiesen uns ungewöhnliche Freundlichkeit, zündeten ein Feuer an und holten uns alle herbei; denn es begann zu regnen und war kalt. Als nun Paulus einen Haufen Reisig zusammenraffte und aufs Feuer legte, fuhr wegen der Hitze eine Schlange heraus und biß sich an seiner Hand fest. Als aber die Leute das Tier an seiner Hand hängen sahen, sagten sie zueinander: Dieser Mensch muß ein Mörder sein, den die Rachegöttin nicht leben läßt, obwohl er dem Meer entkommen ist. Er aber schleuderte das Tier ins Feuer, und es geschah ihm nichts Böses. Sie warteten nun darauf, daß er anschwellen oder plötzlich tot umfallen würde. Als sie aber lange gewartet hatten und sahen, daß ihm nichts Ungewöhnliches widerfuhr, änderten sie ihre Meinung und sagten: Er ist ein Gott.« (28,1-6)

Auf Kephallonia kommt nach Warnecke die giftige Sandviper häufig vor (während es auf Malta überhaupt keine Giftschlangen geben soll). Das Interessante aber ist, daß auf der Insel noch heute ein zur Paulus-Episode passender Brauch gefeiert wird. »Schlangen mit einem schwarzen Kreuz auf dem Kopf erscheinen einmal im Jahr um den 15. August, dem Tag Mariae Himmelfahrt, herum. Die Gläubigen fürchten die Schlangen nicht. Sie nehmen sie in die Hand, legen sie an die Brust und stecken sie sogar in den Mund, weil das Glück bringen soll.« Der stets glimpfliche Ausgang dieses Kults erklärt sich daraus, daß es sich bei diesen »heiligen Schlangen« um die europäische Katzennatter handelt, die der Viper sehr ähnlich sieht, aber völlig ungiftig und ungefährlich ist. Könnte es nicht ein solches Tier gewesen sein, das den Apostel gebissen hat, ohne daß er Schaden nahm?

Also Kephallonia? Also wäre das Rätsel gelöst? Doch lange, bevor der Paulus-Detektiv bei solchen eher überzeugenden Details angelangt ist, hat er sich selbst schon einen kräftigen Strich durch die Rechnung gemacht, indem er die Irrfahrt des Paulus noch tiefer in antike Sagenhaftigkeit zurückversetzt. Warnecke nimmt für einen weiteren Beleg, was in Wahrheit der fundamentale Schönheitsfehler seiner These ist: Kephallonia ist auch die Insel des gestrandeten Odysseus! »Wie Paulus, traf der Kephallenenkönig Odysseus angeblich von Kreta kommend und nach einer durch Herbststürme bedingten Irrfahrt dort nachts ein, und auch er wußte aufgrund des vom Scirocconebel veränderten Landschaftsbildes nicht, wo er sich befand [...] Daraufhin fragte Odysseus (wie die Seeleute des Paulus-Schiffes Apg. 28,1) einen Einheimischen nach dem Namen des Landes [...] Wenn somit selbst der heimgekehrte Kephallenenkönig Odysseus am Morgen jenes Spätherbsttages seine heimatliche Inselwelt aufgrund des eigentümlichen Scirocconebels nicht zu identifizieren vermochte, dann muß es den Seeleuten des Paulus-Schiffes erst recht zugestanden werden...« Seltsamerweise übersieht Warnecke, daß er mit dieser Parallele seine These nicht stützt, sondern völlig zerstört: Nicht der »tatsächlichen Romfahrt des Apostels Paulus« ist er auf die Spur gekommen, sondern dem Umstand, daß Schiffbruch und Strandung der Apostelgeschichte nach der Odyssee modelliert sind.

Ob von Kephallonia, ob von Malta aus oder von irgendeinem anderen legendären Eiland: Endlich geht es weiter nach Rom: »Nach drei Monaten fuhren wir ab mit einem Schiff aus Alexandria, das bei der Insel überwintert hatte und das Zeichen der Zwillinge führte. Und als wir nach Syrakus kamen, blieben wir drei Tage. Von da fuhren wir die Küste entlang und kamen nach Rhegion; und da am nächsten Tag Südwind einsetzte, kamen wir in zwei Tagen nach Puteoli. Dort fanden wir Brüder und wurden gebeten, sieben Tage zu bleiben. Und so erreichten wir Rom. Dort hatten die Brüder von uns gehört und kamen uns bis zum Forum Appii und bis Tres Tabernae entgegen. Als Paulus sie sah, dankte er Gott und gewann neue Zuversicht. Als wir in Rom waren, wurde dem Paulus erlaubt, sich eine Wohnung zu nehmen und dort mit dem Soldaten zusammenzuwohnen, der ihn bewachen sollte.« (28,11-16)

Rom, das dreifache Ziel: Adresse des großen Briefes, Bestimmungsort des Gefangenentransports und heilsgeschichtliche Vorausvision der Apostelgeschichte. Kaum ist die Stadt erreicht, fällt der Bericht, gleichsam erschöpft, in sich zusammen, atemknapp, kurzangebunden. Einmal noch blitzt jäh ein Wort auf, das wie Widerschein einer unstilisierten Realität wirkt, als habe Lukas da seine Propagandamission vergessen und einen Originalton im Rom des 1. Jahrhunderts aufgeschnappt. Paulus hat, ohne weiteres, »die Angesehensten der Juden« bei sich zusammenrufen können; die versichern ihm, sie hätten weder Briefe noch Boten aus Judäa empfangen, die Schlechtes über ihn berichtet oder gesagt hätten. Und dann: Doch wollen wir von dir hören, was du denkst; denn von dieser Sekte ist uns bekannt, daß ihr überall widersprochen wird.« (28,22) Vielleicht ist dies der sensationellste Satz der Apostelgeschichte: eine Sekte, der überall widersprochen wird. Zumindest dürfte er, im Neuen Testament, die erste objektive Einschätzung des beginnenden Christentums sein.

Und Paulus? Er selbst? Keine Figur der Antike hatte einen fahleren, beiläufigeren Auftritt als er; keine hat nun einen fahleren, beiläufigeren Abgang: »Paulus aber blieb zwei volle Jahre in seiner eigenen Wohnung und empfing alle, die zu ihm kamen, predigte das Reich Gottes und lehrte vom Herrn Jesus Christus ganz freimütig und ungehindert.« (28,30-31)

Keine Silbe mehr. Kein Appell an den Kaiser. Kein Missionsvorhaben, kein Reiseplan (erst die nachpaulinischen Briefe werden das ergänzen). Kein Aufschrei, kein Martyrium, kein Triumph, kein Tod. Nicht einmal ein letztes

Wort. Lukas bricht seinen Paulus-Bericht ab, läßt die Apostelgeschichte in jähem Schweigen enden.

Wie aber starb Paulus? Der Legende nach wurde er nicht gesteinigt, nicht gekreuzigt, nicht zu Tode gefoltert im Kerker. Nicht erschlagen von Räubern, nicht vergiftet von falschen Brüdern, nicht erledigt von den Fanatikern vielfältigster Couleur. Er ist nicht verblutet unter Geißelhieben, nicht verschollen in den Stürmen des Mittelmeers, nicht erschöpft zusammengebrochen auf seiner letzten Straße, der Via Appia, nicht aus Altersschwäche verendet in seinem römischen Hausarrest, auch nicht ein zufälliges Opfer geworden beim Brand von Rom im Jahre 63.

Wie aber endet ein Mann, der von sich sagt: »Ich sehne mich danach, aus der Welt zu scheiden und bei Christus zu sein, was auch viel besser wäre; aber um euretwillen ist es nötiger, daß ich weiterlebe. In solcher Gewißheit weiß ich, daß ich am Leben bleibe und bei euch allen bleiben werde...« (Phil. 1,23b f.)? Wie kommt er ums Leben, um sein Doppelleben? Was an seinem Ende bleibt, ist sein genialer Kopf, der zum Haupt der Heidenchristenheit wurde, ist diese Stirn, die dem Lauf der Welt und des Zeitalters geboten wurde, ist diese Schädelstätte aus Glaube, Hoffnung, Liebe und Zorn. Unter den Paulus-Legenden ist die von seinem Tod die allerrespektvollste, intelligenteste, die dankbarste und denkbarste: Er starb durchs Schwert.

Man schlug ihm diesen Kopf, der nicht aufhören konnte zu predigen, zu missionieren, den neuen Menschen und seine Zukunft in Gott zu verkünden, man schlug ihm diesen Prophetenkopf einfach ab.

VOM PAULUS ZUM SAULUS?

Eine Art Heimkehr

DER MIT HIMMELN GEHEIZTE
Feuerriß durch die Welt.

Die Wer da?-Rufe
in seinem Innern:

durch dich hier hindurch
auf den Schild
der Ewigen Wanze gespiegelt,
umschnüffelt von Falsch und Verstört,

die unendliche Schleife ziehend,
                             trotzdem,
die schiffbar bleibt für die un-
getreidelte Anwort.
                             Paul Celan

Das wäre nun freilich der formvollendete Abschluß: Die Rückführung des Paulus zum Saulus, die Einkehr des aufsässigen Missionars in den Glauben seiner Väter, die Heimholung des Abtrünnigen durch die Seinen, wie sie in der Tat seit Jahren versucht wird, mit aller Distanz, mit aller Deutlichkeit: Durch Hans Joachim Schoeps, durch Joseph Klausener, durch Schalom Ben-Chorin, durch Pinchas Lapide und zuletzt durch Jacob Taubes, der aber selbst eine Art Abtrünniger war, der sich selbst einen »Pauliner« genannt hat, dem Apostel also auf halbem Wege entgegenging. Und es wäre ja andererseits eine Rückwanderung, bei der den Paulus heutige christliche Theologie mitbegleiten könnte: »Wie es zwar noch nicht zu einer jüdischen Heimholung des Paulus, aber doch zu einer gewissen Reintegration ins Judentum seiner Zeit gekommen ist, so beginnen in letzter Zeit auf christlicher Seite Bemühungen einer theologischen ›Wiedergutmachung‹ ... In beiden großen christlichen Konfessionen sind weitreichende Neuinterpretationen der paulinischen Theologie im Gange ..., die die geläufige antijüdische Exegese des Paulus immerhin konkurrenzieren. Das heißt aber: Paulus steht heute wieder im offenen Prozess.« (Fr. W. Marquardt) Dem nun aber wie einer erlösenden Richtung zu folgen, widerspräche der Grundspannung dieses Buches, das seinen Gegenstand durchwegs zu begreifen suchte im Licht der Lukas-Sätze: »Saulus, der auch Paulus heißt ...«

Ein Sprung in die Gegenwart, in den allerersten Anfang dieses Paulus-Projekts: *Die Szene ist in Jerusalem.* In einem Hotelzimmer hoch über der Stadt und den Bergen und der Steinwüste, hoch über einer ebenso gliorosen wie monströsen Weltvergangenheit und den Himmelsschreien aus vielen Jahrtausenden, hoch über dem jetzt Staat gewordenen Entwurf einer politischen Theologie, die zugleich Anamnese einer uralten Verheißung ist, hoch über einem Glaubenskrieg aus biblischen Zeiten, der mit wildester Tagesleidenschaft neu entbrannt ist und in aller Grausamkeit doch immerzu die Gottnähe, die Gottsuche, die Gotteseifersucht gerade dieser

Landschaft bezogen, hoch über den Hunderten von christlichen Kreuzen, die an diesem Tag – es ist der Karfreitag – durch die Altstadt geschleppt werden, einander glossierend und des Kreuzes Christi immerzu spottend: Sektierer aller Länder, vereinigt euch! –, hoch über dem Jerusalem der Osterwoche des Jahres 1980 die Lektüre der Apostelgeschichte: Saulus auf dem Weg nach Damaskus; die Vision, die Stimme und die »Bekehrung«.

Und plötzlich, in diesem babylonischen Hotelturm, an diesem Hochsitz über Mythos und Markt, auch hier eine Art Erhellung; keine Vision, eher ein aufblitzender Verdacht, eine Stichflamme Mißtrauen, eine grelle Clairvoyance als Überfall von Frage und Fragwürdigkeit: Ist dieser Mann Saul am Ende und im Innersten gar nicht bekehrt, sondern nur eine Art Doppelagent? Es war der alleräußerlichste Soupçon, damals: Doppelagent der Pharisäer, der Sadduzäer, der Zeloten? Oder: der römischen Behörden? Oder des jüdischen Königs? Selbst dieser Einfall war gewissermaßen Produkt der Stadt, über der man thronte und unter deren Aufsicht man doch stand: Denn die Zeit dieses modernen Jerusalem war nicht nur aus Sabbaten, Gebetsstunden und Gedenktagen zusammengesetzt, sondern auch, und deutlich spürbar, aus Verdachtsmomenten, jenen Zerfallsprodukten irdischer Wachsamkeit, mit der man sich die Gebetsruhe zu sichern gelernt hatte. Etwas an dieser Saulus-Paulus-Wendung, so suggerierte es das brisante Klima der Stadt, stimmte so simpel nicht, wie es da in der Apostelgeschichte stand; mangels weiterer Aufschlüsse beließ man es zunächst bei der vagen Formel: Doppelagent *Gottes*.

Will sagen: Von Anfang an stand das »Doppel« diesem Buch als Idee vor, schon, als an ein Buch noch gar nicht zu denken war. Ja, das Interesse an der Figur und das allmähliche Begreifen ergaben sich überhaupt erst aus der Spannung Saulus-Paulus, die mit Damaskus doch nicht völlig dahin sein konnte. Es war also nicht ein Heiliger Paulus oder der Völkerapostel, es war nicht der lutherische Reformationsbürge und nicht der erste Medienriese der Weltgeschichte, die diesem Buch Impuls und Ausdauer gaben: Es war, von jenem verdächtigen Augenblick hoch über Jerusalem an, immer der Mensch Saulus/Paulus. Ja, was diese Arbeit eigentlich antrieb, war der Schrägstrich durch die Identität, die Diagonale durch die anbequemte Existenz, der zum Satzzeichen gewordene Pfahl im Fleisch.

Nur ein Saulus/Paulus konnte so von sich sprechen: »Sondern in allem erweisen wir uns als Diener Gottes ... als Verführer und doch wahrhaftig; als Unbekannte, und doch bekannt; als Sterbende, und siehe, wir leben; als Gezüchtigte und doch nicht getötet; als Traurige, aber allezeit fröhlich; als Arme, aber die doch viele reich machen; als die nichts haben, und doch alles haben.« (2. Kor. 6,3 f.) Eine Existenz der Berufung und doch eine der immer möglichen Atemwenden: »Wir haben aber diesen Schatz in irdenen Gefäßen, damit offenbar wird, daß die überschwengliche Kraft von Gott kommt und nicht von uns. Wir sind von allen Seiten bedrängt, aber wir ängstigen uns nicht. Wir sind ratlos, aber wir verzagen nicht. Wir leiden Verfolgung, aber wir werden nicht verlassen. Wir werden unterdrückt, aber wir kommen nicht um. Allezeit tragen wir das Sterben Jesu an unserem Leibe, damit auch das Leben Jesu an unserm Leibe offenbar wird. Denn mitten im Leben werden wir immerzu in den Tod gegeben um Jesu willen, damit auch das Leben Jesu an unserm sterblichen Leib offenbar wird.« (2. Kor. 4,7 f.)

Natürlich kann so einer sagen: »Ist jemand in Christus, so ist er eine neue Schöpfung; das Alte ist vergangen, siehe, ein Neues ist geworden.« (2. Kor. 5,17). Aber er sagt ja auch: »Nicht, daß ich's schon ergriffen habe oder schon vollkommen bin; ich jage ihm aber nach, um es zu ergreifen, nachdem ich von Christus Jesus ergriffen bin. Meine Brüder, ich schätze mich selbst nicht so ein, daß ich's ergriffen habe. Eins aber sage ich: Ich vergesse, was dahinten liegt, und strecke mich aus nach dem, was vor mir liegt und jage auf das Ziel zu...« (Phil. 3,12).

Die Paradoxie erwies sich als die ins Wort gebannte Signatur des Doppellebens; aber keineswegs als eine Form des Glasperlenspiels, sondern als Kraft zur Zukunft, als ein anderes Prinzip Hoffnung, als Befähigung zur individuellen wie zur gesellschaftlichen Utopie. Karl Barth hat das in einem der schönsten Sätze seines großen Römerbrief-Kommentars so gefaßt: »Wer die Begrenzung der Welt durch eine widersprechende Wahrheit, die Begrenzung seiner selbst durch einen widersprechenden Willen erkennt, wem es schwer fällt, wider den Stachel zu löcken, weil er zu viel weiß von diesem Widerspruch, als daß er ihm entrinnen könnte, sondern sich damit abfinden muß, damit zu leben, wer sich also schließlich bekennt zu diesem Widerspruch und sich unterwindet, sein Leben darauf zu gründen, der glaubt.«

Im Falle des Saulus/Paulus hat sich dieser Widerspruch pointiert, personifiziert: *Die Begrenzung seiner selbst durch einen widersprechenden Willen*: das war die Begegnung des Saulus mit dem Paulus auf der Straße vor Damaskus; das war der Konflikt der freudigen Tora-Treue mit der Hiobverlassenheit in derselben Brust: so wie bisher ging es nicht weiter. *Die Begrenzung der Welt durch eine widersprechende Wahrheit*: das war eben *nicht* das Dilemma zweier Abstraktionen, nicht die Umnebelung der Tagesrealität durch eine fromme Jenseitigkeit, schon gar nicht die demütige Abkehr von der Welt: Das war, im Falle dieses missionarischen Menschen, die Erfahrung einer gewaltigen Umkehrbarkeit aller Ziele, Pläne, Vorhaben, einer irritierenden Bodenlosigkeit aller Grundsätze und Einübungen, einer schaurigen Verführbarkeit der menschlichen Seele zu jedweder Entrückung. Wenn Paulus etwas mit sich herumtrug außer dem Kreuz Christi, dann war es diese leibhaftige Irritation, diese Diagonale zwischen seinen zwei Leben, das Mal der phantastischen Hirnrissigkeit einer Menschheit, die, setzte sie auf nichts als auf die Vernunft, am Ende doch immer nur wieder zur Raison gebracht würde.

In Jahren der erst bloß faszinierten, dann eingeschüchterten, lange Zeit abgebrochenen, dann wiedereinsetzenden und schließlich unweigerlichen Beschäftigung mit dieser antiken, aktuellen Gestalt und bei der Revue der immensen (und von allem Anfang an beeindruckend scharfsinnigen) Literatur die Verwunderung darüber, daß es den Titel Saulus/Paulus oder Saulus-Paulus nirgendwo zu geben scheint. Kein einziges Buch, keine Studie, keine Monographie, nicht einmal ein Aufsatz zeigt diese Konstellation namentlich an, obwohl das damit verbundene Thema vielfältig diskutiert wird. Kein Wunder aber, daß sich der Fund dann doch machen läßt, im Gefolge der großen Psychologen des 19. Jahrhunderts (Kierkegaard, Nietzsche, Dostojewski, die als Kronzeugen dieses Buches immer wieder aufgerufen worden sind): Eine Tagebuch-Notiz August Strindbergs ist überschrieben: »Saulus Paulus«, und es heißt darin: »Aber er ist ehrlich und mutig genug, immer daran zu erinnern, daß er sich nicht ausnimmt, den größten unter den Sündern. Und ich danke dem, der mich stark gemacht – – – der ich zuvor war ein Lästerer und ein Verfolger und ein Schmäher; aber mir ist Barmherzigkeit widerfahren, denn ich habe es unwissend getan im Unglauben.« Es sei nicht verschwiegen, daß Strindberg mit Blick auf die Härte des gewandelten Saulus auch von eigener Erfahrung spricht und in Richtung Irrenhaus deutet: »Wer es nicht verstanden hat, kann nähere Erklärung in den Anstalten bekommen, in denen es keine Ruhe gibt, keinen Frieden, nur Angst und Verzweiflung, und der kann nicht mit kaltem oder warmem Wasser abgeholfen werden, denn es ist eine Krankheit der Seele, manchmal Paranoia genannt, weil der Kopf sieht, was im Alltag nicht zu sehen ist.«

Paulus, der Erfinder der Christlichkeit, der Gründer des Christentums? Alle diese Thesen vergessen den Mann, der auch Saulus hieß. Er war der Prophet, der den jüdischen Gott der ganzen Welt offenbarte, predigte, einschrieb. Er war der Denker, der erkannte, daß der *eine* Gott nicht ein Regionalereignis bleiben durfte, wenn er der eine Gott war. Er war der

Psychologe, der wußte, daß es zum Begreifen der Unbegreiflichkeit eines Schöpfers auf keine Satzung, sondern auf den einfachen Satz ankam: »ABBA, lieber Vater!« (Röm. 8,15)

Das Christentum hat zweitausend Jahre lang die paulinische Paradoxie verfehlt; eine die Hände faltende Frömmigkeit und eine ideologische Einfältigkeit mochten sich nicht auf die Dialektik dieses Mannes einlassen, der es doch so klar gesagt hat, wie das Schicksal der Juden mit dem der Heiden verschränkt sei: »So frage ich nun: Sind sie gestrauchelt, um zu fallen? Keineswegs! Sondern durch ihre Verfehlung ist den Heiden das Heil widerfahren, damit Israel ihnen nacheifern sollte ... Weil sie das Evangelium ablehnen, sind sie Feinde Gottes, und das um euretwillen; aber weil Gott sie erwählt hat, sind sie von ihm geliebt um der Väter willen. Denn Gottes Gaben und seine Berufung sind unwiderruflich. Wie ihr einst Gott ungehorsam gewesen seid, nun aber Barmherzigkeit erlangt habt durch ihren Ungehorsam, so sind auch jene jetzt ungehorsam geworden um der Barmherzigkeit willen, die euch widerfahren ist, damit auch sie jetzt Barmherzigkeit erlangen. Denn Gott hat alle ins Gefängnis des Ungehorsams eingeschlossen, um sich aller zu erbarmen.

O welch eine Tiefe des Reichtums, der Weisheit und der Erkenntnis Gottes! Wie unbegreiflich sind seine Entscheidungen, und wie unerforschlich seine Wege!« (Röm. 11,11 f.)

Kierkegaard hat in diesen Sätzen die Mitte des saulinisch-paulinischen Evangeliums gesehen, und wenn es nicht Frömmigkeit seines Urteils ist, so ist es doch die Fanfare des Enthusiasmus, an der dieses Buch seinen Anteil haben möchte zuguterletzt: »›O Tiefe des Reichtums‹ usw. – dergestalt spricht der Apostel Paulus nach Vollendung einer der tiefsinnigsten Entwicklungen, welche die Welt je gehört hat; in diesen Worten ruht er sich gleichsam aus, nicht müde von der Arbeit, sondern selig in der Beschauung; er ruht sich aus, sage ich; denn ich weiß keinen besseren Ausdruck, ich weiß keinen andern Vergleich für seine betrachtende Wirksamkeit als Gottes schaffendes Wirken; denn wie Gottes Geist über den

Tiefen schwebte, ebenso schwebt sein Gedanke über dem All der Welt-Geschichte – Ich weiß keinen Vergleich für sein tiefes Gefühl der herrlichen Einrichtung der Welt als jenes Wort: Und siehe da, es war sehr gut; keinen Vergleich für den Frieden seiner Beschauung außer Gottes seligem Ruhen von seinem Tun. Und wenn Paulus nun in diesem Zusammenhang ausruft: ›O Tiefe des Reichtums‹ usw., wer fühlt dann nicht, daß an dieser Stelle jener Ausruf am Platze ist, daß es gleichsam einen Punkt gibt, wo die Welt hinter uns liegt wie ein stiller Abend, durchsichtig und verklärt, eine Himmelfahrt der Betrachtung ... Und doch finde ich gerade das Abgebrochene in unserm Text so schön; es ist ein Ausruf, der gleichsam jedes Christen Leben unterlegt werden kann, jeder in Gott gelebten Stunde; denn Gott ist in Wahrheit nicht weniger im einförmigen Leben des einzelnen als im Lärm der Welt-Entwicklung; er ist nicht weniger in seinen Führungen des einzelnen Menschen, als wenn er mächtige Nationen unter seine gewaltige Hand beugt, nur daß wir uns zu ihm in wahrer Andacht erheben, nur daß wir mit wahrer Begeisterung sagen können: O Tiefe des Reichtums usw.«

Kein Ende also, sondern ein »usw.«. Mehr konnten wir nicht von Paulus verfolgen als seine Wege, und die waren welteröffnend genug. Näher konnten wir ihm nicht kommen als in seinen Torturen, und die waren schon Auschwitz genug. Wichtigeres kann man nicht von Paulus erwarten als seine vor zweitausend Jahren formulierten Utopien, und die werden Aufgabe genug sein, auch für ein neues Jahrtausend. Mehr kann man nicht von Paulus verstehen, als daß er auch Saulus bleibt und den Begriff der Treue Gottes auf sich selbst beziehen muß: Bote des Evangeliums und doch auch Begründer der Kritik an jeglicher Botschaft.

Nachweise

Bibelzitate beziehen sich auf: »Die Bibel oder die ganze Heilige Schrift des Alten und Neuen Testaments nach der Übersetzung Martin Luthers«, revidierter Text 1975, Deutsche Bibelstiftung Stuttgart. Diese Luther-Revision wurde im Auftrag des Rates der Evangelischen Kirche in Deutschland in den Jahren 1957-75 erarbeitet. Maßgebend für die Wahl gerade dieses Textes war vor allem die Überlegung, daß dies die für jedermann leichtest zugängliche Bibelausgabe ist. (Nur die »Autobiographische Notiz«, S. 7, weicht, als Übersetzung für dieses Buch, vom Prinzip ab.)

An Luther-Ausgaben wurden ferner zitiert:

1. D. Martin Luther: Die gantze Heilige Schrifft/Deudsch Wittenberg 1545 (unter Mitarbeit von Heinz Blanke herausgegeben von Hans Volz, Rogner und Bernhard Verlag München 1972, Bd. 2).
2. Das Neue Testament Deutsch von D. Martin Luther (Ausgabe letzter Hand 1545/46, unveränderter Text in modernisierter Orthographie. Evangelische Hauptbibelgesellschaft zu Berlin und Altenburg 1982, bzw. Deutsche Bibelgesellschaft Stuttgart 1982).

An weiteren NT-Übersetzungen wurden benutzt:

Das Neue Testament (Interlinearübersetzung Griechisch-Deutsch übersetzt von Ernst Dietzfelbinger, Neuhausen Stuttgart, Hänssler Verlag ²1987).
Die Bibel in heutigem Deutsch, Die gute Nachricht des Alten und Neuen Testaments, ²1982, Deutsche Bibelgesellschaft Stuttgart.
Neues Testament, Einführungen, Text, Kommentare (Hg. von Gerhard Iber in Verbindung mit Hermann Timm, Einführung G. Bornkamm = Serie Piper 348, München 1984, bei den Nachweisen Piper NT genannt.

Wichtigste lexikalische Hilfsmittel:

RGG = Religion in Geschichte und Gegenwart/Handwörterbuch

für Theologie und Religionsgeschichte, dritte, völlig neubearbeitete Auflage 1957 (= ungekürzte Studienausgabe 1986, sieben Bände, Tübingen J.C.B. Mohr).
Der kleine Pauly, Lexikon der Antike in fünf Bänden, München 1979 (dtv), bearbeitet und herausgegeben von Konrat Ziegler und Walter Sontheimer.

Damaskus und Utopia

12 Damaskus-Rühmungen (in D. Ludwig Schneller, Tarsus und Damaskus. Bilder aus dem Leben des Apostels P., Köln 1913).
13 Der Ausdruck, es sei einem plötzlich (Arthur Koestler, Der Gott der keiner war, zitiert nach: H. G. Brandt, Literatur und Bekehrung, Stuttgart 1968, S. 253).
14 In jedem Leben (Jakob Wassermann, Der Fall Maurizius, Gütersloh o.J., S. 308).
15 Das Werk Alexanders (Adolf von Harnack, Das Wesen des Christentums, Gütersloh 1985, S. 109); Wer sich auf Paulus (Karl Barth, Die christliche Dogmatik im Entwurf I, 1927, S. IX).
16 So tobt ich (zitiert nach Hans Lilje, Luther, Reinbek 1965 (rm 98), S. 67f).
19 Paulus, nicht Jesus (Hyam Maccoby, The Mythmaker, London 1986, S. 16; für dieses Buch aus dem Englischen übersetzt; ebd. auch die folgende Argumentation.)
17 Diese Epistel ist (Martin Luther I, Vorrede auf den Römerbrief).
20 Paulus ist also (Hermann Samuel Reimarus, Apologia oder Schutzschrift für die vernünftigen Verehrer Gottes – im folgenden Reimarus genannt –, Frankfurt/Hamburg 1972, Bd. II, S. 546); Nicht nur eines der größten (Albert Schweitzer, Geschichte der Leben-Jesu-Forschung, Tübingen ⁶1951, S. 15); Das Hauptwerk (Hans Blumenberg, Die Legitimität der Neuzeit, Frankfurt 1966, S. 413); Des Paulus Meinung und Gutachten (Reimarus II, S. 332).
21 Das war eine Einteilung (Reimarus II, S. 333); Er scheuete sich nicht (ebd. S. 547f); Er baute nämlich (ebd. S. 551f).
22 Wir werden durch viele Exempel (Reimarus II, S. 553); Das

Wesentliche (Friedrich Nietzsche, Werke in drei Bänden, hrsg. von Karl Schlechta – im folgenden Nietzsche genannt –, München 1954, Bd. I, S. 1057); Dies ist der erste (Nietzsche I, S. 1058).

23 Daß das Schiff (Nietzsche I, S. 1055); Damit ist der Rausch (ebd. S. 1058); Erfand sich eine Geschichte (Nietzsche II, S. 1204); Jener Gott, den Paulus (Nietzsche II, S. 1212); Ein frecher Windmacher (ebd. 1211); Der größte aller (ebd. S. 1210); Dieser fürchterliche Betrüger (ebd. S. 1209).

24 Wer hat ganz im Sinne Nietzsches (Jacob Taubes, Heidelberger Vorlesungen über den Römerbrief, nach dem Manuskript zitiert – im folgenden Taubes/Römer genannt – S. 115. In einer Vorbemerkung zum Text schreibt Aleida Assmann: »Das Manuskript ... hat eine äußerst vorläufige Form. Es bietet lediglich eine vollständige Text-Transkription der Paulus-Vorlesungen, die Jacob Taubes vom 23.–27. 2. 1987 in der FEST (= Forschungsstätte der Evangelischen Studiengemeinschaft) gehalten hat.«); Der ›Umwerter‹ Nietzsche (Jörg Salaquarda, Dionysos gegen den Gekreuzigten, in: Nietzsche, hrsg. von J.S., Darmstadt 1980, S. 311).

25 Was die Krankheit angeht (zitiert nach Ernst Bertram, Nietzsche, Versuch einer Mythologie, Bonn [8]1965, 139f); Solchen Menschen (Bertram, Nietzsche, S. 140); dem seine Zukunft (ebd. S. 141).

26 Der Entdecker (Adolf von Harnack, Die Mission und Ausbreitung des Christentums in den ersten drei Jahrhunderten, Leipzig [4]1924 = fotomechanischer Nachdruck 1965, Bd. I, S. 50); Es scheint (Sigmund Freud, Der Mann Moses, Frankfurt 1968, S. 113/115).

27 Doch der Gründer (Hannah Arendt, Vom Leben des Geistes, Bd. II, zitiert nach: Der nahe und der ferne Gott, Berlin 1981, S. 199).

30 Eine kraftgeladene (Thomas Mann, zitiert nach Hermann Weber, Lenin, Reinbek 1970 = rm 168, S. 174); Was geschieht, wenn (W. I. Lenin, Werke, Berlin 1957ff, Bd. 24, S. 522).

31 Die III. Internationale (Lenin, Bd. 23, S. 206); Jeder Gott ist (Lenin, Bd. 35, S. 98); Wandelt nicht (Lenin, Bd. 35, S. 144); Erst jetzt wurde (Lenin, Bd. 23, S. 248); Die Zögernden hinreißend (ebd., S. 248); Wenn man es nicht verstehen (Lenin, zitiert

nach Wolfgang Leonhard, Die Dreispaltung des Marxismus, Düsseldorf/Wien 1970, S. 87).
32 Man muß die größte Treue (Lenin, zitiert nach Leonhard, a.a.O., S. 87); Nein, meine Lieben (Lenin, Werke, Bd. 35, S. 200); Das ist ein Skandal (ebd. S. 190); Andererseits wäre es (ebd. S. 177); Schreiben Sie bitte (ebd. S. 184).
33 Ich möchte den alten Internationalen (Friedrich Engels, Zur Geschichte des Urchristentums, in: Marx/Engels, Über Religion, Berlin (DDR) 1987, S. 119): Denn daß das Evangelium (Arthur Rich, Revolution als theologisches Problem, in Diskussion zur Theologie der Revolution, München 1969, S. 145. Weder Paulus noch (Jürgen Moltmann, Gott in der Revolution, in Diskussion etc., S. 72).

Quertreiber zwischen den Fronten

38 Jerusalem-Namen (vergl. Joachim Jeremias, Jerusalem zur Zeit Jesu, Göttingen 1962).
45 Wie mit ihm in Zukunft (Rudolf Hirzel, Die Strafe der Steinigung, Darmstadt 1967, S. 24); zum Thema Steinigung auch: Detlev Fehling, Ethologische Überlegungen auf dem Gebiet der Altertumskunde, III. Steinigung, S. 59ff, München 1974).
46 Wer aber den Namen (Martin Buber und Franz Rosenzweig, Die fünf Bücher der Weisung, Heidelberg [10]1981, zur Stelle.
49 Jesus malt (Werner de Boor, Das Evangelium des Johannes, I. Teil, in: Wuppertaler Studienbibel, Wuppertal 1983, S. 254f.
51 Lutherpredigt (Martin Luther, Die Ander Predigt von der Bekehrung St. Pauli wider die Mönchen, Halle, 26. Januar 1546, in: D. Martin Luthers Werke, Kritische Gesamtausgabe, Bd. 51 (Weimar 1924) S. 135ff).
53 Wenn Taubes das Argument (Taubes/Römer 38: »Wer fünfzig oder zwanzig Jahre nach Paulus schreibt, er sei zu Füßen Gamaliels gesessen, wo es Leute gab, die ihn noch kannten, weiß doch, daß er nichts schreiben kann, wofür er nicht auch haften kann.«)
54 Sofern das Synedrion (Albrecht Oepke, Probleme der vorchristlichen Zeit des Paulus, in: Das Paulusbild in der neueren deutschen Forschung, hrsg. von K. H. Rengstorf, Darmstadt

1982 – im folgenden Paulusbild genannt –, S. 423); an unsere Brüder (Heinrich Graetz, Volkstümliche Geschichte der Juden, München 1985 (= dtv-reprint), Bd. 2, S. 195f).

56 Dort in Kleinasien (Leo Baeck, Das Evangelium als Urkunde der jüdischen Glaubensbewegung, in: Paulus, die Pharisäer und das Neue Testament, Frankfurt 1961, S. 131).

57 Tarsus-Beschreibung (nach Sir William Ramsay. The Cities of Paul, London 1907, S. 85ff).

60 Hätte jemand im 1. Jhdt. (Ernest Renan, zitiert nach Adolf v. Harnack, Das Wesen des Christentums, Gütersloh 1985, S. 109.)

62 Athenodoros-Zitate (nach Emil Bock, Urchristentum IV: Paulus, Stuttgart 1954, S. 50f); Bei den Bewohnern (Strabo, nach O. Dibelius, Die werdende Kirche, Stuttgart 1951, S. 133).

64 Schön ist das Studieren (Mischna Awot I, 16, zitiert nach Reinhold Mayer, Der babylonische Talmud, München 1968, S. 328); Chrysostomos (zitiert nach Gerd H. Theissen, Soziale Schichtung in der korinthischen Gemeinde, in: Zur Soziologie des Urchristentums, Tübingen 1979, S. 267).

77 Eine Vision hatte (Leo Baeck, Der Glaube des Paulus, in Paulusbild, a.a.O., S. 568).

81 Einige Jahre später aber (zitiert nach Arthur Drews, Die Entstehung des Christentums aus dem Gnostizismus, Jena 1924, S. 237). Drews beruft sich auf das Buch: Die holländische radikale Kritik von van den Berg van Eysinga.

82 Weil er schon als Verfolger (Christoph Türcke, Zum ideologiekritischen Potential der Theologie, Köln 1979, S. 82); So führte sein erster Schritt (Leo Baeck, Der Glaube des Paulus, in Paulusbild, a.a.O., S. 568).

83 Ob er dort schon (Adolf Deissmann, Paulus, Tübingen ²1925, S. 191); Wir haben darum anzunehmen (Günter Bornkamm, Paulus, Stuttgart ⁴1979 (= utb 119), S. 49); Paulus habe sich (Piper NT, a.a.O., S. 223).

84 Wer nur predigt (vergleiche dazu: Frederick Fyvie Bruce, Further Thoughts on Paul's Autobiographie, in FS Werner G. Kümmel, S. 23: »Had he gone to Arabia to commune with God at Mount Horeb ..., it is unlikely that he would have attracted the hostile attention of the Arabian authorities. Some activity of a more public nature is implied ...«)

II. Wanderer zwischen den Welten

93 Hofastrologe (vergleiche Ernst Haenchen, Die Apostelgeschichte übersetzt und erklärt, Göttingen ¹⁶1977 – im folgenden Haenchen genannt –, S. 340.) Luther-Zitat (Luther I, zur Stelle); Elim = der Weise (Haenchen, S. 341, Anm. 1, Punkt 6).

95 Magie will Kräfte (Lucy Mair, An Introduction to Social Anthropology, in: Howard Clark Kee, Das frühe Christentum in soziologischer Sicht, Göttingen 1968, S. 68); Der leidende (Thomas Mann, Mario und der Zauberer, in Th. M., Sämtliche Erzählungen, Frankfurt 1963, S. 549).

96 Recherche (nach Handwörterbuch des deutschen Aberglaubens, hrsg. von Hanns Bächthold-Stäubli, Berlin/Leipzig 1927, Bd. I, Stichworte Abwehrzauber, Analogiezauber, Amulett, Auge.)

97 Es mußte schon etwas (August Strindberg, Inferno, München 1962, S. 32f); diese Tatsache (Strindberg, a.a.O., S. 47).

98 Alle Reiche der Natur (Pfister, Stichwort Abwehrzauber in Handwörterbuch Aberglauben, wie unter Seite 96).

100 Lukas hatte den Paulus (Haenchen, S. 346); Namensspekulation (zitiert nach Haenchen, S. 342, Anm. 1. Quelle ist: G. A. Harrer, Saul who also is called Paul, in Harvard Theological Review 33, 1940. Haenchen weist diese Hypothese jedoch zurück).

102 Einmal haben sie mich (William Least Heatmoon, Blue Highways, Frankfurt 1985, S. 439).

103 Hermes-Charakteristik (nach Joseph Wiesner, Olympos, Darmstadt 1966, S. 58ff).

105 Selbst in Lykaonien (Alfred Loisy, zitiert nach Haenchen, S. 367).

106 Die kritische Theologie (Haenchen S. 376 nennt Hilgenfeld, Clemen, Jüngst und Loisy, die »die ganze Darstellung dem Redaktor zuschrieben«.)

109 So bot also eine Gemeinde (Otto Dibelius, Die werdende Kirche, Stuttgart 1951, S. 244).

110 Eine weitgespannte (Dieter Georgi, Die Geschichte der Kollekte des Paulus für Jerusalem, Hamburg 1965, S. 15. Ebd. auch die Formulierung »syrischer Nuntius« für Barnabas).

111 Esriels Frau (Isaac Baashevis Singer, Das Erbe, München 1981, S. 26).

116 Als besonders unintelligent (A. Loisy, zitiert nach A. Schweitzer, Geschichte der Leben-Jesu-Forschung, Tübingen ⁶1951, S. 5. Ohne Paulus wäre (Ernst von Dobschütz, Der Apostel Paulus und seine weltgeschichtliche Bedeutung, 1925, S. 44).

120 Thora-Polizei (Detlef von Dobschütz, Paulus und die jüdische Thora-Polizei, Erlangen 1967); Nicht menschliche (Haenchen, S. 425).

121 Gott läßt uns manchmal (Werner de Boor, Apostelgeschichte, in: Wuppertaler Studienbibel, a.a.O., S. 291).

123 Gerade ein Arzt (Adolf Schlatter, zitiert nach Haenchen, S. 428).
Recherche Eilfahrt (nach Alfred Suhl, Paulus und seine Briefe, Ein Beitrag zur paulinischen Chronologie, Gütersloh 1975, S. 302; dort auch das Zitat Seite 324).

126 Daß die Wahrheit (Haenchen, S. 441); Ziemlich verzwickt (Eberhard Jüngel, Geistesgegenwart, Predigten, München 1974, S. 98 u.ö.); Paulus war (Jüngel, a.a.O., S. 99).

129 Er war der Einzige (Julius Wellhausen, zitiert nach Haenchen, S. 440); Kurz, die ganze Episode (Haenchen, S. 440, zitiert unter anderen Overbeck).

134 Eine andere Lesart (nach Haenchen, S. 437, Anm. 4: »D hat hier einen unbegründeten Wechsel in der Haltung der Behörde gesehen und versucht, die Erinnerung an das Erdbeben als Motiv für diesen Wechsel einzuführen.«).

137 Ein Besessener einem Fiebertraum (Ernst Käsemann, Exegetische Versuche und Besinnungen, Göttingen 1986, S. 185); Die ganze religiöse (Adolf Deissmann, Paulus, a.a.O., S. 174).

139 Bis nach Belgien hinauf (Adalbert Hamman, Die ersten Christen, Stuttgart 1985, S. 35; dort auch weitere Details über das Reisen in der Antike).

140 Von einem Zentralort (Frank Kolb, Die Stadt im Altertum, München 1984, S. 171; dort auch weitere Details über Poleis, Militärlager etc.).

141 Das ganze Universum (Aristides, zitiert nach Hamman, Die ersten Christen, a.a.O., S. 31); Wer ohne Stab (Gerd Theissen, Soziologie der Jesus-Bewegung, München 1985, S. 20).

142 Mailänder Manifest (Tadeusz Kantor, in: Wolfgang Schreiber: Musik ›ist‹ nicht etwas ... Freibeuter, Heft 34, Berlin 1987, S. 83).

146 Von allen Ecken (Adolf Schlatter, Paulus und das Griechentum, in Paulusbild, a.a.O., S. 104f).
147 Alt-Heidelberg der Antike (Haenchen, S. 456, Anm. 7); Agorazein (Luciano Crescenzo, Geschichte der griechischen Philosophie, Zürich 1985, S. 10); ein Fremder (ebd.); Ich bin eben (Gottfried Martin, Sokrates, (= rm 128), Reinbek 1967, S. 34.
148 Er sagt nämlich (Martin, Sokrates, a.a.O., S. 37).
150 Überhaupt achte ich (Apollonius von Tyana, zitiert nach Eduard Norden, Agnostos Theos, Darmstadt 1956, S. 42).
152 Ich kann noch immer nicht (Martin, Sokrates, S. 113).
153 Der Glaube richtet sich (Luther, zitiert nach Karl Barth, Der Römerbrief, ²1922 München, – im folgenden Barth genannt –, S. 14); Geist ist Leugnung (Kierkegaard, bei Barth, S. 14) Göttliches incognito (Barth, S. 14); Berufung auf den unbekannten Gott (Barth S. 12).

III. Gejagter zwischen den Zeiten

165 Jeder Satz über Gott (Rudolf Bultmann, Theologie des Neuen Testaments, Tübingen 1965, S. 192).
170 Das Gericht Gottes (Rudolf Bultmann, Geschichte und Eschatologie, Tübingen 1979, S. 31).
172 Denn die nicht überbleiben (Esra-Zitat nach Paul Hoffmann, Die Toten in Christus, Münster 1966, S. 233).
175 Das hat sich eine Anzahl (Alle Zitate nach Hoffmann, die Toten in Christus, a.a.O., S. 235f).
176 Vorläufer des Weltendes (Ernst Käsemann, Exegetische Versuche und Besinnungen, a.a.O., S. 185).
178 Drei kommen unversehens (zitiert nach Gershom Sholem, Über einige Grundbegriffe des Judentums, Frankfurt 1970 – es 414, S. 134); mag er kommen (ebd.) Vergleiche auch Der babylonische Talmud, hrsg. von Reinhold Mayer, München 1968, S. 562f).
186 Verwunderlich ist (Albert Schweitzer, Die Mystik des Apostel Paulus, Tübingen 1981, S. 52).
187 Recherche Papyrus (nach Adolf Deissmann, Licht vom Osten, Tübingen 1909, S. 13ff).

188 Wenn der 1. Korintherbrief (Walter Bauer, Rechtgläubigkeit und Ketzerei im frühen Christentum, Tübingen 1964, S. 224).

190 In den Papyrusmassen (Deissmann, Licht vom Osten, a.a.O., S. 18f); Die Inschriften sind (Deissmann, Licht, S. 20).

191 Ob der sachlich archaischen (H. H. Schade, Apokalyptik und Eschatologie, Göttingen 1981); Lüdemann – Hinweis (siehe: Gerd Lüdemann, Paulus, der Heidenapostel I, Studien zur Chronologie, Göttingen 1980. Insbesondere Kapitel 5: »Die eschatologischen Aussagen in 1. Thess. 4,13ff und 1. Kor. 15,51f als Bestätigung der frühen macedonischen Wirksamkeit Pauli«, Seite 213ff).

192 Die uns interessierenden (Walter Schmithals, Untersuchungen zu den kl. Paulinischen Briefen, Zur Abfassung und ältesten Sammlung der paulinischen Hauptbriefe, Hamburg 1965, S. 179).

193 Die Entdeckung des (Rudolf Pesch, Die Entdeckung des ältesten Paulusbriefes, Freiburg im Breisgau 1984; vergleiche auch: R. Pesch, Paulus ringt um die Lebensform der Kirche / Vier Briefe an die Gemeinde Gottes in Korinth (= zum 1. Korintherbrief) und: Paulus kämpft um sein Apostolat / Drei weitere Briefe an die Gemeinde Gottes in Korinth (= 2. Korintherbrief); = Herderbücherei Nr. 1167, 1291, 1382).

194 Paulus schreibt (Sören Kierkegaard, Die Tagebücher, 1. Bd., Düsseldorf/Köln 1962, S. 275).

198 Korinth besaß seitdem (Der kleine Pauly, Lexikon der Antike in fünf Bänden, München 1979 (dtv), Bd. III, Stichwort Korinthos, Sp. 302).

202 Aphroditekult und Prostitution (vgl. Hans Conzelmann, Korinth und die Mädchen der Aphrodite / Zur Religionsgeschichte der Stadt Korinth, in: Theologie als Schriftauslegung, München 1974, S. 152f).

205 Wir sehen diesen Schaliach (Schalom Ben-Chorin, Paulus, München 1980, S. 68).

206 Wir können noch (Ben-Chorin, Paulus, a.a.O., S. 68).

211 Sebomenoi = Christen (so bei Taubes/Römer, S. 29: »Es gibt immerhin einen philologischen Hinweis, der zu beachten ist: daß im Iranischen sebomenoi ›Christen‹ heißt.«); Denn wer hat nicht (Philo von Alexandrien, zitiert nach Dieter Georgi, Die Gegner des Paulus im 2. Korintherbrief, Neukirchen 1964, S. 8.)

213 Die Steine (Adolf Deissmann, Licht vom Osten, Tübingen 1909, S. 3).
214 Text der Delphi-Inschrift (zitiert nach Haenchen, S. 58, Anm.).
215 Die Inschrift (Haenchen, S. 59, Anm. 2).

IV. Ratgeber zwischen den Sorgen

225 Alle diese fünf (Fjodor M. Dostojewski(j), Die Dämonen, aus dem Russischen von Marianne Kegel, München 1987, S. 446.
226 Hören Sie (Dostojewski(j), a.a.O., S. 475); wir werden sagen (Dostojewski(j), S. 481).
228 Die Ausdrucksweise (Adolf von Harnack, Mission I, S. 80).
230 Aber nicht menschliche (Tacitus, Annalen XI-XVI, übersetzt von Walter Sontheimer, Stuttgart 1967/71 = Reclam), S. 191).
232 Die Christen müssen (Celsus, zitiert nach Harnack, Mission S. 230).
233 Hören wir nun (Celsus, bei Harnack I, S. 132); Einige Christen (Celsus, bei Harnack I, 249).
234 Nur weil das Neue Testament (Adolf Deissmann, zitiert nach Theissen, Soziale Schichtung, a.a.O., S. 231); Wenn Sie eine (Ernest Renan, zitiert nach Engels, Das Buch der Offenbarung in Marx, Engels, Über Religion, a.a.O., S. 114); Im Orient (Gerd Theissen, Legitimation als Lebensunterhalt, in: Zur Soziologie des Urchristentums, a.a.O., S. 208).
235 Die Christen waren (E. A. Judge, zitiert nach Theissen, Soziale Schichtung, a.a.O., S. 231); Mag nun (Theissen, Schichtung, S. 234).
237 Theodotos-Zitat (nach Theissen, Schichtung, S. 236).
238 Der Erfolg (Max Weber, zitiert nach Theissen, Die Starken und die Schwachen in Korinth, Soziale Schichtung, S. 284).
240 Der Übertritt (Theissen, S. 279); Recherche (nach Theissen, S. 275ff, dort auch das Talmud-Zitat)
242 Der Stadtkämmerer (Theissen, S. 280).
243 Als Fortsetzung der Tischgemeinschaft (Hans Conzelmann, Der erste Brief an die Korinther, Meyers Kommentare, S. 237).
246 »Haben Sie das christliche« (Elga Sorge, in: Magie, Matriarchat und Marienkult, hrsg. von Karin Gaube und A. Pechmann, Reinbek 1986, S. 35).

249 Daß Paulus keinem (Hans Conzelmann, a.a.O., S. 225).
250 Die Machthaltigkeit des Haares (RGG, Bd. 3, Stichwort Haar, A. Schimmel, Sp. 1).
251 Nicht die patriarchalische (Elisabeth Schüssler Fiorenza, Die Frauen in den vorpaulinischen und paulinischen Gemeinden, in: Frauen in der Männerkirche, München 1982, S. 121; dort auch der Hinweis auf die besondere Tätigkeit der Diakonin Phoebe).
252 Die bedeutendere (Adolf von Harnack, Über die beiden Recensionen der Geschichte der Prisca und des Aquila in den Act. Apost. 18, 1-27, S. 404f, in: Adolf von Harnack, Kleine Schriften zur alten Kirche, Leipzig 1980); Die späten Apokryphen (Harnack, Mission II, S. 598); Und während Paulus so sprach (Paulus-Akten in: Neutestamentliche Apokryphen, Bd. II, Tübingen [4]1964, S. 243f).
256 Zu unserer Beruhigung (Helmut Gollwitzer, Befreiung zur Solidarität, Einführung in die evangelische Theologie, München 1978, S. 230).
258 Paulus redet rein (Albrecht Oepke, zitiert nach Roland Gayer. Die Stellung der Sklaven in den paulinischen Gemeinden und bei Paulus, Bern/Frankfurt 1976, S. 171); Aber wenn du auch (Wuppertaler Studienbibel, a.a.O., 1. Korintherbrief, zur Stelle).
259 In heutigem Deutsch (Bibel heute, zur Stelle); Bist du als Sklave (Conzelmann, 1. Korinther, zur Stelle); Sondern auch (Piper NT, S. 248); Die Freiheit (Albert Schweitzer, Mystik, S. 191); daß der Apostel rät (Harnack, Mission I, S. 191, Anm. 4). Der Sklave achte (Franz Overbeck, Studien zur Geschichte der alten Kirche, Darmstadt 1965, S. 179); Niemals also folgert (Overbeck, a.a.O., S. 182).
260 Recherche Sklaverei (Nach Roland Gayer, Die Stellung der Sklaven a.a.O. – im folgenden Gayer/Sklaven genannt –. Ferner: Die Geschichte der Arbeit vom alten Ägypten bis zur Gegenwart, hrsg. von Arne Eggebrecht, Köln 1980, S. 130ff; Hans Volkmann, Stichwort Sklaverei in: Der kleine Pauly, Bd. 5. Sp. 230f); Wer baute (Bertolt Brecht, Fragen eines lesenden, in B. B. Gesammelte Werke = werkausgabe Bd, 9, S. 656).
263 So daß die ganze Dynamik (Mikis Theodorakis, Die Antike als praktische Utopie. In: Der Tagesspiegel, Berlin, 7. Februar 1988).

264 Auf einem Raum (Theodorakis, a.a.O.).
273 Der Apostel Paulus (A. Granowski, zitiert nach F. M. Dostojewski(j), Tagebuch eines Schriftstellers, hrsg. von Alexander Eliasberg, München 1923, 4 Bd., S. 393); Ich achte aber (Dostojewski(j), Tagebuch 4, S. 394).
276 Endlich ist das Mißverständnis (Harnack, Mission I, S. 115).
277 Denn hier stehen wir (Martin Hengel, Mors turpissima crucis, – im folgenden Hengel/Mors genannt –, in Festschrift für Ernst Käsemann, S. 134); Als Kurzformel für (Eberhard Juengel, in FS Käsemann, S. 348); Die Stellvertretung (J. Jeremias, in: Diskussion um Kreuz und Auferstehung, Wuppertal 1968, S. 178); Von hier aus (Peter von der Osten-Sacken, Evangelium und Tora, München 1987, S. 19); Das der eine (Hengel/Mors, S. 128; diesem Aufsatz folgt auch die Darstellung der rechtspolitischen Situation).
278 Die paulinische Theologie (Ernst Käsemann, Die Heilsbedeutung des Todes Jesu bei Paulus, in: Paulinische Perspektiven, Tübingen 1969, – im folgenden Käsemann/Paulus genannt –, S. 106).
281 Das ist ein Tod (Taubes/Römer, S. 15).
282 Dennoch wurde (Hengel/Mors, a.a.O., S. 177).
283 Paulus unter den Juden (Franz Werfel, Die Dramen, Frankfurt 1959, Bd. 1, S. 46).
286 Ausgespannt hat/ O selig Holz (Kyrill von Jerusalem, zitiert nach Jürgen Moltmann, Der gekreuzigte Gott, S. 192).
287 Meine Seele (Oscar Cullmann, Unsterblichkeit der Seele oder Auferstehung der Toten? Stuttgart 1986, S. 24f).
288 dokumentiert nicht (Jürgen Moltmann, zitiert nach Christoph Türcke, Zum ideologiekritischen Potential . . ., a.a.O., S. 116); Er schlug Christus (Friedrich Nietzsche, Der Antichrist, Werke II, S. 1204).
289 Doch für ihn ist (Käsemann, Paulus, S. 81); Denn für uns ist (Käsemann, Paulus, S. 66); Am Kreuze Jesu (Käsemann, Paulus, S. 83f); in der Nachfolge (Käsemann, S. 70).
292 Beginnt recht eigentlich (Georg Schneider, Kernprobleme des Christentums, Stuttgart 1959).

V. Polemiker zwischen den Parteien

303 Die Agape aber (Helmut Gollwitzer, Das Hohelied der Liebe, München 1978, S. 48).

306 Conzelmann (Hans Conzelmann, 1. Korintherbrief, S. 47; vergl. auch: Philipp Vielhauer, Paulus und die Kephas-Partei in Korinth, in Oikodome, Aufsätze zum Neuen Testament, Bd. 2, München 1979).

307 »Freibeuter« Apollos (Käsemann, zitiert nach Haenchen, S. 491).

309 Das besondere der Gnosis (Walter Schmithals, Neues Testament und Gnosis, Darmstadt 1984, S. 9).

311 Redet einem Wucher (und die übrigen Swift-Zitate nach J. Swift, Ausgewählte Werke in drei Bänden, Berlin/Leipzig 1967, Bd. 1, S. 544).

312 Dibelius und andere (nach Gerhard Schneider, Die Apostelgeschichte, II. Teil, Freiburg/Basel/Wien, 1982, S. 231f).

315 Plato (zitiert nach Peter C. Marshall, Enmity in Corinth, Tübingen 1987 – im folgenden Marshall genannt –, S. 284).

320 Bornkamm, Barton, Ellison (nach Marshall, S. 305); Plutarch (Marshall, S. 309); Die verschiedenen Bekehrungen (Margret Boveri, Der Verrat im XX. Jahrhundert, Reinbek 1956, Bd. III, S. 137; dort auch das folgende Zitat).

321 Das stolze Selbstlob (Dungan, nach Marshall, S. 309).

323 Paulus nahm nie (Marshall, S. 223).

326 Fatal (Rudolf Bultmann, zitiert nach Klaus Bussmann, Themen der paulinischen Missionspredigt, Frankfurt 1971, S. 89); Denn in dem Ereignetsein (Ulrich Wilckens, bei Bussmann/Themen, S. 102); Aber warum (Bussmann/Themen, S. 103).

327 Zur Bestätigung (Karl Barth, zitiert nach Bussmann/Themen, S. 103.

335 Recherche Krankheit (A. D. Nock, zitiert nach Michael Grant, Paulus, Apostel der Völker, Bergisch-Gladbach 1978, S. 39); die natürlichste Annahme (Albert Schweitzer, Mystik, a.a.O., S. 152).

338 Ihr liefet so gut (Martin Luther, Vorlesung über den Galaterbrief 1519, Calwer Luther-Ausgabe, 10. Bd., S. 212).

343 Wer in Bethsaida (G. Dalman, zitiert nach Oscar Cullmann, Petrus-Jünger-Apostel-Märtyrer, Zürich/Stuttgart, S. 24); Er erscheint nur (Cullmann/Petrus, S. 33).

344 Die Szene am See (Cullmann, ebd.); Die Nuancen der gelehrten (Cullmann, Petrus, S. 27f).
348 Wie denn (Fritz Leist, Der Gefangene des Vatikans, Strukturen päpstlicher Herrschaft, München 1971, S. 303 und 301).
350 Zum Korinth-Aufenthalt des Petrus (siehe: Philipp Vielhauer, Paulus und die Kephas-Partei, a.a.O., S. 173) dort auch die übrigen Zitate zur Sache.) Durch diese Ermahnung (Cullmann, Petrus, S. 61).
351 Du behauptest (Homilien des Pseudo-Clemens, in Ferd. Chr. Baur, Paulus, Bd. 1, Osnabrück 1968, S. 98ff).
361 Die Gleichberechtigung (C. G. Jung, zitiert nach Ben-Chorin, Paulus, a.a.O., S. 12).
364 Hat denn Gott (Nestorius, zitiert nach Peter Kawerau, Geschichte der alten Kirche, Marburg 1967, S. 170); Ein gerechtes Urteil (zitiert nach Karl Kupisch, Kirchengeschichte, Stuttgart/Berlin, Bd. I, S. 117).
365 Der Feind ist (zitiert nach Kupisch, ebd.).

VI. Mittler zwischen den Reichen

370 Zu Rom vergleiche Ulrich Kahrstedt, Kulturgeschichte der römischen Kaiserzeit, Berlin 1958.
371 Wenn das Verständnis (Carl Holsten, zitiert nach Walter Schmithals, Der Römerbrief als historisches Problem, Gütersloh 1975, S. 11.) Dies Urteil (ebd.); In dem Doppelcharakter (Feine, bei Schmithals S. 9).
372 Der Römerbrief ist (Carl Weizsäcker, bei Schmithals, S. 42).
373 Gehörten zur (Schmithals, a.a.O., S. 88).
377 Meine Antwort (Jacob Taubes, Römerbrief-Vorlesungen – im folgenden wieder Taubes/Römer genannt –, S. 23 ff.; dort auch die folgenden Zitate.
381 Der Römerbrief kreise (Günter Bornkamm, Paulus, a.a.O., S. 108).
382 Er hat sein Profil (Bornkamm, Paulus, S. 110).
385 Ich möchte hier (Taubes/Römer, S. 34); Paulus ist (Taubes/Römer, S. 36).
386 Also handelt es sich (Taubes/Römer, S. 18).

387 Die göttliche Vorsehung (zitiert nach E. Stauffer, in: Hans Erich Stier, Das Friedensreich des Kaisers Augustus, Bremen 1949, S. 71).
390 Sendbrief vom Dolmetschen (Martin Luther, zitiert nach Martin Luther und die Bibel, Frankfurt 1983, S. 30 f).
392 Paulus behielt auch (Ernst von Dobschütz, Der Apostel Paulus etc., a.a.O., S. 29).
395 Am Grunde des begründeten (Ludwig Wittgenstein, über Gewißheit, Frankfurt 1970, S. 69); Glauben heißt (Franz Kafka, Hochzeitsvorbereitungen auf dem Lande, Frankfurt 1980, S. 66); Was wissen wir (Franz Rosenzweig, Die Schrift, Königstein 1984, S. 160).
399 Man bemerke (Karl Barth, Kurze Erklärung des Römerbriefs, München 1956, S. 104).
400 Apostat oder Apostel (so der Titel eines Aufsatzes von Peter Stuhlmacher in Pinchas Lapide/Peter Stuhlmacher, Ein jüdisch-christlicher Dialog, Stuttgart 1981, S. 11 ff).
401 Ambrosiaster-Kommentar wie die gesamte Darstellung der Exegetik-Diskussion nach: Werner G. Kümmel, Römer 7 und das Bild des Menschen im Neuen Testament, München 1974. Dort vor allem S. 89 f eine eingehende Darstellung der Positionen Augustins.
415 Recherche Insel (Maßgebend für die Darstellung war die soeben erschienene Arbeit von Heinz Warnecke: »Die tatsächliche Romfahrt des Apostels Paulus, Stuttgart 1987 = Stuttgarter Bibel Studien 127, mit einem Geleitwort von Alfred Suhl).
416 Schlangen mit einem (Warnecke, Romfahrt, a.a.O., S. 152 f; dort auch die Information über die Europäische Katzennatter etc.).
417 Wie Paulus traf (Warnecke, Romfahrt, S. 99 f).

Vom Paulus zum Saulus?

423 Wie es zwar noch nicht (Friedrich Wilhelm Marquardt, Das jüdische Nein und die christliche Theologie, in: Treue zur Tora, Berlin 1977, S. 179).

426 Wer die Begrenzung (Karl Barth, Der Römerbrief (1922), a.a.O., S. 14).

427 Saulus Paulus (August Strindberg, Aus dem Blaubuch, Nördlingen 1988, S. 246).

428 O Tiefe des Reichtums (Sören Kierkegaard, Tagebücher 1, a.a.O., S. 190).

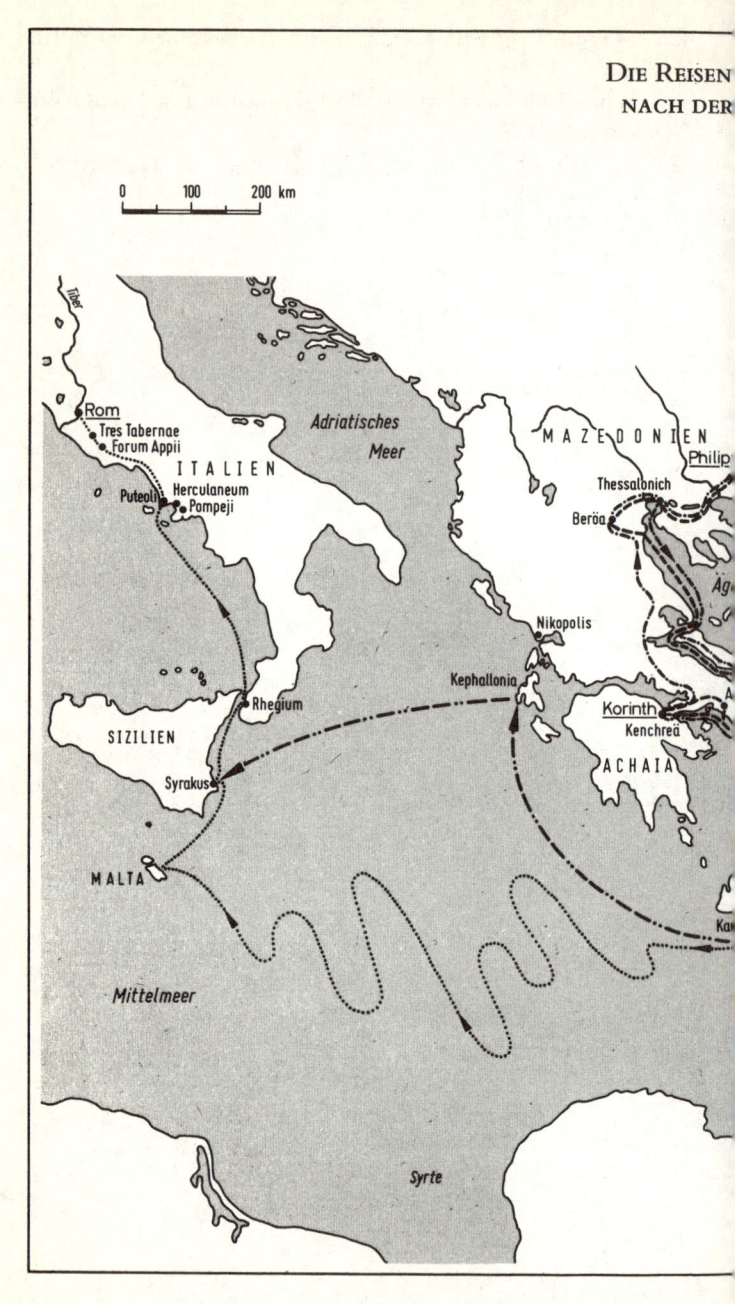

ELS PAULUS
ESCHICHTE

— Erste Reise
--- Zweite Reise
-·-·- Dritte Reise
·········· Vierte Reise, als Gefangener nach Rom
-··-··- Romfahrt, neueste Hypothese

Inhalt

DAMASKUS UND UTOPIA (Drei Annäherungen)
I. Vom Saulus zum Paulus 11
II. Vom Künder zum Gründer 19
III. Vom Heiligen zum Heutigen 28

I. QUERTREIBER ZWISCHEN DEN FRONTEN
1. Das Martyrium des Stephanus
   oder: Wenn die Steine reden 37
2. »Bürger einer namhaften Stadt...«
   oder: Saulus aus Tarsus 56
3. Variationen einer Vision
   oder: Wie kommt ein Mensch zu Fall? 66
4. Petra statt Petrus
   oder: Der Weg in die Wüste 79

II. WANDERER ZWISCHEN DEN WELTEN
5. Fauler Zauber, falsche Götter
   oder: Mission als Machtprobe 91
6. Der Apostelkonvent
   oder: Zu Kreuze kriechen in Jerusalem? 107
7. Aufsehen und Aufseher in Philippi
   oder: Ein Erdbeben für die Seele 119
8. Per pedes apostolorum
   oder: Die Völkerwanderung der einzelnen 137
9. Marktgang mit Sokrates
   oder: Bekanntmachung des unbekannten Gottes 145

III. GEJAGTER ZWISCHEN DEN ZEITEN
10. Ein Brief nach Saloniki
    oder: Der Beginn des Neuen Testaments 157
11. Wie ein Dieb in der Nacht
    oder: Das Verfallsdatum der Welt 169
12. Fröhliche Wissenschaft
    oder: Puzzlespiel mit Paulusbriefen 180
13. Die Kokotte Korinth
    oder: Eine Stadt auf dem Drahtseil 195
14. »Zuerst den Juden...«
    oder: Paulus – Prediger in der Synagoge 203
15. Der Prokonsul stellt die Uhr
    oder: Ein Kapitel Chronologie 213

IV. RATGEBER ZWISCHEN DEN SORGEN
16. Das fingierte Überall
    oder: Paulus und »Die Dämonen« 223

17. »Nicht viele Mächtige, nicht viele Vornehme ...«
    oder: Religion für Underdogs 232
18. Maulkorb für die Frauen?
    oder: Paulus und die feministische Theologie 245
19. »... nicht Sklave noch Freier«
    oder: Die gesprengten Fesseln 256
20. Das Wort vom Kreuz
    oder: Eine Hinrichtung als Aufrichtung 275
21. Das Hohelied der Liebe
    oder: 1. Korinther 13 in fünf Variationen 293

V. POLEMIKER ZWISCHEN DEN PARTEIEN

22. Vorsicht: Nachbeter!
    oder: Die Handicaps des Apostels 301
23. Das Rollenspiel des Missionars
    oder: Wie legitimiert sich ein Apostel? 314
24. »Ihr unverständigen Galater!«
    oder: Streitschrift wider den Wankelmut 329
25. Paulus und Petrus
    oder: Die Handschellen der Kirchengeschichte 342
26. Der Ausbruch des Narren
    oder: Zwischen Rhetorik und Raserei 354
27. Aufruhr in Ephesus
    oder: Artemis und Maria 357

VI. MITTLER ZWISCHEN DEN REICHEN

28. Botschaft ins Ungewisse
    oder: Der Römerbrief als Schutzbrief und Religionsentwurf 369
29. »Wir haben ein Gesetz!«
    oder: Paulus als Outlaw? 383
30. Das geraubte Ego
    oder: Der Streit um Römer 7 396
31. Komplotte, Kerker, Katastrophen
    oder: Das Finale des Lukas 405

VOM PAULUS ZUM SAULUS? (Eine Art Heimkehr) 420

Nachweise 430
Karte 446

Erich Kästner

Die neue große Biographie von Sven Hanuschek

»Hanuschek hat ein überzeugendes und wissenschaftlich fundiertes Porträt gezeichnet.« *Detlef Berg, Handelsblatt*

Sven Hanuscheks Biographie ist die erste Gesamtdarstellung von Leben und Werk Kästners, die den kompletten Nachlaß des Autors berücksichtigen konnte. Aus einer Fülle von Dokumenten entsteht das überraschende Bild eines Lebens, dessen Widersprüchlichkeit eine ganze Epoche spiegelt.

496 Seiten mit 25 Fotos. Gebunden